utb 5254

Eine Arbeitsgemeinschaft der Verlage

Böhlau Verlag · Wien · Köln · Weimar
Verlag Barbara Budrich · Opladen · Toronto
facultas · Wien
Wilhelm Fink · Paderborn
Narr Francke Attempto Verlag · Tübingen
Haupt Verlag · Bern
Verlag Julius Klinkhardt · Bad Heilbrunn
Mohr Siebeck · Tübingen
Ernst Reinhardt Verlag · München
Ferdinand Schöningh · Paderborn
Eugen Ulmer Verlag · Stuttgart
UVK Verlag · München
Vandenhoeck & Ruprecht · Göttingen
Waxmann · Münster · New York
wbv Publikation · Bielefeld

Dr. habil. Gisa Bauer ist Theologin und Kirchenhistorikerin mit dem Schwerpunkt Neuzeit / Zeitgeschichte, Privatdozentin an der Theologischen Fakultät der Universität Leipzig und als Dozentin an verschiedenen Universitäten und kirchlichen Einrichtungen tätig.

Pfarrer Dr. Paul Metzger ist Inhaber der Pfarrstelle Ludwigshafen-Pfingstweide, Gründer und Leiter der „Laien-Uni Theologie Pfalz" und lehrt Neues Testament und Konfessionskunde an der Universität Koblenz-Landau.

Gisa Bauer / Paul Metzger

Grundwissen Konfessionskunde

Narr Francke Attempto Verlag Tübingen

Umschlagabbildung: Mosaik von Sergey Kamshylin, Image-ID: 216922976, ©Adobe Stock.

Bibliografische Information der Deutschen Nationalbibliothek
Die Deutsche Nationalbibliothek verzeichnet diese Publikation in der Deutschen Nationalbibliografie; detaillierte bibliografische Daten sind im Internet über http://dnb.dnb.de abrufbar.

Dischingerweg 5 · D-72070 Tübingen

Internet: www.narr.de
eMail: info@narr.de

Einbandgestaltung: Atelier Reichert, Stuttgart
Satz: pagina GmbH, Tübingen
CPI books GmbH, Leck

utb-Nr.: 5254
ISBN 978-3-8252-5254-0 (Print)
ISBN 978-3-8385-5254-5 (ePDF)
ISBN 978-3-8463-5254-0 (ePub)

Inhalt

Vorwort

Grau, teurer Freund, ist alle Theorie
und grün des Lebens goldner Baum.
(J. W. von Goethe, Faust 1, Studierzimmer II, 2039–2040)

Das Leben ist immer größer als die Wissenschaft. Das gilt für die Theologie im Allgemeinen, aber es gilt insbesondere für die Konfessionskunde. Denn gerade auf dem Feld der gelebten Religion gibt es nichts, was es nicht gibt. Das ist uns vollkommen bewusst und es erstaunt uns nicht, dass das, was wir und alle Leserinnen und Leser mit und in den Kirchen erleben, nicht immer dem folgt, wie es die reine Lehre erwarten lässt.

Ein kleines Beispiel mag das verdeutlichen: Auf einer römisch-katholischen Hochzeit, die mit vielen evangelischen Freunden des Paares gefeiert wird, lädt der Priester im Traugottesdienst ganz selbstverständlich „alle Gäste" zum Abendmahl ein. Nahezu die gesamte Hochzeitsgesellschaft nimmt daraufhin an einem römisch-katholisch gespendeten Abendmahl teil: neben Katholikinnen und Katholiken evangelisch-landeskirchliche und freikirchliche Christen, aus der Kirche Ausgetretene, sogar einige Atheisten, die den merkwürdigen kirchlichen Ritus „den beiden zuliebe" über sich ergehen lassen. Die Mitverfasserin dieses Einführungsbandes, ihrer Konfession nach evangelisch-lutherisch, ist eine der wenigen, die sich nicht einreiht und danach während des Festes von einigen Gästen in die Diskussion verwickelt wird, warum sie gerade an einem solchen Tag, an dem „Gemeinschaft und Verbindungen gefeiert werden", auf theologischen Unterschieden herumreitet und nicht an dem Abendmahl teilgenommen hat. Ihre Argumentation, dass sie sich ja neben einigen anderen Gründen auch an die Maßgabe des römisch-katholischen Kirchenrechts gehalten habe („Katholische Spender spenden die Sakramente erlaubt nur katholischen Gläubigen; ebenso empfangen diese die Sakramente erlaubt nur von katholischen Spendern." [can. 844 § 1 CIC]) wird mit Augenrollen abgetan. Die Braut und gleichzeitig enge Freundin der Abendmahlsverweigererin attestiert ihr lachend: „Ihr Protestanten müsst es aber auch so pingelig genau nehmen!"

Dieses Beispiel lässt konfessionelle Lebenswirklichkeit erkennen, die mit der Theorie von Kirchen so gut wie nichts mehr gemein hat.

Wir sind uns darüber im Klaren, dass die Lektüre unseres an der theologischen Lehre orientierten „Grundwissens Konfessionskunde“ vor diesem Hintergrund zuweilen irritieren kann. Dies zeigt, dass die Konfessionskunde ein ungemein interessantes Fachgebiet der Theologie ist. Weil die christliche Welt so bunt ist und weil sich die Konfessionskunde mit dieser bunten Welt beschäftigen darf, mag die Theorie grau sein, aber der Gegenstand der Konfessionskunde ist so grün wie des Lebens goldner Baum. Und grau ist bekanntlich auch nicht grau, sondern hat viele unterschiedliche Grautöne.

Das „Grundwissen Konfessionskunde“ wählt einen theologischen Zugang zu seinem Fachgebiet und ermöglicht damit einen grundlegenden Zugriff auf seinen Gegenstand. In der Einleitung wird dieses Ordnungsprinzip näher erläutert. Ihm liegt die Beobachtung zugrunde, dass alle Konfessionen den Anspruch erheben, apostolisch zu sein, dies aber in ihrer Theologie, ihrer Struktur, ihrer Institution oder Ordnung unterschiedlich umsetzen.

Dieses Prinzip bildet ein Grundgerüst, das es erlaubt, die einzelnen Konfessionen relativ einfach zu klassifizieren. Der Leserin / dem Leser wird so eine erste Orientierung im Fachgebiet ermöglicht. Zudem werden Aufgabe und Gegenstand einer Konfessionskunde beschrieben und das ekklesiologische Grundproblem jeder Konfession verdeutlicht.

Im Anschluss skizziert das zweite Kapitel einen Überblick über die Ausdifferenzierung des Christentums in seiner Geschichte. Es entlastet damit die historische Darstellung der einzelnen Konfessionen und gibt Auskunft über die wichtigsten Entwicklungen der Kirchengeschichte, die verschiedene Konfessionen hervorbringen.

Die einzelnen Konfessionen werden in den folgenden Kapiteln vorgestellt. Jede Kirche wird in drei Perspektiven dargestellt, die je nach Kirche zuweilen voneinander im Detail abweichen können. Grundsätzlich wird zunächst gemäß dem theologischen Zugriff dieser Konfessionskunde die konkrete Realisierung der Apostolizität der jeweiligen Kirche vorgeführt. Dies beinhaltet die der Umsetzung inhärenten theologischen Grundsatzentscheidungen. Diese erste Perspektive stellt damit im Ergebnis die wesentlichen dogmatischen Aussagen der jeweiligen Kirche dar.

Die zweite Perspektive skizziert die eigenständige, historische Entwicklung der Kirche und hilft dadurch, deren Eigenheit besser zu verstehen.

Die dritte Perspektive widmet sich den grundsätzlichen Lebensvollzügen der Kirche. Es ist notwendig, hier auszuwählen und dabei gerade die charakteristischen Wesensmerkmale zu erfassen. In der Regel werden die Sakramente, die Organisationsformen, verschiedene Ausprägungen der Konfessionsfamilie und weitere Wesensmerkmale der Kirchen behandelt. Mittels der dogmatischen, der historischen und der phänomenologischen Perspektive soll also ein möglichst aussagekräftiges Bild der jeweiligen Kirche skizziert werden.

Im dritten Kapitel beschreiben wir zunächst die Kirchen, die darauf bestehen, dass ihre höchsten geistlichen Würdenträger in einer personellen Nachfolge der Apostel stehen. Diese Auffassung teilt die römisch-katholische Kirche z. B. mit den orthodoxen und anglikanischen Kirchen.

Das vierte Kapitel stellt die Kirchen dar, die ihre Apostolizität in erster Linie durch ihre Treue zum apostolischen Zeugnis realisieren. Dort, wo das Prinzip „Allein die Schrift" hervorgehoben und zum Kennzeichen der Kirche erklärt wird, gilt die Apostolizität als gegeben. Zu dieser evangelischen Konfessionsfamilie gehören neben den deutschen „Landeskirchen" vor allem die im deutschen Kontext sogenannten „Freikirchen", deren problematische Bezeichnung eigens thematisiert werden muss.

Das fünfte Kapitel widmet sich der Kirche (und ihrer Vorgängerin), die die Apostolizität der Kirche nur da vollgültig realisiert sieht, wo es lebende Apostel gibt. Dieser Ansatz unterscheidet sich fundamental von den bisher behandelten Kirchen, sodass die Neuapostolische Kirche als eigener Typus von realisierter Apostolizität in den Blick genommen werden muss.

Das abschließende Kapitel beschäftigt sich mit den gegenwärtig heftig umstrittenen Themen zwischen und in den Konfessionen. Es gehört zum Erkenntnisgewinn dieser Konfessionskunde, dass sich nicht nur zwischen Konfessionen Diskussionen entspinnen, sondern immer mehr auch in den Konfessionen selbst. Die Trennlinien zwischen den Konfessionen verblassen im Alltag des gelebten Glaubens und neue Fronten und Gräben tun sich auf. Was dies für die Konfessionskunde bedeutet, wird zum Abschluss betrachtet.

Der Band enthält zudem einige Elemente, die die Lektüre erleichtern und zum Selbststudium anregen sollen: Mit Infokästen werden bestimmte Themen sowie wichtige Theologen hervorgehoben. Literatur, die für die Weiterarbeit an einem speziellen Thema gedacht ist, wird am Ende des jeweiligen Kapitels genannt. Mit dem Symbol → wird auf andere Kapitel im Band verwiesen, die Näheres zum Thema beschreiben. Ein Register erschließt die wichtigsten Personen und Themen, sodass ein rascher Zugriff möglich ist.

Ein Buch wie eine Konfessionskunde schreibt man zwar auch als Team letztlich allein am Schreibtisch, aber es entsteht aus einem permanenten Dialog. Es speist sich aus dem Gespräch mit Texten, deren Autoren schon vor langer Zeit verstorben sind, es lebt aber auch in einem hohen Maße vom Dialog mit lebenden Vertretern der unterschiedlichen Konfessionen und mit befreundeten Fachleuten.

Einige Kollegen haben verschiedene Teile und Entwürfe des Manuskripts in der Entstehungsphase gelesen und uns wertvolle Rückmeldungen gegeben (wobei wir für evtl. auftretende Fehler selbstverständlich allein verantwortlich sind). Für ihre kollegiale, freundliche Hilfe danken wir herzlich: Apostel Volker Kühnle von der Neuapostolischen Kirche, PD Dr. Burkhard Neumann vom römisch-katholischen Johann-Adam-Möhler-Institut für Ökumenik, unseren ehemaligen Kolleg/innen Frau Annegret Lingenberg und Herrn Pfarrer i.R. Dr. Walter Fleischmann-Bisten M.A., dem Inhaber der Professur für Kirchen- und Religionsgeschichte des 1. Jahrtausends in Kiel Prof. Dr. Andreas Müller und FeG-Pastor Dr. Jochen Wagner.

Die Endfassung haben befreundete Pfarrer und Lehrer Korrektur gelesen: Volker Keller, Alfred Metzger und Wieland Schubing. Auch ihnen herzlichen Dank für diesen Einsatz!

Weiterhin danken wir Frau Corina Popp, M.A., die die Entstehung des Buches von Seiten des Verlags aus kompetent und freundlich unterstützt hat.

Schlussendlich gilt unser großer Dank unseren Frauen, die die Entstehung des Buches teils mit bodenständiger Nüchternheit, teils mit ungläubigem Staunen, aber immer mit wohlwollender Gelassenheit begleitet und manchmal ertragen haben.

Gisa Bauer / Paul Metzger
Karlsruhe / Ludwigshafen-Pfingstweide
am 31. Oktober 2019, dem Reformationstag

1 Einleitung

1.1 Einführung in das Fach Konfessionskunde

Die Konfessionskunde betrachtet Leben und Lehre der christlichen Kirchen. Sie ist eine Disziplin der theologischen Wissenschaft, die sich vorwiegend in historischer, systematischer, praktischer und phänomenologischer Perspektive mit den christlichen Kirchen der Gegenwart befasst. Sie arbeitet deskriptiv und ist bestrebt, die wesentlichen Merkmale der jeweiligen Kirchen zu erfassen und darzustellen. Darum wählt sie einen möglichst umfassenden Zugang zu ihrem Gegenstand. Zwar ist es erkenntnistheoretisch unmöglich, einen objektiven Standpunkt „über" den existierenden Kirchen einzunehmen, doch strebt die Konfessionskunde an, jede Kirche so zu erfassen, dass sich sowohl die beschriebenen Kirchen in ihrem Selbstverständnis wiederfinden können als auch wesentliche Außenwahrnehmungen in die Charakteristik einfließen. Sie gestaltet ihre Darstellung – so gut es geht – neutral und enthält sich jeglicher Wertungen.

Der Begriff Konfessionskunde

Der Begriff „**Konfessionskunde**" leitet sich vom Begriff der *Konfession* (lat.: ‚Anerkennung'; ‚Eingeständnis'; im theologischen Sinn: ‚Bekenntnis') ab. Damit ist die Zustimmung zu einer bestimmten Haltung bezeichnet. Mit einem Bekenntnis legt man Zeugnis ab und bekennt sich zu einem bestimmten Glauben. Dieser Glaube ist dabei in der Regel in bestimmten Texten fixiert, in Glaubensbekenntnissen oder Glaubensgrundsätzen.

Da verschiedene Kirchen verschiedene Glaubensgrundlagen haben, unterscheiden Glaubensaussagen in ihren verschiedenen Wertigkeiten die Kirchen voneinander und haben daher eine integrierende Funktion nach innen und eine ausschließende Funktion nach außen. Wer ein bestimmtes Glaubensbekenntnis mitsprechen kann und dessen Inhalt „glaubt", gehört dazu, wer es nicht als einen angemessenen Ausdruck seines Glaubens akzeptiert, gehört nicht zur entsprechenden Gemeinschaft oder Bewegung. So bildeten sich innerhalb des Christentums im Laufe der Geschichte bis heute verschiedene Gruppen, die sich in und als „Kirchen" zusammenfinden.

Da manche Kirchen ihr Selbstverständnis nicht in Bekenntnistexten adäquat ausgedrückt sehen und es ihnen widerstrebt, Bekenntnisse zu benennen, die sie von anderen Kirchen unterscheiden (z. B. die → **Orthodoxe Kirche**), kann der

Begriff der Konfession nicht auf alle Kirchen in gleichem Maße angewendet werden. Genuin ist „Konfession“ ein lutherischer Terminus, da sich die → **Lutherischen Kirchen** durch eine ausweisbare Phase der Bekenntnisbildung im 16. Jahrhundert auszeichnen, die auch durch eine Textsammlung (die lutherischen „Bekenntnisschriften“) abgeschlossen und fixiert wurde.

Symbolik

Von diesem speziellen Zugang, die *Bekenntnisse* (griech.: *Symbola*) als Identifikationsmerkmale einer Kirche anzusehen, leitet sich der Begriff der *Symbolik* als Vorläufer des Fachs Konfessionskunde ab. Da inzwischen erkannt wurde, dass die Bekenntnisse lediglich (und teilweise unvollständig) die Lehre einer Kirche wiedergeben, aber die Eigenart der Kirche nicht zwingend erfassen, vergrößert die Konfessionskunde im Vergleich zur Symbolik ihren Untersuchungsgegenstand. Weil also nicht nur das Bekenntnis die Konfession beschreibt, scheint der Begriff „Kirchenkunde“ als alternativer Begriff zur Konfessionskunde angeraten. Durch ihn wird die vermeintliche Engführung auf die Lehre einer Kirche vermieden, allerdings wirft dieser Begriff die Frage auf, wie Gruppierungen, die keine Kirche sein wollen, erfasst werden können. Weder „Konfessionskunde“ noch „Kirchenkunde“ sind also in der Lage, jede christliche Gruppe gleichermaßen adäquat zu erfassen.

Denomination

Um christlichen Gruppen gerecht zu werden, die keine Konfession sein oder keine Kirche bilden wollen, hat sich vor allem im englischsprachigen Raum der Begriff *Denomination* (‚Benennung‘) bewährt. Durch seine Neutralität kann er im Gegensatz zur *Konfession* auch Bewegungen (z. B. die Erweckungsbewegung) und Gruppierungen erfassen, die kein gemeinsames Bekenntnis ablegen wollen oder können. Er kann auch Kirchen bezeichnen, die keine Kirche im engeren Sinne bilden. Allerdings bleibt er aufgrund seiner Neutralität zwangsläufig inhaltlich wenig bestimmt und wird gegenwärtig deshalb auch dazu verwendet, Gruppierungen in anderen Religionen (z. B. im Judentum) zu bezeichnen. Im deutschen Sprachraum konnte er sich als Bezeichnung christlicher Gruppierungen bislang nicht durchsetzen. Deshalb gibt es auch keine Derivate wie „Denominationskunde“ o. ä.

Letztlich zeigt sich der Durchgang durch die vorgeschlagenen Bezeichnungen des Fachs wie *Symbolik* oder *Kirchenkunde*, dass jeder Begriff die Fülle der Ausgestaltungen von Kirche nicht in gleicher Weise zutreffend beschreiben kann, sodass sich die Beibehaltung des traditionellen Begriffs *Konfessionskunde* empfiehlt. Er gibt für den deutschsprachigen Raum die Bemühungen dieses Buches treffend wieder.

Regionale und globale Konfessionskunde

Eine Konfessionskunde nimmt alle christlichen Konfessionen weltweit in den Blick. Dieser globale und transkonfessionelle Blick ist allerdings regional verankert und fokussiert, woraus sich wiederum Einschränkungen bei der Betrachtung ergeben. Die hier vorliegende Konfessionskunde richtet sich an eine deutschsprachige Leserschaft, d. h. sie greift die deutsche historische und kirchliche Situation im Besonderen auf. So ist beispielsweise das v. a. in Deutschland präsente und die deutsche protestantische kirchliche Landschaft konstituierende Landeskirchentum eine regional-spezifische Erscheinung. Im Falle der hier vorliegenden Konfessionskunde sind das Landeskirchen- und das Freikirchentum strukturgebende Größen für die konfessionelle Gliederung evangelischer Kirchen.

In Nordamerika hat das Landeskirchentum keinerlei Relevanz, d. h. eine Konfessionskunde Nordamerikas würde konfessionelle Zuordnungen anders vornehmen.

Weiterhin kommen in dieser Konfessionskunde Kirchen und Gemeinschaften ausführlich zur Sprache, die in Deutschland und im europäischen Raum Relevanz haben. Kleinere Gemeinschaften anderer Regionen und Länder bleiben außerhalb der Betrachtung.

Das Ziel der Konfessionskunde

Die Konfessionskunde hat in ihrer Geschichte verschiedene Ziele verfolgt. Dies liegt in der Natur des Faches. Ähnlich wie im persönlich-individuellen Kontext gilt: Man kann sich mit jemandem beschäftigen, um ihn kennenzulernen, um ihm näher zu kommen oder um sich abzugrenzen oder zu bekämpfen.

So diente die Konfessionskunde und ihre Vorläufer entweder dazu, die verschiedenen Kirchen näher zusammenzubringen (Irenik), die eigene Identität gegen andere Kirchen zu verteidigen (Apologetik) oder die eigene Kirche als die überlegene zu erweisen (Polemik).

Konfessionskunde und Ökumene

Gegenwärtig verfolgt die Konfessionskunde das Ziel, Wissen über die jeweiligen Kirchen zu erlangen und zu vertiefen. Sie stellt die Grundlage aller zwischenkirchlichen, interkonfessionellen Dialoge dar, da sie es den Gesprächspartnern überhaupt erst ermöglicht, vor ihrer eigentlichen Arbeit, dem Beitrag zu einem besseren Verstehen der verschiedenen christlichen Kirchen, sich über die Identität, die Eigenarten und die Spezifika ihres Gegenübers in Kenntnis zu setzen. So bereitet die Konfessionskunde den Weg für einen gelingenden Dialog und ist deshalb eine unverzichtbare Voraussetzung für die ökumenische Verständigung und die ökumenische Theologie. Sie stellt das Wissen bereit, das es erlaubt, sich in die jeweils andere

Kirche einzufinden. Daher hat sie die Aufgabe, die Kirchen kritisch zu begleiten und die jeweiligen Kirchen mit sich selbst zu konfrontieren, ihre geschichtliche Kontingenz im Bewusstsein zu halten und so die stetige Entwicklung der Kirchen nach innen und nach außen zu fördern.

Die Konfessionskunde als Fach verfolgt dabei kein Programm, das auf ökumenischen Fortschritt oder ähnliche Zielvorstellungen ausgelegt ist. Insofern unterscheidet sich die Konfessionskunde von der Ökumenik, sofern diese die Aufgabe hat, der ökumenischen Bewegung, z. B. durch die Erarbeitung von Konsensdokumenten oder einer gemeinsamen Hermeneutik, zu dienen. Der Konfessionskunde geht es nicht darum, eine – wie auch immer zu definierende – Einheit der Kirchen zu suchen, zu fördern und zu erreichen. Sie sucht nicht nach dem „Einheitspotenzial" in den einzelnen Kirchen, sondern akzeptiert vielmehr die Pluralität der Kirchen und verhält sich dazu weitgehend bewertungsfrei. Dies ist ein grundsätzlicher Unterschied zur ökumenischen Theologie. Insofern registriert die Konfessionskunde das ekklesiologische Grundproblem der Ökumene und jeder einzelnen Kirche, versucht aber nicht, es aktiv zu beeinflussen.

Das ekklesiologische Grundproblem

Die Konfessionskunde betrachtet christliche Kirchen. Mit dieser Formulierung ist bereits eine Frage aufgeworfen: Wenn sich Konfessionskunde vom Begriff *Bekenntnis* ableitet, wie oben genannt, und alle Bekenntnisse der Alten Kirche von „der Kirche" im Singular sprechen ist fraglich, warum das Sujet der Konfessionskunde „die Kirchen" im Plural sind.

Verschiedene Kirchen haben verschiedene Glaubensbekenntnisse. Ein Glaubensbekenntnis aber haben alle christlichen Kirchen gemeinsam, sofern sie Bekenntnisse anerkennen: das *Nicäno-Konstantinopolitanum* aus dem Jahr 381. Es ist deshalb das wichtigste Bekenntnis der Christenheit. Nach den Bekenntnisaussagen zu Gott und Jesus Christus heißt es im *Nicäno-Konstantinopolitanum*: „Wir glauben an den Heiligen Geist [...] und die eine, heilige, katholische und apostolische Kirche."

Damit sind zwei Punkte deutlich. Erstens: Die Kirche ist ein Gegenstand des Glaubens. Zweitens: Diese geglaubte Kirche hat vier Attribute. Sie ist „eine" Kirche, sie ist „heilig", sie ist „katholisch" und sie ist „apostolisch".

Zunächst ist wichtig festzuhalten, dass im Glaubensbekenntnis von einer Kirche gesprochen wird, an die geglaubt wird. Hieraus ergibt sich das Grundproblem jeder Lehre von der Kirche, der *Ekklesiologie*, und damit auch implizit der Konfessionskunde: Wie ist der Zusammenhang zwischen der geglaubten

Kirche (Singular) und den vorfindlichen Kirchen (Plural) zu denken? Jede Kirche muss auf diese Frage eine Antwort finden.

Zwei gegensätzliche Lösungen sind hier denkbar: Die geglaubte Kirche fällt mit der irdischen Kirche zusammen. Beide sind identisch. In diesem Fall gibt es nur die eine wahre Kirche und alle anderen existierenden Kirchen sind Irrtümer der geschichtlich handelnden Personen. Oder das Gegenteil ist der Fall: Die geglaubte Kirche hat nichts mit der realen Kirche zu tun. Diese hat keine Verbindung zur geglaubten Kirche. Dann stellt sich die Frage, wieso die irdische Kirche die geglaubte Kirche sein soll.

Beide Antworten implizieren zahlreiche Probleme, sodass die meisten Kirchen Zwischenpositionen einnehmen.

!\ Grundsätzlich lässt sich also festhalten: Im Glaubensbekenntnis wird von der einen Kirche gesprochen, an die geglaubt wird. Sobald diese Kirche gemeint ist, muss der Singular verwendet werden. Im Plural muss dagegen von real vorfindlichen Kirchen gesprochen werden.

Es ist für die Konfessionskunde eine Herausforderung, diese Beziehung, die die jeweiligen Kirchen für sich bestimmen, nicht von einem als „richtig" gedachten Standpunkt aus zu beurteilen und somit ein präferiertes oder das eigene Kirchenmodell als Maßstab zu setzen. Während im Rahmen der Ekklesiologie die Diskussion um den Zusammenhang zwischen geglaubter und irdisch vorfindlicher Kirche geführt werden und jede Kirche dies für sich klären muss, belässt es die Konfessionskunde bei dieser Unterscheidung und wendet sich so neutral wie möglich den jeweiligen Lösungen in deskriptiver Absicht zu.

Betrachtungsfeld der Konfessionskunde sind die christlichen Kirchen. Warum von „den Kirchen" die Rede ist, obwohl das Bekenntnis nur von einer Kirche spricht, ist aus evangelischer Sicht geklärt. Was aber zeichnet „christliche Kirchen" aus?

Die Abgrenzung des Fachgebiets

Um diese Frage fundiert beantworten zu können sind die Bestimmungen des *Ökumenischen Rates der Kirchen* (ÖRK) nützlich, die auch in der vorliegenden Konfessionskunde als Definition einer „christlichen Kirche" herangezogen werden.

Der ÖRK ist der wichtigste Verband der ökumenischen Bewegung, in dem sich laut eigener Auskunft 350 Kirchen aus der ganzen Welt zusammengeschlossen haben. Er selbst definiert sich als „eine Gemeinschaft von Kirchen, die den Herrn Jesus Christus gemäß der Heiligen Schrift als Gott und Heiland bekennen und darum gemeinsam zu erfüllen trachten, wozu sie berufen sind, zur Ehre Gottes, des Vaters, des Sohnes und des Heiligen Geistes“ (Was ist der Ökumenische Rat der Kirchen, 2018). Mit dieser Basisformel sind die wesentlichen Bezugspunkte für die Definition einer christlichen Kirche gegeben. Ausführlich sind die Erkennungsmerkmale einer christlichen Kirche in einer 1950 in Toronto verabschiedeten Erklärung des ÖRK ausgeführt.

Bedingungen des „Kirche-Seins“

Eine Kirche kann von anderen Kirchen dann als christlich anerkannt werden, wenn sie den Glauben an den dreieinigen Gott bekennt. Dieser Glaube ist im bereits genannten Bekenntnis *Nicäno-Konstantinopolitanum* zusammengefasst und grundgelegt in der Heiligen Schrift. Die Bibel ist demnach die einzige textuelle Quelle der göttlichen Offenbarung. Andere schriftliche Offenbarungsquellen neben den biblischen Texten werden vom ÖRK nicht akzeptiert. Daraus folgt, dass eine Glaubensgemeinschaft, die Erkenntnisse aus einer Schrift neben der Heiligen Schrift als gleich- oder höherwertig ansieht, keine christliche Kirche im Sinne des ÖRK sein kann. Dies trifft z. B. auf die *Kirche Jesu Christi der Heiligen der Letzten Tage*, die *Mormonen*, zu, die neben der Schrift auch die Texte des Buches „Mormon“ als göttliche Offenbarungsquelle anerkennt. Obwohl sie sich selbst als „Kirche“ versteht, kann sie im Sinne des ÖRK aufgrund der zweiten textuellen Offenbarungsquelle nicht als „christliche“ Kirche angesehen werden. Sie wird daher als *Sondergemeinschaft* verstanden und ist deshalb kein Gegenstand einer Konfessionskunde.

Weiter definiert der ÖRK, dass eine Kirche die frohe Botschaft verkünden und Sakramente feiern muss. Eine Kirche tauft auf die Formel aus Mt 28 („auf den Namen des Vaters, des Sohns und des Heiligen Geists“) und akzeptiert dergestalt ausgeführte Taufen in anderen Kirchen. Sie strebt weiterhin auch die allgemeine Anerkennung dieser anderen Taufen an. Eine Kirche darf nicht exklusiv das Heil an sich binden. Es soll anerkannt werden, dass der Heilige Geist auch in anderen Kirchen wirken kann. Die Souveränität Gottes, der sich auch anderer Kirchen bedienen kann, um sein Heil zu schaffen, muss akzeptiert werden. Dabei bedarf es keines Abrückens vom eigenen Kirchenverständnis. Eine Kirche sollte lediglich anerkennen, dass es andere Kirchen neben ihr gibt, die für sich gleichfalls in legitimer Weise das Anliegen beanspruchen, Kirche Jesu Christi zu sein.

Mit der Definition von Kirche durch den ÖRK ergeben sich eine theologische und eine ekklesiologische Bestimmung, die der Konfessionskunde erlauben, ihren Gegenstandsbereich zu konkretisieren. Jede Kirche, die die biblische

Gottesoffenbarung als exklusiven Grund ihres Glaubens an den dreieinigen Gott bekennt und die die legitime Existenz anderer Kirchen anerkennt, wird als christlich angesehen. Sonderlehren der verschiedenen Kirchen können insofern akzeptiert werden, solange sie diesen Rahmen nicht verletzen.

1.2 Konfessionskundliche Systematisierung

Die christlichen Kirchen sind Gegenstand der Konfessionskunde. Da diese versucht, wertneutral vorzugehen, ist bereits die Anordnung des Gegenstands eine zentrale Frage.

Der ÖRK bezeugt seine Neutralität, indem er seine Mitgliedskirchen in alphabetischer Reihenfolge auflistet. Diesem Beispiel könnte eine Konfessionskunde folgen. Allerdings ist dieses lexikalische Vorgehen wenig geeignet, um die Zusammengehörigkeit bestimmter Kirchen zu zeigen, die ein leichteres Verstehen ihrer selbst ermöglicht.

Ein historischer Zugang?

Konfessionskundliche Darstellungen wählen meist einen historischen Zugang, um die gewachsenen Beziehungen zwischen den Kirchen deutlich zu machen. Dieser Zugang hat den Vorteil, eine klare, durch die Chronologie strukturierte Gliederung zu bieten. Problematisch dabei ist allerdings, dass bestimmte Kirchen anderen Kirchen historisch vorgeordnet werden, obwohl dies dem Selbstverständnis der zeitlich nachrangig behandelten Kirchen widerspricht. Werden z. B. die protestantischen Kirchen der Römisch-katholischen Kirche nachgeordnet, erweckt das den Eindruck, dass diese erst seit dem 16. Jahrhundert existierten, während die Römisch-katholische Kirche älter sei. Aber auch die protestantischen Kirchen berufen sich in ihrem Selbstverständnis auf die ersten Zeugen Jesu. Sie wollen gerade keine neue Kirche darstellen, sondern die Überlieferung der alten Kirche bewahren. Umgekehrt hat auch das Argument Gültigkeit, dass die Römisch-katholische Kirche in ihrer heutigen Gestalt das Ergebnis einer Entwicklung des 16. Jahrhunderts ist, da sie ihren Anfang als dezidiert *römisch-katholische* Kirche auf dem Konzil von Trient nimmt.

Weiterhin ist fraglich, welche Kirche(n) als älteste Kirche(n) angenommen werden sollte(n): die altorientalischen Kirchen oder die (Römisch-)katholische Kirche? Und auf welche Zeit sind deren jeweilige Anfänge zu datieren?

Außerdem steht bei einer historischen Betrachtung meist die Vorstellung im Hintergrund, dass es ältere Kirchen gibt, von denen sich jüngere abgespaltet hätten. Der negativ besetzte Begriff der Spaltung beinhaltet aber eine deutliche

Wertung. Deshalb ist es zutreffender, von gelungenen Manifestationen kirchlicher Pluralität zu sprechen.

Der historische Zugang beruht letztlich auf der Vorstellung einer Kirche, die sich in verschiedene Zweige ausdifferenziert hat. Dabei wird aber die geglaubte Kirche des Bekenntnisses implizit in die Wirklichkeit eingetragen und historisch verrechnet. Die Einsicht in die **Pluralität des Christentums**, das von Anfang an so vielfältig wie seine verschiedenen Zeugen und die daraus resultierenden Textcorpora ist, verbietet eine solche Vorstellung. Durch die Akzeptanz der dem Christentum genuin inhärenten Pluralität wird nicht nur die Vorstellung einer linearen Entwicklung und Ausdifferenzierung des Christentums verstellt, sondern auch die Zielvorstellung einer Ökumene, die glaubt, eine Einheit des Christentums (wieder-)herstellen zu müssen.

Eine historische Anordnung der christlichen Kirchen ist aufgrund der genannten Aspekte für die Konfessionskunde schwierig, obwohl sie gleichfalls die historischen Prozesse, die zur Manifestation kirchlicher Gemeinwesen geführt haben, stets in die Betrachtung einbeziehen muss.

Ein quantitativer Zugang?

Ein weiterer Zugang zum Gegenstand der Konfessionskunde kann anhand der Größe der Kirchen erfolgen. Die Kirche, die die meisten Mitglieder zählt, wäre am Anfang zu behandeln und so ergäbe sich eine Reihenfolge. Allerdings haben manche Kirchen (insbesondere die der → **Pfingstbewegung** und anderer christlichen Bewegungen) kein Interesse an der Erhebung von Mitgliederzahlen oder verfügen über keine Möglichkeiten, ihre Gläubigen statistisch zu erfassen. Generell können Mitgliederzahlen für viele Kirchen immer nur – mehr oder minder grob – geschätzt werden.

Die bisher besprochenen Varianten von Ordnungssystemen für die Betrachtung der christlichen Kirchen erweisen sich also als zu eng geführt. Unbefriedigend scheinen sie aber vor allem deshalb, weil sie keinen theologischen Zugriff bieten. Im Hinblick auf das Fach Konfessionskunde als Disziplin der Theologie ist gerade das bedauerlich. Diesem Mangel will die vorliegende Konfessionskunde abhelfen und ein dezidiert theologisches Kriterium als Ordnungsprinzip des Gegenstands einführen.

Ein theologischer Zugang

Wieder ist beim Bekenntnis einzusetzen: Es besagt, dass jede Kirche von sich behauptet, apostolisch zu sein. Die *Apostolizität* ist laut Glaubensbekenntnis neben der Einheit, der Heiligkeit und der Katholizität ein Merkmal der Kirche.

Die **Apostolizität** dient der vorliegenden Konfessionskunde als Richtschnur, die es erlaubt, die verschiedenen Kirchen in theologischer Perspektive zu verstehen und zu ordnen. Sie bietet sich in besonderer Weise an, da sie im Gegensatz zu den anderen Kennzeichen der Kirche – Einheit, Heiligkeit und Katholizität – unterschiedlich realisiert wird.

Die **Einheit** der Kirche ist durch ihre Bindung an den einen Gott und einen Herrn Jesus Christus gegeben (1.Kor 8,6). Die geglaubte Kirche kann demnach nicht geteilt werden. An diesem Punkt ist keine unterschiedliche Realisierung möglich.

Die **Heiligkeit** der Kirche folgt gleichfalls aus der Beziehung der Kirche zu Gott. Die Kirche ist heilig, weil Gott sie berufen und aus der Welt erwählt hat, letztlich weil Gott selbst heilig ist. Die Heiligkeit der Kirche ergibt sich nicht aus ihr selbst, sondern wird durch Gott garantiert. Dies kann daher gleichfalls nicht zu einem Unterscheidungsmerkmal der irdischen Kirchen dienen.

Die **Katholizität** der Kirche beruht auf der Einsicht in den universellen Auftrag der Kirche. Sie ist nicht beschränkt auf ein bestimmtes Volk oder ein bestimmtes Land. Sie ist ihrem Wesen allumfassend, weil Gott der Gott aller Menschen sein will. Deshalb hat sie einen globalen Anspruch. Durch diesen Wesenscharakter von Kirche kann auch die Katholizität kein Unterscheidungsmerkmal von Kirchen sein.

1.3 Die Realisierung der Apostolizität als Zugang der Konfessionskunde

Da der Begriff des Apostels im Neuen Testament unterschiedlich bestimmt wird, ist eine historische Herleitung des Zusammenhangs von *Kirche* und *Aposteln* im Detail schwierig. Klar ist aber, dass die Kirche aufgrund der Verkündigung der ersten Zeugen Jesu entstand. Laut Paulus, der sich selbst als Apostel sah (Röm 1,1), kommt der Glaube aus dem Hören der Verkündigung (Röm 10,17). Diese Verkündigung der ersten Christen war das Fundament jeder christlichen Gruppierung. Deshalb sind die neutestamentlichen Texte als schriftlicher Niederschlag dieser Verkündigungstätigkeit die zentrale Quelle der christlichen Heilserschließung. Laut Eph 2,20 ist die Kirche demnach auf dem Grund der Apostel und Propheten erbaut. Apostolisch ist die Kirche also, weil sie von den Aposteln abstammt und auf deren Zeugnis aufbaut.

Bei dem Zusammenhang von *Kirche* und *Aposteln* lassen sich drei Typen der apostolischen Nachfolge ausmachen, die sich als theologisches Ordnungsmerkmal einer Konfessionskunde eignen. Kirchen teilen im Grunde das gleiche

Anliegen, ihre Apostolizität realisieren zu wollen, verwirklichen dieses Anliegen aber unterschiedlich.

Das Bemühen um kirchliche Kontinuität

Deutlich ist bei jeder Kirche das Bemühen um Kontinuität mit den eigenen Ursprüngen. Dass alle Kirchen den Aposteln nachfolgen, ist nicht strittig. So besagt das „Apostolische" in seinem Kern, dass die Kirchen heute die gleiche Botschaft verkündigen wie die ersten Zeugen des auferstandenen Christus. Dieses Bestreben zeigt sich bereits im Neuen Testament selbst. Prominent bezeugt der Prolog des Lukasevangeliums, dass die Augenzeugen Jesu und die Diener des Wortes diejenigen sind, auf denen das Evangelium fußt (Lk 1,1–4). Die Dignität der Zeugen der göttlichen Offenbarung in Jesus Christus verbürgt die Botschaft, die festgehalten werden soll. Es geht um die ‚Nachfolge der Apostel', um die *apostolische Sukzession*, und damit um die Apostolizität der Kirche, die verschieden realisiert wird.

Typ 1: Die personelle Sukzession

Der erste Typus der Nachfolge bildete sich historisch in den Streitigkeiten der ersten Jahrhunderte heraus. Um die „richtige" Lehre zu bewahren, die allerdings immer wieder für jede Zeit neu ausgesprochen werden muss, greifen Theologen kein inhaltliches Kriterium der apostolischen Lehre heraus, sondern beziehen sich auf die Träger der Überlieferung. Die personelle Nachfolge wird zum Garant der Wahrheit. Über das, was überliefert wurde und wird, lässt sich streiten, aber nicht über den, der es überliefert. Die Integrität der Zeugen wird zum Kriterium der Wahrheit, die personelle Autorität gewährleistet – wie es schon der Begriff *Autorität* ursprünglich besagt – die Zuverlässigkeit der Botschaft. Hier wird also ein ganz bestimmter Typ der apostolischen Nachfolge etabliert: die personelle Nachfolge im *Amt der Apostel*. Kirchen, wie die Orthodoxe, die Römisch-katholische und die Anglikanische halten für ihr Kirchenverständnis an diesem Typus fest. Ihr Kirche-Sein wird bedingt – unterschiedlich ausdifferenziert – von dieser Nachfolge im Amt.

Typ 2: Die inhaltliche Sukzession

Der zweite Typus, der die apostolische Sukzession bewahren will, negiert diese personelle Nachfolge nicht gänzlich, macht sie aber nicht zum Kriterium der Wahrheit oder der Funktionsfähigkeit kirchlicher Ämter. Das Kirche-Sein wird nicht bedingt von einer mehr oder weniger ausweisbaren personellen Sukzession, sondern vom Bleiben in der Wahrheit des Evangeliums. Die Nachfolge bezieht sich also nicht auf die Person eines historisch nur schwer greifbaren Apostels und seiner vermeintlichen Nachfolger, sondern auf die Lehre der Apostel, konkret: auf den schriftlichen Niederschlag der apostolischen Verkündigung.

Jede Kirche, die sich auf die biblische Überlieferung als den normativen Maßstab ihrer Verkündigung beruft, steht in apostolischer Nachfolge, ohne dass eine personelle Nachfolge im Amt notwendig ist. Die Heilige Schrift bildet die Grundlage der Nachfolge. Wird das Evangelium verkündigt, wie es in ihr bezeugt wird, ist die apostolische Nachfolge gesichert und die Apostolizität der Kirche realisiert. Dieser Typus ist bei der evangelischen Konfessionsfamilie Kernanliegen des Kirche-Seins.

Typ 3: Das lebendige Apostelamt

Der dritte Typus hebt sich von beiden beschriebenen Typen ab. Beide setzen voraus, dass es keine Apostel in der Gegenwart mehr gibt. Sie haben andere Modelle entwickelt, die Apostolizität trotzdem zu bewahren. Der dritte Typus realisiert sie, indem er neue Apostel in der Gegenwart erkennt und lebende Personen als Apostel bestimmt. Das Amt der Apostel wird also nicht lediglich „vererbt", sondern neu belebt und ausgefüllt. Damit ist im Grunde die unmittelbarste Form der Apostolizität buchstäblich verkörpert und das Apostolat „belebt". Dieser Typus entstand im Rahmen der Erweckungsbewegung des 19. Jahrhunderts. Exemplarisch ist er in der „Neu-Apostolischen" Kirche anzutreffen.

Die Strukturierung der vorliegenden Konfessionskunde nach diesen drei Typen der apostolischen Nachfolge ist insofern gewinnbringend, als dass sie das theologische Anliegen der verschiedenen Kirchen sichtbar macht, wirklich die Kirche Jesu Christi realisieren zu wollen. Es lässt sich zeigen, dass jede Kirche auf ihre Weise versucht, die Kirche des Glaubensbekenntnisses in der Gegenwart zu leben. Differenzen zwischen den Kirchen werden damit nicht eingeebnet, aber deutlich gezeigt, dass die Kirchen ein gemeinsames Anliegen verbindet. Es kann so zwischen der Gestalt einer Kirche und ihrer eigentlichen Absicht unterschieden werden. Damit findet sich ein **gemeinsames Fundament** – die **Apostolizität der Kirche** –, das nicht ausschließt, nicht über- oder unterordnet, sondern einen Punkt bietet, an dem das gegenseitige (ökumenische) Verstehen anknüpfen kann.

Konkret ordnet die vorliegende Konfessionskunde die Betrachtung der einzelnen Kirchen anhand der vorgeschlagenen Kriterien wie folgt:

1. Die personelle Nachfolge im Amt als Realisierung der Apostolizität
2. Die inhaltliche Nachfolge als Realisierung der Apostolizität
3. Die Apostel als Realisierung der Apostolizität

Kirche, Apostolizität und Amt

Ekklesiologie und Apostolizität sind eng miteinander verknüpft und bedingen einander. Eine Konfessionskunde, deren Ordnungsprinzip die Realisierung der Apostolizität ist, dringt dabei folgerichtig zum Kern ekklesiologischer Selbstverortungen vor.

Darüber hinaus wird unmittelbar das mit der Apostolizität verbundene kirchliche Amtsverständnis erfasst. In der Praxis stellen das Amt inkludierende kirchliche Strukturen eine der größten gegenwärtigen Herausforderungen für die Ökumene dar, im Übrigen bereits seit den 1970er, 1980er Jahren. Die Kenntnis der Verortung des Amtes in den einzelnen Kirchen und Konfessionsfamilien stellt, wie eingangs bereits erwähnt, die Grundlage für den ökumenischen Dialog über das Amt dar. Insofern versteht sich die vorliegende Konfessionskunde in Bezug auf Ekklesiologie, Apostolizität und Amt als Vorarbeiterin ökumenischen Denkens und Agierens. Da sie ihren Gegenstandsbereich theologisch aufbereitet, schafft sie gleichermaßen die Grundlage für die Anschlussfähigkeit weiterer Disziplinen der theologischen Wissenschaft.

1.4 Die Herausforderung der Konfessionskunde in der Gegenwart

In der orthodoxen *Tradition* ist es wichtig, mit der Kirche zu leben. Wer diese Strömung der Christenheit kennenlernen will, kann sie nach orthodoxer Selbstauskunft nicht am Schreibtisch erfassen, sondern muss in die Gottesdienste gehen und das Mysterium des Glaubens und der Kirche erleben. Die Liturgie ist der wesentliche Faktor, der es erlaubt, diese Kirche kennenzulernen.

Dieses Prinzip gilt wesentlich auch für alle anderen christlichen Kirchen, doch zeigt sich bei diesem Beispiel eine Herausforderung, die für die Konfessionskunde in doppelter Weise wichtig ist. Grundsätzlich stellt sich die Frage: Wie gewinnt man Zugang zu einer Konfession? Daraus folgt die zweite Frage: Welche Relevanz und welche Bedeutung hat dieser spezielle Zugang, um das Wesen der Konfession zu erfassen?

Der in diesem Buch gewählte Ansatz versucht, einen theologischen Zugang zu den Konfessionen zu finden und in dessen Folge möglichst viele Aspekte der einzelnen Kirchen zu beschreiben, in deren Summe die wesentlichen Grundzüge der Kirche erfasst werden können. Dieses Anliegen – abgesehen vom speziellen theologischen Zugriff – verbindet die vorliegende Konfessionskunde mit ähnlichen Werken. Allerdings wird bei diesen oft die zweite Frage außer Acht gelassen, die in der Gegenwart vor allem in praktischer Hinsicht wesentlich relevant ist.

Gegenwärtige Grenzen der Konfessionskunde

Wer sich in einer Konfessionskunde informiert, „wie eine Kirche ist", um danach in deren Gottesdienst zu gehen und sich dort zurecht zu finden, kann Überraschungen erleben. Innerhalb der Konfessionen – mal mehr, mal minder – herrscht eine Pluralität, die es kaum erlaubt, von der Lehre auf das Leben zu schließen. Man kann römisch-katholische Messen erleben, die in vollem Ornat und mit viel Weihrauch in üppigen Barockkirchen zelebriert werden, man kann aber auch sehr nüchtern gehaltene römisch-katholische Messen in karg eingerichteten modernen Betonkirchen feiern, die lediglich (aber immerhin!) durch die gleiche Liturgie geeint sind.

Wer den Gottesdienst in einer anglikanischen Kirche besucht, weiß im Vorfeld nicht, was ihn erwartet. Je nachdem, welcher kirchlichen Richtung die Gemeinde angehört, kann der Betreffende einen katholisch wirkenden Gottesdienst erleben oder einen charismatisch ausgerichteten.

Auch bei den Kirchen, die der evangelischen Konfessionsfamilie angehören, kann man im Voraus kaum Aussagen darüber treffen, wie deren Gottesdienste aussehen werden, wenn man sie nicht bereits kennt. Während in der einen Kirche Heilungs-, Salbungs- und Lobpreisgottesdienste aus dem charismatisch-pfingstlerischen Milieu die Sehnsucht nach einem sinnlichen Gottesdienst befriedigen, ist dies für eine reformierte Kirche kaum denkbar und würde dort strikt abgelehnt. Lutherische Gottesdienste wiederum können Formen der Hochkirchlichkeit annehmen, die auf Gläubige anderer evangelischer Prägung wie römisch-katholische Gottesdienste wirken. Die Beispiele ließen sich zahlreich fortführen.

Das Phänomen der interkonfessionellen Vermischung oder der transkonfessionellen Präsentation ist keineswegs nur auf die Gottesdienste beschränkt. Bei öffentlichen Diskussionen zu strittigen, vor allem ethisch relevanten Fragen der Gegenwart kann nur noch der Fachmann sagen, wer zu welcher Konfession gehört, und es muss schon sehr genau beobachtet werden, wer wie argumentiert, um eine konfessionelle Prägung erkennen zu können.

Bezeichnend für die konfessionelle Verwirrung aufgrund von Unkenntnis ist der Befund, dass Christen aller Konfessionen aus ihren Kirchen austreten, wenn beispielsweise ein römisch-katholischer Bischof einen medienwirksamen Skandal verursacht oder römisch-katholische Priester und Bischöfe des Missbrauchs von Kindern überführt werden, auch wenn es Amtsträger einer anderen christlichen Kirche sind. Alle Kirchen werden bei Skandalen, Missmanagement oder gar kriminellen Taten in Mitleidenschaft gezogen, obwohl sie mit den entsprechenden Fällen in anderen Konfessionen nichts zu tun haben. „Die Kirche" wird in Haftung für alle Konfessionen genommen.

Für die Konfessionskunde folgt daraus, dass ihre Beschreibungen einer Kirche lediglich Wegmarken zum besseren Verständnis sein können. Sie können und dürfen keinen Anspruch auf Vollständigkeit und erst recht keinen normativen Anspruch erheben. Konfessionskunde ist die Beschreibung einer Kirche oder Glaubensgemeinschaft und muss akzeptieren, dass sich ihr Forschungsgegenstand unter Umständen schneller verändert, als sie ihn beobachten und untersuchen kann.

Reale Kirche und kirchliches Ideal

Die Existenz einer Spannung zwischen dogmatischer Bestimmung und empirischer Wirklichkeit der Kirche ist nicht nur Thema der Konfessionskunde, sondern auch der anderen theologischen Fächer. Sie wird z. B. in der Systematischen Theologie als Problemanzeige in ekklesiologische Definitionen einbezogen (vgl. Laube, 2011; Hovorun, 2015). Die Einsicht, dass nur indem dieses Spannungsverhältnis konkret bestimmt und offen benannt wird, die geschichtlich gegebene Wirklichkeit einer Kirche überhaupt theologisch begriffen werden kann, setzt sich zunehmend durch. Es geht nicht mehr darum, ein dogmatisch definiertes Ideal mit einer real vorfindlichen Kirche zu vergleichen und so deren Defizite herauszustellen. Wichtiger ist es von der kirchlichen Wirklichkeit auszugehen und aufzuzeigen, inwiefern jede Kirche über sich selbst hinausweist, um so das Wesen von Kirche zu erfassen (vgl. Laube, 2011, 148). Der Konfessionskunde, die sowohl die *ekklesiologisch-dogmatische Selbstbestimmung* als auch die *empirisch-kirchliche Wirklichkeit* in ihre Betrachtung und Untersuchung einbezieht, kommt hierbei die wesentliche Funktion zu, die sich aus dem Spannungsverhältnis ergebenden Widersprüche, Kompensationsversuche und Unverhältnismäßigkeiten zu verarbeiten, ohne sie zu systematisieren, zu bewerten oder normative Schlüsse aus ihnen abzuleiten. Das bedeutet auch, dass paradoxe Phänomene innerhalb von Kirchen nebeneinander stehen bleiben, ohne dass der Spannungsbogen zwischen Ideal und Wirklichkeit aufgelöst wird bzw. aufgelöst werden kann.

Die interne Pluralisierung der Konfessionen

Innerhalb einer Konfessionsfamilie, zuweilen sogar innerhalb einer einzigen Kirche, sind die faktischen Lebensvollzüge der Kirchen oft sehr unterschiedlich und weisen eine hohe Pluralität auf. Das ist zum einen durch die verschiedenen Inkulturationen, d. h. die konkret vorfindlichen Milieus, historischen Kontexte, Mentalitäten und Frömmigkeitsstile zu erklären, zum anderen aber auch durch die Pluralisierung und Individualisierung der modernen Gesellschaft, die auf die

Kirchen ausstrahlt. Weder ein polemisches Klagen, dass jeder (evangelische) Geistliche „macht, was er will“ noch eine Ignoranz der durch die Individualisierung aufgeworfenen Probleme ist dabei angeraten. Es lässt sich nicht von der Hand weisen, dass die Pluralität einer Kirche nicht nur eine Stärke sein kann, sondern die gemeinsame Identität und Erkennbarkeit auch schwächt. Die gegenwärtig große Herausforderung für das Christentum ist der angemessene Umgang mit Pluralität und Pluralismus, ohne in eine oberflächliche Gleich-Gültigkeit oder eine Verteidigungshaltung der absoluten Wahrheit abzugleiten. Die Einübung einer am Anderen interessierten, toleranten und gleichermaßen fest verankerten eigenen Haltung ist eine der aktuell wichtigsten Aufgaben in Theologie und Kirche.

Beispiel: Die „Heilig-Rock-Wallfahrt“

Als Beispiel für konfessionsinterne Pluralisierung kann die Diskussion um die *Heilig-Rock-Wallfahrt* 2012 in Trier angeführt werden. Progressive römisch-katholische Christen beschwerten sich bezüglich dieser Wallfahrt in evangelischen Pfarrämtern darüber, dass es so etwas wie Wallfahrten überhaupt noch gibt, und hielten evangelischen Geistlichen vor, dass diese keinen Einspruch erheben würden. Gleichzeitig warfen konservative römisch-katholische Christen ihrer Kirchenleitung vor, dass sie durch den Begriff der „Christuswallfahrt“ den speziellen Charakter einer *Reliquienwallfahrt* verdunkelten und erhoben den Vorwurf, dass der Bischof von Trier, Stephan Ackermann (geb. 1963), in Rom keinen besonderen Ablass, wie es bei einer *Heilig-Rock-Wallfahrt* möglich ist, erbeten habe und ihnen diesen nun vorenthalte.

Auf evangelischer Seite kam Kritik daran auf, dass evangelische Christen der Einladung zur Wallfahrt folgten, anstatt Martin Luthers Einsichten zum Thema Reliquien zu verinnerlichen.

Das Beispiel zeigt, dass in beiden Konfessionen der gleiche Anlass heftigen Streit nach sich zog und dass neue Koalitionen jenseits der Konfessionsgrenzen gesucht und gefunden wurden. Trotz einer klaren theologischen Ablehnung von Ablass und Wallfahrt nahmen und nehmen Protestanten an der *Heilig-Rock-Wallfahrt* teil, während römisch-katholische Christen zum großen Teil problemlos auf einen Ablass verzichten, der ihnen durch ihren Bischof aus ökumenischer Rücksichtnahme sowieso vorenthalten wird.

Paradigmatisch wird hier die Schwierigkeit deutlich, in der Moderne die Konfessionsgrenzen klar zu erfassen und dadurch bestimmte Beschreibungen der Realität zu liefern. Aus Sicht der Konfessionskunde muss eine Verwischung klassischer Konfessionsgrenzen und die Bildung neuer Koalitionen klar erkannt und benannt werden.

Die Entwicklung jenseits der Konfessionen

Die Moderne hat im Umgang mit dem Transzendenten und der Religion in den westlichen Gesellschaften umwälzende Veränderungen hervorgebracht, u. a. Prozesse der Säkularisierung, die bis in die Gegenwart den Verlust von Religionsrelevanz zeitigen und Traditionsabbrüche beschleunigen. Teil solcher Entwicklungen ist das Phänomen der religiösen Selbstermächtigung.

Der postmoderne Mensch lässt sich nicht mehr vorschreiben, was er zu glauben hat, sondern wählt aus, was ihm zu glauben sinnvoll erscheint. Schon das Beispiel der *Heilig-Rock-Wallfahrt* hat dies klar gezeigt: Wenn ein Protestant zum *Heiligen Rock* pilgern möchte, dann tut er das ohne Rücksicht auf die Lehren seiner Kirche. Wenn ein evangelischer Christ bei seiner Trauung das klassisch katholische „Ave Maria" hören will, weil es „einfach so schön ist", dann kann sich auch ein Pfarrer dem kaum in den Weg stellen. Umgekehrt sind evangelikale Lobpreislieder als *Sacropop* in römisch-katholischen Jugendmessen keine Seltenheit. Traditionelle Rituale werden ihres Sinnes entleert, z. B. führt ein Vater die Tochter zum Traualtar, weil es romantisch ist, nicht, wie ursprünglich gemeint, als Zeichen der Übergabe des Besitzes, an das (hoffentlich) dabei niemand mehr denkt.

Besonders aus konfessionskundlicher Perspektive lassen sich zwei wesentliche Entwicklungen erheben: Einerseits werden die klassischen ökumenischen Streitfragen, obwohl sie nicht gelöst sind, in der kirchlichen Lebenswelt zunehmend verdrängt und sind in ihren theologischen Begründungen nur noch Fachleuten zugänglich. Auf der anderen Seite bilden sich neue Problemfelder, die die interne Pluralisierung in den Konfessionen beschleunigen. Neue transkonfessionelle Koalitionen entstehen, jenseits der traditionellen Abgrenzungen der Konfessionen, und machen sie obsolet. Neue Gruppen finden sich anhand von gemeinsamen Interessen, Themen und gemeinsamen Gegnern in verschiedenen Konfessionen und formulieren gemeinsame Anliegen zu bestimmen kirchlichen Positionen oder theologischen Fragen.

Sackgassen des Dialogs

Im Allgemeinen wird wenig beachtet, wie umfangreich in den ökumenischen Dialogen der letzten 50 Jahre wesentliche kirchentrennende theologische Sachverhalte aufgenommen, bearbeitet und diskutiert wurden und in vielen Fällen zu Annäherungen geführt haben. Obwohl genügend Brücken zur Verständigung gebaut worden sind, scheint es gegenwärtig in der Ökumene kaum Schritte aufeinander zu zu geben. Warum ist z. B.

das Abendmahl/die Eucharistie ein Trennungsmerkmal der Konfessionen, obwohl viele Protagonisten der ökumenischen Bewegung der Meinung sind, dass es genügend Möglichkeiten gibt, diese Trennungen aufzuheben und/oder zu umgehen? Unterschiedliche Positionen zur Amtsfrage oder dem Verständnis von Kirche generell verhindern ebenfalls ein Aufeinanderzugehen. Allerdings treten die theologischen Ursachen der Konflikte langsam in den Hintergrund des allgemeinen Interesses. Viele Menschen lassen sich – wie beschrieben – nicht mehr vorschreiben, was sie glauben sollen und fühlen sich nicht mehr gebunden an die Gebote oder Verbote ihrer jeweiligen Konfession.

Evangelische Christen bekommen grundsätzlich von ihren Kirchenleitungen nicht gesagt, was sie glauben sollen, sondern erhalten Orientierungshilfen und Denkschriften. Inwiefern diese rezipiert werden, liegt in der Hand des Einzelnen oder der einzelnen Gemeinde. Römisch-katholische Christen erfahren oft nicht umfassend, welche Verlautbarung vom Vatikan ausgeht bzw. rezipieren Lehrnormen nach individuellem Gutdünken. So nehmen z. B. viele römisch-katholische Christen ohne Gewissensprobleme am Abendmahl in evangelischen Kirchen teil und verzichten damit auf die theologische Klärung des ökumenischen Problems. Umgekehrt partizipieren evangelische Christen gern und ohne theologische Zweifel an besonderen Andachtsformaten der Römisch-katholischen Kirche (z. B. in der Fastenzeit) oder an den sinnlich beeindruckenden, liturgisch opulenten orthodoxen Gottesdiensten.

Selbst die Klärung wesentlicher theologischer Fragen vermag in der kirchlichen Praxis der Ökumene kaum weiterführende Impulse zu setzen. Deutlicher Beleg für diese Erkenntnis ist die „Gemeinsame Erklärung zur Rechtfertigungslehre", die das zentrale reformatorische Problem der Rechtfertigung allein aus Glauben zum Gegenstand hat. Dieses Konsensdokument, das im Dialog zwischen Lutherischem Weltbund (LWB) und der Römisch-katholischen Kirche entworfen, das 1999 feierlich unterzeichnet wurde und dem 2006 der Weltrat methodistischer Kirchen zustimmte, ist in der Regel nur theologischen Experten zugänglich, die sich darum auch wieder heftig streiten können. Obwohl mit diesem Dokument die zentrale Frage der Reformation nach der Rechtfertigung des Menschen weithin einvernehmlich geklärt wurde, ist deren Relevanz bereits für die kirchliche Praxis gering, von der öffentlichen Wahrnehmung ganz zu schweigen.

Auf der anderen Seite steht eine mitunter ganz erstaunliche Scheu an der kirchlichen Basis, sich nicht in „zivilem Ungehorsam" über Konfessionsgrenzen hinwegzusetzen, wie es sogar Papst Franziskus (Pontifikat: seit 2013) in der

Frage des gemeinsamen Abendmahls von konfessionsverschiedenen Ehepaaren angeraten hat (vgl. Metzger, 2016, 40–42). Einer Verflachung der Konfessionalität und der konfessionellen Problematik widerspricht darüber hinaus auch das zu beobachtende Interesse von Christen in einer globalisierten Welt an dem, was andere Christen leben und wonach sie sich ausrichten. Gleichfalls ist der Bildungshunger von Christen zu konstatieren, die in Zeiten des Relevanzverlustes des Christentums über ihre eigene Konfession Bescheid wissen möchten. Von daher ist es nach wie vor ein wichtiges und wesentliches Unterfangen, konfessionelles Wissen zu erwerben, ökumenische Diskussionen zu führen und die ökumenische Annäherung zu praktizieren. Besonders scheint es da angeraten, wo praktische Probleme ihrer Lösung harren (vgl. Metzger, 2014).

Streitfelder in und zwischen den Konfessionen

Während sich durch die religiöse Selbstermächtigung und den „zivilen Ungehorsam" scheinbar mühelos aus den ökumenischen Sackgassen der alten Probleme befreit wird, werden andere Diskussionen in den Konfessionen mit großer Wucht geführt. Dabei verlaufen neue Fronten nicht mehr entlang der Konfessionsgrenzen, sondern durch alle Konfessionen und Kirchen hindurch. Um diese Entwicklung auf den Punkt zu bringen, lässt es sich am ehesten auf die Begriffe *liberal* und *konservativ* zurückgreifen, ohne dass hier politische Ausrichtungen oder wertende Konnotationen mitschwingen. Auch eine allzu präzise Zuordnung von Haltungen, Charakteristika oder Gruppenzugehörigkeiten ist mit diesen Termini nicht möglich. *Liberal* meint im weitesten Sinne die progressive Bereitschaft, neue Positionen einzunehmen, *konservativ* das Bestreben, traditionelle Positionen als zukunftsweisend zu bewahren. Liberale und konservative Gruppen stehen sich gegenüber, ohne dass dabei traditionelle Konfessionsgrenzen ein Hindernis darstellen.

Die wesentlichen Diskussionspunkte, die gegenwärtig liberale und konservative Fronten evozieren, sind → **Frauenordination** und Frauen in kirchlichen Leitungsämtern, → **Homosexualität** von Kirchengliedern und Geistlichen und – mit beidem im Zusammenhang stehend – die Frage nach dem Verständnis der Heiligen Schrift. Auf diese drei Aspekte als konfessionsüberschreitende Frontlinien wird im → **Ausblick** ausführlich eingegangen werden. An dieser Stelle aber werden kurz die Folgen dieser Frontstellung für die Konfessionskunde skizziert.

Die Herausforderung für das Fach Konfessionskunde ist, dass sich konfessionelle Grenzen zunehmend schwerer definieren lassen. Sobald bei den transkonfessionellen Frontstellungen die gemeinsamen Ziele der aus verschiedenen

Konfessionen zusammengesetzten Gruppen erreicht wurden (oder sie sich eingestehen, dass die Ziele nicht zu erreichen sind), zerfallen die sozialen Einheiten, können sich aber bei einem anderen kontroversen Thema, sogar auf verschiedenen Seiten, wieder begegnen. Die jeweilige konfessionelle Anbindung spielt dabei so gut wie keine Rolle.

Konsequenz für die Konfessionskunde

In Analogie zur zunehmenden Bedeutungslosigkeit früherer politischer oder sozialer Zuordnungen wie „rechts" und „links" oder „oben" und „unten" verlieren Bezeichnungen wie „katholisch" oder „evangelisch", „orthodox" oder „anglikanisch" ihre Deutekraft, wenn es darum geht, konkrete Positionen zu bezeichnen. Somit steht die Konfessionskunde zunehmend unter dem Druck des Zerfalls ihrer Beobachtungsfelder in eine konfessionslose Praxis und eine kirchliche Theorie ihrer selbst. Wenn sich Gruppen innerhalb einer Kirche von ihrer „eigentlichen" Position, d. h. der konfessionellen Bindung ihrer Kirche, kaum noch leiten lassen, dann kann konfessionskundlich nur darauf hingewiesen werden, dass es sich im Folgenden um Darstellungen des theoretischen Selbstbildes handelt, nicht um ein reales Abbild. Dann stehen mitunter konfessionelle Grenzen nur noch unverstanden in nicht gelesenen Büchern – u. a. Papst Franziskus wies darauf hin, dass die Lehre der Kirche in Büchern stehe, die schwer zu lesen seien (vgl. Metzger, 2014) – und werden deshalb vergessen, nicht beachtet oder nur als Verbote erlebt, ohne dass ihre Begründungen und ihr historisches Geworden-Sein verstanden wird.

Eine jede Konfessionskunde muss sich ihrer Grenzen bewusst sein, ebenso der Veränderungen, in denen sie selbst steht, und sich darum bemühen, die theologischen Beschreibungen einer Kirche mit der in ihr gelebten Wirklichkeit in Beziehung zu setzen. Phänomenologisch kann es hier zu Überraschungen kommen, die entweder zeigen, wie belastbar konfessionelle Merkmale geworden sind und wie dehnbar oder durchlässig konfessionelle Grenzen geworden sind. Die Konfessionskunde muss die Fähigkeit entwickeln, ohne Scheuklappen kirchlich-plurale, transkonfessionelle und zunehmend auch synkretistische Phänomen zu erfassen. Dann, aber nur dann, gewinnt sie entscheidend an Bedeutung für die Durchdringung und Beschreibung der religiösen Landschaft der Gegenwart.

Weiterführende Literatur

Albrecht, Christian (Hg.) (2011), *Kirche,* Themen der Theologie 1, Tübingen.

Frieling, Reinhard / Geldbach Erich / Thöle, Reinhard, *Konfessionskunde. Orientierung im Zeichen der Ökumene*, Grundkurs Theologie 5,2, Stuttgart 1999.

Heyer, Friedrich (Hg.) (1977), *Konfessionskunde*, Berlin / New York.

Körtner, Ulrich H. J. (2018), *Ökumenische Kirchenkunde*, Lehrwerk Evangelischer Theologie 9, Leipzig.

Mühling, Markus (Hg.) (2009), *Kirchen und Konfessionen*, Grundwissen Christentum 2, Göttingen.

Oeldemann, Johannes (Hg.) (2015), *Konfessionskunde*, Paderborn / Leipzig.

Pinggéra, Karl (2013) *Konfessionskunde als Begegnungswissenschaft*, Materialdienst des Konfessionskundlichen Instituts 64, 9–13.

2 Die Ausdifferenzierung des Christentums im Überblick

Am Anfang der Kirchengeschichte steht die Interpretation der Person Jesu von Nazareth. Die Anhänger dieses jüdischen Propheten behaupteten nach dessen Kreuzigung, dass dieser Mensch der erwartete Messias, der Sohn Gottes gewesen sei. In diesem Anfang liegt die Begründung der Pluralität des Christentums. Verschiedene Menschen sahen in Jesus von Nazareth den Christus. Sie fanden sich zusammen und bildeten den Kern dessen, woraus sich verschiedene Kirchen entwickelten.

Jesus Christus

Die historische Entwicklung von den Anfängen in Jerusalem oder Galiläa bis zu den gegenwärtigen Kirchen kann als Ausdifferenzierungsprozess der einzelnen Interpretationen verstanden werden. Weil jeder Mensch partiell anders erkennt und versteht, gibt es zu keiner Zeit eine einzige Kirche, die aufgrund von Spaltungen ihre „gottgegebene" Einheit und Identität verloren hat, sondern es stehen von Anfang an unterschiedliche Interpretationen nebeneinander, die einmal mehr, einmal minder friedlich koexistieren.

Vielfalt und Ausdifferenzierung

Das Neue Testament, als normatives Zeugnis der frühen Zeit des Christentums, enthält keine homogene Theologie und stellt keine einheitliche Kirchenlehre dar, sondern ist in sich plural und bezeugt das von Anfang an stattfindende Ringen um die Deutung der Person Jesu. Der Kanon selbst ist Dokument einer Vielzahl von theologischen Entwürfen. Bereits 1951 stellte der Neutestamentler Ernst Käsemann (1906–1998) deshalb fest:

> Der neutestamentliche Kanon begründet als solcher nicht die Einheit der Kirche. Er begründet als solcher, d.h. in seiner dem Historiker zugänglichen Vorfindlichkeit dagegen die Vielzahl der Konfessionen. Die Variabilität des Kerygmas im NT ist Ausdruck des Tatbestandes, daß bereits in der Urchristenheit eine Fülle verschiedener Konfessionen nebeneinander vorhanden war, aufeinander folgte, sich miteinander verband und gegeneinander abgrenzte. (Käsemann, 1970, 221)

Deshalb ist es im Rahmen einer Konfessionskunde angebracht, stets in Erinnerung zu behalten, dass die Vielzahl von Kirchen an sich keine zu überwindende Illegitimität darstellt, sondern dem Christentum von seinem Ursprung her immanent ist.

Die viel zitierte Bitte des johanneischen Jesus in Joh 17,11.21 („dass sie alle eins seien") zielt gerade nicht auf die Uniformität einer Einheitskirche, sondern auf

das gemeinsame Wirken aller Christen in der Welt (so wie Gott und Jesus in johanneischer Perspektive zusammen in der Welt wirken) und die Erkenntnis, dass alle Christen in einer von Gott her gegebenen Wirklichkeit, die über Zeit und Raum hinausgeht, bereits eins sind. Der Vers ist keine Handlungsaufforderung für die Ökumene, sondern eine Erinnerung an die **Kirche als Gemeinschaft** der Heiligen. Diese Bitte ist deshalb so zu verstehen, dass Christen sich ihrer gemeinsamen Identität bewusst sein sollen, um in der Welt gemeinsam agieren zu können. So sollen sie „der Welt" die Attraktivität und die Heilsmöglichkeit des Christentums zeigen.

Vielfalt und Einheit

Sobald bewusst ist, dass Pluralität kein zu überwindender Mangel der christlichen Kirchen ist, kann auch die historische Ausdifferenzierung des Christentums in verschiedene Kirchen akzeptiert werden, ohne dass dabei von *Orthodoxie* (‚richtige Lehre'), von dem „rechten Glauben" im Gegensatz zu *Häresie* im Sinne von ‚Irrlehre' oder ‚(Ab-)Spaltung' gesprochen werden muss. Kirchen wachsen miteinander, differenzieren sich in ihrem Innern, halten Spannungen entweder aus oder manifestieren sich in neuen Kirchen. Dabei führt sich jede Kirche im Prinzip auf das Ereignis des Anfangs zurück. Es ist demnach verfehlt, „Geburtsstunden" einzelner Kirchen anzugeben oder eine Kirche als ältere bzw. jüngere zu bestimmen, da dabei übersehen wird, dass jede Kirche sich dem Anfang verpflichtet weiß und von diesem her ableitet. Die Geschichte jeder christlichen Kirche beginnt in dieser Perspektive deshalb mit der Interpretation Jesu als Christus.

2.1 Die ersten vier Jahrhunderte

Nach der Kreuzigung Jesu löste sich die von ihm ins Leben gerufene jüdische Erneuerungsbewegung nicht vollständig auf und reintegrierte sich nicht umfänglich in das antike Judentum – obwohl das vorstellbar und zu erwarten gewesen wäre. Stattdessen begann die Verkündigung, die aus der jüdischen Bewegung eine neue Religion werden ließ.

Beginn der christlichen Gemeinschaft

Mit der Aufnahme von Heiden und den damit verbundenen theologischen Implikationen beschäftigt sich der Apostel Paulus. Seine Briefe zeigen, wie sich die neue Religion in der Welt zurechtfindet. Rituelle und theologische Fragen, z.B. *Beschneidung* oder *Speisegebote* wurden zuweilen kontrovers diskutiert (Gal 2; Apg 15) und mit der Neuinterpretation der Taufe als *Initiationsritual* ging das Christentum schließlich über das Judentum hinaus. Die genauen Entwicklungen dieser Zeit liegen im Dunkeln. Während die Apostelgeschichte die Anfänge des Christentums harmonisierend erzählt und auf Jerusalem konzentriert, deutet der Schluss des Markusevangeliums auf einen Neubeginn der Jesusbewegung in Galiläa hin. Die Texte des Neuen Testaments zeigen also, dass bereits in der zweiten Hälfte des 1. Jahrhunderts eine erstaunliche Vielfalt des Christentums präsent war.

Erste Lehrentscheidungen

Verschiedene Theologien und verschiedene christliche Strukturen an verschiedenen Orten bestimmten die frühen Jahre, in denen sich das Christentum in der Welt nach dem Prinzip von Versuch und Irrtum organisierte. Zunächst von der herrschenden Macht des Zeitalters, dem römischen Reich, nicht beachtet, dann nicht verstanden und schließlich bekämpft, versuchte das Christentum sich nach der ausgebliebenen Naherwartung einzurichten. Nachdem es im Reich von der verfolgten zur tolerierten Religion und schließlich sogar zur Staatsreligion (381) aufgestiegen war, mussten wesentliche Glaubensinhalte bestimmt werden. Nach Vorarbeiten, die zum Teil im Westen, zum größeren Teil im Osten des Reichs geleistet wurden, charakterisierten die Konzile von Nicäa (325) und Konstantinopel (381) die *Trinitätslehre* in der Weise, dass auch der Sohn und der Heilige Geist eines Wesens mit dem Vater sind und hielten die Göttlichkeit von Sohn und Heiligem Geist fest.

Auf dem Konzil von Konstantinopel wurde als Ergebnis der Beratungen das wichtigste, weil allen gegenwärtigen Kirchen gemeinsame Glaubensbekenntnis, das *Nicäno-Konstantinopolitanum*, verabschiedet. Es ist das einzige Glaubensbekenntnis, das ökumenisch verbindlich für alle christlichen Kirchen gilt. Doch bereits um die Bestimmung Gottes gab es heftige Auseinandersetzungen und Verwerfungen, die die frühe Pluralität des Christentums belegen. Die Gegner der *Trinitätslehre*, z. B. die Arianer oder Homöer, zeitigten zwar vereinzelt Nachwirkungen, z. B. bei den Germanen, konnten aber keine bis heute existierende Kirche gründen. Anders sah dies bei den Auswirkungen des nächsten Schritts der dogmatischen Entwicklung aus.

Das Interesse richtete sich nach der Klärung des trinitarischen Gottesbildes nun auf die Person Christi.

2.2 Die christologischen Auseinandersetzungen und das Konzil von Chalcedon 451

Die sogenannten *christologischen Auseinandersetzungen* in der ersten Hälfte des 5. Jahrhunderts waren ausschlaggebend für die Trennung der altorientalischen Kirchen von den byzantinisch-orthodoxen Kirchen des oströmischen Reichs. Dabei ging es um die *zwei Naturen* von Jesus Christus, um das Verhältnis von Göttlichkeit und Menschlichkeit in seiner Person, und wie die Beziehung der beiden Naturen zueinander zu begreifen und zu beschreiben ist. Im 4. und 5. Jahrhundert wurden die christologischen Debatten im Wesentlichen zwischen den beiden theologischen Zentren der damaligen Zeit, Alexandrien und Antiochien, ausgetragen. Die alexandrinischen Theologen hoben besonders die Einheit der menschlichen und göttlichen Natur Jesu Christi hervor. Die antiochenischen Gelehrten unterstrichen dagegen den Unterschied der beiden Naturen.

Das Problem der zwei Naturen

Ein elementarer Aspekt der christologischen Fragen ist die *soteriologische* Implikation: Wie kann Jesus Christus als ein Mensch, dessen Göttlichkeit nicht präsent ist, die Menschheit erretten? Oder welchen „Wert“ hat die Errettung durch einen Gott, der nicht auch ganz und gar Mensch war?

Die schließlich vom Konzil in Chalcedon 451 verabschiedeten Beschlüsse, die von dem römischen Papst Leo I. (Pontifikat: 440–461) vorbereitet worden waren, gingen von zwei Naturen in einer Person aus. Das Verhältnis der beiden Naturen wurde dogmatisch in der *Zwei-Naturen-Lehre* festgeschrieben: Christus war vollkommener Gott und gleichermaßen vollkommener Mensch, weder miteinander vermischt noch voneinander getrennt. Die Schlagworte dazu lauteten: *unvermischt, unverwandelt, ungeschieden, ungetrennt.*

Obwohl mit der Charakterisierung *unvermischt* die Anliegen der Antiochener und mit *ungetrennt* die Position der Alexandriner aufgenommen wurden, erfuhren die Streitigkeiten in den sogenannten *mono-* oder *miaphysitischen Auseinandersetzungen* nach dem Konzil ihre Fortführung.

Mono- bzw. miaphysitische Auseinandersetzungen

Eine theologische Haltung, die sich wiederum in diverse Richtungen ausdifferenzierte, war die, in Christus eine gottmenschliche Natur und nicht zwei Naturen am Wirken zu sehen. Diese *miaphysitische* (griech.: *mia physis* = ‚eine Natur‘) Vorstellung setzte sich bei mehreren orientalischen Kirchen durch, und wird bis heute von der Armenischen, Koptischen, Äthiopischen, Eritreischen, Syrischen und Malankara Orthodoxen Kirche vertreten. Diese Kirchen kritisierten am Chalcedonense, dass die Einheit Christi zerstört würde. Die Äthiopischen und Eritreischen Kirchen tragen in ihren Selbstbezeichnungen bekenntnishaft den Begriff *Tewahedo* (= ‚Einheit'). Mit dieser „Einheit" ist nicht die Kircheneinheit o. ä. gemeint, sondern die Einheit der beiden Naturen Christi gemäß der miaphysitischen Vorstellung.

Politische Differenzen

Zu den theologischen Auseinandersetzungen kamen spezifisch politische und kirchenpolitische Schwierigkeiten. Für die Auseinandersetzungen zwischen Antiochien und Alexandrien waren die kirchenpolitischen Rivalitäten der Patriarchate gegenüber Konstantinopel relevant. Die Kirchen in Ägypten und Syrien widersetzten sich der Byzanz-Zentrierung. Kirchen auf Gebieten, die politisch nicht zum oströmischen Reich gehörten, z. B. Armenien und Äthiopien, strebten nach Erhalt der Unabhängigkeit, in enger Verflechtung mit ihren regionalen Königtümern. So begannen sich schon in der frühen Zeit des Christentums einzelne Kirchen vom Hauptstrom der Kirche im (ost)römischen Reich zu distanzieren.

2.3 Die Trennung der Ost- und Westkirche

Das Große Morgenländische Schisma

Eine weitere Trennung grundsätzlicher Art vollzog sich in der Zeit des Mittelalters zwischen der östlichen und der westlichen Kirche. Diese Trennung, das *Große Morgenländische Schisma*, wird im Allgemeinen auf das Jahr 1054 datiert, bahnte sich aber mit einer schleichenden Entfremdung der östlichen und westlichen Kultursphäre, bedingt u. a. durch die sprachlichen Unterschiede, über mehrere Jahrhunderte hinweg an. Zusätzlich sorgte das wachsende kirchenpolitische Interesse des römischen Papstes an der Jurisdiktionsgewalt über die anderen Bischofssitze für Spannungen. Diese mündeten schließlich in den Ereignissen des Jahres 1054, als durch einen Legaten von Papst Leo IX. (Pontifikat: 1049–1054) in einer Bannbulle die Exkommunikation über den damaligen Patriarchen Michael I. (Kerularios; um 1000–1059) von Konstantinopel und weiterer oströmischer Kirchenführer verhängt wurde. Im Gegenzug wurde der römische Abgesandte von Michael I. exkommuniziert – bemerkenswerterweise nicht der Papst selbst – sowie der Name des römischen Papstes aus den Passagen der Fürbitte in der byzantinischen Liturgie gestrichen. Die gegenseitige Exkommunikation wurde erst 1965 von Papst Paul VI. (Pontifikat: 1963–1978) und dem Ökumenischen Patriarchen Athenagoras I. (1886–1972, Patriarch: 1948–1972) offiziell zurückgenommen.

Das Filioque

In der päpstlichen Bulle von 1054 wurde den östlichen Kirchen u. a. unterstellt, das *Filioque* (= ‚und aus dem Sohn') aus dem Glaubensbekenntnis gestrichen zu haben. Allerdings war dieses von der westlichen Kirche ohne Absprache mit der östlichen überhaupt erst in das Bekenntnis eingefügt worden. Im griechischen Urtext des *Nicäno-Konstantinopolitanum*, den das Konzil 381 festgelegt hatte, heißt es: „[Wir glauben] an den Heiligen Geist, der Herr ist und lebendig macht, der aus dem Vater hervorgeht". Der westkirchliche Zusatz zum Glaubensbekenntnis „[Wir glauben] an den Heiligen Geist, der Herr ist und lebendig macht, der aus dem Vater und dem Sohn hervorgeht" ist von den östlichen Kirchen nie bestätigt und anerkannt worden. Das *Filioque* sollte die gesamte Kirchengeschichte als das trennende Symbol von Ost- und Westkirche durchziehen.

Der Kreuzzug gegen Konstantinopel 1204

Zum endgültigen Bruch zwischen Ost- und Westkirche kam es durch den 4. Kreuzzug 1204, als ein Kreuzfahrerheer aus französischen und venezianischen Rittern und Seefahrern, deren geplante Eroberung Ägyptens zu scheitern drohte, gegen das Verbot des Papstes den Kreuzzug nach Konstantinopel umlenkte. Die Tragweite dieses Ereignisses bestand darin, dass eine christliche Stadt von christlichen Rittern, die sich eigentlich der Verteidigung des Christentums gegen den Islam verschrieben hatten, geplündert und ihre Bewohner getötet oder grausam misshandelt wurden. Auch die christlichen Kirchen wurden von den Kreuzfahrern nicht verschont, kostbare Reliquien geraubt und Kirchengut gestohlen. Der byzantinische Kaiser wurde vertrieben und für einige Jahrzehnte herrschten an seiner Stelle Vasallen des Papstes und der Stadt Venedig über das byzantinische Reich. Die byzantinische Kultur entwickelte sich in dieser Zeit in mehreren kleinasiatischen Exilreichen neu. Mit dem 4. Kreuzzug war die Trennung zwischen Ost- und Westkirche nicht mehr nur ein theologisches oder kirchliches Phänomen, sondern eine für das Volk spürbare Realität.

Unierte Kirchen des Ostens

In den folgenden Jahrhunderten kam es zu weiteren, für die Orthodoxie schmerzlichen Eingriffen der westlichen Kirche in ihre Kirchensituation. Im grundsätzlichen Bemühen der Römisch-katholischen Kirche, die altorientalischen und griechisch-orthodoxen Kirchen in die römische Jurisdiktion zurückzuführen, entstanden vor dem Hintergrund verschiedener kirchenpolitischer Konstellationen und politischer Ereignisse im Orient und in Ost- und Südosteuropa sogenannte *unierte*, d. h. griechisch-katholische, mit Rom verbundene Kirchen. Kennzeichen der *unierten Kirchen* ist, dass sie orthodox geprägt sind, die orthodoxe Liturgie feiern und strukturiert sind wie orthodoxe Kirchen, bis hin zu dem Umstand, dass es bei ihnen verheiratete Priester gibt [→ **Orthodoxe Kirche**], dass sie aber der Jurisdiktion des Papstes unterstehen und als äußeres Kennzeichen das Glaubensbekenntnis mit dem *Filioque* beten.

Die Entstehung der *unierten Kirchen* führte zu einer Verdoppelung der Hierarchien: Zu nahezu jeder altorientalischen oder byzantinisch-orthodoxen Kirche existiert ein römisch-katholisches Pendant. So ist z. B. die römisch-katholische Entsprechung der → **Heiligen Apostolischen Katholischen Assyrischen Kirche des Ostens** die Chaldäisch-Syrische Kirche (auch: Chaldäisch-Katholische Kirche) des Ostens. Der → **Armenischen Kirche** entspricht die 1742 unierte Armenisch-Katholische Kirche. Das römisch-katholische Pendant der griechisch-orthodoxen Kirche von Alexandrien [→ **Patriarchat von Alexandrien**] und von Antiochien [→ **Patriarchat von Antiochien**] ebenso wie der orthodoxen Jerusalemer Kirche [→ **Patriarchat von Jerusalem**] ist die Melkitische Griechisch-Katholische Kirche, die sich in einem längeren Prozess im 17. Jahrhundert herausbildete und heute eine der größten Kirchen im Libanon darstellt.

Nur wenige römisch-katholische östliche Kirchen sind nicht als Re-Unionsbemühung Roms aus einer altorientalischen oder orthodoxen Kirche hervorgegangen. Die altorientalische römisch-katholische Maronitisch-Syrische Kirche [→ **Syrische Orthodoxe Kirche von Antiochien und dem ganzen Osten**], die im 7. Jahrhundert entstand und sich auf den Bischofssitz in Antiochien zurückführt, ist ein Beispiel für eine solche selbstständig gediehene römisch-katholische östliche Kirche.

Im 17. Jahrhundert trieb besonders das Wirken der *Societas Jesu*, der ‚Jesuiten', das römisch-katholische Bestreben voran, die Orthodoxie mit dem Katholizismus zusammenzuführen, im 19. und frühen 20. Jahrhundert waren es häufig nationalpolitische Interessen, die die Gründung unierter Kirchen forcierten. In den meisten osteuropäischen Ländern unter kommunistischer Herrschaft wurden die mit Rom unierten Kirchen im 20. Jahrhundert verboten und ihre Geistlichen und Mitglieder zur Konversion zur Orthodoxie gezwungen.

Im Hinblick auf Mitgliederzahlen sind diese Kirchen eher kleine Religionsgemeinschaften. Aber sie bilden bis heute ein Spannungsfeld im Verhältnis von Orthodoxie und römischen Katholizismus.

2.4 Die orthodoxen Kirchen unter islamischer Herrschaft

Die nachhaltigste Erschütterung in der Geschichte der meisten altorientalischen und einiger byzantinisch-orthodoxer Kirchen stellte die jahrhundertelange muslimische Herrschaft auf ihren Gebieten dar.

In der ersten Hälfte des 7. Jahrhunderts gewannen die Araber die Vormacht im gesamten Orient. Von Ende April bis Anfang Mai 1453 wurde Konstantinopel erobert. Das bedeutete das Ende des byzantinischen Reichs. Die Flucht zahlreicher griechischer Gelehrter in den lateinischen Westen und die damit verbundene Anhebung von Wissen und antiker Bildung leitete in Europa *Renaissance* und *Humanismus* ein. Anfang des 16. Jahrhunderts weitete sich die osmanische Herrschaft auch über Syrien und Ägypten aus.

Lebensbedingungen der Christen

Mit der Herrschaft von Nicht-Christen änderten sich die Lebensbedingungen der Christen auf den jeweiligen Gebieten grundlegend, wenn auch regional sehr verschieden und von den Lokalbehörden flexibel geregelt. Prinzipiell waren Christen *Schutzbefohlene*, die gegen die Zahlung einer Kopfsteuer ihre Religion frei ausüben durften. Allerdings waren Mission unter Muslimen und die öffentliche Repräsentation des Christentums verboten. Durch die fehlenden Möglichkeiten der Verbreitung des Christentums, durch Repressionen und Fluchtbewegungen entwickelte sich das Christentum, ehemals die beherrschende Religion des Orients, im Laufe der Jahrhunderte zu einer **Minderheitenreligion**. In den meisten Ländern unter muslimischer Oberhoheit stagnierte die Entfaltung und Weiterentwicklung von Theologie durch die Einschränkungen im Bildungsbereich und das Fehlen eigener theologischer Ausbildungsstätten.

Die Situation vom 19. bis zum 21. Jahrhundert

Die Krise des osmanischen Reichs im 19. und frühen 20. Jahrhundert und die Herausbildung muslimischer Nationalstaaten führte die christlichen Gemeinschaften auf den entsprechenden Gebieten teilweise in schwerste Christenverfolgungen.

Heute ist das Zusammenleben von Christen und Muslimen in den verschiedenen orientalischen Nationalstaaten unterschiedlich geregelt.

2.5 Die Kirche des Westens im Mittelalter

Innerhalb der westlichen Reichskirche kam es an verschiedenen Orten in verschiedenen Zusammenhängen zu Spannungen. Ein Brennpunkt war der mal mehr, mal minder offen ausgetragene **Konflikt zwischen Kaiser und Papst** um die weltliche Vorherrschaft. Die Kirche geriet immer mehr in enge Vernetzungen mit der Politik der Zeit und wurde davon geprägt. Das führte die Reichskirche letztlich zur *babylonischen Gefangenschaft* des Papstes in Avignon und 1378 zum *Abendländischen Schisma*, einer Zeit, in der es zwei bzw. drei Päpste gab. Erst auf dem Konzil von Konstanz (1414–1418) konnte dieser Zustand überwunden werden.

Das Abendländische Schisma

Die politischen und kirchenpolitischen Turbulenzen, in denen sich die Reichskirche befand, erklären, warum theologische Impulse vielfach von den Orden ausgingen. Sie gaben mit ihren Reformbemühungen den Anstoß für neue geistliche Aufbrüche. Insbesondere die *Armutsbewegungen* führten der Reichskirche vor Augen, wie weit sie sich von ihren Anfängen entfernt hatte. Neue Bewegungen wie die *Katharer* (= die ‚Reinen') oder die → **Waldenser** brachen mit der Reichskirche und wurden als Ketzer verfolgt. Diese Bewegungen und auch Kirchenkritik und Reformbemühungen einzelner Theologen wie John Wyclif (um 1320/30–1384) oder Jan Hus (1370–1415) konnten kirchlicherseits unterdrückt werden, jedoch ohne die zugrundeliegenden Ideen ganz auslöschen zu können. Lediglich die politische Lage im 16. Jahrhundert verhinderte, dass die römische Kirche ähnliche Reformbestrebungen auf deutschem Gebiet unterbinden konnte. So kam es in diesem Jahrhundert zur tiefgreifenden Veränderung der kirchlichen Landschaft im Westen.

Reformbewegungen und Kirchenkritik

2.6 Die Reformation

Die westliche Kirche wurde durch das Wirken des Wittenberger Mönches Martin Luther (1483–1546) grundlegend verändert. Sein Ziel, die römische Kirche zu reformieren, führte dazu, dass sich in Westeuropa mehrere Konfessionen manifestierten.

Martin Luther entdeckte als Professor für biblische Exegese in Wittenberg im Zuge der Auslegung des Römerbriefs, dass die Gerechtigkeit Gottes kein distributiv-strafendes Handeln Gottes meint, sondern eine heilschaffende Kraft ist. Allein der Glaube an Jesus Christus als den Retter und Erlöser rechtfertigt den Menschen. Keine guten Taten, keine verdienstvollen Werke, kein Ablass, nicht einmal die Vermittlung der Kirche sind für die Erlangung des Heils notwendig, lediglich das gnädige Handeln Gottes. Mit dieser Theologie geriet Luther in Widerspruch zu seiner Kirche. Er stieß eine kirchliche Reformbewegung an, der sich sowohl große Teile

Die Wittenberger Reformation

des Kirchenvolkes als auch Fürsten anschlossen. Die Reformation nahm politische Dimensionen an.

Auf dem Augsburger Reichstag 1530 überreichten die „neugläubigen" Stände Kaiser Karl V. (1500–1558; König seit 1516/1519, Kaiser des Heiligen Römischen Reichs seit 1520, 1556 Niederlegung aller Ämter) das bis heute grundlegende Glaubensbekenntnis der evangelischen Kirchen, die *Confessio Augustana*, das ‚Augsburger Bekenntnis'.

Eine der wesentlichen Veränderungen, die die neue Lehre kirchenrechtlich auf den protestantischen Gebieten bewirkte, war die Übernahme der Verantwortung für die neue religiöse Ordnung durch die Landesherren, die die Rolle der Bischöfe einnahmen. In den Jahren 1526 bis 1532 bildete sich das protestantische → **Landeskirchentum** heraus.

Die Zürcher Reformation

Ein Zweig der Reformation neben dem, der sich in Wittenberg herausbildete, entstand in Zürich unter dem Einfluss des vom Humanismus geprägten Huldrych Zwingli (1484–1531), der um 1516 zu der Einsicht kam, dass die Klarheit der Schrifterkenntnis im Erfassen des buchstäblichen Sinns der Schrift liege. Zwingli wurde 1519 an die bedeutendste Kirche des Stadtstaates Zürich, an das Großmünster, berufen und setzte in dieser Position seine Ideen einer Reform der Kirche durch. In der Perspektive reformierter Kirchen stellt seine Berufung den Beginn der oberdeutschen Reformation dar.

So entwickelten sich im frühen 16. Jahrhundert parallel **zwei Hauptstränge der Reformation**: Einmal durch das Wirken Zwinglis in Zürich, zum anderen unter Luthers Führung in Wittenberg. Aus diesen Zweigen der Reformation entwickelten sich die → **Lutherischen Kirchen** und die → **Reformierten Kirchen**.

Wesentlich unterschieden sich beide bei der Interpretation des Abendmahls, eines der beiden Sakramente der evangelischen Konfession. Während Luther die reale Präsenz Christi „in, mit und unter" den Elementen vertrat, war für Zwingli Christus im Abendmahl in der Erinnerung präsent.

Die Täuferbewegung

Die Zürcher Reformation war die Wiege einer weiteren Bewegung, die auch als der „radikale Flügel der Reformation" bezeichnet wird: die Täuferbewegung. Den Namen „Täufer" erhielten die Anhänger dieser aus der Reformation hervorgegangenen Strömung, weil sie die Taufe als das Siegel der bewussten Bekehrung zum Christentum ansahen und deshalb die Kindertaufe ablehnten. Als *Wiedertäufer* (‚Anabaptisten') erlitten sie grausame **Verfolgungen**. Aus ihrer Bewegung gingen unter der Führung des ehemaligen römisch-katholischen Priesters Menno Simons (1496–1561) Gemeindegründungen hervor, die sich als → **Mennoniten** eine Struktur gaben. Weitere aus der Täuferbewegung hervorgegangene religiöse Gemeinschaften sind die in Nordamerika verbreiteten *Hutterer* und die *Amischen*.

Die Genfer Reformation

Neben Huldrych Zwingli ist Johannes Calvin (1509–1564) ein für die reformierten Kirchen bedeutender Reformator. Er gehörte der zweiten Generation der Reformatoren an und wirkte seit den späten 1530er Jahren in Genf. Da für ihn die Sorge um die Gestalt der Gemeinde und um die Übereinstimmung von Lehre und Leben im Mittelpunkt der theologischen Überlegungen stand, wollte er die Kirche nach der Ordnung des Evangeliums erneuern. Dazu gehörte eine strenge Kirchenzucht, die kennzeichnend für den **Calvinismus** wurde, der sich in den folgenden Jahrzehnten erfolgreich in Europa, v. a. in Frankreich, England, Schottland und den Niederlanden, ausbreitete und in Nordamerika Fuß fasste. Einen direkten Einfluss hatte der Calvinismus sowohl auf den französischen Protestantismus, dessen Anhänger, die *Hugenotten*, von der Römisch-katholischen Kirche verfolgt wurden, als auch auf den sich der anglikanischen Staatskirche in England widersetzenden *Puritanismus*. Die *presbyterianische* Kirche von Schottland wurde ebenfalls stark vom Calvinismus beeinflusst. In Deutschland war der Calvinismus nur schwach vertreten, hatte aber Berührungspunkte mit dem *Pietismus*, der über die Erweckungsbewegung des 19. Jahrhunderts in die **Gemeinschaftsbewegung** hineinwirkte.

2.7 Die Entwicklungen im 16. und 17. Jahrhundert

Der Augsburger Religionsfrieden von 1555 und der den Dreißigjährigen Krieg abschließende Westfälische Friede von 1648 hielten u. a. fest, dass es keine Reichskirche mehr gab, sondern auf deren Territorium verschiedene Kirchen mit eigenem Bekenntnis, d. h. dem des Fürsten. Zunächst waren das nur „lutherische" und „katholische", später auch „reformierte" Kirchen. Weitere in dieser Zeit entstandene Glaubensgemeinschaften waren nicht geduldet.

In England wurde die von Rom unabhängige Church of England, die ‚Kirche von England', und damit die → **Anglikanische Kirche** gegründet. Auf dem Kontinent waren die *Altgläubigen* [→ **Römisch-katholische Kirche**] herausgefordert, ihre Identität auf dem Konzil zu Trient (1545–1563) neu zu begründen.

Dieses Konzil mit seinen Entscheidungen bildete eine, im konfessionellen Sinn, „katholische" Identität aus. Unter diesem Gesichtspunkt ist auch die Römisch-katholische Kirche eine aus der Reformation hervorgegangene Kirche.

2.8 Konfessionelle Aufbrüche im 18. und 19. Jahrhundert

Großbritannien

Aus der Kirche von England erwuchsen im 18. Jahrhundert die → **Methodisten** und verbreiteten sich in Großbritannien und den USA. Von ihnen wiederum leitete sich die → **Heilsarmee / Salvation Army** ab, die *Kirche des Nazareners* sowie andere Glaubensgemeinschaften.

Deutsches Reich

Im 19. Jahrhundert verbanden sich auf deutschem Gebiet unter dem Eindruck von *Pietismus*, *Aufklärung* und *Rationalismus* einige reformierte und einige lutherische Kirchen zu den → **unierten Kirchen**.

Die Römisch-katholische Kirche erlebte, dass die Dogmenentwicklung des 19. Jahrhunderts, speziell die Papstdogmen von 1870, nicht auf den Konsens der Gläubigen stieß und sich in Deutschland die → **Altkatholische Kirche** bildete.

Westeuropa und Nordamerika

Die Erweckungs- und Heiligungsbewegung des 18. und 19. Jahrhunderts wurde in verschiedenen Regionen und Ländern der Welt für aufkommende christliche Strömungen und Kirchenbildungen bedeutsam. Prediger, die sich Elemente verschiedener Glaubenssysteme bedienten, brachten neue Impulse in das religiöse Leben und gewannen v. a. für → **Methodisten** und → **Baptisten** neue Mitglieder. Daneben entstanden Gemeinschaften wie die sich vom Landeskirchentum scharf abgrenzenden → **Freien Evangelischen Gemeinden** und die → **Siebenten-Tags-Adventisten**, die auf die baldige Wiederkehr Christi hofften. Von einer ähnlich endzeitlich geprägten Stimmung waren die *katholisch-apostolischen Gemeinden* ergriffen, aus denen sich im 19. Jahrhundert die → **Neuapostolische Kirche** entwickelte.

Die konfessionelle Entwicklung in der Neuzeit und neueren Geschichte war gekennzeichnet von einer gegenseitigen Beeinflussung der Kirchen und Glaubensgemeinschaften.

Weiterführende Literatur

Moeller, Bernd (2011), *Geschichte des Christentums in Grundzügen*, 10., völlig neu bearb. Aufl., Göttingen.

Hauschild, Wolf-Dieter, Drecoll, Volker Henning (2016), *Alte Kirche und Mittelalter*, Lehrbuch der Kirchen- und Dogmengeschichte 1, 5., vollst. überarb. Aufl., Gütersloh.

Hauschild, Wolf-Dieter (2001), *Reformation und Neuzeit*, Lehrbuch der Kirchen- und Dogmengeschichte 2, 2., durchges. Aufl., Gütersloh.

Jung, Martin H. (2010), *Kirchengeschichte*, Göttingen.

Wallmann, Johannes (2006), *Kirchengeschichte Deutschlands seit der Reformation*, 6., durchges. Aufl., Tübingen.

3 Die personelle apostolische Sukzession

3.1 Die Römisch-katholische Kirche

Katholisch ist ein lateinisches bzw. griechisches Lehnwort und bedeutet ‚allgemein', ‚umfassend'. In diesem Sinn versteht sich jede Kirche als *katholisch*. Der Mönch Vinzenz von Lérins (gest. um 434/450) formulierte im 5. Jahrhundert, was *katholisch* ist: „In eben jener katholischen Kirche selbst ist mit größter Sorgfalt dafür zu sorgen, dass wir halten, was überall, was immer, was von allen geglaubt wurde. Denn das ist wirklich und wahrhaft katholisch, was, wie der Name und Grund der Sache erklären, alle insgesamt umfasst."

Dieses Selbstverständnis lebt in ganz besonderer Weise die Römisch-katholische Kirche. Der Zusatz *römisch* spezifiziert also die Bezeichnung *katholisch* und kennzeichnet eine Konfession, deren Selbstverständnis darin besteht, nicht eine Kirche neben anderen zu sein, sondern **die** Kirche. Henri Kardinal de Lubac SJ (1896–1991) formulierte dazu:

> Im Katholizismus eine Religion neben anderen, eine Lehre neben anderen zu sehen, hieße, sich über sein Wesen zu täuschen. Der Katholizismus ist die Religion. Er ist die Form, die die Menschheit annehmen soll, um endlich sie selbst zu werden. Er ist die einzige Wirklichkeit, die um zu sein, es nicht nötig hat, sich entgegenzusetzen. Die Kirche ist überall zu Hause, und jeder soll sich in der Kirche zu Hause fühlen können. (Lubac, 1970, 263).

Die Messe als Herz der Kirche

Die Römisch-katholische Kirche ist mit ca. 1,3 Milliarden Gläubigen die größte der Welt. Ihr Herz schlägt in der Feier der Messe. Das Feiern der Liturgie bildet die Identität der Kirche. Sie verbindet Gläubige in der ganzen Welt zu einer Gemeinschaft. Überall auf der Welt finden sie in der Messe ihre Kirche vor. Die Einheitlichkeit der Liturgie entspricht dabei dem Bewusstsein der Gläubigen, einer Weltkirche anzugehören, die in und aus verschiedenen Ortskirchen besteht. Dieses Bewusstsein findet seinen deutlichsten Ausdruck im hierarchischen Aufbau der Kirche, an deren Spitze der Bischof von Rom steht. Der Papst ist das Zeichen der Einheit dieser Kirche. Innerhalb dieser Hierarchie und Einheit findet sich eine erstaunliche Vielfalt an Lebensformen und theologischen Strömungen, die dazu führen, dass die Römisch-katholische Kirche kein monolithischer Block, sondern in sich bunt und vielfältig ist.

Dieser scheinbare Gegensatz wird von dem französischen Schriftsteller Georges Bernanos (1888–1948) exemplarisch ausgedrückt:

> Nichts scheint besser geregelt, strikter geordnet, hierarchisiert, angeglichen als das äußere Leben der Kirche. Aber ihr inneres Leben überbordet von unwahrscheinlichen Freiheiten, fast möchte man sagen, von göttlichen Extravaganzen des Heiligen Gottes. (Heyer, 1977, 495)

3.1.1 Die Realisierung der Apostolizität: Theologische Grundlagen

Die Römisch-katholische Kirche versteht sich laut der Dogmatischen Konstitution „Lumen Gentium" (LG) des *II. Vatikanischen Konzils* von 1964 als Volk Gottes, Leib Christi und Tempel des Heiligen Geistes. Sie sieht dabei eine Analogie zur *Zwei-Naturen-Lehre* Christi (LG 8) und bestimmt ihr Wesen als *Mysterium*, da sie „eine einzige komplexe Wirklichkeit, die aus menschlichem und göttlichem Element zusammenwächst" (LG 8), bildet. Die Kirche versteht sich als ein Zeichen Gottes in der Welt, das die Verbindung der Glaubenden untereinander und mit Gott anzeigt und vermittelt. Sie ist darin – wieder analog gedacht – einem Sakrament ähnlich. Allerdings lässt sie sich eher als **Grundsakrament** verstehen. In ihr findet sich die Fülle des Heils und die Fülle der Heilsmittel, der Sakramente im engeren Sinn. Die Kirche ist deshalb keine Kirche unter anderen, sondern Volk Gottes und der sichtbare Leib Christi, der in diese Welt hineinwächst (LG 3).

Die Kirche ist notwendig, um das Heilsangebot Gottes in die Welt zu tragen.

Die Notwendigkeit der Kirche

Sie hat den Auftrag, das Evangelium zu verkünden, damit alle Menschen die Möglichkeit haben, sich ihr anzuschließen. Wer sich wissentlich und willentlich entschließt, ihr nicht angehören zu wollen, geht nach römisch-katholischem Verständnis verloren. Nur diejenigen, die „der Gemeinschaft der Kirche voll eingegliedert" sind, die ihre „Heilsmittel annehmen und in ihrem sichtbaren Verband mit Christus, der sie durch den Papst und die Bischöfe leitet, verbunden sind" (LG 14), können vollkommen darauf vertrauen, dass ihnen Heil zuteilwerden wird.

Die hohe Bedeutung der Kirche wird in dieser Bestimmung sichtbar. Die Kirche ist selbst Gegenstand des Glaubens. Darum ist auch ihre irdische Gestalt, ihre Organisation nicht beliebig. Sie ist die „mit hierarchischen Organen ausgestattete Gesellschaft und der geheimnisvolle Leib Christi, die sichtbare Versammlung und die geistliche Gemeinschaft, die irdische Kirche und die mit himmlischen Gaben beschenkte Kirche." (LG 8) Das *II. Vatikanische Konzil* formulierte die Selbstwahrnehmung der Römisch-katholischen Kirche: Sie ist „die einzige Kirche Christi, die wir im Glaubensbekenntnis als die eine, heilige, katholische und apostolische bekennen." (LG 8) Ihre Gestalt ist nicht beliebig, sondern „sie zu weiden, hat unser Erlöser nach seiner Auferstehung dem Petrus übertragen, ihm und den übrigen Aposteln hat er ihre Ausbreitung und Leitung anvertraut." (LG 8) Die wahre Kirche Jesu Christi ist demnach „in dieser Welt als Gesellschaft verfasst und geordnet." Sie „ist verwirklicht (subsistit) in der katholischen Kirche, die vom Nachfolger Petri und von den Bischöfen in Gemeinschaft mit ihm geleitet wird." (LG 8) Diese Bestimmung schließt allerdings nicht aus, so das Konzil weiter, dass „außerhalb ihres Gefüges vielfältige Elemente der Heiligung und der Wahrheit zu finden sind, die als der Kirche Christi eigene Gaben auf die katholische Einheit hindrängen." (LG 8) Hier öffnet sich die Römisch-katholische Kirche also den anderen Kirchen der Welt und erkennt deren Existenzberechtigung an. Weiter zu interpretieren bleibt nur, inwiefern die „Elemente der Heiligung und Wahrheit" auf eine katholische Einheit drängen. Ist hier eine „römisch-katholische" Einheit oder eine „katholische", also allgemeine Einheit gemeint? Grundsätzlich ist diese Bestimmung aber ökumenisch anschlussfähig und die Römisch-katholische Kirche gibt damit zu erkennen, dass keine totale Identifikation des Leibes Christi mit der Römisch-katholischen Kirche gemeint ist. Vielmehr lässt das Konzil erkennen, dass Kirche-Sein in verschiedener Abstufung vorkommen kann und deshalb auch andere Konfessionen Spuren des Kirchlichen aufweisen.

Die Kirche als Gegenstand des Glaubens

Der bleibende Auftrag zur Leitung der Kirche wird realisiert, indem die Apostel Nachfolger bestimmt haben bzw. die Kirche Nachfolger der Apostel erkannt und benannt hat. Die Kirche hat die volle Apostolizität bewahrt, weil sie sich historisch auf die Apostel Jesu zurückbezieht, die Jesus selbst zur Leitung seiner Kirche eingesetzt hat. Die Bischöfe sind Nachfolger der Apostel und achten auf den Verbleib der Kirche bei ihrem apostolischen Ursprung. Diese personelle *apostolische Sukzession* garantiert die bleibende Botschaft des Evangeliums. Ebenso wichtig ist die Gemeinschaft der Bischöfe untereinander. Es ist nicht nur die ununterbrochene Kette von Handauflegungen, um die es hier geht, sondern vordringlich um die Aufnahme jedes Bischofs in die Gesamtheit des Episkopats.

Die Leitung der Kirche

Das Amt des Bischofs ist notwendig für die Existenz der Kirche und beruht letztlich auf göttlicher Einsetzung durch Jesus. „Wo der Bischof ist, da ist die Kirche“ (*ubi episcopus, ibi ecclesia*), legte bereits Cyprian von Karthago (gest. 258) fest.

Die Römisch-katholische Kirche ist ihrer Struktur nach eine bischöflich orientierte Kirche. Trotzdem haben auch die „Laien“ ihre Funktion in der Kirche. Als „Laie“ wird dabei jeder Gläubige verstanden, „mit Ausnahme der Glieder des Weihestandes und des in der Kirche anerkannten Ordensstandes.“ (LG 31) Die Laien sind dazu aufgerufen, „dafür zu wirken, dass der göttliche Heilsratschluss mehr und mehr alle Menschen aller Zeiten und überall auf der Erde erreiche.“ (LG 33)

Der Stand der Amtsträger, der Klerus, ist von den Laien qualitativ verschieden:

> Der Amtspriester nämlich bildet kraft seiner heiligen Gewalt, die er innehat, das priesterliche Volk heran und leitet es; er vollzieht in der Person Christi das eucharistische Opfer und bringt es im Namen des ganzen Volkes Gott dar; die Gläubigen hingegen wirken kraft ihres königlichen Priestertums an der eucharistischen Darbringung mit und üben ihr Priestertum aus im Empfang der Sakramente, im Gebet, in der Danksagung, im Zeugnis eines heiligen Lebens, durch Selbstverleugnung und tätige Liebe. (LG 10)

Der **Bischof** steht an der Spitze des geistlichen Amtes, das in sich dreigeteilt ist.

Die geistliche Ordnung der Kirche

Durch Handauflegung und Gebet wird der Bischof bei seiner Weihe zum Dienst der Verkündigung, zur Verwaltung der Sakramente und der Leitung seiner Diözese berufen und in die personell verstandene *apostolische Sukzession* eingegliedert. Weil er in seiner Person Christus in der Gemeinde verkörpert (LG 22), ist sein Amt sakramentaler Natur. Die Amtsübertragung wird dadurch selbst zum Sakrament (Weihe). „Die Bischöfe leiten die ihnen zugewiesenen Teilkirchen als Stellvertreter und Gesandte Christi durch Rat, Zuspruch, Beispiel, aber auch in Autorität und heiliger Vollmacht.“ (LG 27) Sie sind demnach „aufgrund göttlicher Einsetzung an die Stelle der Apostel als Hirten der Kirche getreten [...]. Wer sie hört, hört Christus, und wer sie verachtet, verachtet Christus und ihn, der Christus gesandt hat.“ (LG 20) Aufgrund ihrer Einsetzung verlangen die Bischöfe von den Gläubigen Gehorsam: „Die Gläubigen aber müssen mit einem im Namen Christi vorgetragenen Spruch ihres Bischofs in Glaubens- und Sittensachen übereinkommen und ihm mit religiös gegründetem Gehorsam anhangen.“ (LG

25) Allerdings haben die Gläubigen auch das Recht und die Pflicht, zur Willensbildung der Kirche beizutragen und sich an Diskussionen zu beteiligen.

Das Amt des **Priesters** als zweite sakramentale Weihestufe entwickelte sich aus dem Presbyterium, das in der Alten Kirche den Bischof bei der Leitung einer größeren Ortskirche unterstützte. Der Priester wird vom Bischof geweiht und beauftragt. Er ist der Stellvertreter des Bischofs, wenn er den Hirtendienst in der Gemeinde am Ort wahrnimmt. Dazu heißt es in „Lumen Gentium": „Die Priester haben zwar nicht die höchste Stufe der priesterlichen Weihe und hängen in der Ausübung ihrer Gewalt von den Bischöfen ab; dennoch sind sie mit ihnen in der priesterlichen Würde verbunden und kraft des Weihesakramentes nach dem Bilde Christi … zur Verkündigung der Frohbotschaft, zum Hirtendienst an den Gläubigen und zur Feier des Gottesdienstes geweiht." (LG 28)

An dritter Stelle steht das Amt des **Diakons**, dessen Weihe die erste sakramentale Weihestufe bildet. Hier muss zwischen dem ständigen Diakonat und der zum Priesteramt führenden Weihestufe unterschieden werden, da der ständige Diakonat auch von verheirateten Männern ausgeübt werden kann, während die weiteren Weihestufen nur unverheirateten, zölibatär lebenden Männern vorbehalten sind. Der Diakon ist in erster Linie für karitative oder katechetische Aufgaben zuständig, kann aber auch liturgische Funktionen übernehmen. Die Diakone

> dienen … dem Volke Gottes in der Diakonie der Liturgie, des Wortes und der Liebestätigkeit in Gemeinschaft mit dem Bischof und seinem Presbyterium. Sache des Diakons ist es, je nach Weisung der zuständigen Autorität, feierlich die Taufe zu spenden, die Eucharistie zu verwahren und auszuteilen, der Eheschließung im Namen der Kirche zu assistieren und sie zu segnen, die Wegzehrung den Sterbenden zu überbringen, vor den Gläubigen die Heilige Schrift zu lesen, das Volk zu lehren und zu ermahnen, dem Gottesdienst und dem Gebet der Gläubigen vorzustehen, Sakramentalien zu spenden und den Beerdigungsritus zu leiten. (LG 29)

Zusammenfassend zum Amtsverständnis stellte das *II. Vaticanum* fest:

> Christus, den der Vater geheiligt und in die Welt gesandt hat, hat durch seine Apostel deren Nachfolger, die Bischöfe, seiner eigenen Weihe und Sendung teilhaftig gemacht. Diese wiederum haben die Aufgabe ihres Dienstamtes in mehrfacher Abstufung verschiedenen Trägern in der Kirche rechtmäßig weitergegeben. So wird das aus göttlicher Einsetzung kommende kirchliche Dienstamt in verschiedenen Ordnungen ausgeübt von jenen, die schon seit alters Bischöfe, Priester, Diakone heißen. (LG 28)

Diese Struktur gehört zum wahren Sein der Kirche, weshalb Kirchen, die eine solche Amtsstruktur nicht kennen, aus römisch-katholischer Sicht keine Kirchen im Vollsinn des Begriffs sind.

Den Amtsträgern, dem „Klerus", ist also das Hirtenamt Jesu verliehen. Weil der Hirte anstelle Christi handelt, z. B. im Rahmen der Eucharistiefeier „in persona Christi", muss er Christus gleichgestaltet sein. Weil Christus selbst außerdem nur Männer in den Dienst berief, können nur Männer zu Amtsträgern berufen werden.

Beide Feststellungen – gewichtiger dürfte der zweite Gedanke sein – verbieten also grundsätzlich die Weihe von Frauen. Allerdings ist hier auch in der Römisch-katholischen Kirche die Diskussion noch nicht am Ende [→ **Frauenordination**].

Der Papst als Garant und Zeichen der Einheit

Die Bischöfe bilden in ihrer Ortskirche, in der *Diözese* oder in dem *Bistum*, Christus als Haupt der Kirche ab. Sowohl in diesen Ortskirchen als auch aus ihnen besteht die Römisch-katholische Kirche als Weltkirche, deren Oberhaupt wiederum der Papst, der Bischof von Rom, bildet. Er steht an der Spitze des Episkopats, der Gesamtheit der Bischöfe, die gemeinsam das Kollegium der Apostel symbolisieren.

> Das Kollegium oder die Körperschaft der Bischöfe hat aber nur Autorität, wenn das Kollegium verstanden wird in Gemeinschaft mit dem Bischof von Rom, dem Nachfolger Petri, als seinem Haupt, und unbeschadet dessen primatialer Gewalt über alle Hirten und Gläubigen. Der Bischof von Rom hat nämlich kraft seines Amtes als Stellvertreter Christi und Hirt der ganzen Kirche volle, höchste und universale Gewalt über die Kirche und kann sie immer frei ausüben. (LG 22)

Da der Episkopat der Einheit der Kirche dient, muss er diese Einheit in sich selbst abbilden. „Damit … der Episkopat selbst einer und ungeteilt sei, hat [Jesus Christus] den heiligen Petrus an die Spitze der übrigen Apostel gestellt und in ihm ein immerwährendes und sichtbares Prinzip und Fundament der Glaubenseinheit und der Gemeinschaft eingesetzt." (LG 18) Auch hier zeigt sich der Analogiegedanke: Weil Christus als Person die Einheit der Kirche garantiert, muss auch in Analogie dazu eine Person (und nicht etwa ein Prinzip wie z. B. die Mehrheit der Bischöfe) die Einheit der Kirche sichern und repräsentieren. Diese historisch gewachsene Vorstellung wird dann mit biblischen Zitaten belegt. So werden Joh 21,15 und Mt 16,18 herangezogen, um die Bedeutung des Papstamtes zu belegen. Als Nachfolger des Petrus kann der Papst deshalb die Autorität in der Kirche allein beanspruchen. Er ist „das immerwährende, sichtbare Prinzip und Fundament für die Einheit der Vielheit von Bischöfen und Gläubigen." (LG 23)

Bereits das *I. Vatikanische Konzil* stellte in seiner Dogmatischen Konstitution „Pastor Aeternus" (PA) von 1870 klar, dass der römische Papst der Nachfolger des „heiligen Apostelfürsten Petrus" sei und „wirklich der Stellvertreter Christi, das Haupt der ganzen Kirche, der Vater und Lehrer aller Christen", dem von Christus durch Petrus die Vollmacht übergeben ist, „die gesamte Kirche zu weiden, zu regieren und zu leiten." (PA 10)

Um seine Aufgabe als Garant der Einheit ausführen zu können, werden dem Papst zwei grundlegende Rechte zugesprochen:

Die Vollmachten des Papstes

Erstens besitzt er die höchste Rechtsgewalt in der Kirche, den *Jurisdiktionsprimat*. Dadurch kann er in die einzelnen Bistümer und die Befugnisse des Ortsbischofs eingreifen. Der Papst besitzt „über alle anderen Kirchen den Vorrang der ordentlichen Gewalt." (PA 11) Ihm gegenüber sind „die Gläubigen und die Hirten jeglichen Ritus und Ranges, und zwar sowohl einzeln wie in ihrer Gesamtheit, zu hierarchischer Unterordnung und zu wahrem Gehorsam verpflichtet." Das betrifft nicht nur „Fragen des Glaubens und des sittlichen Lebens", sondern alles, „was zur Disziplin und zur Regierung der Kirche" gehört (PA 11).

Zweitens kommt dem Papst in Fragen des Glaubens und der Moral Unfehlbarkeit (= *Infallibilität*) zu. Das bedeutet, wenn er

> ‚ex Cathedra' spricht, – das heißt, wenn er in Ausübung seines Amtes als Hirte und Lehrer aller Christen mit seiner höchsten Apostolischen Autorität erklärt, dass eine Lehre, die den Glauben oder das sittliche Leben betrifft, von der ganzen Kirche gläubig festzuhalten ist, – dann besitzt er kraft des göttlichen Beistandes, der ihm im heiligen Petrus verheißen wurde, eben jene Unfehlbarkeit, mit der der göttliche Erlöser seine Kirche bei Entscheidungen in der Glaubens- und Sittenlehre ausgerüstet wissen wollte. Deshalb lassen solche Lehrentscheidungen des römischen Papstes keine Abänderung mehr zu, und zwar schon von sich aus, nicht erst infolge der Zustimmung der Kirche. (PA 21)

Die Dogmatische Konstitution „Dei Verbum" (DV) des *II. Vatikanischen Konzils* von 1965 behandelt die Frage nach der Offenbarung.

Die Offenbarung und das Lehramt

Die Offenbarung Gottes ist die Selbstmitteilung Gottes. Gott offenbart sich in Christus als die Liebe (DV 2). Christus ist deshalb der einzige und entscheidende Mittler zwischen Gott und den Menschen. Die Kirche bezieht sich aus diesem Grund immer auf Christus zurück und bleibt auf ihn angewiesen. Auf die Offenbarung Gottes in Christus antwortet die Kirche als Nachfolgerin der Jünger Jesu mit dem Glauben. Der Glaube der Kirche ist dem Geschehen der Offenbarung Gottes daher zwar nachgeordnet, gehört aber untrennbar als Wirkung der Selbstmitteilung Gottes zu dieser hinzu (DV 5).

Die persönliche Begegnung mit Gott, die durch die Kirche vermittelt wird, steht dabei im Vordergrund. Die Kirche bezeugt und vermittelt die Offenbarung Gottes in Jesus Christus. In ihr begegnet Gott dem Menschen. Die Bibel enthält als „Heilige Schrift" die Offenbarung Gottes. Sie ist wesentlicher Inhalt der kirchlichen Überlieferung und dient dieser gleichzeitig als Quelle der Offenbarung. Die Bibel ist das Zeugnis des von Gott berufenen Volkes, in dessen Raum, also in der Kirche, die Bibel zugleich Antwort auf Gottes Offenbarung wie auch Richtschnur der Kirche ist. Als geschriebenes Wort ist sie die Fortsetzung der mündlichen Predigt der Apostel. Sie bildet die Grundlage und Orientierung der weitergehenden Verkündigungstätigkeit der Kirche. Zusammen mit der kirchlichen Überlieferung bildet sie das Wort Gottes, das der Kirche überlassen ist.

Das richtige Verständnis der Heiligen Schrift

Um die Schrift richtig zu verstehen, muss man im römisch-katholischen Verständnis zunächst ihren inneren Zusammenhang beachten. Da das Heil des Menschen im Mittelpunkt der göttlichen Offenbarung steht, dient es auch als hermeneutisches Prinzip der Schriftauslegung. Die heilvolle Zuwendung Gottes zum Menschen gibt die Richtung der Auslegung jeder einzelnen Textstelle vor und führt zur „kanonischen Lektüre", die alle Texte des Schriftkanons auf die Mitte des Christusgeschehens hin interpretiert. Deshalb bedarf das Schriftstudium letztlich des kirchlichen Kontextes, der den Rahmen des Verstehens setzt. Das Konzil erklärt dazu:

> Da die Heilige Schrift in dem Geist gelesen und ausgelegt werden muß, in dem sie geschrieben wurde, erfordert die rechte Ermittlung des Sinnes der heiligen Texte, daß man mit nicht geringerer Sorgfalt auf den Inhalt und die Einheit der ganzen Schrift achtet, unter Berücksichtigung der lebendigen Überlieferung der Gesamtkirche und der Analogie des Glaubens. Aufgabe der Exegeten ist es, nach diesen Regeln auf eine tiefere Erfassung und Auslegung des Sinnes der Heiligen Schrift hinzuarbeiten, damit so gleichsam aufgrund wissenschaftlicher Vorarbeit das Urteil der Kirche reift. (DV 12)

Aufgabe aller Bibelausleger ist, die Vorarbeit für die Auslegung durch das *Lehramt* zu leisten, dem allein die verbindliche Erklärung des geschriebenen oder überlieferten Wortes Gottes zusteht. Seine Vollmacht übt es im Namen Jesu

Christi aus und dient dem Wort Gottes. Da es das Wort Gottes „aus göttlichem Auftrag und mit dem Beistand des Heiligen Geistes voll Ehrfurcht hört, heilig bewahrt und treu auslegt" (DV 10) lehrt es nichts, was nicht überliefert ist. Die „Heilige Überlieferung, die Heilige Schrift und das Lehramt der Kirche" sind gemäß des weisen Ratschlusses Gottes so miteinander verknüpft, „daß keines ohne die anderen besteht und daß alle zusammen, jedes auf seine Art, durch das Tun des einen Heiligen Geistes wirksam dem Heil der Seelen dienen." (DV 10)

Die Heilige Schrift und das Lehramt

Das *Lehramt* nimmt für sich in Anspruch, die letztverbindliche Kompetenz und Autorität zur Bibelauslegung zu besitzen. Gleichzeitig betont es, dass die Bibel nicht allein die Grundlage der Glaubenslehre sein könne, sondern der harmonischen Ergänzung durch die Überlieferung bedarf, die wiederum wesentlich vom *Lehramt* selbst nicht nur definiert, sondern auch produziert wird. Das *Lehramt* beugt sich zwar unter das Wort Gottes. Das allerdings wird nur durch das *Lehramt* selbst vorgelegt und soll als von Gott geoffenbart geglaubt werden. Dies ist nur in der Heiligen Kirche, d.h. der Römisch-katholischen Kirche, möglich. Zusammengefasst heißt das: „Alles, was die Art der Schrifterklärung betrifft, untersteht letztlich dem Urteil der Kirche, deren gottergebener Auftrag und Dienst es ist, das Wort Gottes zu bewahren und auszulegen." (DV 12)

Die Heilige Schrift ist zwar die einzige und oberste Instanz der Kirche, kann aber nur durch die Kirche selbst ausgelegt werden. Losgelöst von der kirchlichen Gemeinschaft kann die Bibel nicht richtig verstanden werden. Interpretationen, die nicht von der kirchlichen Lehre gedeckt werden, können deshalb nicht kritisch gegen die Kirche ins Feld geführt werden. Das Konzil von Trient verurteilte in diesem Sinne in seinem Dekret über die Vulgata-Ausgabe der Bibel und die Auslegungsweise der Heiligen Schrift eine solche Vorgehensweise. Niemand solle es wagen, „auf eigene Klugheit gestützt in Fragen des Glaubens und der Sitten, soweit sie zum Gebäude christlicher Lehre gehören, die heilige Schrift nach den eigenen Ansichten zu verdrehen". Besonders aber sei verboten, die Schrift „gegen jenen Sinn, den die heilige Mutter Kirche festgehalten hat und festhält [...] oder auch gegen die einmütige Übereinstimmung der Väter auszulegen." Nur der Kirche obliege die Aufgabe, „über den wahren Sinn und die Auslegung der heiligen Schriften zu urteilen." (DH 1507) Damit wird im Grunde jede „private" Bibellektüre verboten – was dann erst 1965 mit „Dei Verbum" wieder aufgehoben wurde.

Die Geschichte der Kirche bildet ihre *Tradition*. Die Überlieferung des Evangeliums in der Kirche und durch sie gehört deshalb konstitutiv zur Offenbarung hinzu. Die Überlieferung ist dabei als ein dynamischer Prozess zu verstehen: Die Kirche gewinnt durch den Heiligen Geist immer weitere Einsichten in das göttliche Wort und vervollständigt es somit.

Die Tradition der Kirche

Als Garant für die richtige Überlieferung des Evangeliums gilt dabei die personell verstandene *apostolische Sukzession*. Die *Tradition* wird im Laufe der Zeit aus der Lebenspraxis und Lehre der Kirche gebildet und als Vertiefung der Schrift angesehen. Die Heilige Schrift ist „Gottes Rede“, die Überlieferung gibt das Wort Gottes weiter. Es liegt also auf der Linie des dynamischen Verständnisses von Offenbarung, dass das Wort Gottes durch seine Vermittlung an Tiefe gewinnt und das *Lehramt* immer wieder neu auf das Wort hören kann. Die Kirche bekommt ihre Lehren nicht nur aus der Schrift allein, sondern auch im dynamischen Prozess der Überlieferung (DV 9).

Die Überlieferung der Offenbarung

Um die Offenbarung Gottes sachgemäß zu überliefern, sind im römisch-katholischen Verständnis mehrere Faktoren nötig. Zunächst steht die gesamte Kirche, auch die Laien, in der Pflicht, durch den ihr verliehenen Glaubenssinn das Evangelium festzuhalten. In Gemeinschaft mit dem bischöflichen *Lehramt* sollen die Laien durch ihr Hören und Sagen die Überlieferung der christlichen Botschaft pflegen und ausbreiten. Im Zweifelsfall spricht allerdings das *Lehramt* der Kirche. Dem Bischof als Nachfolger der Apostel ist unmittelbar die Verantwortung aufgetragen, das Evangelium weiterzugeben und auszulegen, wobei die letztendliche Verantwortung beim Bischof von Rom liegt. Dass die Kirche durch ihn unfehlbar die Schrift aus- und Lehren vorlegen kann, verdankt sie dem Heiligen Geist. Durch ihn will Gott der Kirche beistehen und ihr ermöglichen, seinen Heilswillen für die Welt zu realisieren. Um potenzielle Unklarheiten der biblischen Botschaft zu vermeiden, ist die Kirche als göttliches Werkzeug mit der Gewissheit ausgerüstet, ihre Auslegung autoritativ verbreiten zu können. Heilswahrheiten können daher den Gläubigen zum Gehorsam vorgelegt werden. Daher ist die Unfehlbarkeit des *Lehramtes* in der römisch-katholischen Vorstellung keine Anmaßung, sondern logische Konsequenz der Gnadengabe Gottes an seine Kirche.

Die Autorität des Lehramtes in Glaubens- und Sittenlehre

Das *Lehramt* besitzt nicht nur weitreichende Vollmachten in Bezug auf die Glaubenslehre, sondern untrennbar damit verwoben auch der *Morallehre*. Es hat die Aufgabe, den Gläubigen eine sichere Orientierung für deren Handeln an die Hand zu geben. Das ist gegenwärtig allerdings umstritten.

Papst Johannes Paul II. (Pontifikat: 1978–2005) diagnostizierte in der Enzyklika „Veritatis splendor" (VS) von 1993 die Notwendigkeit, die *Morallehre* der Kirche zu festigen. Sie läuft

> im heutigen Kontext Gefahr [...], verfälscht oder verneint zu werden. Es ist nämlich eine neue Situation gerade innerhalb der christlichen Gemeinschaft entstanden, die hinsichtlich der sittlichen Lehren der Kirche die Verbreitung vielfältiger Zweifel und Einwände menschlicher und psychologischer, sozialer und kultureller, religiöser und auch im eigentlichen Sinne theologischer Art erfahren hat. Es handelt sich nicht mehr um begrenzte und gelegentliche Einwände, sondern um eine globale und systematische Infragestellung der sittlichen Lehrüberlieferung aufgrund bestimmter anthropologischer und ethischer Auffassungen. Diese haben ihre Wurzel in dem mehr oder weniger verborgenen Einfluss von Denkströmungen, die schließlich die menschliche Freiheit der Verwurzelung in dem ihr wesentlichen und für sie bestimmenden Bezug zur Wahrheit beraubt. So wird die herkömmliche Lehre über das Naturgesetz, über die Universalität und bleibende Gültigkeit seiner Gebote abgelehnt; Teile der kirchlichen Moralverkündigung werden für schlechthin unannehmbar gehalten; man ist der Meinung, das Lehramt dürfe sich in Moralfragen nur einmischen, um die ‚Gewissen zu ermahnen' und ‚Werte vorzulegen' nach denen dann ein jeder autonom die Entscheidungen und Entschlüsse seines Lebens inspirieren wird. (VS 4)

Das *Lehramt* lehnt es entschieden als Irrtum ab, aus dem Glauben eigenständig moralische Urteile entwickeln zu können. Glaube und Moral hängen vielmehr eng zusammen, sodass das *Lehramt* auch für die *Morallehre* zuständig ist:

> Verbreitet ist auch der Zweifel am engen und untrennbaren Zusammenhang zwischen Glaube und Moral, so als würde sich die Zugehörigkeit zur Kirche und deren innere Einheit allein durch den Glauben entscheiden, während man in Sachen Moral einen Pluralismus von Anschauungen und Verhaltensweisen dulden könnte, je nach Urteil des individuellen subjektiven Gewissens bzw. der Verschiedenheit der sozialen und kulturellen Rahmenbedingungen. (VS 4)

3.1.2 Besonderheiten der historischen Entwicklung

Die Römisch-katholische Kirche führt sich wie andere Kirchen auch auf die Gründung durch Jesus Christus selbst zurück. Ihre Entwicklung hängt in den ersten Jahrhunderten eng mit der allgemeinen Geschichte des europäischen Westens zusammen.

Die Zeit der Alten Kirche

Der Beginn des Papsttums

Die Vorstellung, dass der Bischof von Rom einen Vorrang gegenüber anderen Bischöfen hat, wurzelt in der Bedeutung der christlichen „Hauptstadtgemeinde", die zwei Apostel als ihre Säulen anführen konnte: Petrus und Paulus. Das Bewusstsein, eine besondere Gemeinde zu sein, zeigte sich bereits sehr früh. Der 1. Clemensbrief, ein um 100 verfasstes Schreiben der römischen Gemeinde nach Korinth, verdeutlicht, dass sich die römische Gemeinde bereits zu diesem Zeitpunkt als Autorität anderer Gemeinden ansah und diesen ermahnende Ratschläge gab.

190 verlangte der römische Bischof Viktor (Pontifikat: 189–199) im Zusammenhang mit der Frage, wann Ostern gefeiert wird, dass sich alle Gemeinden nach dem römischen Brauch richten müssten.

Die biblische Begründung

Im 3. Jahrhundert verwies Bischof Stefan (Pontifikat: 254–257) im Kontext eines Streites mit Cyprian von Karthago (gest. 258) auf Mt 16,18, um diesem seine besondere Machtfülle zu demonstrieren. Erst spät trat zur weltlichen und kirchlichen Bedeutung der Stadt Rom die biblische Begründung dafür hinzu. 382 machte Bischof Damasus (Pontifikat: 366–384) den biblischen Beleg der „Schlüsselgewalt" zur theologischen Basis des *Primatsanspruches* der römischen Bischöfe.

Das römische Erbrecht

Der im römischen Erbrecht begegnende Gedanke eines Erblassers und Erbnehmers wurde in Bezug auf ein kirchliches Amt in Anschlag gebracht. So konnte die Verheißung an Petrus auch auf römische Bischöfe übergehen, die sich als seine Erben verstanden.

Bischof Damasus behauptete mithilfe dieser Argumentation, dass nur er der rechtmäßige Erbe des Petrus sei und die petrinische Sukzessionslinie die Bindegewalt des Petrus nun an den römischen Bischof übermittelt habe. Als zweites Argument führte Innozenz I. (Pontifikat: 401–417) ins Feld: Von Rom aus habe das Evangelium seinen Weg in die Welt gefunden und deshalb seien alle westlichen Gemeinden verpflichtet, der römischen Liturgie zu folgen.

!\ Profan römisches Recht, die Bedeutung der in Rom gestorbenen Apostel und biblische Belege verbanden sich zu der Idee, dass Rom eine besondere Stellung in der Kirche einnehmen könne.

Zum Aufstieg des römischen Bischofes zum *Papst* – der Titel begann sich gegen Ende des 4. Jahrhunderts einzubürgern – trug wesentlich der Fall des Imperium

Romanum im 5. Jahrhundert bei. Die römische Kirche stieß in das Vakuum, das der Staat hinterlassen hatte, indem sie sich sozial engagierte, und eine Form der Rechtsnachfolge, die *Translatio Imperii*, antrat. In dieser Zeit war Bischof Leo I. (Pontifikat: 440–461) der wichtigste Papst. Er griff den Titel des *Pontifex maximus* auf, der bereits von den römischen Kaisern benutzt wurde, und bekräftigte die Leitlinien der bischöflichen Politik, wie sie schon Damasus entwickelt hatte. Nach seiner Deutung war das Konzil von Chalcedon rechtgläubig, weil er es bestätigt hatte.

Der römische Bischof als Papst

Augustin

Theologisch stand der Westen lange Zeit im Schatten der östlichen Kirche, von der er die wesentlichen Impulse für die ersten dogmatischen Festlegungen, z. B. der *Trinitätslehre*, empfing. Neben Ambrosius von Mailand (339–397) und Hieronymus (347–420) war Bischof Augustin von Hippo (354–430) der herausragende Theologe, der im Westen ein eigenständiges Konzept der Theologie entwarf und dabei der westlichen Kirche wesentliche Impulse gab. Als gebildeter Philosoph und Rhetor gelang es ihm, die frühe christliche Überlieferung mit der griechischen Philosophie zu verbinden. Er nahm entscheidende Weichenstellungen hinsichtlich verschiedener theologischer Themen vor. Gegenüber den sogenannten donatistischen Positionen, die die Gültigkeit der Sakramente mit der Würde des Sakramentspenders verknüpften, argumentierte er, dass das Sakrament durch seinen Vollzug in der wahren Kirche gültig sei. Christus selbst handle im Sakrament, nicht der menschliche Spender. Die Wirkung der Taufe werde nicht durch den Taufenden bestimmt, sondern dadurch, dass sie in rechter Weise im Namen der Dreieinigkeit und auf sie hinausgeführt werde. In der späteren mittelalterlichen Scholastik wurde das als Wirksamkeit des Sakraments *ex opere operato* bezeichnet, da die Handlung selbst das Wesentliche sei.

Weiterhin behandelte Augustin das Verhältnis von Kirche und Staat, das im Westen eines der beherrschenden Themen der Kirchengeschichte werden sollte. In seiner Schrift „De civitate Dei" („Vom Gottesstaat"), die er zwischen 413 und 426 verfasste, entwickelte er die Vorstellung eines *Gottesstaates*, der zum irdischen Staat in einem dauerhaften Gegensatz steht. Er sah in der Kirche das Reich Gottes, gegenüber dem der Staat die Aufgabe des Schutzes habe. Der Staat bewahrt nach Augustin die Kirche in Frieden und Freiheit und darf aufgrund seiner Funktion für sie nicht absolut gesetzt werden. Zwar ist er als Folge des menschlichen Sündenfalls und da er dem Chaos und Unrecht wehrt nötig, doch kommt ihm in göttlicher Hinsicht keine Qualität zu. Ebenso wie der Staat nicht absolut gesetzt werden kann, darf es auch die irdische Kirche nicht. Sie ist nicht das Reich Gottes. Innerhalb der Kirche ist keine perfekte Gesellschaft anzutreffen, sondern es muss zwischen Wölfen und Schafen unterschieden werden. Nur Gott allein kennt die Gläubigen der wahren Kirche. Die irdische Kirche aber ist ein Mischgebilde zwischen Gläubigen und Sündern. Mit diesem Thema griff Augustin die Frage auf, was Kirche in dieser Welt sein kann und wo ihre Grenzen liegen.

Papst Gelasius (Pontifikat: 492–496) setzte die Erkenntnisse Augustins in die Praxis um. Er verlangte, dass sich die Geistlichen in irdischen Dingen zwar dem Kaiser verpflichteten, dass es aber umgekehrt die Pflicht des Kaisers sei, sich in kirchlichen Angelegenheiten dem Papst zu beugen.

Erbsünde und Gnade

Durch die Konfrontation mit dem britischen Mönch Pelagius (um 350/360–um 419) [→ **Anglikanische Gemeinschaft**] erwuchs Augustin ein weiteres großes Thema.

Pelagius war von dem moralisch zweifelhaften Lebensstil der römischen Bischöfe beunruhigt und hielt ihnen vor, *billige Gnade* zu predigen und die Moral zu missachten. Ihm lag daran, die persönliche Schuld des Menschen aufzuweisen. Deshalb wandte er sich gegen die Annahme, dass es eine erbliche Übertragung der Sünde gebe, die an den Fortpflanzungsprozess gebunden sei. Sünde sei vielmehr eine freiwillige Nachahmung der Übertretung Adams, keine angeborene Schuld. Augustin argumentierte gegen diese Position und vertrat die Ansicht, dass in der Natur des Menschen die Erbsünde angelegt wäre. Der Mensch sei von Geburt nur durch die Gnade Gottes fähig, das Gute zu tun. Die Gnade aber gewähre von Gott bestimmten Menschen den Weg zum Heil. Der Mensch bedürfe der Gnade Gottes unbedingt. Sie sei eine Kraft, die für ihn unwiderstehlich sei. Augustin betonte mit dieser Lehre, dass der Mensch von Anfang an auf Gottes Gnade angewiesen sei. Kein menschlicher Wille könne die Erlösung des Menschen unabhängig von Gott herbeiführen. Nur durch das Wirken des Geistes könne der Mensch seinen Willen auf ein moralisch gutes Leben ausrichten.

Besonderheiten der Entwicklungen im Mittelalter

Der Bischof von Rom blieb in der Zeit der Völkerwanderung, des Zusammenbruchs des römischen Reichs und des Übergangs von der Antike zum Mittelalter eine Konstante. Als Papst versuchte er, seinen **Primatsanspruch** auf das ganze Reich auszudehnen.

Während die östliche *Tradition* eine Harmonie, die **Symphonia**, zwischen Staat und Kirche herzustellen suchte [→ **Orthodoxe Kirchen**], kontrastrierte Papst Gelasius I. (Pontifikat: 492–496) die weltliche Macht durch die kirchliche und wies der kirchlichen eine größere Macht zu.

Der wichtigste Papst dieser Zeit war Gregor I. (der Große; Pontifikat: 590–604), der als Mönch Papst wurde und dem es gelang, das Ideal des Hirten seiner Gemeinde zu verkörpern. Er verlangte von den Klerikern, dass sie ihr Leben als christliches Vorbild führen sollten. Die Bischöfe rief er zur Solidarität untereinander auf. Für die Stadt Rom war er bedeutend, da er nach dem Untergang des Reichs mit sozialen Leistungen die Not der Bevölkerung zu lindern versuchte. Außerdem unternahm er vermehrt missionarische Anstrengungen, z. B. unter den Goten und den Angelsachsen.

Entfremdung zwischen Ost und West

Im Frühmittelalter verschlechterten sich die Beziehungen zwischen der West- und Ostkirche des Reichs. Der Einfluss *Ostroms* wurde schwächer und die Päpste begannen, sich mit großem Selbstbewusstsein in die Belange der östlichen Kirche einzumischen. So widersetzte sich Papst Gregor II. (Pontifikat: 715–731) den Steuerpflichten, die ihm vom oströmischen Kaiser auferlegt waren und widersprach ihm im Bilderstreit.

Er weihte den Angelsachsen Wynfreth (673–755) zu Bischof Bonifatius und gab ihm missionarische Vollmachten in Mitteleuropa. Bonifatius war direkt dem Papst unterstellt und wurde zum Bischof geweiht, ohne dass er ein Bistum erhielt. Er erhielt vielmehr die Aufgabe, Volksstämme wie die Friesen oder die Hessen zu missionieren. Bonifatius ging rigoros gegen heidnische Götter vor und ließ z. B. 723 in der Nähe von Geismar im heutigen Hessen eine dem Gott Donar (Thor) geweihte Eiche, ein germanisches Heiligtum, fällen, um die Ohnmacht der germanischen Götter zu beweisen. 732 wurde Bonifatius zum Erzbischof erhoben und zum Legaten für Germanien bestellt. Der Missionar wurde damit zum Organisator einer neuen Kirchenprovinz. Er gründete Klöster und unterstellte sie der Mönchsregel Benedikts von Nursia (480–547), der 529 die Abtei Montecassino gegründet hatte, die Keimzelle des Benediktinerordens. Das Wirken des Bonifatius markierte den Weg des Papsttums in den Westen.

Papst Gregor III. (Pontifikat: 731–741) wandte sich endgültig vom Osten ab und suchte weltliche Unterstützung bei Karl Martell (um 690–741), dem karolingischen Hausmeier. Das Papsttum wurde vom Frankenreich abhängig.

Das Papsttum geriet im Mittelalter immer mehr in Auseinandersetzung mit den weltlichen Königen, da es neben seinen geistlichen Aufgaben auch politisch agierte.

Die Zeit der Karolinger

Pippin III. (714–768), der Sohn Karl Martells, ließ sich von der römischen Kirche zum König krönen. Sein Königtum wurde damit eine Herrschaft von Gottes Gnaden (lat.: dei gratia). Die Würde des Königs wurde also nicht durch seine königliche Abstammung begründet, sondern das Amt wurde verliehen. Aufgrund seines Selbstverständnisses als „unmittelbar zu Gott" fühlte sich der König auch für die Kirche verantwortlich. Kirche und weltliche Herrschaft rückten eng zusammen.

Die Krönung Karls des Großen (747–814), des bedeutendsten Herrschers der Karolinger, durch Papst Leo III. (Pontifikat: 795–816) an Weihnachten 800 in Rom war deutlicher Ausdruck dieser engen Verbindung. Das neue Kaisertum war an Rom gebunden. Der Papst konnte die Kaiserwürde verleihen.

Darüber hinaus war die Absage an das oströmische Reich manifestiert. Der Papst hatte einen „eigenen" Kaiser kreiert. Für Kaiser Karl war die Aufgaben- und Machtverteilung zwischen ihm und dem Papst eindeutig: Dem Kaiser oblag es, das Reich und die Kirche nach außen zu verteidigen und nach innen zu festigen. Der Papst wiederum hatte die Aufgabe, den Kaiser in seinen Aufgaben zu unterstützen.

Der Kirchenstaat

Um sich gegen den in Italien einfallenden Volksstamm der Langobarden zu schützen, bat Papst Stephan II. (Pontifikat: 752–757) 754 Pippin III. (714–768), Sohn Karl Martells, erster karolingischer König und Vater Karls des Großen, um Schutz. Pippin III. gewährte ihm seine Hilfe und versprach dem Papst die Rückgabe der von den Langobarden eroberten Gebiete. Diese Gebiete vermachte Pippin in der sogenannten *Pippinischen Schenkung* dem Papst und schuf damit die Grundlage des Kirchenstaates, dem weltlichen Hoheitsgebiet der Päpste. Der Papst verlieh Pippin mit dem Titel *Patricius Romanorum* die Herrschaft über dieses Gebiet.

Stephan II. festigte die weltliche Macht über dieses Territorium, indem er ein Dokument vorlegte, das angeblich von Kaiser Konstantin (270/288–337; Kaiser: 306–337) stammte, aber gefälscht war: die **Konstantinische Schenkung**.

In dieser Urkunde vererbte Konstantin sein halbes Reich dem Papst und erhob diesen zu einem zweiten Kaiser neben ihm. Angeblich habe er diese Schenkung verfügt, weil Papst Silvester (Pontifikat: 314–355) ihn von einer unheilbaren Krankheit geheilt und getauft habe. Der Papst begründete seinen weltlichen Rechtsanspruch mit dem Erbe des Kaisers, also dezidiert nicht theologisch. Obwohl bereits früh Zweifel an der Echtheit der *Konstantinischen Schenkung* aufkamen, wurde sie erst im 15. Jahrhundert endgültig als Fälschung entlarvt.

Dem Papst wurden im frühen 9. Jahrhundert kaiserliche Rechte übertragen, und die Bindung des Kaisertums an Rom erfuhr seine, wenn auch auf einer Fälschung beruhende Begründung. Der Papst konnte, wenn er es machtpolitisch durchzusetzen vermochte, das Recht beanspruchen, den Titel des Kaisers zu vergeben und auch wieder abzuerkennen. Dieser prinzipielle Anspruch mündete in den Investiturstreit des 11. und 12. Jahrhunderts.

Zunächst aber waren die Päpste gegenüber den Kaisern zu schwach, um ihren politischen Anspruch durchsetzen zu können. Kirche und Papsttum erlebten Ende des 9. Jahrhunderts und im 10. Jahrhundert einen kirchenpolitischen wie moralischen Niedergang.

Die Cluniazensische Reform der Kirche

910 wurde in Cluny in Burgund ein Benediktinerkloster gegründet, das von den Stiftern dadurch gegen die den Grundgedanken des ursprünglichen Christentums verwässernde weltliche Zugriffe geschützt wurde, indem es direkt dem Papst unterstellt wurde.

Das Kloster Cluny, das im 11. und 12. Jahrhundert im Mittelpunkt eines ganzen Klosterverbundes stand, entfaltete eine überragende Wirkung. Von ihm ging in der Zeit vom 10. bis 13. Jahrhundert eine der umfassendsten Reformen, die Cluniazensische Reform, aus, die auf den Klerus, auf das Kirchenvolk und schließlich auch auf das Papsttum ausstrahlte.

Es begann sich das Bewusstsein durchzusetzen, dass auch das Papsttum reformiert werden müsse. Der Kampf gegen den Verkauf von geistlichen Ämtern, die Simonie, war dabei ein wichtiges Ziel.

Regelung der Papstwahl

In Rom hatte der Adel im frühen 11. Jahrhundert die Machtverhältnisse zu seinen Gunsten entschieden und hatte großen Einfluss auf den römischen Bischofssitz. Um den Streitigkeiten bei den Papstwahlen Herr zu werden, beschloss eine Lateransynode 1059 das Papstwahldekret „In nomine Domini", das die bis heute gültige Regelung enthält, dass der römische Bischof nur von den Kardinälen gewählt werden darf. Dem übrigen

Klerus und dem Volk wurde lediglich das Zustimmungsrecht eingeräumt und dem Kaiser ein Bestätigungsrecht.

Der Investiturstreit

Unter Papst Gregor VII. (Pontifikat: 1073–1085) flammte der Streit um die *Investitur* auf, d. h. um das Recht der ‚Einkleidung' der Bischöfe mit den Insignien. Gregor VII., der als Mönch in Cluny gelebt hatte, lehnte jede Einmischung der weltlichen Gewalt in Kirchenbelange ab, wandte sich entschieden gegen die Nichtbeachtung des Zölibats, bekämpfte die *Simonie* und betonte die normative Rolle Roms für die gesamte Christenheit. In Konflikt geriet Gregor VII. mit dem Salier Heinrich IV. (1050–1106; Kaiser 1084–1105) in der Frage, wer die letzte Entscheidungsgewalt bei der Einsetzung von Bischöfen habe: der Papst oder der Kaiser. Die Frage der Einsetzung von Bischöfen war deshalb so wichtig, weil die Bischöfe neben ihrem geistlichen Amt auch die weltliche Macht im Reich innehatten. Wer Bischöfe einsetzte, hatte einen großen Einfluss über die Kirche hinaus. Die *Lehre der zwei Gewalten*, einer geistlichen und einer weltlichen, wie sie seit der Karolingerzeit bekannt war, wurde nun infrage gestellt.

Die deutschen Bischöfe schwankten in dem Streit zwischen der Treue gegenüber dem Kaiser und der Gehorsamsverpflichtung gegenüber dem Papst. 1076 forderten sie mit Heinrich an der Spitze auf dem Hoftag zu Worms Gregor VII. auf, das Papstamt aufzugeben. Daraufhin verhängte Gregor den Bann über Heinrich.

Da der Kaiser daraufhin von den Fürsten seines Reichs, auf deren Unterstützung er angewiesen war, mit einem Ultimatum unter Druck gesetzt wurde den Konflikt mit dem Papst beizulegen, entschloss sich Heinrich 1077 zum **Bußgang nach Canossa**, wohin sich Gregor zurückgezogen hatte. Der Papst löste daraufhin den Bann, um ihn nach verschiedenen Streitigkeiten um die kaiserliche Macht 1080 wieder in Kraft zu setzen. Allerdings hatte sich das Machtgefüge in der Zwischenzeit verändert, sodass Heinrich Gregor für abgesetzt erklären und einen neuen Papst zum Gegenpapst ausrufen konnte. Gregor konnte sich nicht durchsetzen und musste aus Rom fliehen.

Gleichwohl hinterließ er mit der Schrift „Dictatus Papae" von 1075 ein eindrückliches Dokument für das päpstliche Selbstbewusstsein der Zeit. Der *Lehr- und Jurisdiktionsprimat* des römischen Bischofs wurden darin bereits vorformuliert und die Vorrangstellung der römischen Kirche deutlich unterstrichen.

Erst unter Papst Calixt II. (Pontifikat: 1119–1124) erfolgte 1122 die Beilegung des *Investiturstreits* mit der Unterzeichnung des *Wormser Konkordats*. Darin wurde festgelegt, dass die Bischöfe durch das Domkapitel in Anwesenheit kaiserlicher Beauftragter gewählt werden. Der Kaiser verzichtete auf die grundsätzliche *Investitur* und war verpflichtet, die Wahl zu akzeptieren. Ihm blieb es überlassen, den Gewählten mit der Verwaltung kaiserlicher Hoheitsrechte zu beauftragen.

Das IV. Laterankonzil

Das IV. Laterankonzil von 1215 war das bedeutendste und folgenreichste Konzil des Mittelalters, da es wesentliche Glaubenselemente verbindlich verkündete. Beichte und Kommunion wurden vorgeschrieben, die *Trinitätslehre* bestätigt und die *Transsubstantiationslehre* zum adäquaten Verständnismodell der Eucharistie erklärt. Die Lehre von der realen Wandlung von Brot und Wein dauerhaft in Blut und Leib Christi wurde manifestiert.

Darüber hinaus erließ Papst Innozenz III. (Pontifikat: 1198 bis 1216) eine Fülle weiterer Canones, die das Leben der Kirche in Bezug auf die Kleriker und Laien prägten.

who is who

Thomas von Aquin

Der Dominikaner Thomas von Aquin (1225–1274) war einer der bedeutendsten Lehrer der katholischen Kirche und einer der wichtigsten Theologen des Mittelalters. In Anknüpfung an den griechischen Philosophen Aristoteles beschäftigte er sich mit dem Verhältnis von Glaube und Vernunft bzw. Theologie und Philosophie. In seinen beiden Hauptwerken „Summa theologiae" und „Summa contra gentiles" unterschied er beide Disziplinen und grenzte sie klar voneinander ab, verband sie aber in einem gemeinsamen System. Während die Theologie das Verhältnis zu Gott thematisiert, untersucht die Philosophie nach Thomas, wie sich Dinge zu sich und in sich verhalten. Die Theologie erklärt die Welt von Gott, also ihrer ersten Ursache her. Die Philosophie befasst sich mit Ursache und Wirkung der Dinge. Der Erkenntnisweg der Theologie führt vom Schöpfer zur Schöpfung, der der Philosophie von der Schöpfung zum Schöpfer.

Die Frage nach dem Sein

Die Frage nach dem Sein führte Thomas zu der Frage nach dem höchsten Sein, das für ihn Gott war. Die Vernunft bestätigt in der Vorstellung von Thomas von Aquin die Offenbarung Gottes, die wiederum die Vernunft in ihrem Erkenntnisdrang unterstützt. Ausgehend von der Betrachtung der Natur kam er zu dem

Schluss, dass Gott das absolute Sein selbst darstellt, das höchste Wesen, die erste Ursache, der erste Beweger der Welt.
Über die Systematisierung von Theologie und Philosophie hinausgehend erarbeitete Thomas Überlegungen zur göttlichen Gnade und ihrer Wirkung. Die Gnade Gottes führt die natürliche Erkenntnis über die menschlichen Möglichkeiten hinaus. Sie bewirkt, dass der Mensch eine Wirklichkeit über der natürlichen erkennt. Damit begründete Thomas den Unterschied zwischen Natur und Gnade. Die Gnade rüstet den Menschen mit einem übernatürlichen Habitus aus, die Gnade „erhöht" die geschöpfliche Natur des Menschen. Gott kommt dabei dem menschlichen Willen zur Erkenntnis unterstützend entgegen. In den Sakramenten erlangt der Mensch Zugang zur Gnade.

Die babylonische Gefangenschaft der Kirche (1309–1376)

Der Jurist Benedetto Caetani veranlasste 1294 Papst Coelestin V. (Pontifikat: Juli-Dezember 1294) zum Rücktritt und konnte dadurch dessen Nachfolge antreten. Als Papst Bonifatius VIII. (Pontifikat: 1294–1303) beanspruchte er die volle Verfügungsgewalt über alle kirchlichen Ämter und geriet darüber in Konflikt mit dem französischen König Philipp IV., dem Schönen (1268–1314; König 1285–1314), der den französischen Klerikern verbot, Gelder aus Frankreich nach Rom abzuführen. 1302 erließ Bonifatius mit „**Unam Sanctam**" die wohl berühmteste päpstliche *Bulle*, d. h. ‚Urkunde', des Mittelalters. Der Text beginnt mit der Feststellung:

> Eine heilige katholische und ebenso apostolische Kirche zu glauben und festzuhalten, werden wir auf Drängen des Glaubens gezwungen, und diese glauben wir fest und bekennen wir aufrichtig, außerhalb derer weder Heil noch Vergebung der Sünden ist. (DH 870)

Dieser Kirche gebühre der Vorrang vor allen anderen Machtansprüchen. Das geistliche Schwert stehe über dem weltlichen und dieses habe sich der Kirche nicht nur zu beugen, sondern ihr auch zu dienen:

> Beide also sind in der Gewalt der Kirche, nämlich das geistliche Schwert und das materielle. Jedoch ist dieses für die Kirche, jenes aber von der Kirche zu handhaben. (DH 873)

Außerdem stehe der geistlichen Macht zu, über die weltliche zu richten:

> Wenn also die irdische Gewalt abirrt, dann wird sie von der geistlichen Gewalt gerichtet werden; wenn aber eine niedrigere geistliche abirrt, dann von ihrer höheren; wenn aber die höchste, dann wird sie allein von Gott, nicht vom Menschen gerichtet werden können. (DH 873)

Konzentriert formuliert die Bulle diesen Machtanspruch in dem Satz:

> Wir erklären, sagen und definieren nun aber, daß es für jedes menschliche Geschöpf unbedingt notwendig zum Heil ist, dem Römischen Bischof unterworfen zu sein. (DH 875)

Damit hatte das Papsttum zumindest ideell den Zenit seiner Macht erreicht. Faktisch konnte Bonifatius den französischen König mit der Bulle allerdings nicht in die Schranken weisen. Vielmehr demütigte Philipp IV. den Papst 1303, indem er ihn in der päpstlichen Sommerresidenz in Anagni festnehmen ließ. Wenige Wochen danach starb Bonifatius.

1309 verlegte Papst Clemens V. (Pontifikat: 1305–1314), der ehemalige Erzbischof von Bordeaux, unter Einfluss der französischen Krone den Sitz der päpstlichen Kurie nach Avignon. In den folgenden Jahrzehnten wurde das Papsttum zum Spielball der französischen Könige. Die *babylonische Gefangenschaft der Kirche*, so die nachträgliche Bezeichnung in Anlehnung an das Exil Israels in Babylonien, endete erst 1377 mit der Rückverlegung der päpstlichen Residenz nach Rom durch Gregor XI. (Pontifikat: 1370–1378).

Das Abendländische Schisma

Die Epoche der *babylonischen Gefangenschaft der Kirch*e hatte dem von Frankreich abhängigen Papsttum schweren Schaden zugefügt. Die weiteren Papstwahlen waren vor diesem Hintergrund problematisch, geprägt von Interessenkonflikten und Machtkämpfen. Das Ergebnis wurde von der jeweils unterlegenen Seite meist angezweifelt. Papst Urban VI. (Pontifikat: 1378–1389), der die Macht der französischen Kardinäle im Kardinalskollegium zu brechen versuchte, sah sich 1378 mit einem von eben den französischen Kardinälen erhobenen Gegenpapst konfrontiert. Damit war ein Schisma vollzogen. Der Gegenpapst residierte in Avignon, Urban VI. in Rom. Beide Päpste fanden Nachfolger im Amt, sodass das Schisma aufrecht erhalten blieb, die Kirche zwei Päpste hatte und das westliche Christentum in zwei Lager geteilt wurde. Auf einem Konzil 1409 in Pisa versuchten die Konzilsteilnehmer das Problem zu lösen, indem sie die beiden zu der Zeit amtierenden Päpste für abgesetzt erklärten und einen neuen Papst wählten. Die anderen

Päpste akzeptierten dieses Vorgehen und ihre Absetzung nicht, was dazu führte, dass nun drei Päpste den Stuhl Petri für sich beanspruchten. Das Vertrauen in das Papsttum war zerrüttet und die Zeit gekommen, dass eine andere Institution an die Spitze der Kirche trat.

Das Konzil von Konstanz

1414 wurde das Konzil von Konstanz einberufen, das u. a. das bedeutende Dekret „**Haec sancta**" verabschiedete, welches das Konzil zur gegenwärtigen Vertretung der Christenheit erklärte. Jeder, auch der Papst, schulde ihm Gehorsam. Der markante Satz dazu lautete:

> Diese heilige Synode zu Konstanz [...] erklärt erstens, daß sie, im Heiligen Geist rechtmäßig versammelt, ein allgemeines Konzil abhaltend und die irdische katholische Kirche repräsentierend ihre Vollmacht unmittelbar von Christus hat. Ihr ist ein jeder, welchen Standes und welcher Würde auch immer, sei es auch die päpstliche, in denjenigen Angelegenheiten zum Gehorsam verpflichtet, die sich auf den Glauben, auf die Ausrottung des besagten Schismas und die allgemeine Reform der Kirche Gottes an Haupt und Gliedern beziehen. (Dekret ‚Haec sancta' 2001, 235)

Der sogenannte **Konziliarismus** war damit auf der Höhe seines Einflusses und ebnete den Weg für eine neue Papstwahl. 1417 wurde Martin V. (Pontifikat: 1417–1431) zum alleinigen Papst gewählt. Das Konzil beendete somit das *Abendländische Schisma* und ermöglichte dem Papsttum die Rückkehr an die Macht.

Neue Aufbrüche

Signifikant für die Herausforderungen und Anfragen, mit denen sich die römische Kirche bald konfrontiert sehen sollte, war das Auftreten und Wirken von Jan Hus in Böhmen [→ **Herrnhuter Brüdergemeine**] und seine Forderungen nach weitreichenden Reformen in der Kirche. Noch war es möglich, Reformer wie Hus ebenso wie zuvor die Aufbrüche der Katharer oder → **Waldenser** zu unterdrücken. Hus wurde trotz der Zusicherung freien Geleits 1415 durch das Konzil verurteilt und auf dem Scheiterhaufen verbrannt. Ein Jahrhundert später gelang das im Falle eines weiteren Reformers, des Wittenberger Theologen Martin Luther, nicht mehr [→ **Evangelische Kirchen**].

Spezifika in der Neuzeit

Das Konzil von Trient (Tridentinum)

Auf die theologischen und ekklesiologischen Herausforderungen der Reformation reagierte die römische Kirche durch das Konzil von Trient, das in mehreren Tagungsphasen zwischen 1545 und 1563 stattfand und die katholische Identität in einer gegenwärtig noch prägenden Weise bestimmte. Die Bedeutung dieses Konzils für den heutigen

Katholizismus ist sehr hoch anzusetzen. Erst durch dieses Konzil wurde die alte Reichskirche zur „römisch-katholischen“ Kirche. Insofern ist die Römisch-katholische Kirche ebenfalls eine Kirche, die durch die Reformation entscheidend geprägt wurde und entscheidende Impulse für ihre ekklesiologische Formung erhielt.

Die römische Kurie stand lange Zeit einem Konzil ablehnend gegenüber, da sie den Höhepunkt des *Konziliarismus* und dessen Implikationen für das Papsttum noch deutlich vor Augen hatte. Allerdings war der Druck auf die gesamte Kirche durch die fortschreitende Reformation so hoch geworden, dass auch die Kirchenführung die Notwendigkeit eines Konzils und von Reformen einsah. Es war deutlich, dass sich die Kirche selbst reformieren musste, um sich in den Auseinandersetzungen mit den reformatorischen Ideen und Forderungen zu behaupten und der Ausbreitung des Protestantismus etwas entgegen setzen zu können. Auch das Papsttum musste sich neu finden und der ganzen Kirche eine zeitgemäße Form geben, denn durch die Reformation wurde der alten Reichskirche verdeutlicht, dass die katholische Kirche eine Kirche war, die im Wesentlichen durch das Papsttum repräsentiert wurde.

who is who

Ignatius von Loyola

Eine tragende Säule der katholischen Reformen wurde der spanische Priester Ignatius von Loyola (1491–1556), der 1540 den Jesuitenorden, die „**Societas Jesu**“, gründete. Er verband das Bild des Frommen mit dem des Ritters und schuf damit einen Typ des Glaubenskämpfers, der in der Welt für den Papst und die katholische Sache stritt. Die Jesuiten wurden zur Mission ausgesandt und standen für eine unbedingte Erneuerung der Kirche ein. Sie etablierten das katholische Bildungswesen, dienten als Seelsorger und konnten große Erfolge bei der Rekatholisierung protestantischer Gebiete verzeichnen, z. B. in Polen. Ausgangspunkt der sogenannten *Gegenreformation* bildete das Konzil von Trient.

Theologische Weichenstellungen

Auf dem Konzil wurden mehrere theologische Positionen der Scholastik zu Dogmen erhoben. Thomas von Aquin wurde zum ersten Kirchenlehrer seit der Antike ernannt. Theologisch bearbeitete das Konzil die von der Reformation aufgeworfenen Fragen. Als Grundlage der Diskussionen wurde die *Vulgata* zum authentischen Text der

Bibel erklärt und der Kanon der Bibel endgültig festgelegt. Gegenüber der Reformation betonte das Konzil, dass nur die Kirche selbst die Bibel auslegen dürfe. So heißt es im Originaltext:

> Außerdem beschließt es [das Konzil], um leichtfertige Geister zu zügeln, daß niemand wagen soll, auf eigene Klugheit gestützt in Fragen des Glaubens und der Sitten, soweit sie zum Gebäude christlicher Lehre gehören, die heilige Schrift nach den eigenen Ansichten zu verdrehen und diese selbe heilige Schrift gegen jenen Sinn, den die heilige Mutter Kirche festgehalten hat und festhält, deren Aufgabe es ist, über den wahren Sinn und die Auslegung der heiligen Schriften zu urteilen, oder auch gegen die einmütige Übereinstimmung der Väter auszulegen, auch wenn diese Auslegungen zu gar keiner Zeit für die Veröffentlichung bestimmt sein sollten. (DH 1507)

Damit immunisierte sich die Kirche gegen Auslegungen der Schrift, die gegen sie ins Feld geführt werden könnten.

Das Konzil erkannte im Hinblick auf die reformatorische *Rechtfertigungslehre* und ihrem Kerngedanken *allein aus Gnade* an, dass die göttliche Gnade in Gestalt der Verkündigung des Evangeliums den rechtfertigenden Prozess in Gang setze. Allerdings habe der Mensch dieser zuzustimmen und wirke insofern an dem Heilsgeschehen mit. *Allein aus Gnaden* geschieht sie in katholischer Sicht nicht.

Auch der Glaube allein ist für die Heilsgewinnung nicht ausreichend. Nur innerhalb der Kirche und mit ihrer Hilfe kann Heil gewonnen werden. Kirche und Sakramente sind heilsnotwendige Institutionen. Die Siebenzahl der Sakramente und ihre Wirkung aufgrund des äußeren Vollzuges wurden festgeschrieben (*ex opere operato*).

Katholische Identität

Das Konzil schuf eine einheitliche Liturgie: das *Missale Romanum*, den sogenannten *Tridentinischen Ritus* von 1570, eine gemeinsame Lehrgrundlage durch einen römischen Katechismus. Die Ämterhäufung im Bischofsamt wurde verboten. Die Gründung von Priesterseminaren zur besseren Ausbildung der Geistlichen wurde angeregt, das Ablasswesen reformiert und gegen die reformatorische Kritik die Heiligenverehrung verteidigt.

Aufgrund einer Vielzahl weiterer Dekrete schuf das Konzil die theologische Basis der *Gegenreformation* und gab der Kirche das nötige Selbstbewusstsein, um sich den neuen, reformatorischen Lehren nicht nur militärisch und politisch entgegenzustellen, sondern auch theologisch. Das Konzil von Trient bildete die Basis für die weltweite Mission der Kirche und definierte für lange Zeit die „katholische" Identität.

Vom Tridentinum zum I. Vatikanischen Konzil

Das Papsttum ging innerkirchlich gestärkt aus der Reformation hervor, allerdings war sein Verhältnis zu den weltlichen Herrschern stets aufs Neue spannungsreich. In Frankreich und Österreich kam es durch **Gallikanismus** (staatliches System in Frankreich, das die Römisch-katholische Kirche von Rom unabhängig machen wollte) und **Josephinismus** (Versuch, die Autorität der Kirche für die habsburgische Monarchie zu nutzen) zu je eigenen Auseinandersetzungen zwischen König und Papsttum in den jeweiligen Herrschaftsgebieten.

Neben den Fragen nationaler Verankerungen des Katholizismus in Europa entwickelte sich im Zuge der Mission eine Fülle von Inkulturationen des Katholizismus auf der ganzen Welt. Die im 18. und 19. Jahrhundert entstandenen Vorstellungen des Katholischen prägten die Länder der südlichen Hemisphäre. Da diese die größten Wachstumsraten innerhalb der Weltkirche aufweisen, bestimmen sie auch gegenwärtig das Bild der gesamten katholischen Kirche.

Die Bedeutung des Papsttums als dem wichtigsten Bezugspunkt des Katholizismus nahm zu. Das kam nicht zuletzt in den Dogmen zum Ausdruck, die das *I. Vatikanische Konzil* 1869/70 verabschiedete. Das Papsttum wurde mit einer umfassenden geistlichen Machtfülle ausgestattet. Dadurch konnte es die Einbuße seiner weltlichen Macht angesichts der Bedrohung des Kirchenstaates durch die Einigung Italiens, der Gründung des italienischen Königshauses und der Eroberung Roms 1870 durch Giuseppe Garibaldi (1807–1882) kompensieren. Papst Pius IX. (Pontifikat: 1846–1878) fühlte sich seit Verlust des Kirchenstaates 1870 als „Gefangener im Vatikan".

Gleichzeitig brachte das 19. Jahrhundert eine Stärkung des Papsttums mit sich, da es in der Bedrängnis durch die politischen, sozialen und geistigen Umwälzungen zur Orientierung für viele Katholiken wurde. Es entstand der **Ultramontanismus** (lat.: *ultra mons* = ‚der Blick über die Alpen auf Rom').

Für das Papsttum wurde der Kampf gegen den Modernismus, eine *Häresie* in den Augen der Kirche, zum Stellvertreterkrieg gegen eine Welt, die zunehmend ohne Kirche und Christentum auskam.

Bereits 1864 hatte Pius IX., dem die politischen Freiheitsbestrebungen seiner Zeit fremd waren, in der Enzyklika „Quanta Cura" Forderungen der modernen Gesellschaft, wie Religionsfreiheit oder die grundsätzliche Trennung von Kirche und Staat, verurteilt. Im **„Syllabus errorum"** (1864) verurteilte der Papst weitere „Irrtümer" der Moderne, wie Pantheismus und Rationalismus, Sozialismus, Freimaurerei, Protestantismus und Pressefreiheit oder die Aufwertung der

Vernunft, die sich selbst Gesetz sei. Außerdem unterstrich er, dass nur in der römisch-katholischen Kirche das Heil zu finden sei.

Mit dem Antimodernismus hatte Pius IX. die Weichen für den Weg des Katholizismus in die Moderne gestellt, der erst im *II. Vatikanischen Konzil* eine Neujustierung erfuhr.

Das I. Vatikanische Konzil

Das 1869/70 einberufene *I. Vatikanische Konzil* sollte ebenfalls dem Abwehrkampf gegen die Moderne dienen. Begrüßt wurde es v. a. von den konservativen Strömungen, die eine Bestätigung des *Syllabus* und eine Verstärkung des *Ultramontanismus* anstrebten. Die Mehrheit der rund 700 Teilnehmer des Konzils war für die Verabschiedung der Unfehlbarkeitslehre, die Ergebnis des Konzils wurde, und meinte, wenn der Papst „als Lehrer aller Christen" *ex cathedra* eine Glaubensüberzeugung zum Dogma erklärt, gilt diese als verbindlich und irrtumsfrei. Es können jedoch nur solche Glaubensüberzeugungen zum Dogma erklärt werden, die nicht im Widerspruch zur Bibel und zur apostolischen *Tradition* stehen, wie sie in der katholischen Kirche geglaubt werden.

Antimodernismus

1910 stärkte Papst Pius X. (Pontifikat: 1903–1914) die antimoderne Haltung der Kirche, indem er alle Geistliche auf den *Antimodernisteneid* verpflichtete. Pius X. legte so Grundlinien katholischer Glaubenslehre fest: Jeder, der diesen Eid leistete, bekannte sich zur Wahrheit, wie sie die Kirche, konkret das päpstliche *Lehramt*, festhält und überliefert. Die Irrtümer der Moderne standen für Pius X. ursächlich im Zusammenhang mit dem Aufkommen des Protestantismus. In der Enzyklika „Pascendi dominici gregis" von 1907 hielt er fest: „Der Protestantismus war der erste Schritt; dann folgt der Modernismus; das Ende ist der Atheismus." (Neuner, 2009, 39)

Durch die Einführung dieses Eides wurden diejenigen katholischen Kräfte unterdrückt, die sich um einen Ausgleich mit der modernen Welt bemühten, was den Katholizismus in eine Erstarrung führte.

Im Zuge der Frontstellung gegen die Moderne unternahm die Kurie Anstrengungen zur innerkirchlichen Konsolidierung und widmete sich unter Papst Benedikt XV. (Pontifikat: 1914–1922) der Vollendung und Inkraftsetzung des allgemeinen Kirchenrechts durch den *Codex Iuris Canonici*.

Die Lösung der römischen Frage

Unter dem Pontifikat von Pius XI. 1922 bis 1939 konzentrierte sich die Kirche ganz auf ihre religiöse und moralische Kraft und verzichtete auf weltlichen Einfluss.

1929 erhielt sie durch die Lateranverträge mit dem faschistischen Italien unter Benito Mussolini (1883–1945) den Kirchenstaat als 44 Hektar großes Gebiet im

Zentrum von Rom zurück. Darüber hinaus erhielt die Römisch-katholische Kirche als Kompensation für den 1870 erlittenen Verlust Geldzahlungen und die Zusicherung der religiösen Vormachtstellung in Italien. So erhielt sie einen großen Einfluss auf das gesellschaftliche Leben.

Nicht unproblematisch war die Haltung des Vatikans während des Zweiten Weltkrieges. Die Frage, ob sich Papst Pius XII. (Pontifikat: 1939–1958) genug für den Schutz verfolgter Juden eingesetzt habe, wird bis heute kontrovers diskutiert.

Das II. Vatikanische Konzil

Die Ankündigung des *II. Vatikanischen Konzils* war eine Überraschung. Papst Johannes XXIII. (Pontifikat: 1958–1963) entschied sich dafür, ein Konzil einzuberufen, um den Dialog, den er anstrebte, sichtbar zu machen. Sein wichtigstes Ziel war die ‚Heutigwerdung' (ital.: *Aggiornamento*) der Kirche. Der Papst wollte die Fenster zur Welt öffnen und die Kirche in die Moderne führen. Darüber hinaus lag ihm die Förderung der Einheit aller Christen am Herzen.

Im Oktober 1962 wurde das Konzil eröffnet. Seine Beschlüsse bilden bis in die Gegenwart die wesentlichen Grundlagen der katholischen Glaubenslehre. Das Konzil legte die katholische Ekklesiologie dar und erstrebte die innere Erneuerung der Kirche, indem es z. B. die Liturgie reformierte und den Laien mehr Raum einräumte. Es nahm das Gespräch mit der Moderne auf und wandte sich den getrennten Kirchen zu. Vor allem die vier Konstitutionen zur Offenbarung, zur Kirche, zur Liturgie, zur Kirche im Verhältnis zur Welt sind grundlegend. Auch die Dekrete zur Religionsfreiheit und zur Ökumene spielten für das Außenverhältnis der Kirche eine wichtige Rolle.

Ein bedeutendes Ergebnis des Konzils war die Rücknahme des Bannes von 1054, der das Schisma von Ost- und Westkirche symbolisierte. 1967 wurde der *Antimodernisteneid* abgeschafft.

Mit dem *II. Vatikanischen Konzil* legte die Römisch-katholische Kirche ihre Abwehrhaltung gegenüber anderen Religionen und Konfessionen ab, beendete die sogenannte *nachtridentinische Epoche* und legte die Basis dafür, wie sie sich heute darstellt.

3.1.3 Die wichtigsten Lebensvollzüge

Die meisten Menschen, die sich zur „katholischen" Kirche zählen, gehören dem *römischen* (oder *lateinischen*) *Ritus* an, deshalb bezeichnet man den weitaus größten Teil dieser Kirche als „römisch-katholisch". Sie haben ein einheitliches Kirchenrecht und eine einheitliche Gestaltung der Gottesdienste. Neben diesem Typus gibt es auch die griechisch-katholischen Christen [→ **Ausdifferenzierung**]. Sie gehören den *unierten Ostkirchen* an und umfassen weltweit ca. 17 Millionen Gläubige. Es sind Kirchen, die aus der östlichen (orthodoxen und altorientalischen) Tradition kommen, ihren Ritus beibehalten haben, allerdings den *Primat* des Papstes anerkennen. Sie unterliegen einem eigenen Kirchenrecht (*Codex Canonum Ecclesiarum Orientalium*; CCEO von 1990), sodass katholische Priester der unierten Ostkirchen heiraten dürfen, während dies ihre, dem römischen Kirchenrecht (*Codex Iuris Canonici*; CIC von 1983) unterstehenden Amtsbrüder nicht dürfen.

Der Papst übt sein Amt frei aus, weil seine Entscheidungen keiner Zustimmung von dritter Seite bedürfen (CIC can. 333, § 3). Allerdings unterliegt er auch dem *Kollegialitätsprinzip*, d. h., dass er sein Amt in Gemeinschaft mit den anderen Bischöfen führen soll. Hier zeigt sich das katholische Prinzip des „sowohl als auch". Soweit es möglich ist, versucht die katholische Kirche verschiedene Ansätze zu integrieren und nicht auszuschließen.

Ein *Ökumenisches Konzil* der katholischen Kirche ist nach dem Papst die höchste Instanz der Kirche, kann aber nur zusammen mit dem Papst Entschlüsse fassen. Auch *Bischofssynoden* haben nur beratende Funktion.

Die Weltkirche

Die *Weltkirche* wird von verschiedenen Behörden geleitet, die den Papst unterstützen. Ihre Gesamtheit wird als *Römische Kurie* bezeichnet. Sie nimmt die ihr vom Papst übertragenen Aufgaben und Rechte wahr (CIC can. 360). Die wichtigste Behörde ist das *Staatssekretariat* mit dem *Kardinalstaatssekretär* als Leiter.

Während die Mehrzahl der Gläubigen mit dem Vatikan und der Kurie wenig zu tun haben, vollziehen sich die einzelnen Lebensvollzüge vor Ort. Deshalb ist der Bischof, der der Diözese vorsteht, in der er lebt, die zentrale Gestalt einer Ortskirche. In der Ortskirche und aus den Ortskirchen besteht die *Weltkirche* (CIC can. 368).

Der Bischof

Der Bischof hat das Amt des Lehrens und Leitens. Als Stellvertreter kann ihm ein *Auxiliarbischof* (‚Hilfsbischof', auch ‚Weihbischof') zur Seite stehen, in größeren Bistümern auch mehrere. Alle Bischöfe werden vom Papst ernannt bzw. deren Wahl von ihm bestätigt und leisten ihm gegenüber einen Treueid (CIC can. 380). Die Bischöfe eines Staates oder einer vergleichbaren Organisation bilden eine *Bischofskonferenz*, um „gewisse pastorale Aufgaben für die Gläubigen ihres Gebietes nach Maßgabe des Rechts gemeinsam auszuüben." (CIC can. 447)

Der *Diözesanbischof* leitet seine Diözese durch ein *Ordinariat*, dem ein Generalvikar und Ordinariatsräte angehören. In den Gemeinden wirkt der Bischof durch die Pfarrer. Er fungiert als Vertreter des Bischofs in der Ortsgemeinde und wird vom Bischof ernannt.

Der Diözese als nächste organisatorische Einheit nachgeordnet ist die Pfarrei bzw. Pfarrgemeinde oder Kirchengemeinde. Dem Pfarrer ist die Seelsorge der Gemeinde anvertraut. Er steht der Messe vor, weil nur ein geweihter Priester die Eucharistie feiern kann. Diakone wiederum helfen dem Pfarrer, die Gemeinde zu betreuen. Ihnen ist erlaubt, zu taufen, Wortgottesdienste zu halten, z. B. Trauungen oder Bestattungen, oder bei der Eucharistie zu helfen.

Die Pfarrei

Während Diakone geweiht werden, ist dies bei Pastoral- oder Gemeindereferenten nicht der Fall. Diese Funktion steht deshalb auch Frauen offen. Ihre einzelnen Aufgaben sind in verschiedenen Diözesen unterschiedlich gefasst, allerdings können sie aufgrund der fehlenden Weihe keine Sakramente spenden.

In den meisten Diözesen ist das Mitspracherecht der Priester und Laien durch verschiedene Gremien geregelt, z. B. Priesterrat, Seelsorgerat u. ä. Vor allem im wirtschaftlichen Leitungsbereich einer Gemeinde gibt es verschiedene Ämter, z. B. in einem *Verwaltungsrat* oder *Kirchenvorstand*, die Laien ausfüllen.

Wichtige Impulse, die die katholische Kirche in ihrer geschichtlichen Entwicklung stark geformt haben, kommen aus dem Bereich der Orden. Sie sind ein wesentlicher Teil des römisch-katholischen Lebens und tragen durch ihre verschiedenen Ausrichtungen zur Vielfalt der Kirche bei.

Orden

Ein Orden ist durch das Leben in einer Gemeinschaft bestimmt, die sich durch Gelübde für Gott zum Dienst für die Kirche und für die Menschen verpflichtet hat. Ein Mensch, der sich einem Orden anschließt, lebt nach den *evangelischen Räten* (Armut, Keuschheit, Gehorsam). Sie prägen das gesamte Leben eines Ordens. Auch hier geht es gemäß dem katholischen „sowohl als auch" um die Freiwilligkeit, dieses Leben zu wählen und um die Verbindlichkeit, dies dann auch konsequent umzusetzen.

Ihre Ursprünge haben die Orden in asketischen Bewegungen der Alten Kirche. Ihnen ging es zunächst um eine radikale Nachfolge Christi. Geprägt von wirkmächtigen Personen wie Benedikt von Nursia, der Klöster gründete und eine Ordensregel verfasste, entwickelten sich zwei verschiedene Arten von Orden. Aktive Orden sind in vielen gesellschaftlichen Bereichen karitativ oder missionarisch tätig. Kontemplative Orden hingegen leben in Abgeschiedenheit von der Welt und widmen sich der Gottesschau. Deshalb haben die verschiedenen Orden grundsätzlich verschiedene Lebensformen entwickelt und Aufgaben definiert. Aktive Orden predigen und missionieren, pflegen Kranke oder unterrichten die Kinder, kontemplative Orden widmen sich eher dem Gebet und der Spiritualität.

Neben den klassischen Orden finden sich gegenwärtig weitere geistliche Bewegungen, die ganz verschiedene Formen des Zusammenlebens etablieren und sich verschiedenen Aufgaben widmen.

Das gottesdienstliche Leben

Der Gottesdienst ist das Herz der katholischen Kirche. Sie versteht sich als feiernde Kirche. Die Liturgie ist nach der Konstitution über die Heilige Liturgie „Sacrosanctum Concilium“ (SC) „der Gipfel, dem das Tun der Kirche zustrebt, und zugleich die Quelle, aus der all ihre Kraft strömt.“ (SC 10) Sie ist „in vorzüglichem Sinn heilige Handlung, deren Wirksamkeit kein anderes Tun der Kirche an Rang und Maß erreicht.“ (SC 7) Sie ist der „Heiligungsdienst“ der Kirche, in ihr „vollzieht“ sich geradezu „das Werk unserer Erlösung.“ (SC 2)

Die Verkündigung des Evangeliums (*martyria*) ist deshalb die Grundlage allen kirchlichen Lebens. Aus ihr speist sich der diakonische Dienst (*diakonia*), das tätige Leben in der Welt.

Der Heiligungsdienst der Liturgie ist dabei Vollzug des Priesteramtes Jesu Christi. Christus selbst ist der eigentliche Liturg. Der Priester vollzieht an seiner Statt (‚in persona‘) das Heilswerk, in ihm und damit in der Kirche begegnet Christus selbst. Deshalb „ist jede liturgische Feier Werk Christi, des Priesters, und seines Leibes, der die Kirche ist.“ (SC 7)

Im Gottesdienst sind daher zwei Blickrichtungen zu unterscheiden. Gott handelt an den Gläubigen durch die Präsenz Christi im zelebrierenden Priester. Er heiligt die Gläubigen dadurch und stärkt sie für ihr Leben in der Welt. Auf der anderen Seite steht die Blickrichtung von unten nach oben. Die Gläubigen antworten in der Liturgie auf die Heiligung Gottes und versichern ihre Hingabe als Dank auf das Handeln Gottes. Das ganze gottesdienstliche Leben kann daher als *Eucharistia* bezeichnet werden: als ‚Danksagung‘.

Die Eucharistie

In der Eucharistiefeier hat der Gläubige Anteil an dieser Bewegung des Gottesdienstes. Es geht also nicht um ein Opfer, das immer wieder dargebracht werden muss, sondern um die Teilhabe am einmalig, aber immer gültig dargebrachten Opfer Christi.

Liturgie ist für die katholische Kirche also *theozentrisch* gefasst und hat die Verherrlichung Gottes zum Ziel.

Zentrale liturgische Handlung der katholischen Kirche ist die Eucharistiefeier, meist *Heilige Messe* oder einfach *Messe* genannt. In der Grundordnung des römischen Messbuches (*Missale Romanum*) heißt es:

> Als Werk Christi und des hierarchisch gegliederten Volkes Gottes ist die Feier der heiligen Messe für die Universalkirche und die Ortskirche wie auch für jeden einzelnen Gläubigen die Mitte des ganzen christlichen Lebens. [...] Alle anderen heiligen Handlungen und alle Werke des christlichen Lebens stehen mit der Messe in Zusammenhang: Sie gehen aus ihr hervor und sind auf sie hingeordnet. (MR 16)

Wer nicht am sonntäglichen Gottesdienst teilnimmt, begeht – laut dem Katechismus der Römisch-katholischen Kirche (KKK) „eine schwere Sünde" (KKK 2181), da er die Kirchengemeinschaft schwächt.

Sakramente

In der Kirche „lebt und handelt Christus fortan in und mit seiner Kirche auf eine neue, für diese Zeit eigene Weise. Er handelt durch die Sakramente." (KKK 1076) Die Sakramente stellen den Höhepunkt des gottesdienstlichen Lebens dar. Christus und die Kirche verbinden sich hier ganz eng.

Weil Christus in den Sakramenten handelt, sind sie aus sich selbst heraus wirksam: sie wirken *ex opere operato*. Selbst wenn der menschliche Spender unwürdig ist, kann Christus wirken, weil das Sakrament nur als Medium aufgefasst wird, durch das Christus selbst wirkt. Lediglich der Empfänger kann die Wirkung des Sakraments verhindern, wenn er sich dem Empfang der Gnade verschließt (KKK 1128).

Die Sakramente sind von Christus eingesetzt. Seiner Kirche hat er die Vollmacht übertragen, sie zu feiern. Wie sie genau gefeiert werden, muss die Kirche festlegen. Ein Sakrament, das ohne die Kirche gefeiert wird, kann es deshalb nicht geben. Deshalb ist z. B. die Feier der Eucharistie an die Zugehörigkeit zur Kirche gebunden. Gemeinschaft im Sakrament setzt die Einheit der Kirchengemeinschaft voraus.

Die katholische Kirche kennt sieben **Heilszeichen**. Taufe, Firmung und Eucharistie bilden gemeinsam die „Sakramente der christlichen Initiation" (KKK 1212). Hier werden die Grundlagen des christlichen Lebens vermittelt und gespendet. Buße und Krankensalbung sind „Sakramente der Heilung" (KKK 1421). Priesterweihe und Ehe sind „Sakramente des Dienstes für die Gemeinschaft" (KKK 1534). Taufe und Eucharistie stehen dabei als *sacramenta maiora* den übrigen *sacramenta minora* gegenüber. Taufe, Firmung und Priesterweihe sind nicht wiederholbar, sie verleihen den *character indelebilis* (‚unauslöschliches Prägemal').

Marien- und Heiligenverehrung

Das Glaubensbekenntnis formuliert den Glauben an die „Gemeinschaft der Heiligen". Damit ist inhaltlich ausgesagt, dass Gott Menschen nach ihrem Tod zu sich genommen hat. Diese Gemeinschaft umfasst die Gläubigen also durch Raum und Zeit hinweg. Das Miteinander von lebenden und toten Gläubigen ist die gedankliche Grundlage des Ablasses und der Anrufung (nicht Anbetung) von Heiligen. Kein katholischer Christ ist verpflichtet, Heilige anzurufen, allerdings prägt das Heiligenwesen vor allem die katholische Volksfrömmigkeit. Deshalb bestimmen Heiligenfeste, Wallfahrten und Patronatsfeste einzelner Kirchen oft den kirchlichen Alltag.

Die katholische Kirche kennt einen geordneten *Heiligsprechungsprozess* und eine *Kongregation für die Heiligsprechung*. Letztlich bestimmt der Papst über die Heiligsprechung. Wenn eine Heiligsprechung erfolgt, ist diese unwiderruflich, weil die Kirche „kraft stellvertretender göttlicher Gewalt" handelt. In den Heiligen erkennt die Kirche, dass Menschen schon zu Lebzeiten die göttliche Gnade verwirklichen können.

Die Kirche unterscheidet zwischen *Seligen*, die in ihrer Ortskirche verehrt werden dürfen, und *Heiligen*, die für die gesamte Kirche anrufbar sind. Um *selig* bzw. *heilig* gesprochen zu werden, muss ein Verstorbener zunächst aufgrund seines Lebens von Gläubigen verehrt werden. Um aber kirchenrechtlich anerkannt werden zu können, muss er ein bzw. zwei vom Vatikan anerkannte Wunder bewirkt haben. Ausnahmen sind Märtyrer, also Menschen, die für ihren Glauben gestorben sind. Diese müssen als *Glaubenszeugen* kein Wunder nachgewiesen bekommen.

Die besondere Verehrung von Maria, der Mutter Jesu, speist sich volkstümlich aus dem Wesen der Mutterschaft und theologisch aus der Überzeugung, dass Maria als Sinnbild für die Kirche an sich steht. Das *Dogma der Unbefleckten Empfängnis Mariens* (1854) besagt, dass Maria als einziger Mensch neben Christus ohne Sünde war. Sie ist deshalb – so das *Dogma der Leiblichen Aufnahme Mariens in den Himmel* (1950) – als einziger Mensch bereits vollkommen erlöst. Deshalb kommt ihr besondere Verehrung als Fürsprecherin zu.

Weiterführende Literatur

Böttigheimer, Christoph (2009), *Lehrbuch der Fundamentaltheologie. Die Rationalität der Gottes-, Offenbarungs- und Kirchenfrage*, Freiburg i. Br.

Böttigheimer, Christoph (2016), *Die eine Bibel und die vielen Kirchen. Die Heilige Schrift im ökumenischen Verständnis*, Freiburg i. Br.

Fitschen, Klaus (2001), *Der Katholizismus von 1648 bis 1870*. KGE III/8, Leipzig.

Knop, Julia (2013), *Wie geht katholisch. Eine Gebrauchsanleitung*, Freiburg i. Br.

Müller, Gerhard Ludwig (2005), *Katholische Dogmatik. Für Studium und Praxis der Theologie*, Freiburg i. Br.

Pesch, Otto Hermann (2016), *Katholische Dogmatik aus ökumenischer Erfahrung. Die Geschichte der Menschen mit Gott. Die Geschichte Gottes mit den Menschen*, Ostfildern.

Pesch, Otto Hermann (2001), *Das Zweite Vatikanische Konzil. Vorgeschichte – Verlauf – Ergebnisse – Nachgeschichte*, Würzburg.

Rahner, Johanna (2014), *Einführung in die katholische Dogmatik*, Darmstadt.

Ratzinger, Joseph (2013), *Der Geist der Liturgie. Eine Einführung*, Freiburg i. Br.

Thönissen, Wolfgang (2013), *Ein Konzil für ein ökumenisches Zeitalter. Schlüsselthemen des Zweiten Vaticanums*, Paderborn/Leipzig.

3.2 Die Altkatholische Kirche

Die Altkatholische (in der Schweiz: Christkatholische) Kirche führt ihrem Selbstverständnis nach Traditionen katholischer Kirchen fort, die sich gegenüber Rom als unabhängig verstehen. Besonderen Bezug nimmt sie auf die bereits im 18. Jahrhundert von Rom losgelöste katholische Kirche in Utrecht, in deren Sukzessionslinie die Bischöfe der Altkatholischen Kirche stehen.

Die historischen Anfänge

Die Anfänge der Altkatholischen Kirche liegen in der Entwicklung der Römisch-katholischen Kirche im Zuge des *I. Vatikanischen Konzils*. Die dort dogmatisierten Vorrechte des Papstes, *Jurisdiktionsprimat* und *Infallibilität*, wurden unter der maßgeblichen Führung des Münchner Professors für Kirchengeschichte, Johann Joseph Ignaz von Döllinger (1799–1890), der diese Dogmen 1870 als weder biblisch noch kirchengeschichtlich korrekt begründet ansah, nicht als der katholischen Lehre gemäß betrachtet und deshalb abgelehnt. Gegenüber diesen „neuen" Dogmen hielten Altkatholiken an den „alten" Lehren fest – daher der Name „altkatholisch".

Diejenigen, die die neuen Dogmen der Römisch-katholischen Kirche nicht anerkennen konnten, wurden exkommuniziert und gründeten deshalb die Altkatholische Kirche. 1873 wurde ihr erster Bischof Josef-Hubert Reinkens (1821–1896) geweiht.

Die Entwicklung der Altkatholischen Kirche

Im Vergleich zur Römisch-katholischen Kirche des 19. und frühen 20. Jahrhunderts zeigte sich die Altkatholische Kirche den Entwicklungen der Moderne und der ökumenischen Bewegung gegenüber aufgeschlossener. Belegt ist dies z. B. durch die *Bonner Unionskonferenzen* 1874 und 1875, bei denen die Altkatholische Kirche Kontakte zu anderen Konfessionsfamilien aufnahm. 1931 wurde in der *Bonner Vereinbarung* bereits die volle Kirchengemeinschaft mit der Kirche von England, später der gesamten → **Anglikanischen Gemeinschaft** erklärt, nachdem die *Lambeth-Konferenz* bereits 1878 Sympathien für die Altkatholische Kirche erklärt hatte. Seit 1985 gibt es eine Vereinbarung zur gegenseitigen Einladung zu dem unter beiderlei Gestalt stattfindenden Abendmahl mit der Evangelischen Kirche in Deutschland (EKD) [→ **Evangelische Kirchen**]. Außerdem ist die Altkatholische Kirche Gründungsmitglied der *Arbeitsgemeinschaft christlicher Kirchen* (ACK).

Die Utrechter Union

1889 schlossen sich die Altkatholischen Kirchen der Niederlande, der Schweiz und Deutschlands in der *Utrechter Union* zusammen, die bis heute – mittlerweile ergänzt durch weitere Altkatholische Kirchen – die internationale Zusammenarbeit regelt. Die Utrechter Union hat gegenwärtig ca. 70 000 Mitglieder, in Deutschland zählt sie ca. 15 000 Gläubige.

Die Organisation der Kirche

Die Altkatholische Kirche ist synodal strukturiert. Der Bischof wird von Gemeindevertretern gewählt und steht in der personellen apostolischen Nachfolge. Von daher ist die Altkatholische Kirche in ihrer Struktur manchen evangelischen Landeskirchen ähnlich, allerdings mit dem starken Akzent des Bischofsamtes. Deshalb ist die Verfassung als *bischöflich-synodal* zu verstehen. Es gibt seit 1878 keinen (Pflicht-)Zölibat. Frauen können seit 1996 die Priesterweihe empfangen und Laien Führungsaufgaben in der kirchlichen Hierarchie übernehmen. Im Gegensatz zur Römisch-katholischen Kirche werden geschiedene und wiederverheiratete Menschen nicht von der Teilnahme an den Sakramenten ausgeschlossen.

Weiterführende Literatur

Eßner, Günther (2016), *Die Alt-Katholischen Kirchen*, BensH 116, Göttingen.

3.3 Die Orthodoxe Kirche

!\ Die konfessionelle Orthodoxie wird im deutschsprachigen Raum aufgrund der Unkenntnis östlicher Kirchen schnell mit der lutherischen oder reformierten Orthodoxie, mit der sie konfessionell aber nichts gemein hat, verwechselt.

Die **Selbstbezeichnung „orthodox"** ist für die Orthodoxe Kirche ein signifikantes Wesensmerkmal. Sie versteht sich nicht nur als „Kirche der Rechtgläubigkeit", sondern bringt in ihrem Namen schon wesentliche theologische Charakteristika ihrer selbst zum Ausdruck. Das griechische Wort *orthodoxos* setzt sich zusammen aus *orthos* = ‚richtig, aufrecht' und *dokeo* = ‚meinen, glauben, sich bekennen'. Verbunden mit *dokeo* ist das Verb *doxazo* = ‚ehren, lobpreisen', das der Wortbedeutung eine spezielle Prägung verleiht: „Ortho-dox" meint demnach den „rechten Lobpreis Gottes", der besonders in der Liturgie, im Kult und im kirchlichen Leben zum Ausdruck kommt.

Herleitung des Namens

In der Orthodoxie steht die Liturgie im Mittelpunkt von Theologie und Frömmigkeit. In ihr drücken sich in unmittelbar erfahrbarer Form das gesamte orthodoxe Glaubensleben und die gesamte orthodoxe Theologie aus. **Erfahrung** ist in diesem Verständnis **Ausgangspunkt des Glaubens**. Manche der orthodoxen Theologen sehen das eigentlich Besondere der Orthodoxie darin, dass sie nur auf dem Weg der Erfahrung begriffen werden könne, d.h. speziell durch die Teilnahme am Gottesdienst, an den *Mysterien*, d.h. den Sakramenten, sowie durch die kirchlich rezipierte Askese, das kirchliche geistliche Leben, durch Gebet und Lobpreis. Theologie erschließt sich nach orthodoxer Vorstellung im Vollzug des kirchlichen Lebens. Somit ist der Erfahrungsbegriff eng mit „Kirchlichkeit" verbunden, die der Erfahrung den Raum gibt.

Bedeutung der Erfahrung

In der Orthodoxie gilt neben der Heiligen Schrift auch die kirchliche Überlieferung, die *Tradition* als Quelle der Offenbarung. Eine Fixierung auf die Schrift als alleinige Offenbarung Jesu Christi ist der Orthodoxie fremd. *Tradition*, Überlieferung und die Aussagen der Kirchenväter können biblischen Aussagen durchaus vor-, zumindest aber gleichwertig beigeordnet werden.

Heilige Schrift und Offenbarungsquellen

Die Rezeption der Lehren der Kirchenväter und ihre Aneignung unter den Bedingungen der Moderne ist eine zentrale Aufgabe besonders der neopatristischen Richtung innerhalb der orthodoxen Theologie. Dabei werden mit den Kirchenvätern auch gegenwärtige ethische Konzepte gemessen und die Bibel auf Bestätigung ihrer Aussagen geprüft.

Liturgie

Im orthodoxen Selbstverständnis fußt die **orthodoxe Identität** weder auf einem Dogma noch einer speziellen Organisationsstruktur, sondern in erster Linie auf dem rechten Lobpreis des dreieinigen Gottes. Der Gottesdienst hat *theophanischen* Charakter, d. h. er ist Ort der Gegenwart und Selbstoffenbarung Gottes. Damit erhalten alle im Zusammenhang mit dem Gottesdienst stehenden Elemente und Aspekte eine besondere Bedeutung, die von der Liturgie her zu verstehen sind und durch sie definiert werden. Das betrifft u. a. das Wirken des Bischofs und Priesters und ihre Stellung im gottesdienstlichen Geschehen.

Die Liturgie als ein *Volksdienst*, abgeleitet von *leitou* = ‚Volk' und *ergon* = ‚Werk', ist kein privater religiöser Akt, d. h. sie kann nicht wie in der Römisch-katholischen Kirche als Ritus für Einzelne vollzogen werden und fokussiert ebenso wenig eine individuelle Beziehung des Einzelnen zu Gott wie im Protestantismus. Die Liturgie wird verstanden als ein Glaubensakt des kirchlichen Volkes Gottes in Christus.

Orthodoxe Christen sehen ihre jeweilige Konfession und Kirchenzugehörigkeit am deutlichsten in ihren gottesdienstlichen Ordnungen und Liturgien zum Ausdruck gebracht. Nach welchem Kalender die Abfolge der Gottesdienstfeiern und Feste stattfindet, welcher Ritus und welche Sprache in Gebrauch ist, nach welchen Liturgieformularen gefeiert wird, ist bei aller regionalen Vielfalt zentral für die orthodoxe konfessionelle Identität.

3.3.1 Die Realisierung der Apostolizität: Theologische Grundlagen

Ekklesiologie

Die Orthodoxie sieht sich als die authentische Fortführung der einen, heiligen, katholischen und apostolischen Kirche. Sie ist der Ursprung, von dem sich alle anderen Kirchen, auch die westliche, Römisch-katholische Kirche abspalteten, und somit die Heimat aller Christen.

Die orthodoxe Ekklesiologie erfuhr lediglich durch die Konzilien eine gewisse allgemeine Fixierung, aber nicht durch weiterführende dogmatisch-theologische Festschreibungen, die verbindlich für die gesamte Kirche sind. Das gilt ebenso für das Kirchenrecht: Es gibt keinen allgemein verbindlichen Rechtskodex, auch wenn bis ins Mittelalter verschiedene Kanones und andere Normenlisten entwickelt wurden, die auch heute weitgehend die Grundlage des kirchlichen Lebens bilden.

i\ Die Kirche wird als „lebendiger Organismus" gesehen, deren Wirklichkeit eher erfahrbar ist, als dass sie dogmatisch festgeschrieben werden kann.

Synodalität / Gemeinschaft

Im Allgemeinen beschreibt sich die orthodoxe Kirche, wie z. B. in den Dokumenten des im Sommer 2016 stattgefundenen (Pan)orthodoxen Konzils, dessen Beschlüsse von zehn der zu dem Zeitpunkt 14 autokephalen Kirchen getragen werden, als dreifach **geeint**, und zwar **in den Sakramenten**, besonders in der Göttlichen Eucharistie, **im orthodoxen Glauben** und **in ihrer Synodalität**. Grundlage des *Synodalismus*, der die kanonische Struktur der Kirche bestimmt, ist sein Charakter als Gemeinschaft(lichkeit), die im orthodoxen Verständnis das Leben der Kirche trägt und eines der herausragenden Elemente orthodoxer Ekklesiologie ist.

i\ Eine treffende Bezeichnung für diese Vorstellung der Gemeinschaft(lichkeit) ist *sobornost*. Der Begriff entstand Ende des 19. Jahrhunderts in der russischen Orthodoxie. Er leitet sich von ‚Sammlung' ab und meint ‚Konziliarität', ‚Katholizität' oder ‚Gemeinschaft'. Die jeweiligen theologischen Deutungen können leicht variieren, meinen aber stets Formen der Verbindung des Individuellen und des Gemeinschaftlichen, ohne ein Element dem anderen unterzuordnen.

Die leibhaftige Gemeinschaft der Gläubigen in der Kirche kann *christologisch*, d. h. in Bezug auf Jesus Christus, oder *pneumatologisch*, d. h. im Hinblick auf den heiligen Geist, gedeutet werden. Auch der Rückbezug auf die Trinität ist gebräuchlich: Die innertrinitarische Gemeinschaft der drei göttlichen *Hypostasen* hat sich der Gemeinschaft der Kirche mitgeteilt und erfährt durch sie eine Verkörperung.

Die Gemeinschaftlichkeit, die *qualitative Katholizität*, hält u. a. sakramentales und allgemeines Priestertum zusammen. Mit der Vorstellung der kirchlichen Gemeinschaft ist das Amtsverständnis untrennbar verbunden.

Eschatologische Perspektive

In der orthodoxen Theologie und in der orthodoxen Frömmigkeit wird die Kirche als mystisch in Gott verankert und damit vor der Zeit existierend verstanden (so z. B. bei Bulgakov, 1993, 19). Damit ist sie unabhängig von ihrer historischen Entstehung und Entwicklung. Sie wird von der Zukunft ausgehend *eschatologisch* gedacht, weniger von der Vergangenheit her. Aktuell begegnet diese Vorstellung u. a. bei Johannes Zizioulas (geb. 1931), Titular-Metropolit von Pergamon und einer der gegenwärtig einflussreichsten Theologen der Orthodoxen Kirche.

Eucharistische Ekklesiologie

Der Kern dieser Anschauung ist die schon in der Alten Kirche vertretene *eucharistische Ekklesiologie*, die in der die Eucharistie feiernden Ortsgemeinde die Kirche selbst sieht. Das Feiern der Eucharistie unter der Leitung eines Bischofs in jeder einzelnen Gemeinde stellt die Kirche schlechthin dar. Da die **Eucharistie** die Inkarnation des ungeteilten Jesus Christus ist, wird durch sie auch die **Einheit der Kirche** selbst gewahrt. In orthodoxer Sicht ist die Eucharistie kirchenkonstituierend. Die Gültigkeit der Eucharistie wiederum hängt von der Gültigkeit des Amtes und des Trägers ab, der sie zelebriert.

Vor diesem Hintergrund nimmt das Amtsverständnis eine untergeordnete Stellung in der orthodoxen Theologie und Dogmatik ein. Gleichermaßen kommt ihm im Hinblick auf das Zentrum des Glaubens und der Theologie eine eminent wichtige Rolle zu. Das kirchliche Amt wird nicht aus sich selbst heraus begriffen, sondern in seinem Bezug zu Eucharistie und Gottesdienst und in deren Zusammenhang zur Ekklesiologie.

i\ Aufgrund dieser Nachrangigkeit fehlen Beschreibungen der orthodoxen Definition des kirchlichen Amtes in so gut wie jeder deutschsprachigen konfessionskundlichen Darstellung seit Beginn des 20. Jahrhunderts bzw. finden nur peripher im Zusammenhang mit dem Gottesdienst Erwähnung.

Eucharistie und Priesteramt

Der Bezug auf Eucharistie und Gottesdienst verleiht dem Amt seine ekklesiologische Bedeutung. Die unmittelbare Zuordnung zur Eucharistie, die als Sakrament und Liturgie Mitte des kirchlichen Lebens ist, erhöht den Stellenwert des Bischofs- und Priesteramtes, trotz seiner Nachrangigkeit bei der Betrachtung als eigenständiges Amt und im Vergleich mit anderen, markanteren Erscheinungen des kirchlichen Lebens. Für die eucharistische Gemeinschaft ist das Priestertum unerlässlich.

Die Liturgie ist in der Orthodoxie Ausdruck und Element der Vergegenwärtigung des Heils. In theologischer Terminologie bedeutet das: *anamnetische Aktualpräsenz der Heilsökonomie*. In der Liturgie wird in einer Vielzahl einzelner Akte und Handlungen Heilswirklichkeit aktualisiert und die Wiederkunft Christi vergegenwärtigt. In der Eucharistie nimmt die Gemeinde sakramental an dem Opfer Christi zum Heil des Menschen teil. Christus selbst ist der Priester, der das in seiner Kirche gefeierte Opfer darbringt. Die Kirche feiert die Eucharistie im Bewusstsein, in ihrer sichtbaren Gestalt mystischer Leib Christi zu sein.

Der Bischof oder Priester ist dabei die Versinnbildlichung des sakramental Vollzogenen – seine einzigartige Funktion besteht darin, das Priestertum Christi, des einzigen und wahren Priesters, abzubilden und zu vergegenwärtigen.

Apostolische Sukzession

Die Orthodoxe Kirche vertritt den Standpunkt, dass es ein von Jesus Christus gestiftetes Amt gibt, das von den Aposteln durch sukzessive Ordination weitergegeben wurde und wird. Die ekklesiologischen Voraussetzungen der Sukzession werden in der Aufgabe der Verbreitung und Mission der in der Geschichte existierenden Kirche gesehen sowie der Vorstellung der Übertragung von **Autorität durch Stellvertretung und Repräsentanz** (Zizioulas, 1996, 153 f. u. ö.). Die *apostolische Sukzession* wiederum ist Voraussetzung der Einheit der Kirche und so untrennbar mit *Synodalität* und *Konziliarität* verbunden. Die einzigartige Rolle des Bischofs besteht darin, die sichtbare Einheit der Gemeinschaft in der Eucharistie zu garantieren. Steht der Bischof nicht in der *apostolischen Sukzession*, bricht die Einheit der Kirche auseinander bzw. wird nicht hergestellt. Damit ist die Kirche keine im Glaubensbekenntnis bezeugte Kirche mehr, kein Mysterium.

Einheit der Kirche im Hirtenamt

Das Hirtenamt ist aufgrund seiner engen Verbindung mit dem Apostolat das Amt, das alle anderen Ämter umschließt. Seine besondere Aufgabe ist die Förderung der Einheit der Kirche. Dies wird in den von der Orthodoxie rezipierten Gedanken der Kirchenväter Ignatius von Antiochien (2. Jahrhundert) und Cyprian von Karthago (um 200–258) deutlich: Die Kirche sei das in ihrem Bischof vereinte Volk, eine Herde, die sich um ihren Hirten dränge, und somit habe der Bischof nur in der Kirche und die Kirche nur im Bischof Bestand.

Das dreigliedrige Hirtenamt

Nach orthodoxer Scholastik vereint und verkörpert das Hirtenamt, das höchste und das zentrale Amt der Kirche, die dreifache *messianische Würde* Jesu Christi als Prophet, Hohepriester (Lehrer) und König (Kirchenleiter). Keiner dieser drei Komponenten kann vom Hirtenamt gelöst werden. In ihnen spiegelt sich die *trinitarische Heilsökonomie*. Die Vor- oder Unterordnung eines Amtes gegenüber einem anderen schadet dem Ganzen, allerdings steht die priesterliche Würde im Mittelpunkt und umfasst die beiden anderen.

Das Sakrament der Handauflegung / die Priesterweihe

Das Weihesakrament der Handauflegung oder der Ordination ist in der Orthodoxie dreigeteilt in den **Diakonat** (die Diakonenweihe), den **Presbyterat** (die Priesterweihe) und den Episkopat (die Bischofsweihe). Neben dem Weihesakrament gibt es die sogenannten *niederen Weihen*, z. B. zum Lektorat oder zum Subdiakonat.

Im Sakrament der Priesterweihe wird durch Weihegebete und Handauflegung (griech.: *Cheirotonia*) des Bischofs der Heilige Geist auf den zum Priesteramt Erwählten herabgerufen. Er wird dadurch befähigt, die Mysterien zu feiern, allen voran das Mysterium der Eucharistie, Sakramente zu spenden (bei Priestern ausgenommen das Sakrament der Weihe), zu segnen und sich am kirchlichen *Hirten- und Lehramt* aktiv zu beteiligen.

Die gesamte Fülle der priesterlichen Gewalt wird in der Bischofsweihe, die eingeschränkte priesterliche Gewalt in der Priester- und Diakonatsweihe mitgeteilt.

Das priesterliche Amt ist christologisches Abbild mit pneumatologischer Perspektive. Der Priester wird u. a. in der Nachfolge des *aaronitischen Priestertums* gesehen (Lilienfeld, 1995, 428). Pneumatologisch gedeutet empfängt der Priester in seiner Weihe, so der orthodoxe Theologe Alexander Schmemann (1921–1983), „nicht das ‚Priestertum', sondern die Gabe der Liebe Christi" (Schmemann, 1974, 115), und die pneumatische Befähigung, die unsichtbare Parusie des Herrn, seine Gegenwart und deren Wirkung in seiner Kirche zu verkörpern. In dieser Offenbarung der Liebe ähnele das Sakrament der Priesterweihe dem Ehesakrament.

Ämterstruktur

Die Ämterstruktur in der Orthodoxen Kirche weist eine hierarchische Gliederung auf: An der Spitze einer Lokalkirche steht der Bischof, der als *primus inter pares* im Kollegium der Bischöfe wirkt. Bezeichnungen wie „Patriarch", „Metropolit" oder „Erzbischof" sind lediglich Titel, die sich auf Leitungsfunktionen oder Ehrenämter beziehen. Der Bischof wird als *Hohepriester* verstanden (griech.: *Archiereis*, seltener: Bischof = griech.: *Episkopos*), als „Vorarbeiter" und „Aufseher". Bischöfe sind geistlich und kirchenrechtlich gleichgestellt, sodass auch ein Patriarch oder Metropolit keine höhere Autorität oder Jurisdiktionsgewalt gegenüber einem Bischof hat. Er vertritt lediglich die Kirche nach außen.

Ein Bischof wiederum leitet die Priester (Priester = griech.: *Hiereus*, seltener: *Presbyteros* = ‚Ältester'). Es gibt für Priester Ehrentitel wie „Erzpriester" (griech.: *Archipresbyteros*) oder „Archimandrit" u. ä.

Priester besitzen ihre **Autorität** nur **Kraft der bischöflichen Delegation**. Diese zeigt sich konkret an der Überreichung des *Antimension*, des Altartuchs, das die Signatur des Bischofs trägt. Ohne das *Antimension* kann ein Priester keine Eucharistie feiern. Ein weiteres Zeichen der Delegation der bischöflichen Autorität ist die *liturgische Kommemoration* des Bischofs durch den Priester. Der Priester vollzieht die Sakramente in Abhängigkeit vom Bischof.

Bischof und Priester

In der Gemeinde ist wiederum der Priester der Hirte der spirituellen Herde, auch wenn seine Autorität eine delegierte ist. Sie ist ebenso real und von der Art wie die des Bischofs, von der sie sich ableitet.

Die Diakone (griech.: *Diakonos*) sind Helfer des Priesters in der Gemeinde oder sind einem Bischof und dessen Aufgabenbereichen zugeordnet.

Ein Spezifikum der orthodoxen Kirche, welches auf altkirchliche kanonische Praxis zurückgeht, ist die Möglichkeit der Eheschließung für Diakone und Priester, bevor sie die Weihe empfangen. Bischöfe sind immer Mönche und von daher zum Zölibat verpflichtet. Da aber auch verwitwete Priester, die in den Mönchsstand eingetreten sind, zu Bischöfen gewählt und geweiht werden können, kommt es in der Praxis immer wieder vor, dass orthodoxe Bischöfe und kirchliche Würdenträger verheiratet waren und Kinder haben. Allerdings dürfen Priester, wenn sie Witwer werden oder sich von ihrer Frau trennen, kein zweites Mal heiraten. Geweihte Priester hingegen dürfen nicht mehr heiraten – darin ähneln sie römisch-katholischen Priestern. Die Priesterweihe stellt in der Orthodoxie wie im römischen Katholizismus in kirchenrechtlicher Terminologie ein *Ehehindernis* dar.

Eheschließung bei Priestern

3.3.2 Besonderheiten der historischen Entwicklung

Grundsätzlich werden in der konfessionskundlichen Systematik der Orthodoxen Kirche zwei Kirchenfamilien unterschieden, die sich in je eigenen historischen Entwicklungen herausbildeten: die **orientalischen oder altorientalischen orthodoxen Kirchen** und die **orthodoxen Kirchen byzantinischer Tradition**. Beide Kirchenfamilien sehen sich selbst als „orthodoxe“ Kirchen an. Im allgemeinen Sprachgebrauch aber sind es die byzantinischen Kirchen, die im engeren Sinne orthodoxe Kirchen heißen, während die altorientalischen Kirchen nach ihrer geografischen Lage als orientalische oder altorientalische Kirchen bezeichnet werden.

Kennzeichnend für die beiden Kirchenfamilien ist ihre jeweilige Orientierung an den frühkirchlichen Konzilien [→ **Ausdifferenzierung**], besonders dem Konzil von Chalcedon 451. Die orientalischen Kirchen verweigerten den Beschlüssen des Konzils ihre Zustimmung. Deshalb werden sie auch „vor-chalcedonensische" oder „nicht-chalcedonensische" Kirchen genannt. Mit dieser Bezeichnung wird versucht, den museal anmutenden, jedoch am meisten gebräuchlichen Begriff *altorientalische Kirchen* in einen neutralen und nicht pejorativen Terminus umzuwandeln.

Die autokephalen Kirchen der byzantinischen Kirchenfamilie erkennen die Beschlüsse aller sieben altkirchlichen *Ökumenischen Konzilien* an.

3.3.3 Orthodoxe Kirchen

In ekklesiologischer Perspektive gibt es nur **eine universale Orthodoxe Kirche.**

Orthodoxe Lokal- und Nationalkirchen und die Orthodoxe Kirche

Unter historischen, jurisdiktionellen und organisatorischen Gesichtspunkten existieren allerdings zahlreiche orthodoxe Lokal- oder Nationalkirchen, die mitunter eng mit der Geschichte und der nationalen Identität des Landes verbunden sind, auf dessen Territorium sie liegen.

Das Ideal der Symphonia

Das orthodoxe Verständnis des Staat-Kirche-Verhältnisses ist geprägt von dem byzantinischen Ideal der *Symphonia*, das in der Zeit der byzantinischen Reichskirche entstand. Es meint die politisch enge Verbindung von Kaisertum und Patriarchat, das einträchtige Zusammenwirken von politischer und kirchlicher Gewalt, die zwar getrennte Lebens- und Seinsbereiche betreffen, aber doch ineinander verflochten sind. Historisch ließ sich das Prinzip der *Symphonia* so lange realisieren, wie sich die orthodoxen Kirchen in einem orthodoxen Staat befanden. In der Zeit der osmanischen Herrschaft in Ost- und Südosteuropa [→ **Ausdifferenzierung**] kam es zur Verlagerung dieser alten Kirche-Staat-Beziehung hin zu einer Kirche-Nation-Beziehung (Bremer, 2000, 470).

Kanonisches Territorium

Bereits im Namen der Kirche zeigt sich die Zugehörigkeit zu einem Land, einer Nation, einer Volksgruppe, auch wenn in orthodoxer Selbstwahrnehmung „Nation" eine nachrangige Kategorie von Kirche, Frömmigkeit und Glauben ist.

In der Orthodoxie gilt das *kanonische Territorialprinzip* als jurisdiktionelle Festlegung, auf welchem Gebiet eine Kirche existiert und tätig ist. Auf dem *kanonischen Territorium* einer orthodoxen Kirche darf keine andere Kirche wirken, missionieren oder eine ihr zugehörige Kirche gründen.

Auch wegen des *kanonischen Territorialprinzips* sind die Gebiete von Ländern und Staaten in vielen Fällen deckungsgleich mit denen der jeweiligen Lokalkirchen.

Kirchenrechtlich unterscheiden sich die orthodoxen Lokalkirchen in autokephale, autonome und Kirchen mit ungeklärtem rechtlichem Status.

Autokephalie und Autonomie

Autokephalie meint, dass die betreffenden Kirchen selbstständig in ihrer Verwaltung und Jurisdiktion sind, ihnen eigene Bischofsversammlungen und ein eigener Patriarch oder Erzbischof vorstehen. Bischofsernennungen gehen von der Kirche selbst aus, unabhängig von den anderen Kirchen. Die Kirchen dürfen sich nicht gegenseitig in ihre Angelegenheiten einmischen.

Derzeit gibt es 14 autokephale orthodoxe Kirchen nach byzantinischem Ritus. Dazu kommt mit der Orthodoxen Kirche der Ukraine eine Kirche, deren Autokephalie-Status zwar vom Ökumenischen Patriarchat proklamiert wurde, der aber momentan in der orthodoxen Gemeinschaft noch umstritten ist.

Autonome orthodoxe Kirchen besitzen eigene Verfassungen und verhandeln ihre internen Angelegenheiten auch selbst, unterstehen jedoch einem anderen Patriarchat, in der Regel dem Ökumenischen Patriarchat von Konstantinopel. Von dem Patriarchen, dem sie unterstehen, müssen sie sich die Wahl ihres Kirchenoberhauptes bestätigen lassen. Zu den autonomen orthodoxen Kirchen gehören beispielsweise die kleine Orthodoxe Kirche vom Berg Sinai [→ **Patriarchat von Jerusalem**, → **Autonome Kirchen**] oder die Orthodoxe Kirche Finnlands [→ **Autonome Kirchen**].

Trotz dieser klaren Regelungen gibt es in der Praxis immer wieder Spannungen, wenn die Anerkennung von autonomen Kirchen nicht oder nur von einem Teil der autokephalen Kirchen erfolgt. So wird z. B. die Autonomie der Estnischen Apostolischen Orthodoxen Kirche, die sich als die eigentliche orthodoxe Kirche Estlands sieht und dem Ökumenischen Patriarchat untersteht, nicht von der Russisch-Orthodoxen Kirche anerkannt, die mit der Estnisch-Orthodoxen Kirche des Moskauer Patriarchats eine eigene estnisch-nationale Jurisdiktion hat.

Die Problematik der autonomen Kirchen war u. a. Thema des 2016 stattgefundenen (Pan)orthodoxen Konzils. In dem entsprechenden Konzilsbeschluss wurde die Regelung festgehalten, dass eine autokephale Kirche nur dann den Status der Autonomie verleihen darf, wenn die betreffende Kirche auf ihrem geografischen Kirchengebiet liegt. In der orthodoxen Diaspora kann eine Kirche nur in panorthodoxer Übereinstimmung durch Vermittlung des Ökumenischen Patriarchats die Autonomie erhalten.

3.3.3.1 Die altorientalischen Kirchen

Die *Heilige Apostolische Katholische Assyrische Kirche des Ostens* als eine der ältesten christlichen Kirchen wird mitunter aufgrund von Lehrunterschieden nicht zu der altorientalischen Kirchenfamilie gezählt, sondern wird gesondert genannt. Ihre *Tradition*, Geschichte und viele Bräuche sind allerdings ähnlich der der anderen altorientalischen Kirchen.

Die altorientalische Kirchenfamilie umfasst die ebenfalls schon in der christlichen Frühzeit entstandene *Heilige Apostolische Kirche der Armenier*, die vorrangig in Ägypten verbreitete *Koptische Orthodoxe Kirche* sowie die *Äthiopische Orthodoxe Tewahedo-Kirche*. Aus letzterer ging 1993 mit der Unabhängigkeit Eritreas die *Eritreische Orthodoxe Tewahedo-Kirche* hervor. Die Stadt Antiochien (altgriech.: *Antiocheia*) am Orontes war die Ursprungsgemeinde von mehreren Kirchen, zu denen zwei orthodoxe Kirchen zählen: In der Spätantike teilte sich die Gemeinde in die altorientalische *Syrische Orthodoxe Kirche von Antiochien und dem ganzen Osten* mit engen Verbindungen zu den *Thomaschristen* in Indien und in das autokephale byzantinisch-orthodoxe *Patriarchat von Antiochien und dem ganzen Osten*. Altorientalische orthodoxe Kirchen in Indien sind die *Syrisch-Orthodoxe Kirche von Malankara*, die Teil der Syrisch-Orthodoxen Kirche (von Antiochien) ist, die *Malankarisch Orthodoxe Syrische Kirche* und die *Unabhängige Syrische Kirche von Malabar*. Im Folgenden werden die genannten Kirchen in ihrer Geschichte und mit ihren konfessionskundlichen Spezifika skizziert.

Heilige Apostolische Katholische Assyrische Kirche des Ostens (auch: Kirche des Ostens der Assyrer, Assyrische Kirche, Apostolische Kirche des Ostens)

Geschichte

Die Assyrische Kirche ist eine der ältesten christlichen Kirchen, im 21. Jahrhundert allerdings auch im Hinblick auf die Mitgliederzahlen eine der kleinsten Kirchen im Nahen Osten. Ihre Geschichte begann etwa 100, als das Christentum auf dem Gebiet zwischen Euphrat und Tigris Fuß fasste, und zwar sowohl auf dem oströmischen als auch auf dem persischen Gebiet.

Ein wichtiges geografisches Zentrum für die Ausbreitung des Christentums in der damaligen Zeit war die Stadt Edessa, heute Şanlıurfa oder kurz Urfa im Süden der Türkei an der Grenze zu Syrien. Die Bedeutung Edessas wird im Zusammenhang mit der → **Syrisch-Orthodoxen Kirche von Antiochien** ausführlich erläutert. Aber auch für die Assyrische Kirche spielte Edessa eine bedeutende Rolle, u. a. als Ausbildungsstätte ihrer Theologen.

In den ersten Jahrhunderten erlebten die Christen an der Grenze zwischen dem römischen und neupersischen Reich schwere Christenverfolgungen. Zudem geriet die Assyrische Kirche durch die Feindschaft der persischen Sassaniden und der Oströmer zwischen die politischen Fronten. Sie war gezwungen 424 ihre Unabhängigkeit vom Christentum des oströmischen Reichs zu erklären und wurde zur christlichen Kirche im Perserreich. Damit einher ging in der ersten Hälfte des 5. Jahrhunderts die Stabilisierung der Kirchenstrukturen in Abgrenzung zum oströmischen Reich. Die Assyrische Kirche organisierte sich in Diözesen mit dem Zentrum Seleukia-Ktesiphon, der Reichshauptstadt am Tigris im heutigen Irak. Eigene christologische Erklärungen wurden Ende des 5. Jahrhunderts formuliert und 612 endgültig festgehalten. Im Gegensatz zu den theologischen Beschlüssen des Konzils von Chalcedon präferierten die persischen Christen die Vorstellung, dass Jesus Christus nicht nur in zwei Naturen in einer Person existiert, sondern mit **zwei Naturen und zwei Hypostasen in einer Person** ausgestattet sei. Dadurch war die Assyrische Kirche nicht nur organisatorisch, sondern auch theologisch-dogmatisch von der oströmischen Kirche getrennt.

Seit dem 6. Jahrhundert führte die Assyrische Kirche weitreichende Missionsunternehmungen durch, und zwar bis hin zu den Gebieten des heutigen Jemen, des Oman, Südindiens, Tibets, der Mongolei und Chinas. Die Kirche hatte im Mittelalter ihre größte geografische Ausdehnung und errichtete sogar in Peking einen Bischofssitz. Die Assyrische Kirche ist die erste Weltkirche und Missionskirche der Christenheit. Auch unter der arabischen Herrschaft seit 633 konnte sie bis ins 9./10. Jahrhundert ihre theologische und kirchliche Ausstrahlungskraft im östlichen Raum bewahren.

Anfang des 20. Jahrhunderts erlebte diese Kirche ähnliche Verfolgungen und Massaker durch die Osmanen wie die Armenische Kirche [→ **Heilige Apostolische Kirche der Armenier**], teilweise mit dieser zusammen. Die darauffolgende assyrische Fluchtbewegung führte die Gläubigen in den britisch besetzten Irak. Als sich 1933 die Briten aus dem Irak zurückzogen, begann eine neue Verfolgungswelle, diesmal seitens des um seine nationale Unabhängigkeit und Identität ringenden Irak, in dem die Christen als britische Kollaborateure angesehen wurden. Als die Assyrer versuchten, nach Syrien zu emigrieren, wurden Tausende von ihnen auf den Flüchtlingszügen getötet. Die meisten der Überlebenden flohen in die USA.

Es gab im Laufe der Geschichte einige Schismen in dieser Kirche. Die wesentlichste im 20. Jahrhundert ist die Abspaltung der Alten Apostolischen und Katholischen Kirche des Ostens 1964, die im Irak staatlicherseits 1972 anerkannt wurde, mit Sitz in Bagdad.

In jüngster Zeit litt die Kirche wie alle christlichen Gemeinschaften in Syrien und im Irak im Golfkrieg (1980–1988), den beiden Irakkriegen (1990 / 91, 2003) und im Syrienkrieg (seit 2011). Viele Assyrer flohen aus ihren Heimatgebieten. Besonders schwer wiegen die Anfeindungen und Bedrohungen, denen Christen seitens radikalislamischer Gruppen, Milizen und Rebellengruppen und des Islamischen Staats (IS) ausgesetzt waren und die das Christentum in diesen Gebieten nahezu zum Erliegen brachten.

Der Großteil der assyrischen Christen lebt heute in den USA. Der Sitz der Kirche liegt demzufolge auch in den USA, in Morton Grove bei Chicago.

Theologie, Kirche, Frömmigkeit

- Die frühere und heute abgelehnte Bezeichnung der Assyrischen Christen als *Nestorianer* geht darauf zurück, dass sich die Assyrische Kirche bereits 431 von den Beschlüssen des Konzils von Ephesus distanzierte. Auf diesem Konzil wurde die Lehre des Patriarchen von Konstantinopel Nestorios (um 386-um 450) verurteilt. Nestorios ging von zwei Naturen in Christus aus. Sein Schwerpunkt lag aber darauf, dass diese keinesfalls vermischt werden dürften, da verschiedene Eigenschaften der menschlichen Natur, z. B. der Tod Jesu, nicht der göttlichen Natur zugerechnet werden können. Nestorios wurde von seinen Gegnern unterstellt, mit der getrennten Verortung der beiden Naturen die Person Jesu zu „zerreißen“. Seine Anhänger wurden deshalb auch *Dyophysiten* (griech.: *dyo* = zwei, *physis* = Natur) genannt.
- Mit dem alexandrinischen und dem römischen Papst entspann sich die Auseinandersetzung um den Begriff *Gottesgebärerin* oder, so von Nestorios vertreten, *Christusgebärerin*.
- Die Zuschreibung *nestorianisch* für die Assyrische Kirche gilt heute als falsch, da die Kirche einen, wie auch immer gearteten Nestorianismus auch nach der Trennung von der oströmischen Kirche nicht einführte. So argumentierte der antiochenische Theologe Theodor von Mopsuestia (um 350–428 / 29), der in der Assyrischen Kirche intensiv rezipiert wurde,

Christus habe in zwei Naturen existiert und sei in einer Person geeint gewesen. Theodors Gegner wiederum wollten die Einheit auf der Ebene der Naturen sehen und warfen ihm vor, keine wirkliche Einheit der Göttlichkeit und Menschlichkeit Jesu Christi herzustellen, sondern eine Form des *Adoptianismus* zu vertreten, bei dem die göttliche Natur die menschliche „adoptiert" habe. Auch Theodor von Mopsuestia wurde 553 als Häretiker verurteilt, was die Kluft zwischen der Assyrischen Kirche und den Oströmern vergrößerte.

- Theologische Aspekte, die die Assyrische Kirche in der Tat von anderen Kirchen unterscheiden, sind das Fehlen einer tiefergehenden *Hypostasenlehre* sowie die Ablehnung der Augustinischen *Erbsündenlehre*. Der biblische Kanon der Assyrischen Kirche weist eine andere Zusammensetzung auf: Aufgenommen wurde das Buch „Jesus Sirach", nicht aufgenommen sind der 2. Petrusbrief, der 2. und 3. Johannesbrief, der Judasbrief und die Offenbarung des Johannes.
- Der Patriarch der Kirche ist „Katholikos-Patriarch" im Sinne eines Amtes, das sich als allumfassend zuständig für die „eine und gesamte Kirche" versteht.
- Die Assyrische Kirche hatte 2010 weltweit etwa 330 000 Gläubige. Aufgrund des Bürgerkriegs in Syrien und der unbekannten Anzahl von Todesopfern und Flüchtlingen lässt sich für die Zeit danach für den nahöstlichen Raum keine genaue Angabe zu Mitgliederzahlen machen.

Heilige Apostolische Kirche der Armenier (Armenische Apostolische Kirche)

Geschichte

Als Gründer der armenischen Kirche gilt Gregor der Erleuchter (um 240-um 331/32), der der Legende nach 301 den armenischen König Tiridates III. (um 250–330) taufte. Die historische Forschung geht bei diesem Übertritt zum Christentum von mehreren anderen (späteren) Zeitpunkten aus. Zumindest konkurriert die Gründung der armenischen Staatskirche mit der Errichtung des Staatskirchentums im oströmischen Reich. Im Falle einer Hinwendung des armenischen Königs zum Christentum noch vor der Annahme des Christentums durch Kaiser Konstantin wäre sie die älteste christliche Staatskirche.

Die Weihe der armenischen Bischöfe nahm bis etwa 370 der Metropolit von Kaisareia (lat.: *Chaesarea*) in Kappadokien vor; seitdem wurden die armenischen Oberhirten im Lande selbst geweiht. Damit war die armenische Kirche unabhängig und selbstständig. Ihr oberster Geistlicher war der „Katholikos", der in Edschmiadzin residierte und eng mit der politischen Leitung des Landes verbunden war. Umso härter traf es die Kirche, als das armenische Reich 387 zwischen dem römischen und persischen Reich aufgeteilt wurde. Noch Ende des 4. Jahrhunderts, bereits unter persischer und römischer Oberhoheit, entwickelte der Mönch Mesrop Maschtotz (um 360–440) das armenische Alphabet. Das war der Beginn der beeindruckenden armenischen Literaturgeschichte, die nicht nur eine reichhaltige eigene Literaturproduktion aufweist, sondern auch mit zahlreichen Übersetzungen besticht, denn in der ersten Hälfte des 5. Jahrhunderts, dem armenischen Goldenen Zeitalter, wurde damit begonnen, in großem Umfang griechische und syrische Werke ins Armenische zu übersetzen. Die armenische Sprache diente in den folgenden Jahrhunderten, die von einer politischen und kirchenpolitischen Zersplitterung gekennzeichnet waren, der Wahrung der armenischen Identität und des kirchlichen Zusammengehörigkeitsgefühls.

Unter den sassanidischen Großkönigen kam es im 5. Jahrhundert zur Unterdrückung der Kirche, die in kriegerischen Erhebungen der Armenier mündete. Die Schlacht von Avarair 451 spielt im kulturellen Gedächtnis der Armenier bis heute eine Rolle. Die armenischen Kämpfer unterlagen zwar der persischen Übermacht. Fortan aber gestaltete sich die persische Religionspolitik weniger repressiv für die Armenier.

Im 7. Jahrhundert wurde Armenien von arabischen Heeren erobert, die Kirche konnte sich aber auch unter muslimischer Herrschaft entfalten. Erst mit der Rückeroberung durch Byzanz, dessen Staatskirche abweichende christliche Kirchen unterdrückte, und durch die Kriege im Zuge des Untergangs des byzantinischen Reichs und den erneuten Eroberungsfeldzügen der Muslime erlebte die Kirche neue Verunsicherungen. Sie führten dazu, dass sich ein Teil der Armenier im 11. Jahrhundert aufmachte, um ein neues Siedlungsgebiet zu suchen, das sie in Kilikien an der Mittelmeerküste fanden. Die Kirche folgte der Auswanderung. Unter byzantinischer Oberhoheit und in Anbindung an das abendländische Christentum entstand in **Kilikien** ein neues **Zentrum der armenischen Kirche**. 1294 wurde der Sitz des Katholikos, inzwischen in Hromkla (osman./türk.: *Rum Kalesi*) bei Edessa, nach Sis verlegt. 1441 erfolgte die Rückverlegung des Katholikossitzes in das großarmenische Gebiet nach

Edschmiatzin, wobei der Katholikos von Sis weiterhin im Katholikat Kilikien residierte. Die Kirche zersplitterte in der Zeit vom 12. bis zum 15. Jahrhundert in drei Katholikate und zwei Patriarchate, deren Jurisdiktionen nicht klar zu unterscheiden waren und die Kirche erheblich schwächten. Seit dem 17./18. Jahrhundert wurde zwar der Vorrang des Katholikats von Edschmiatzin anerkannt, aber die Kirchenspaltung nicht aufgehoben.

Die Armenische Kirche ist bis heute eng mit der armenischen Identität verbunden, ein Aspekt, der die Kirche in den nationalpolitischen Auseinandersetzungen Ende des 19. Jahrhunderts sowohl stärkte als auch zum Verhängnis wurde. Als im Zuge des Untergangs des osmanischen Reichs und des aufbrechenden türkischen Nationalismus muslimische Massaker an Christen verübt wurden, betraf das in starkem Maße die armenische Kirche. Während des Ersten Weltkrieges erlitten hunderttausende, vorrangig armenische Christen auf Gewaltmärschen in der Wüste einen qualvollen Tod. Die geschätzten Opferzahlen bewegen sich bei etwa eineinhalb Millionen Menschen.

i\ Die internationale Debatte um die Verwendung des in der Türkei abgelehnten, rechtlich und politisch determinierten Terminus „Völkermord" für diese Massenmorde ist seit Ende des 20. Jahrhunderts virulent. Deutschland war im Ersten Weltkrieg Verbündeter des osmanischen Reichs und hinderte seinen politischen Partner nicht an den Massakern an Christen. Im Jahr 2015 wurde in Deutschland der Begriff *Völkermord* in den offiziellen Sprachgebrauch übernommen.

Theologie, Kirche, Frömmigkeit

- Nicht zuletzt durch die Trennung der Kirche im *Kalten Krieg* gibt es bis heute zwei armenische Katholikate: das Katholikat von Etschmiadzin in der ehemaligen Sowjetrepublik Armenien, wo das kommunistische Regime das Christentum wie in allen Sowjetrepubliken massiv unterdrückte, und das Katholikat von Kilikien im Libanon mit Sitz in Antelias bei Beirut, in dem die auf Ausgleich mit der Sowjetregierung bedachte armenische Kirchenpolitik kritisiert worden war. Außerdem existieren in Jerusalem und Istanbul eigene Patriarchate der Kirche. Seit Mitte der 1990er Jahre wird an der Beseitigung der historisch gewachsenen Rivalitäten zwischen den Katholikaten gearbeitet.

- Die armenische Kirche war auf dem Konzil von Chalcedon 451 nicht vertreten, da die Armenier zu dieser Zeit gegen die Perser kämpften. Unter kirchenpolitischem Druck wurde 506 das Chalcedonense abgelehnt, obwohl die Kirche 431 die Verurteilung von Nestorios auf dem Konzil von Ephesus noch bejaht hatte. Auch auf den folgenden Synoden des 6. Jahrhunderts verwarf die Kirche die *Zwei-Naturen-Lehre*. Damit grenzte sie sich sowohl gegen die westliche Reichskirche als auch gegen die → **Heilige Apostolische Assyrische Kirche des Ostens** im Perserreich ab.
- Im Vergleich mit anderen orientalischen und v. a. byzantinisch-orthodoxen Kirchen ist die armenische Kirche wenig ikonografisch orientiert und geprägt. Ikonen spielen bei ihr kaum eine Rolle, aber dafür werden umso mehr fein gearbeitete Reliefs verwendet. Ikonografisch sind die *Chatschkar*, die ‚Kreuzsteine', von besonderer Bedeutung.
- Eine hohe Bedeutung in der Kirche haben, ebenfalls im Vergleich zu anderen orthodoxen Kirchen, die kirchlichen Laien bzw. das allgemeine Priestertum im Gegensatz zum sakralen Priestertum. Auf die fundierten Kenntnisse religiöser und kirchlicher Sachverhalte bei den Laien legt die Kirche ebenso Wert wie auf eine sehr gute theologische Ausbildung ihrer Geistlichen. Die hohe Bedeutung der (theologischen) Bildung wird in dieser Kirche mit einem eigenen Weihegrad gekennzeichnet: Der *Vardapet*, der theologische ‚Lehrer' oder ‚Lehrmeister', wird in einer Weihehandlung ordiniert und kann verschiedene Aufgaben in der Kirche wahrnehmen.
- Zur Armenischen Apostolischen Kirche gehören etwa sechs bis sieben Millionen Mitglieder, von denen ca. vier Millionen im Ausland leben. In Armenien stellen sie die Bevölkerungsmehrheit dar.

Koptische Orthodoxe Kirche

Geschichte

Der arabische Begriff für das aus dem Griechischen stammende Wort „ägyptisch" ist *qibtī*, von dem sich der Terminus *koptisch* ableitete. *Kopten* sind also „Ägypter". Bereits im Namen wird die enge Verbindung des ägyptischen Volkes mit dem koptischen Christentum zum Ausdruck gebracht. Diese Verschränkung hat in der historischen Entwicklung seinen Ursprung. Aus der frühen christlichen Gemeinde in der antiken Weltstadt Alexandrien (altgriech.:

Alexandreia) gingen zwei Kirchen hervor: eine nicht-chalcedonensische Kirche und eine byzantinisch-orthodoxe Kirche [→ **Patriarchat von Alexandrien**]. Letztere umfasste hauptsächlich den griechischsprachigen Adel und eingewanderte Kaufleute, die als Fremde und nicht als „Ägypter" wahrgenommen wurden. Im Gegensatz dazu bürgerte sich für die nicht-chalcedonensische, altorientalische Kirche mit Sitz in Alexandrien der Begriff *koptisch* ein, als Signum der engen Verbindung der Kirche mit dem Volk. Heute machen etwa 90 % des Christentums in Ägypten die Mitglieder der Koptischen Kirche aus.

Über die frühe Geschichte des Christentums in Alexandrien ist wenig historisch Gesichertes bekannt. Der Legende nach soll der Evangelist Markus die Gemeinde gegründet haben. Sowohl das Oberhaupt der Koptischen Kirche als auch des byzantinisch-orthodoxen Patriarchats von Alexandrien sehen sich als Nachfolger des Evangelisten und führen die Amtsbezeichnung *Patriarch des Stuhles des Heiligen Markus*. Vom koptischen *papé* (= Oberhaupt) leitet sich außerdem der Titel *Papst* ab, den der Bischof von Alexandrien schon vor dem Bischof von Rom führte und der auch heute der Ehrentitel der Kirchenoberhäupter ist.

Die Christenverfolgungen der römischen Kaiser Decius (um 190/200–251), Diokletian (um 240–313) und Maximinus Daia (270–313) wüteten unter den ägyptischen Christen besonders grausam. Diese Märtyrerzeit prägte sich tief in das kulturelle Gedächtnis der Kopten ein und schlug sich sogar in der Zeitrechnung nieder: Das Jahr 1, der Beginn der *Ära der Märtyrer* im Kalender der Koptischen Kirche fällt auf das Jahr 284, in dem Kaiser Diokletian seine Regierung antrat.

Im dritten Jahrhundert begann in Ägypten **das christliche Mönchtum** mit dem Wirken des „Wüstenvaters" Antonios (um 251–356) und des Gründers des *koinobitischen*, d.h. ‚gemeinschaftlichen' Mönchlebens Pachomios (um 292–346/47). Die koptische Kirche hat bis heute eine tiefe innere Verbindung zu ihrem Mönchtum, mit dem sie in ihrer Geschichte eng verbunden war und das wiederum auf Teile ihrer Geschichte unmittelbar einwirkte.

Mit der Auseinandersetzung um die Beschlüsse des Konzils von Chalcedon zerbrach die koptische Kircheneinheit. Seit 566, dem Tod des letzten anti-chalcedonensischen Patriarchen, wählten die ägyptischen Gegner des Konzils, die die Mehrheit des Volkes hinter sich sammelten, ihre eigenen Patriarchen.

Am Ende des 7. und im 8. Jahrhundert kam es zu einer Blüte der koptischen christlichen Literatur, die die miaphysitische Prägung der Theologie [→ **Ausdifferenzierung**] ebenso wie die ägyptische Identität der Kirche unterstrich und beförderte. Das geschah bereits unter arabischer Oberhoheit, die allerdings nach der Zeit der persischen Besetzung von 619 bis 628/29 und der nachfolgenden byzantinisch-reichskirchlichen Herrschaft bis etwa 639 zumindest anfangs als Zeit des Wiederaufbaus wahrgenommen wurde. Sowohl die Perser als auch die Byzantiner hatten die Koptische Kirche unter Druck gesetzt.

In den folgenden Jahrhunderten wechselten die islamischen Richtungen der muslimischen Herrscher, was jeweils Positionswechsel der Koptischen Kirche in Staat und Gesellschaft bedeutete. Auch die individuellen Haltungen der Sultane zu der Kirche bestimmten das Geschick der Christen in Ägypten. Unter den fatimidischen Herrschern vom 10. bis zum 12. Jahrhundert war die Behandlung von Christen wohlwollend, unter den ayyubidischen und mamelukischen Sultanen verschlechterte sich ihre Situation bis hin zur Erduldung von Verfolgungen. Unter der osmanischen Herrschaft von 1517 bis 1798 gestaltete sich die Lage für Christen ebenfalls weitgehend prekär. Erst im 19. Jahrhundert erhielten Christen, im Zuge der allgemeinen bürgerlichen Gleichstellung, eine den Muslimen gleichgesetzte Position.

1922 wurde Ägypten unabhängiges Königreich und die Gleichheit aller Ägypter vor der Verfassung festgelegt. Trotz einiger islamistischer politischer Zwischenspiele blühte die Koptische Kirche seit dieser Zeit auf. Es gab einen bedeutenden Aufschwung des kirchlichen Lebens und der theologischen Ausbildung, eine Erneuerung des Mönchtums, des weiblichen Mönchtums inbegriffen, und eine Entfaltung des sozialen Engagements der Kirche. Getragen wurden diese Neuerungen u.a. von Reformbewegungen, die schon im 19. Jahrhundert im koptischen Christentum virulent waren oder diesem entstammten. Dem koptischen Papst Schenuda III. (1923–2012), der von 1971 bis 2012 amtierte und der zu den profiliertesten Persönlichkeiten der Koptischen Kirche gehört, gelang es, nachdem er 1984 unter Husni Mubarak (geb. 1928) aus dem Exil zurückkehren konnte, seine Kirche zu exponieren und aufzubauen.

Seit dem Fall des Mubarak-Regimes 2011 verschlechterte sich die Lage der Kopten wieder drastisch. Muslimische Übergriffe sind in Ägypten nach wie vor an der Tagesordnung.

Theologie, Kirche, Frömmigkeit

- Seit dem 10. Jahrhundert gab es eine bemerkenswerte Verbindung von koptischer Theologie und arabischer Sprache, die im 13. Jahrhundert ihren Höhepunkt erreichte. Unter der arabischen Oberhoheit entwickelten koptische Gelehrte ihre Theologien auf Arabisch. Dadurch trat die koptische Theologie in eine intensive Auseinandersetzung mit dem Islam und öffnete sich dem arabischen Kulturraum. Ein Ansteigen des theologischen Niveaus war die Folge. Ähnliche christlich-arabische Literaturentwicklungen gab es in Syrien und dem mesopotamischen Raum.

- In der Koptischen Kirche gehört das 3. Makkabäerbuch zur Bibel. Proverbien sind in zwei Bücher geteilt. In der kirchlichen Überlieferung und für die Volksfrömmigkeit spielt die im Matthäusevangelium bezeugte Flucht der Heiligen Familie nach Ägypten eine große Rolle.
- Das diakonisch-karitative Engagement erfolgt in der Koptischen Kirche nicht nur auf lokaler, sondern auch auf gesamtkirchlicher Organisationsebene. Im Hinblick auf Bildungsarbeit ist die Koptische Kirche eine der wenigen orthodoxen Kirchen, die Sonntagsschulen und Katechismusunterricht anbietet.
- Es gibt ca. elf Millionen Gläubige, von denen etwa neun Millionen in Ägypten selbst leben.

Äthiopische Orthodoxe Tewahedo-Kirche

Geschichte

Die Äthiopische Kirche verdankt ihre Entstehung im 4. Jahrhundert der Mission durch die aus Syrien stammenden Brüder Frumentius (gest. um 383) und Aedesius und deren Verbindungen nach Alexandrien [→ **Koptische Orthodoxe Kirche**, → **Patriarchat von Alexandrien**]. Vom alexandrinischen Patriarchen wurden die Bischöfe geweiht, die in Äthiopien tätig waren.

Um die Mitte des 4. Jahrhunderts erklärte König Ezana (geb. in der ersten Hälfte des 4. Jahrhunderts) in Aksum, der alten Hauptstadt des äthiopischen Reichs, das Christentum zur Staatsreligion. Zunächst war der christliche Glaube wohl auf den Königshof beschränkt, aber seit dem 6. Jahrhundert wurde die weitere Verbreitung des Christentums, und zwar in seiner miaphysitischen Form, durch Mönche aus dem östlichen Mittelmeerraum vorangetrieben. Mit dem Niedergang Aksums und seiner christlichen Herrscher begann ein Zerfall des Christentums. Erst seit dem 12. Jahrhundert kam es mit dem Aufstieg christentumsfreundlicher Herrscherdynastien wieder zu einer Blüte des Christentums. Im 13. Jahrhundert erfolgte ein Aufschwung des Mönchtums, das sich im 4./5. Jahrhundert herausgebildet hatte und eine nicht unerhebliche Rolle bei der Bildung des äthiopischen Volkes spielte. Im 15. Jahrhundert erfolgte die offizielle Implementierung der Marienverehrung und unter Kaiser Zara Yaqob (1399–1468), der von 1434 bis 1468 in Äthiopien herrschte, wurden in großem Stil heidnische Praktiken, Magie und Zauberei verboten und verfolgt. Bis ins 16. Jahrhundert konnte sich das Königreich Äthiopien, das von islamischen Herrschaftsgebieten umgeben war, seine Unabhängigkeit bewahren, auch von der lateinischen und der byzantinischen Kirche.

Von 1527 bis 1543 geriet schließlich auch Äthiopien unter muslimische Oberhoheit. Die Invasoren gingen hart gegen die Christen vor und erzwangen die Konversion zum Islam unter Todesandrohung. Durch ein zur Hilfe gerufenes portugiesisches Heer konnten die muslimischen Eroberer geschlagen werden. Aber noch in der zweiten Hälfte des 16. Jahrhunderts begann die Volksgruppe der heidnischen *Oromo* aus dem Süden nach Äthiopien vorzudringen. Dieser Einwanderungsprozess dauerte bis ins 18. Jahrhundert und rief immer wieder Konflikte hervor. Außerdem erfolgten auch weiterhin muslimische Einfälle ins Land.

Zu Beginn des 18. Jahrhunderts begann die zentrale Staatsgewalt zu zerfallen. Stattdessen gelangten lokale Herrscher in verschiedenen Regionen an die Macht, bis Mitte des 19. Jahrhunderts die Einheit des Reichs unter Kaiser Tewodros II. (1818–1868) unter Einführung des alten Staatskirchentums wiederhergestellt wurde. Im Zuge dessen wurden protestantische Missionare und katholische Jesuiten, die mit den portugiesischen Befreiern ins Land gekommen waren, bekämpft. In Anlehnung an das Patriarchat von Alexandrien erfolgte die Klärung theologischer Streitfragen, um die theologische Einheit der Kirche dogmatisch zu festigen.

Unter Menelik II. (1844–1913), von 1889 bis 1913 Kaiser und ein Förderer der Kirchenbelange, erreichte Äthiopien die größte Ausdehnung seit dem Mittelalter. Addis Abeba wurde neue Hauptstadt. Unter dem von 1930 bis 1974 herrschenden Kaiser Hailä Selassi (1892–1975), ebenfalls ein Freund der Kirche, erlangte die Äthiopische Kirche ihre Autokephalie. Als Folge der Verfassungserklärung von 1955, die die Kirche als Staatskirche deklarierte, weihte 1959 der koptische Papst Kyrillos VI. (1902–1971) den äthiopischen Metropoliten Baselyos I. (gest. 1970) zum Patriarchen der Äthiopischen Kirche.

Nach dem Sturz des Kaisers 1974 wurde in der folgenden, bis 1991 herrschenden kommunistischen Militärdiktatur das Staatskirchentum der Kirche aufgelöst, die Kirche enteignet und dem Regime genehme Patriarchen an ihrer

Spitze eingesetzt. Mit dem Machtwechsel erfolgte ein Schisma in der Kirche, das 2018 aufgehoben wurde. Seit 1991 erlebt die Kirche, vor dem Hintergrund der in der Verfassung festgeschriebenen Trennung von Staat und Kirche, einen bedeutenden Aufschwung.

Theologie, Kirche, Frömmigkeit

- Der Legende nach reichen die Wurzeln der Äthiopischen Kirche bis in die alttestamentliche Zeit. So soll aus der Verbindung von König Salomon und der Königin von Saba der sagenumwobene äthiopische König Menelik I. von Aksum hervorgegangen sein, der die Bundeslade mit den Gesetzestafeln nach Aksum bringen ließ. In der Volksfrömmigkeit hat diese Legende eine große Bedeutung.
- Die Wertschätzung der *alttestamentlichen Tradition* schlägt sich sogar liturgisch nieder. Insbesondere die Verwendung des sich in Kopie in jeder äthiopischen Kirche befindlichen Tabot als Sinnbild der Bundeslade bei der Eucharistie oder verhüllt bei Prozessionen ist Ausdruck davon.
- Die Überzeugung, schon vor der Christianisierung **Erbe des alten Israel** gewesen zu sein, zeigt sich in einer Nähe zu jüdischen Praktiken, z. B. bei der Beschneidung von Knaben, der Heiligung des Sabbats oder der Nachahmung des jüdischen Tempels bei der Gestaltung des Kirchenraums. Eine direkte historische Verbindung zum alttestamentarischen Judentum muss aber stark bezweifelt werden.
- Seit 1878 nennt sich die Äthiopische Kirche *Äthiopisch-Orthodoxe Tewahedo-Kirche. Tewahedo* bedeutet ‚Einheit' und meint nicht die Einheit der Kirche, sondern greift theologisch tiefer und bezieht sich auf die *miaphysitische Einheit* der beiden Naturen Christi.
- Die Äthiopische Kirche ist die derzeitig größte altorientalische Kirche mit geschätzten 50 Millionen Gläubigen.

Eritreische Orthodoxe Tewahedo-Kirche

Geschichte

Die Eritreische Kirche wurde 1993, im gleichen Jahr der Unabhängigkeitserklärung der ehemaligen Provinz Äthiopiens, Eritrea, autokephal. Die Eigenständigkeit erteilte der koptische Papst [→ **Koptischen Kirche,** → **Patriarchat von**

Alexandrien], ohne Einverständnis des äthiopischen Patriarchen [→ **Äthiopische Orthodoxe Tewahedo-Kirche**], von dessen Patriarchat sich die Eritreische Kirche löste. Das sorgte für schwere Verstimmungen zwischen der äthiopischen und der koptischen Kirche.

Es ist davon auszugehen, dass etwa 50 % der Bevölkerung Eritreas der Eritreisch-Orthodoxen Kirche angehören. Allerdings lassen sich keine genauen Daten erheben, da Eritrea seit Staatsgründung unter dem diktatorischen Regime von Isayas Afewerki (geb. 1946) steht.

2006 / 07 setzte die Regierung willkürlich den amtierenden Patriarchen Abune Antonios (geb. 1927) ab und stellte einen regierungstreuen Gegenkandidaten auf, der von den anderen orientalischen Kirchen nicht anerkannt wird.

Betroffen von den **Christenverfolgungen**, Inhaftierungen und Folterungen in Eritrea sind besonders Christen kleinerer verbotener Religionsgemeinschaften, insbesondere evangelikaler Kirchen, aber es muss auch von Verfolgungen orthodoxer Christen ausgegangen werden.

Aus keinem anderen Land in Afrika fliehen derzeit so viele Menschen wie aus Eritrea. Schätzungen aus dem Jahr 2015 gingen von bis zu 5000 Menschen monatlich aus, bei einer Bevölkerungszahl von ca. vier Millionen.

Theologie, Kirche, Frömmigkeit

- Die Eritreische Kirche nennt sich in der Selbstbezeichnung ebenso wie die Äthiopische Kirche *Tewahedo-Kirche*, um schon im Namen auf ihr *miaphysitisches Bekenntnis* der Einheit der beiden Naturen Christi hinzuweisen.
- Die Kirche hat geschätzt zwei Millionen Gläubige. Genaue Angaben können aufgrund der derzeitigen politischen Lage nicht erhoben werden.

Syrische Orthodoxe Kirche von Antiochien und dem ganzen Osten

Geschichte

Eine besondere Wurzel des Christentums in der Antike stellte die Gemeinde von Antiochien am Orontes dar, das heutige Antakya in der Südtürkei. Antiochien war im römischen Reich nach Rom und Alexandrien die drittgrößte Weltstadt, aus deren christlicher Gemeinde gleich mehrere Kirchen hervorgingen. In altkirchlicher Zeit war die Kirche von Antiochien sowohl griechisch- als auch aramäischsprachig.

Der aramäische Sprachgebrauch war im ländlichen Hinterland noch ausgeprägter. Zu diesem Hinterland gehörte **Edessa**, das heutige Urfa. In Edessa bestanden seit spätestens Mitte des 2. Jahrhunderts christliche Gemeinden, deren theologische Ausrichtungen, gestützt von berühmten Gelehrten der damaligen Zeit, ein vielfältiges Kaleidoskop abgaben. In dieser Vielfalt war die spätere orthodoxe Gemeinde nur eine unter vielen. Das großkirchliche Christentum fand sein Zentrum schließlich in Antiochien.

i\ In Edessa wurde schon früh christliche Literatur in aramäisch verfasst, wobei der aramäische Dialekt in Edessa Syrisch war. Dieses Syrisch wurde zur klassischen Kultur- und Literatursprache der aramäischen Christenheit. Heute wird es nicht mehr gesprochen, verbindet aber immer noch die Kirchen, die sich auf seiner Grundlage gebildet haben.

Für das griechisch geprägte, byzantinische → **Patriarchat von Antiochien** war griechisch die Sprache der Liturgie, zunächst neben dem Aramäischen, schließlich aber als alleinige Ausdrucksform. Zu den sprachlichen Differenzen zwischen den Gemeinden kamen dogmatische Probleme. Die griechisch-orthodoxe Kirche nahm die Beschlüsse des Konzils von Chalcedon an, die syrisch-orthodoxe, die dem Miaphysitismus zuneigte, nicht. So bildeten sich nebeneinander zwei orthodoxe Kirchen heraus, die beide ihren Patriarchatssitz in Antiochien lokalisierten: Das syrisch-orthodoxe Patriarchat von Antiochien und das griechisch-orthodoxe Patriarchat von Antiochien.

Mit dem Regierungsantritt Kaiser Justins (um 450–527) im Jahr 518 setzte eine Verfolgungswelle der nicht-chalcedonensischen Gemeindegruppen ein, die erst durch die islamische Herrschaft seit dem 7. Jahrhundert ihr Ende fand. Dabei blieben den syrisch-orthodoxen Christen aufgrund ihrer Nichtzugehörigkeit zur muslimischen Religion Repressionen nicht erspart. Aufgrund erneuter Unterdrückung während der Phase der Rückeroberung Nordsyriens durch die Byzantiner im 10. Jahrhundert erscheint allerdings im kulturellen Gedächtnis der Syrisch-Orthodoxen Kirche die islamische Eroberung als Befreiung von der Zwangsherrschaft der Griechen.

In die Zeit der byzantinischen Herrschaft im 6. Jahrhundert fällt das Wirken des syrischen Mönches Jakob Baradaios (um 490–578), der für die nicht-chalcedonensische Kirche eine große Rolle spielte und der Legende nach die Syrisch-Orthodoxe Kirche gründete. Von ihm leitet sich der Name *Jakobiten* ab, der den syrisch-orthodoxen Christen von ihren Gegnern verliehen wurde. Sie selbst lehnen diesen Begriff ab.

Eine Blütezeit mit einer fruchtbaren Literaturproduktion erlebte die Syrisch-Orthodoxe Kirche im 12. und 13. Jahrhundert. Diese Epoche wird auch als *syrische Renaissance* bezeichnet, da die Rückbesinnung auf die syrische Sprache in dieser Zeit besonders ausgeprägt war. Die Herrschaft der in religiöser Hinsicht toleranten Mongolen seit 1258 förderte diese Prosperität noch. Aufgrund des Fehlens einer guten Kirchenorganisation und einer eigenen kirchlichen Repräsentanz, defizitärer kirchenpolitischer Strukturen und innerkirchlicher Spannungen begann seit dem 14. Jahrhundert ein Niedergang der Syrisch-Orthodoxen Kirche.

Im 19. Jahrhundert wurde die Kirche nicht von Verfolgungen verschont, die sie im Zuge des Zusammenbruchs des osmanischen Reichs und dem aufbrechenden türkischen Nationalismus ereilten. Trauriger Höhepunkt waren die Massaker in der heutigen Südosttürkei im Jahr 1915, die v. a. Armenier und Assyrer trafen [→ **Heilige Apostolische Kirche der Armenier,** → **Heilige Apostolische Katholische Assyrische Kirche des Ostens**], aber auch fast hunderttausend syrisch-orthodoxe Christen.

Nach einer langen Repressions- und Vertreibungsgeschichte in der ersten Hälfte des 20. Jahrhunderts in der Türkei, wo die Kirche bis heute nicht zu den anerkannten Religionsgemeinschaften zählt, wurde der Sitz des Patriarchats nach Damaskus, der Hauptstadt der 1930 gegründeten Syrischen Republik, verlegt. In ihrem einstigen Stammland, der Türkei, sind die syrisch-orthodoxen Christen nur noch eine kleine Minderheit. In Syrien ist das Leben der Kirche, wie das anderer christlichen Kirchen auch, aufgrund des Krieges seit 2011 und Verfolgungen durch islamistische Milizen auf das massivste eingeschränkt.

Präzise Zahlen zur Kirchenmitgliedschaft sind nicht zu erheben. Schon vor Kriegsbeginn lebte der Großteil der syrisch-orthodoxen Christen im Ausland bzw. als Gläubige der Syrisch-Orthodoxen Kirche in Indien [→ **Indische Orthodoxe Kirchen**].

Theologie, Kirche, Frömmigkeit

- Die Marienverehrung spielt in der syrischen Orthodoxie eine große Rolle. Die Ikonenverehrung ist allerdings nicht so stark ausgeprägt wie in den östlich-byzantinischen Kirchen.

- Eine besondere Belastung für die Kirche vor dem Hintergrund ihrer starken monastischen Prägung und langen Tradition monastisch-asketischer Spiritualität ist der Zusammenbruch fast aller Klöster und monastischen Zentren in den Kriegsgebieten Syriens und des Iraks, ebenso wie in der Türkei.
- Die Syrisch-Orthodoxe Kirche versteht sich als Nationalkirche Syriens. Die Gemeinden haben im Allgemeinen angeschlossene Kulturvereine, die Sprache und Bräuche pflegen, was sich auch in der Diaspora fortsetzt.
- Generell verzeichnen syrisch-orthodoxe Gemeinden eine ausgeprägte und gute Jugendarbeit.

i\ Die Syrisch-Orthodoxe Kirche hat in der Bundesrepublik Deutschland das Recht, eigenen Religionsunterricht an staatlichen Schulen abzuhalten. Das ist z. B. der Fall in Nordrhein-Westfalen, wo es eine große syrisch-orthodoxe Diaspora gibt.

- Mit der *Maronitisch-Syrischen Kirche von Antiochien* (auch: Maronitische Kirche) gibt es eine syrische, nicht unierte, → **Römisch-katholische Kirche** [→ **Ausdifferenzierung**]. Der Legende nach von einem syrisch-aramäischen Mönch, dem heiligen Maroun, gegründet, machte sie sich schon im 7. Jahrhundert mit einem eigenen Patriarchen von der Syrisch-Orthodoxen Kirche unabhängig, wobei sich die Maroniten durch den Bischofssitz von Antiochien in *apostolischer Sukzession* sehen. Die *Maronitisch-Katholische Kirche* ist mit etwa einer Million Mitglieder eine der größten Kirchen im Libanon. Weltweit gehören der Kirche rund sechs Millionen Gläubige an.

Indische orthodoxe Kirchen

Eine konfessionskundlich vielfältige Landschaft und teilweise unübersichtliche Gemengelage mit sieben unterschiedlichen Kirchen bzw. Gemeinschaften der syrischen Orthodoxie bieten die indischen orthodoxen Kirchen, die in verschiedenen Traditionslinien und historischer Genese ihre Ursprünge auf die frühen Thomaschristen zurückführen.

Geschichte

Auf den **Apostel Thomas** geht in den Ostkirchen eine alte und gewichtige Traditionslinie zurück. Er hat in dieser Region eine ähnlich große Bedeutung wie Petrus für Rom. Historisch lässt sich das Wirken des Apostels Thomas nur in Bruchstücken rekonstruieren und sein Leben und Wirken genauso wenig geschichtlich klären wie das des Petrus. Fest steht die Verbindung des Thomas zu Edessa. Vermutlich kam er bei seinen Missionen bis nach Nordindien. Die indischen Thomaschristen, von denen sich die orthodoxen Kirchen in Indien und darüber hinaus weitere christliche Gemeinschaften ableiten, behaupten eine direkte Mission durch den Apostel.

Theologie, Kirche, Frömmigkeit

- Die Syrisch-Orthodoxe Kirche von Malankara steht in Gemeinschaft mit der → **Syrischen Orthodoxen Kirche**. Um diese Verbundenheit darzustellen, nennt sie sich auch Malankarische Jakobitische Syrisch-Orthodoxe Kirche. In einem Schisma ging 1912 aus ihr die Malankarisch Orthodoxe Syrische Kirche (auch: Indisch-Orthodoxe Kirche) hervor, die als einzige der orthodoxen Kirchen in Indien den Status der Autokephalie hat. Insgesamt umfassen die syrisch-orthodoxen Kirchen Indiens ca. zwei Millionen Gläubige, die sich zu etwa gleichen Teilen auf die beiden Kirchen aufteilen.
- Weiterhin gibt es die relativ kleine, sich im 18. Jahrhundert vom → **Patriarchat von Antiochien und dem ganzen Osten** abtrennende Unabhängige Syrische Kirche von Malabar und eine Metropolie der Assyrischen Kirche [→ **Heilige Apostolische Katholische Assyrische Kirche des Ostens**].
- Große Kirchen stellen dagegen die mit Rom unierte Syro-Malabarische und die Syro-Malankarische Kirche mit knapp vier Millionen bzw. knapp einer halben Million Kirchenmitgliedern dar.
- In der Tradition der Thomaschristen sieht sich auch eine presbyterianische und mit der → **Anglikanischen Gemeinschaft** in Kirchengemeinschaft stehende Kirche, die Syrische Mar-Thoma-Kirche von Malankara, von der sich 1952 die Evangelische St. Thomas Kirche von Indien abspaltete.
- Trotz der Kirchenspaltungen und der internen Zersplitterung spielen die Thomaschristen im Bundesstaat Kerala, in dem es bei einer Gesamtbevölkerung von 33 Millionen Menschen sechs Millionen Christen gibt, eine herausragende Rolle in der Bildungsarbeit und im Sozialwesen.

3.3.3.2 Die byzantinischen Kirchen

Die zweite große orthodoxe Konfessionsfamilie sind die byzantinisch-orthodoxen Kirchen oder orthodoxe Kirchen nach byzantinischem Ritus, die sich ursprünglich innerhalb des byzantinischen Reichs befanden und an dessen Zentrum Konstantinopel orientierten. Diese byzantinischen Kirchen stimmen in Kirchenverständnis, Lehre und Kult weitgehend überein. Ihren historischen Kern bildet die altkirchliche Pentarchie, zu der neben dem Bischofssitz in Rom, der zum Zentrum der Kirche des weströmischen Reichs wurde, die Bischofssitze von Konstantinopel, Alexandrien, Antiochien und Jerusalem gehörten. Heute sind das das *Ökumenische Patriarchat von Konstantinopel*, das *Patriarchat von Alexandrien und ganz Afrika*, das *Patriarchat von Antiochien und dem ganzen Osten* sowie das *Patriarchat von Jerusalem*. Hinzu kommen folgende autokephale Kirchen: das *Patriarchat von Georgien*, das *Patriarchat von Bulgarien*, das *Patriarchat von Moskau und ganz Russland*, das *Patriarchat von Belgrad* und das *Patriarchat von Bukarest* sowie die *Kirche von Zypern*, die *Kirche von Griechenland*, die *Polnische Autokephale Orthodoxe Kirche*, die *Orthodoxe Autokephale Kirche von Albanien* und die *Orthodoxe Kirche der Tschechischen Länder und der Slowakei*.

Seit 2018/19 ist die *Orthodoxe Kirche der Ukraine* eine durch das Ökumenische Patriarchat anerkannte autokephale Kirche. Diese Ernennung wird derzeit von einigen orthodoxen Kirchen abgelehnt und scharf kritisiert. Die Orthodoxe Kirche der Ukraine wird im Folgenden gesondert gezählt, da ihre Autokephalie-Ernennung (noch) nicht von der orthodoxen Gemeinschaft bestätigt ist (Stand Januar 2019).

Zu den Kirchen mit autonomem Status gehören die *Orthodoxe Kirche vom Berg Sinai*, die *Orthodoxe Kirche Finnlands*, die *Moldauische Orthodoxe Kirche*, das *Erzbistum Ohrid* sowie die *Russische Orthodoxe Kirche im Ausland* [→ **Patriarchat von Moskau / Russische Orthodoxe Kirche im Ausland**]. Im Allgemeinen wird zu den autonomen Kirchen auch das *Erzbistum von Japan* [→ **Patriarchat von Moskau / Erzbistum von Japan**] gezählt. Dieser Status trifft nur eingeschränkt zu, da die Autonomie der Japanisch-Orthodoxen Kirche lediglich von Russland anerkannt wird. Auch diese Kirchen sollen im Folgenden skizziert werden.

Ökumenisches Patriarchat von Konstantinopel

Geschichte

Mit der Gründung der Kaiserresidenz Konstantinopel 330 und durch die enge Verbindung von Kaiser und Patriarch erhielt der Bischofssitz von Konstantinopel eine hohe Bedeutung. Während des 2. Ökumenischen Konzils 381 wurde ihm der zweite Rang nach Rom verliehen.

Konstantinopels Stellung als Zentrum des östlichen Christentums kommt seit dem 6. Jahrhundert in dem Titel seines Patriarchen als *Ökumenischer Patriarch*, d. h. zuständig für die gesamte Welt, zum Ausdruck, ein Titel, der auf starken Widerspruch des römischen Papstes stieß.

Nach dem Niedergang des byzantinischen Reichs und der Eroberung Konstantinopels 1453 behielt der Patriarch im *Milletsystem* des osmanischen Reichs eine Führungsrolle für die Christen und wurde religionspolitischer Ansprechpartner der Herrscher. Als Nachfolger der byzantinischen, aufs engste mit der politischen Macht verbundenen Kirche [→**Ausdifferenzierung**] repräsentierte das Ökumenische Patriarchat das orthodoxe Christentum im gesamten osmanischen Einzugsbereich. Es hielt seine Führungsposition im östlichen Christentum über Jahrhunderte hinweg aufrecht, auch wenn die Osmanen, wie bereits zuvor die byzantinischen Kaiser, häufig direkt Einfluss auf die Besetzung des Patriarchenstuhls nahmen. Dieser Umstand schwächte die Kirche neben den allgemeinen Einschränkungen der Christen im osmanischen Reich, z. B. zusätzliche Steuerabgaben, das Verbot von christlicher Mission sowie fehlende gesellschaftliche Aufstiegschancen.

Im 16. Jahrhundert bestätigte der Ökumenische Patriarch der Russisch-Orthodoxen Kirche [→ **Patriarchat von Moskau und ganz Russland**] den Titel *Patriarch* für ihre Oberhäupter. In Russland war die Vorstellung virulent, dass nach dem Untergang Roms und dem Untergang Konstantinopels als das *Zweite Rom*, Moskau das *Dritte Rom* sei, Zentrum des östlichen Christentums und Hort des wahren orthodoxen Glaubens. In russischer Perspektive beerbte das orthodoxe Christentum in Russland ideell das Konstantinopler Patriarchat um seine Vorrechte im Pantheon der orthodoxen Patriarchate und Lokalkirchen.

In der zweiten Hälfte des 16. Jahrhunderts kam es zu einem theologischen Austausch des Ökumenischen Patriarchen Jeremias II. (1536–1595) mit Tübinger lutherischen Theologen [→ **Lutherische Kirchen**], bei dem es um die zentralen theologischen Inhalte der beiden *Religionen*, d. h. der christlichen Konfessionen ging. Es konnte in dem Dialog, wenn er auch freundlich geführt und beendet wurde, kein theologischer Konsens herbeigeführt werden. Exemplarisch zeigten sich die Divergenzen der je konfessionell geprägten theologischen Schwerpunkte.

In der ersten Hälfte des 17. Jahrhundert bestieg mit Kyrillos Loukaris (1572–1638) ein dem Calvinismus [→ **Ausdifferenzierung / Besonderheiten der historischen Entwicklung der evangelischen Konfessionsfamilie**] nahestehendes Oberhaupt der orthodoxen Griechen den Patriarchenstuhl. Wegen seiner protestantismusfreundlichen Tendenzen brachten ihn römisch-katholische Kirchenpolitiker, die ihrerseits eine orthodox-römisch-katholische Union avisierten, beim Sultan in Verruf. Nach mehrmaliger Amtsenthebung und Amtseinsetzung wurde er schließlich von muslimischen Schergen ermordet.

Im 19. Jahrhundert erkannte das Ökumenische Patriarchat die Autokephalie gleich mehrerer orthodoxer Kirchen an: die der → **Kirche von Griechenland**, des → **Patriarchats von Belgrad** und des → **Patriarchats von Bukarest**. An dem Bemühen um Autokephalie, das den Verleihungen vorausging, zeigte sich der im 19. Jahrhundert auch in der Orthodoxie zunehmende Einfluss von nationalen Interessen innerhalb der Kirchenpolitik. **Im Kernland** des Ökumenischen Patriarchats begann mit der **Gründung der Republik Türkei** 1923 ein rasanter Einflussverlust der griechisch-orthodoxen Kirche. Im Zuge der Ratifizierung der zwischen Griechenland und der Türkei vereinbarten Konvention zum Bevölkerungsaustausch wurden 1922/23 etwa 1,25 Millionen Griechen aus der Türkei vertrieben.

Im türkischen Staat herrschte zwar Religionsfreiheit, aber insbesondere nach dem Tod von Staatsgründer und Präsident Mustafa Kemal Atatürk (1881–1938) erlitten die Rechte von Christen in der Praxis oft eine starke Beschneidung.

Nach dem Pogrom von Istanbul 1955, als bei gewalttätigen Ausschreitungen in Istanbul, Ankara und Izmir gegen griechisch-orthodoxe und armenische Christen sowie türkische Juden mindestens elf Menschen getötet wurden (die genauen Zahlen sind bis heute nicht klar), verließen zehntausende orthodoxe Griechen ihre türkische Heimat.

Die theologische Ausbildungsstätte des Ökumenischen Patriarchats, die Hochschule von Chalki, ist seit 1971 geschlossen, die religiöse Ausbildung von Priestern und Religionslehrern verboten. Theologen der griechisch orthodoxen Kirche in der Türkei erhalten ihre Ausbildung im Ausland. Innerhalb der Türkei hat das Ökumenische Patriarchat einen schweren Stand und ist immer wieder

Angriffen ausgesetzt. Das Attribut „ökumenisch" im Titel des Patriarchen ist in der Türkei umstritten und de jure verboten.

Theologie, Kirche, Frömmigkeit

- Die *apostolische Sukzession* des Bischofs von Konstantinopel wird in der *byzantinischen Tradition* bis auf den Apostel Andreas zurückgeführt, der als erster Jünger von Jesus noch vor Petrus berufen wurde.
- Auch heute hat das Ökumenische Patriarchat eine Ehrenwürde unter den byzantinisch-orthodoxen Kirchen, welches nicht mit einem Primat wie das des römisch-katholischen Papstes verwechselt werden darf.
- Seit 1612 befindet sich die Residenz des Ökumenischen Patriarchen im Phanar in Konstantinopel.
- Der für die Orthodoxie heilige Berg Athos und die sich darauf befindliche Mönchsrepublik gehört zur Jurisdiktion des Ökumenischen Patriarchats.
- Im 20. Jahrhundert gingen vom Ökumenischen Patriarchat wesentliche Impulse für die Ökumene, für den innerorthodoxen Ausgleich und für die Zusammenarbeit mit den orientalischen orthodoxen Kirchen aus. Der derzeitige Ökumenische Patriarch Bartholomaios I. (geb. 1940) setzt sich seit Jahrzehnten profiliert für Umweltschutz und Ökologie ein.
- Dem Ökumenischen Patriarchat unterstehen weltweit 133 Bischöfe, 6000 Priester und geschätzt vier bis fünf Millionen Gläubige. Von ihnen lebt der allergrößte Teil in Amerika, Europa, Japan, Ozeanien, Australien, der wesentlich geringere Teil auf dem Gebiet der Türkei, Nordgriechenlands, Kretas und der Dodekanes.

Patriarchat von Alexandrien und ganz Afrika

Geschichte

Die Gemeinde in Alexandrien bestand anfangs aus Judenchristen und Griechen. Erst nach und nach stieß die einheimische koptische Bevölkerung hinzu, die sich später mit einer eigenen Kirche von dem griechisch-orthodoxen Teil der Gemeinde, den *Melkiten*, trennte [→ **Koptische Orthodoxe Kirche**]. Die Bezeichnung *Melkit* kommt aus dem Arabischen, meint ‚kaiserlich', ‚königlich' und galt als Bezeichnung für die oströmischen „Kaisertreuen".

Seit dem 2. Jahrhundert war das Patriarchat durch die Katechetenschule von Alexandrien ein theologisch einflussreiches Zentrum des Ostens. Im 4. Jahrhundert spielte es bei den trinitätstheologischen Streitigkeiten eine ausschlaggebende Rolle, sowohl in theologischer als auch kirchenpolitischer Hinsicht.

Alexandrien stand ursprünglich wie Konstantinopel mit Rom in Konkurrenz. Auf dem zweiten Konzil von Konstantinopel 381 wurde dem Patriarchat der dritte Rang nach Rom und Konstantinopel verliehen. Nach und nach aber, und ganz besonders mit der arabischen Eroberung, verlor das griechisch-orthodoxe Patriarchat seinen Einfluss und seine Bedeutung. Der Patriarch residierte bis 1846 als Titularbischof in Konstantinopel.

Im 20. Jahrhundert hatte die Kirche große missionarische Erfolge in Afrika. Es gibt Bischofssitze des Patriarchats von Alexandrien in den Ländern Zentral-, Ost- und Südafrikas.

Theologie, Kirche, Frömmigkeit

- Zentrale Charakteristika der → **Koptischen Kirche** treffen auf die alexandrinische orthodoxe Kirche zu.
- Das Patriarchat von Alexandrien und ganz Afrika versammelt ca. 350 000 Gläubige in Ägypten und 1,2 Millionen auf dem restlichen afrikanischen Kontinent Afrika.

Patriarchat von Antiochien und dem ganzen Osten

Geschichte

Neben der zu der altorientalischen Kirchenfamilie gehörigen Syrisch-Orthodoxen Kirche [→ **Syrische Orthodoxe Kirche von Antiochien und dem ganzen Osten**] erwuchs das Patriarchat von Antiochien aus der altkirchlichen Gemeinde von Antiochien. Über die Annahme und Ablehnung der Beschlüsse von Chalcedon zerbrach die Einheit der Gemeinde. Bis ins 7. Jahrhundert war das orthodoxe Patriarchat eines der bedeutendsten Zentren der Christenheit, erlebte aber in den folgenden Jahrhunderten einen sukzessiven Niedergang. Sein Weg blieb an der Seite Konstantinopels, weshalb das Patriarchat auch Rum-Orthodoxe Kirche von Antiochien heißt (*Rum* = arab.: ‚Rom', d. h. Konstantinopel als das *Zweite Rom*). Im 18. und 19. Jahrhundert konnten nur Griechen die Patriarchenwürde der antiochenischen Kirche erlangen.

Theologie, Kirche, Frömmigkeit

- Der Sitz des Patriarchen befindet sich heute in Damaskus.
- Die Liturgie erfolgte bis ins 20. Jahrhundert auf Aramäisch.
- Zur Kirche gehören ca. 800 000 bis eine Million Gläubige in Syrien, im Libanon, in der Türkei, im Iran und Irak sowie in Amerika.

Patriarchat von Jerusalem

Geschichte

Das Jerusalemer Patriarchat ist das kleinste der altkirchlichen Patriarchate, hat aber aufgrund seines Standortes eine besondere Bedeutung und war stets Anlaufpunkt von Pilgerbewegungen. Auf dem Konzil von Chalcedon 451 wurde die Kirche zu einem eigenständigen Patriarchat ernannt und der jurisdiktionellen Zuordnung unter das Patriarchat von Antiochien entzogen. Auf dem zweiten Konzil von Konstantinopel 553 erhielt das Patriarchat Jerusalem den fünften Rang innerhalb der Patriarchate.

638 wurde die Stadt von Arabern erobert. Bis zum Ende der muslimischen Oberhoheit 1099 verlor das Patriarchat einen Großteil seiner Gläubigen.

Bis 1860 nahm der Ökumenische Patriarch von Konstantinopel Einfluss auf die Wahl des Patriarchen von Jerusalem [→ **Ökumenisches Patriarchat von Konstantinopel**].

Im 20. Jahrhundert war das Patriarchat von einer Geschichte des Niedergangs und der Repressionen durch den türkischen Staat betroffen.

Theologie, Kirche, Frömmigkeit

- Die *Liturgie des Heiligen Jakobus*, die auch als *Alt-Jerusalemer Liturgie* bezeichnet wird, und eines der Liturgieformulare der Orthodoxie ist, geht auf die Gemeinde von Jerusalem zurück. Von dort breitete sie sich in den Jahrhunderten bis zur Übernahme der liturgischen Gebräuche Konstantinopels aus und fand neben Jerusalem auch im → **Patriarchat von Antiochien** Anwendung. Zentrales Element der Liturgie ist das Darbringungsgebet für die Eucharistie, die *Anaphora*, des Apostels und Herrenbruders Jakobus. Das heute gebräuchliche Formular stammt aus dem 4./5. Jahrhundert, geht aber auf eine ältere, schriftlich nicht erhaltene Form zurück.

- Besondere Herausforderungen für die Jerusalemer Kirche in der Gegenwart bringt der Umstand mit sich, dass das Patriarchat sowohl israelische als auch palästinensische Gebiete umfasst und daraus politische, kulturelle und soziale Komplikationen innerhalb der Gemeinden resultieren. Darüber hinaus ergaben sich in der Vergangenheit immer wieder Spannungen zwischen der griechischen Kirchenleitung und der arabischstämmigen Mehrheit der Kirchenmitglieder.
- Trotz seines die ökumenische Zusammenarbeit evozierenden Standortes, und dem hervorragenden Engagement des Patriarchats beim Schutz von Minderheiten vor Ort, steht das Patriarchat von Jerusalem der weltweiten ökumenischen Bewegung kritisch gegenüber.
- Die autonome *Orthodoxe Kirche vom Berg Sinai* [→ **Autonome Kirchen**] ist dem Patriarchat zugeordnet. Der Erzbischof und Abt des Sinai- bzw. Katharinenklosters wird vom Patriarchen von Jerusalem geweiht.
- Die griechisch-orthodoxe Kirche von Jerusalem hat ca. 120 000 Gläubige in Israel, Palästina, Jordanien und Ägypten.

Patriarchat von Georgien (Orthodoxe Apostolische Kirche in Georgien)

Geschichte

Eine ebenfalls sehr alte byzantinisch-orthodoxe Kirche ist die Georgisch-Orthodoxe Kirche. Der Legende nach hat der Apostel Andreas in *Iberien* (der Name „Georgien" kam erst im 11. Jahrhundert auf) missioniert, wobei die eigentliche Christianisierung der Heiligen Nino (um 300-ca. 361), der „Erleuchterin", zugeschrieben wird, die um 337 den georgischen König Mirian III. (gest. um 345) zum christlichen Glauben gebracht haben soll. Damit wurde das Christentum in Iberien / Georgien im 4. Jahrhundert Staatsreligion.

Ebenfalls im 4. Jahrhundert geriet der Osten Iberiens unter die Herrschaft der persischen Sassaniden, der Westteil verblieb unter byzantinischer Oberhoheit. Dies zog eine Teilung der jurisdiktionellen Zuordnung der Kirche nach sich. Während der westliche Teil weiterhin mit der byzantinischen Reichskirche verbunden blieb und damit dem → **Ökumenischen Patriarchat von Konstantinopel** unterstellt war, erhielt das → **Patriarchat von Antiochien** die Jurisdiktion über ostiberische Gebiete.

Das antiochenische Patriarchat hatte allerdings wenig Einfluss auf die Kirche und stellte lediglich den *Katholikos* als kirchliches Oberhaupt. Gegen Mitte des 8. Jahrhunderts verlieh es der georgischen Kirche in seinem Einzugsgebiet die Autokephalie.

Im 11. Jahrhundert, nach der Befreiung von der arabischen Herrschaft und der Vereinigung der Landesteile, entstand in Georgien ein unabhängiges Königreich, in dem das Christentum eine wesentliche Rolle spielte und sich in den nächsten Jahrhunderten eng mit der Nationalidentität verband. Das Oberhaupt der Kirche erhielt den Titel *Patriarch von ganz Georgien*. Die georgischen Könige unterstützten und förderten die Kirche. Herausragendes Beispiel hierfür ist Königin Tamar (1160–1213), die von 1184 bis 1212 über das georgische Reich herrschte und von der Georgisch-Orthodoxen Kirche heiliggesprochen wurde. Mit dem Tod Tamars endete das Goldene Zeitalter Georgiens, das mit dem Einfall der Mongolen und durch Kriege mit Persern und Türken einen Niedergang erlebte.

Im 19. Jahrhundert wurde Georgien Bestandteil des russischen Reichs und die Georgische Orthodoxe Kirche Exarchat der russischen Kirche [→ **Patriarchat von Moskau und ganz Russland**]. Ende des 19. Jahrhunderts brachen sich in Georgien Nationalbestrebungen Bahn und der Ruf nach nationaler Eigenständigkeit wurde immer lauter. Unmittelbar nach Ende des Zarentums in Russland 1917 verkündete die Georgisch-Orthodoxe Kirche ihre Autokephalie, die erst 1943 von der Russisch-Orthodoxen Kirche und 1990 vom Ökumenischen Patriarchat bestätigt wurde.

Seit 1991 ist die Georgisch-Orthodoxe Kirche in Georgien Staatskirche.

Theologie, Kirche, Frömmigkeit

- Trotz der Nachbarschaft zu der nicht-chalcedonensischen Armenischen Kirche nahm die Georgisch-Orthodoxe Kirche um 600 die Beschlüsse des Konzils von Chalcedon an und distanzierte sich damit von den miaphysitischen Armeniern.
- Die georgische Kirche zählt ca. 3,5 Millionen Mitglieder.

Patriarchat von Bulgarien (Bulgarisch-Orthodoxe Kirche)

Geschichte

Das bulgarische Großreich stellte seit dem 8. Jahrhundert durch seine Landnahme und zunehmende Ausdehnung einen immer gewichtigeren politischen Faktor im Grenzgebiet von byzantinischem, römischem und fränkischem Reich dar. Mit dem Anwachsen der politischen Bedeutung Bulgariens wurde die Frage, nach welcher Religion und schließlich welcher christlichen Konfession sich die Bulgaren ausrichten sollten, auch für die mittelalterlichen Großmächte immer bedeutender. Bis zu diesem Zeitpunkt gab es im bulgarischen Reich Christen, die aber keine größere Rolle spielten. Um das Land religiös zu vereinheitlichen, wurde seine Christianisierung durch den bulgarische *Khan* Boris I. (gest. 907; unter Boris' Sohn Symeon [864–927] nahmen die bulgarischen Kaiser den Titel *Zar* an) beschlossen. Nach wechselhaften Konstellationen erfolgte ab 869 der Aufbau einer Bulgarisch-Orthodoxen Kirche, die sich an Konstantinopel orientierte. Boris I. lavierte geschickt zwischen den Interessen Roms und Konstantinopels und erlangte einen weitgehend unabhängigen Status für seine orthodoxe Kirche. Die aus Mähren vertriebenen Schüler der **Slawenapostel Methodios** (815–885) und **Kyrillos** (827–869) führten slawisch als Liturgiesprache ein. 927 wurde die Kirche vom Ökumenischen Patriarchen als autokephal anerkannt. Das 10. Jahrhundert war für die bulgarische Kirche das Goldene Zeitalter. Parallel zum Ausbau der mit dem bulgarischen Volksbewusstsein eng verbundenen Kirche in einem politisch konsolidierten Reich entwickelte sich eine blühende slawische Kultur.

Im 10. Jahrhundert entstand in Bulgarien eine neognostische Bewegung, die sich im byzantinischen Reich v. a. in monastischen Kreisen verbreitete, von dort auf Westeuropa einwirkte und bis in das 15. Jahrhundert eine Breitenwirkung entfaltete, die zu einer Herausforderung für die mittelalterlichen Kirchen wurde: die als Häretiker verfolgten *Bogomilen*.

Mit der Eroberung Bulgariens durch das byzantinische Reich 1018 wurde die Bulgarisch-Orthodoxe Kirche bis 1870 zum autonomen *Erzbistum von Ochrid und ganz Bulgarien*. Die Oberhäupter der Kirche wurden vom byzantinischen Kaiser ernannt.

Eine erneute Proklamation der Autokephalie erfolgte in der Zeit des *Zweiten Bulgarischen Reichs* 1186 bis 1393, das wiederum im Zuge der türkischen Eroberung aufgelöst wurde. Die muslimischen Herrscher schränkten die Kirche stark ein. Die Religionsausübung der Bevölkerung wurde erschwert, im 17. Jahrhundert sogar gewaltsam islamisiert und Kirchen und Klöster vernichtet. Parallel dazu griff das → **Ökumenische Patriarchat** in das kirchliche Leben der bulgarischen Kirche ein.

Seit dem 18. Jahrhundert leistete eine erstarkende bulgarische Nationalbewegung Widerstand sowohl gegen die osmanische Herrschaft als auch die kirchliche Jurisdiktion Konstantinopels. 1860 kam es aus Unzufriedenheit mit dem dominanten Ökumenischen Patriarchat zur Union eines Teils der Bulgarisch-Orthodoxen Kirche mit der → **Römisch-katholischen Kirche**. Dies führte zur Gründung der relativ kleinen *Bulgarisch-Katholischen Kirche* als Exarchat mit Sitz in Sofia. Als 1870 der Sultan das *Bulgarische Exarchat* ausrief und damit die Unabhängigkeit der Bulgarisch-Orthodoxen Kirche herstellen wollte, wurde die Kirche vom Patriarchat in Konstantinopel für schismatisch erklärt. Nach der Befreiung Bulgariens von der osmanischen Herrschaft 1878 blühte die Kirche auf. Unter der kommunistischen Herrschaft wiederum wurde sie massiv verfolgt.

Das Schisma von 1872 wurde erst 1945 vom Ökumenischen Patriarchat aufgehoben und 1953 das bulgarische Patriarchat erneuert.

Theologie, Kirche, Frömmigkeit

Die Bulgarisch-Orthodoxe Kirche zählt etwa 6,5 Millionen Mitglieder in Bulgarien sowie 1,5 bis zwei Millionen in der restlichen Welt, hauptsächlich in Europa.

Patriarchat von Belgrad (Serbische Orthodoxe Kirche)

Geschichte

Das jurisdiktionell ursprünglich zu Rom gehörende östliche *Illyricum*, das heutige Serbien, wurde zu Beginn des 8. Jahrhunderts im Zuge des Bilderstreits durch die byzantinischen Kaiser dem Patriarchat von Konstantinopel zugeschlagen und dadurch orthodox. Die Missionstätigkeit der Slawenmissionare Kyrillos und Methodios, die den römischen Hoheitsanspruch auf dem Balkan gegen Byzanz vertraten, und die ihrer Schüler im 9. Jahrhundert bereiteten die Christianisierung vor und begleiteten sie. Ihre Bedeutung besonders für die Einführung der slawischen Liturgie war enorm.

Achrida (Ochrid) wurde im 9./10. Jahrhundert Mittelpunkt sowohl des kirchlichen als auch des klösterlichen Lebens des serbischen Reichs. 1219 setzte der Patriarch von Konstantinopel den Mönch Sava (Saba) (um 1174-um 1236) als Erzbischof der Serben ein. Sava gilt als Vorbereiter und Gründer einer eigenen serbischen Kirche, die 1346 vom König des altserbischen Großreichs Stefan Dušan (1308–1355) in Selbstproklamation ausgerufen wurde, woraufhin das → **Ökumenische Patriarchat** das Erzbistum Peć für schismatisch erklärte. 1375 erkannte der Ökumenische Patriarch die serbische Autokephalie an. Allerdings währte diese nicht lange, denn unter türkischer Herrschaft wurde das Patriarchat zweimal abgeschafft: erstmalig 1459 und nach einer Neueinsetzung 1557 durch den Sultan noch einmal 1766.

Unter der vierhundertjährigen Herrschaft der Türken kam es immer wieder zu Auswanderungsbewegungen der Serben, v. a. in das Habsburgerreich, in dem sie religiöse Autonomie genossen. In den verlassenen Gebieten im serbischen Stammland siedelten sich v. a. Albaner an, die den islamischen Glauben annahmen.

Ende des 17. Jahrhunderts etablierte sich das serbische Patriarchat im Ausland: 1716 wurde Karlowitz Patriarchensitz und 1848 die Metropolie Karlowitz zum Patriarchat erhoben.

Als das im 19. Jahrhundert entstandene Fürstentum Serbien 1879 den Sieg über die Türken errang und damit die Unabhängigkeit erlangte, wurde das Patriarchat Peć-Karlowitz nach Belgrad verlegt. Die Kirche erhielt als *Metropolie von Serbien* die Autokephalie. Aber erst nach dem Ende der Habsburgermonarchie kam es 1920 zur offiziellen Erklärung der Eigenständigkeit der Serbisch-Orthodoxen Kirche.

In den 1940er Jahren erlitten orthodoxe Serben durch faschistische Kroaten grausame Verfolgungen. Im kommunistischen Jugoslawien war die orthodoxe Kirche nach sowjetischem Vorbild Repressionen ausgesetzt, wobei sich ab den 1960er Jahren die Situation etwas entspannte.

Die dem Zerfall Jugoslawiens folgenden Balkankriege wurden zur Herausforderung für die sich ambivalent verhaltende serbische Kirche, die Massaker an Kroaten nicht verurteilte. Eine zusätzliche Belastung im Krieg zwischen den Kosovo-Albanern und den Serben war der Umstand, dass sich das für die serbische Kirche identitätsstiftende Peć auf dem Gebiet des Kosovo befindet.

Theologie, Kirche, Frömmigkeit

- Eine jahrzehntelange Herausforderung für die Serbische Orthodoxe Kirche ist die *Orthodoxe Kirche in Mazedonien* [→ **Autonome Kirchen**], die 1957 von der serbischen Kirche als autonom anerkannt wurde und sich 1967 selbst, ohne kanonische Anerkennung, für autokephal erklärte.
- Die Serbisch-Orthodoxe Kirche hat etwa neun Millionen Gläubige.

Patriarchat von Bukarest (Rumänische Orthodoxe Kirche)

Geschichte

Das Christentum kam in seiner lateinischen Prägung bereits mit den Römern, die 106 Dakien eroberten, auf das Gebiet des heutigen Rumäniens. Im Osten breitete sich über das Schwarze Meer von Konstantinopel über Tomis / Constanţa das griechisch-orthodoxe Christentum aus.

Am Ausgang der Antike und im frühen Mittelalter übernahm die orthodoxe Kirche des bulgarischen Großreichs die Jurisdiktion über die Gemeinden.

Im 14. Jahrhundert entstanden aus Unabhängigkeitsbewegungen gegen Ungarn die Fürstentümer Walachei und Moldau, die im 19. Jahrhundert vereint Altrumänien bildeten. 1359 wurde die Metropolie der Ungro-Walachei, 1401 die der Moldau gegründet, die beide dem → **Ökumenischen Patriarchat** unterstanden. In Siebenbürgen wurden im 14. und 15. Jahrhundert Erzdiözesen, z. B. in Bălgrad, dem späteren Alba Iulia, gebildet. Die Metropolie Siebenbürgens wurde 1861 gegründet.

Die Verbreitung des dem *Hesychasmus* **(Herzensgebet)** nahestehenden Mönchtums trieb auf diesen Gebieten der serbische Athosmönch Nikodemus von Tismana (1320–1406) voran. Berühmtheit erlangten die Moldauklöster, besonders die Bauten unter Ştefan III. cel Mare, der Große (um 1433–1504) Ende des 15. Jahrhunderts.

1642 wurde die griechische Fassung der von dem Kiewer Metropoliten Petru Mohyla (1596–1647) verfassten *Confessio fidei orthodoxae* von einer rumänischen orthodoxen Synode angenommen.

Politisch gerieten die Fürstentümer Walachei und Moldau – weniger das an Ungarn angelehnte Siebenbürgen – seit Ende des 14. Jahrhunderts durch das vorrückende osmanische Reich unter Druck, gegen das sie sich militärisch zunächst erfolgreich zur Wehr setzten. Sie bildeten geraume Zeit einen Puffer zwischen der türkischen Invasion und den nördlichen und westlichen europäischen Gebieten. Seit dem 15. Jahrhundert waren sie tributpflichtig und wurden im 16. Jahrhundert, mit dem Untergang des ungarischen Großreichs, Vasallen der Türken. Das bedeutete zugleich den Versuch der Gräzisierung durch die von Konstantinopel eingesetzten *Phanarioten.* Im 17. und 18. Jahrhundert trat die Habsburgermonarchie in das Machtvakuum, das durch die Zurückdrängung des osmanischen Reichs entstand. Beide Fremdherrschaften brachten Einschränkungen und Repressionen der Orthodoxie im Land mit sich. 1781 wurde mit dem Toleranzedikt Kaiser Josephs II. (1741–1790) die Orthodoxie erstmals als gleichwertig gegenüber den anderen christlichen Religionen anerkannt.

In der ersten Hälfte des 19. Jahrhunderts begann sich in den Fürstentümern eine rumänische Unabhängigkeitsbewegung durchzusetzen. 1861 vereinte Alexandru Ioan Cuza (1820–1873) als Fürst der Walachei und Moldau die beiden Herrschaftsgebiete zum Fürstentum Rumänien, dem *rumänischen Altreich.* 1881 wurde das Königreich Rumänien ausgerufen und 1885 die Rumänisch-Orthodoxe Kirche vom Ökumenischen Patriarchat zur autokephalen Kirche erklärt, nachdem 1882 der Metropolit von Bukarest bereits eigenständige Weihehandlungen vorgenommen hatte.

Die *Friedensverträge von Versailles* und *Trianon* 1919/20 legten die Gebiete und Grenzen fest, die im Wesentlichen das heutige Rumänien ausmachen. Kurz zuvor, Ende 1918, hatte sich Siebenbürgen an *Altrumänien* angeschlossen und damit *Großrumänien* gebildet.

1925 wurde die Rumänisch-Orthodoxe Kirche zum Patriarchat erhoben.

Nach 1945 litt die Kirche wie ihre Schwesterkirchen massiv unter der kommunistischen Herrschaft.

Theologie, Kirche, Frömmigkeit

- Eine bemerkenswerte Entwicklung seit der Wiederherstellung der Metropolie Ende des 19. Jahrhunderts, nachdem sie im 18. Jahrhundert aufgehoben worden war, nahm die Orthodoxie in Siebenbürgen. In dem multikonfessionellen Fürstentum kam es zu einem befruchtenden Austausch der Konfessionen. Der Metropolit Andrei Şaguna (1809–1873) öffnete seine Kirche für Bildung und Moderne generell und leitete Kirchenreformen ein, die von einer Rezeption der Aufklärung zeugen.
- Die Rumänische Orthodoxe Kirche hat etwa 17 Millionen Mitglieder.

Patriarchat von Moskau und ganz Russland

Geschichte

Der Beginn der Orthodoxie in Russland ist mit dem Jahr 988 markiert, als sich die sogenannte *Kiewer Rus* von einem Bischof des Patriarchats von Konstantinopel taufen ließ. Die *Kiewer Rus* war ein slawischer Vielvölkerstaat auf dem Gebiet von Teilen des heutigen Russlands, der Ukraine und Weißrusslands, an dessen Spitze Fürst Wladimir I. (um 960–1015) stand. Wladimir, der Große oder der Heilige, der „Täufer der Rus", erreichte durch den mit der Taufe verbundenen Zusammenschluss mit Konstantinopel einen Machtzuwachs, den er in den Jahren seiner Herrschaft politisch geschickt auszubauen wusste. Das Reich wurde durch die gemeinsame Religion geeint. Kirchenpolitisch förderte Wladimir den Aufbau der Kirchenorganisation mit dem Zentrum Kiew.

Ihr Ende fand die *Kiewer Rus* aufgrund der Tatareneinfälle: 1169 wurde Kiew erobert und geplündert, 1237 und 1240 fanden die entscheidenden Vernichtungsschlachten statt. Das Gebiet der Rus wurde Besatzungsgebiet der *Goldenen Horde* und existierte als politische Größe nicht mehr.

Zahlreiche Bewohner flohen vor den Tataren in den Norden, vorzugsweise in die kleine Stadt Moskau in einem dünn besiedelten Gebiet, das nicht im Fokus der Tataren stand. Durch taktisch kluge Politik mit den Mongolen expandierte das Fürstentum und spätere Großfürstentum Moskau. 1321 wurde der Sitz des russisch-orthodoxen Metropoliten nach Moskau verlegt, sodass die Stadt sich auch als religiöses Zentrum etablierte.

In der zweiten Hälfte des 15. Jahrhundert erlebte das Reich während der 43-jährigen Regierungszeit Iwans III., des Großen (1440–1505), den Aufstieg zur europäischen Großmacht. Es war Iwan, der die Idee von Moskau als dem *Dritten Rom* prägte [→ **Ökumenisches Patriarchat**]. Der Zar erhob die Orthodoxie nicht nur in den Rang einer Staatskirche, sondern verschmolz auch Politik und Kirchenpolitik: Die Politik Russlands war nun per se nur noch christlich-orthodoxe Politik. Parallel dazu erfolgte die Loslösung der Russisch-Orthodoxen Kirche vom Patriarchat von Konstantinopel. 1448 wählte die Kirche erstmalig den *Metropoliten von Kiew und ganz Russland*, ohne die Genehmigung des Ökumenischen Patriarchats einzuholen. 1589 wurde eigenständig der erste Moskauer Patriarch, vom Zaren vorgeschlagen, eingesetzt. Ein Jahr später erfolgte die Bestätigung durch den Ökumenischen Patriarchen.

In der Regierungszeit Zar Peters I. (1672–1725) von 1682 bis 1725 begann die *Europäisierung Russlands*. Das implizierte gravierende **Kirchenreformen nach europäischem Vorbild**. So ersetzte der Zar 1721 das Amt des Patriarchen durch ein *Geistliches Reglement* bzw. *Kollegium*, später durch den *Heiligen Synod*, der auf Bitte des Zaren durch das Patriarchat von Konstantinopel und das → **Patriarchat von Antiochien** als orthodoxes Gremium mit allen Rechten eines Patriarchats anerkannt wurde. Diese Oberste Kirchenleitung, die bis 1917 das Leitungsorgan der Russisch-Orthodoxen Kirche war, unterstand der vollständigen staatlichen Kontrolle.

Im 19. Jahrhundert entwickelte sich auch in Russland ein starker Nationalismus, in Folge dessen es zu einer Abwendung vom Westen kam. Die Kritik an Europa überwog in der zweiten Hälfte des 19. Jahrhunderts, und es wurde, flankiert von Großmachtvorstellungen, die *Sammlung des Slawentums* propagiert. Auch kirchliche Bestrebungen erhielten nun nationale Untertöne.

Nach einem Vorbeben durch die erste russische Revolution im Jahr 1905 ereignete sich mit der Februarrevolution 1917 die erste massive Erschütterung für die russische Kirche im 20. Jahrhundert. Der Zar dankte im März ab. Damit war das jahrhundertealte Staat-Kirche-Verhältnis beendet und ein Teil der Kirchenstruktur der Russischen Kirche brach zusammen. Die Kirche versuchte sich mit einem allgemeinen Konzil den Herausforderungen der Zeit zu stellen. Viele der auf dem **Landeskonzil von 1917/18** angegangenen Reformen der Kirche, die erstmalig in ihrer Geschichte befreit von der staatlichen Dominanz war, hatten einen progressiven Charakter, konnten aber nicht umgesetzt werden, da seit der zweiten Jahreshälfte die kirchenfeindlichen *Bolschewiki* die Macht zunächst in den großen Städten und dann in ganz Russland übernahmen. Eine der wenigen vom *Landeskonzil* noch realisierten Maßnahmen war die Wiedereinsetzung des Patriarchen.

Im Januar 1918 wurde von der bolschewistischen Sowjetregierung das Gesetz „Über die Trennung der Kirche vom Staat" erlassen, welches der Kirche ihre privilegierte Stellung innerhalb des Staates und der Gesellschaft nahm. In der Praxis wurde die Lage für die Kirche prekär. In den nächsten Jahrzehnten wurden unter der Ägide Wladimir Iljitsch Lenins (1870–1924) und Josef Stalins (1878–1953) zehntausende orthodoxe Geistliche ermordet und verschleppt – genaue Opferzahlen sind bis heute nicht klar –, Kirchengut beschlagnahmt, Gläubige drangsaliert und zur Verleugnung ihres Glaubens gezwungen. Das kirchliche Leben konnte nur noch minimal fortgeführt werden und lag oft in der Hand von Laien. Erst im Zweiten Weltkrieg milderte sich die Situation etwas, da für die nationale Verteidigung auch die Ressourcen der Kirche benötigt wurden.

Von 1945 bis 1990 war die Russisch-Orthodoxe Kirche eine propagandistisch verfolgte und innerlich und äußerlich zerrissene Kirche. Weder Theologie noch kirchliches Leben konnten sich entfalten und entwickeln. Die kirchlichen Ämter wurden mit regierungsloyalen, mitunter auch dem Geheimdienst angehörenden Männern besetzt. Parallel dazu erhielt die Kirche eine lokale Ausdehnung und, besonders in der ökumenischen Bewegung, eine weltweite Aufmerksamkeit, wie sie sie nie zuvor erlebte.

Der Zusammenbruch der kommunistischen Diktatur in der ehemaligen Sowjetunion führte zu einem Aufblühen der Orthodoxie. Die orthodoxe Kirche wurde von Anfang an von der Politik als Kompensator fehlender demokratischer Institutionen eingesetzt. Diese Weichenstellung erklärt nicht nur die heutige gesellschaftlich starke Rolle der Orthodoxie, sondern auch die semipolitische Position der Kirche innerhalb des Staates. Außerdem wurde die Orthodoxie zu einem wesentlichen Fundament der russischen Nationalidentität und bekam dadurch eine hohe kollektive Bedeutung, durchgehend in allen gesellschaftlichen Schichten und Gruppen. Trotzdem ist die Russisch-Orthodoxe Kirche im juristischen Sinne keine Staatskirche.

Eine dauerhafte Herausforderung für die russische Kirche ist das oft ambivalente Verhältnis zu orthodoxen Kirchen in den Ländern, die ehemals zur Sowjetunion gehörten und nun eigene Nationalstaaten bilden.

Theologie, Kirche, Frömmigkeit

- Das Patriarchat von Moskau beziffert die Zahl ihrer Gläubigen selbst mit etwa 150 Millionen und ist damit die größte aller orthodoxen Lokalkirchen.
- Die Mitgliederzahl der Kirche ergibt sich aus Angaben von soziologischen statistischen Umfragen, nicht aus kirchlichen Taufregistern o. ä., die in Russland nicht geführt werden. In den Auswertungen bzw. in der Verwendung solcher Umfragen wird meist der Umstand nicht gebührend berücksichtigt, dass sich viele Russen selbst als „orthodox" bezeichnen, u. a. weil das zu der russischen Identität gehört, sie aber weder regelmäßige Kirchgänger sind noch überhaupt an Gott glauben. Das Phänomen der nationalen oder „kulturellen Orthodoxie" in Russland ist bisher noch wenig erforscht. Einen regelmäßigen Kirchenbesuch geben, ebenfalls statistischen Umfragen zufolge, etwa 1–3 % der sich als orthodox bezeichnenden Russen an.

Altgläubige (auch: Altritualisten)

Unter Patriarch Nikon (Minin) (1605–1681) kam es Mitte des 17. Jahrhunderts zu einer Abspaltung von der Russisch-Orthodoxen Kirche. Ursache war ein Reformprojekt des Patriarchen, das dazu dienen sollte, den russischen Ritus dem anzunähern, was als griechisch-byzantinische Gottesdienstform der frühen Jahrhunderte angesehen wurde. Dazu gehörte u. a. die Bekreuzigung mit drei Fingern statt mit zwei, weiterhin eine Veränderung der Anzahl der gesungenen Halleluja und der *Prosphora*, der liturgischen Brote bei der Eucharistie, sowie die Umkehrung der Richtung des Prozessionsverlaufs. Diese Neuerungen, die im Kern die Intention **„zurück zu den Wurzeln"** hatten, riefen Widerspruch hervor. Unter Führung des Protopopen Avvakum Petrow (um 1620–1682) sammelten sich aus allen Ständen und Schichten der russischen Gesellschaft die Gegner der Reform, die *Altgläubigen*, wie sie sich selbst bezeichneten. Im kirchlichen und gesellschaftlichen Umfeld wurden sie abwertend *Raskolniki* genannt (russ.: *raskol* = ‚Spaltung', *Raskolniki* = ‚Schismatiker'). Nach vereinzelten Verfolgungen in den 1650er Jahren belegte sie das Große Moskauer Konzil 1666/67 als Häretiker mit dem Kirchenbann. Daraufhin wurden Zehntausende verfolgt, verbannt oder hingerichtet, teilweise auf dem Scheiterhaufen. Es kam zu einem Schisma in der Russisch-Orthodoxen Kirche, wobei die Altgläubigen deutlich in der Unterzahl waren. Viele von ihnen flohen ins Ausland, wo es zur Herausbildung altgläubiger Kirchentümer kam. 1971 wurde das *Anathema* über die Altgläubigen durch das Moskauer Patriarchat zurückgenommen.

Man geht heute von ca. zwei bis drei Millionen Altgläubigen aus, die vornehmlich in Russland, im Baltikum und Rumänien leben.

Besonderheiten des Amtsverständnisses

Das gravierende Problem der Bewegung der Altgläubigen war der Verlust der Amtshierarchie, d. h. der Ausschluss aus der *apostolischen Sukzession*. Es traten keine Bischöfe zum Altgläubigentum über und die Zahl der nach altem Ritual geweihten Priester wurde mit der Zeit immer kleiner. Vor diesem Hintergrund entwickelten sich mehrere Strömungen innerhalb der Bewegung der Altgläubigen, die sich allgemein in die *Priesterlichen* und die *Priesterlosen* einteilen lassen. Während die *Priesterlichen* sich in Liturgie und Lehre nicht wesentlich von der Russisch-Orthodoxen Kirche unterscheiden, da sie durch die Priester der Amtskirche, die sich ihrer Bewegung anschlossen, die Bewahrung der Sakramente gewährleisteten und eine eigene Hierarchie aufbauten, lehnen die *Priesterlosen* das Priestertum grundsätzlich ab und entwickelten eine eigene Lehre vom Pries-

teramt. Diese Lehre besagt, dass eine Veränderung des priesterlichen Amtes in drei geschichtlichen Epochen zu verzeichnen sei: In den ältesten Gemeinden habe es die charismatischen Ämter des Neuen Testaments gegeben, daraufhin sei die von den hierarchischen Ämtern geprägte Zeit der Kirche angebrochen und nun die der Wiederkunft Christi vorausgehende eschatologische Zeit. Diese sei charakterisiert vom Abfall der Ämter von der wahren Kirche und dadurch eine ordentliche Priesterweihe nicht mehr gegeben. Ein kirchliches Leben ohne Priester sei selbst aber keine Verfallserscheinung, denn die Kirche zeige sich nicht in ihrer Hierarchie, sondern in ihrem Kirchenvolk, dem *königlichen Priestertum*.
In der Praxis wird der Gottesdienst von Laien gehalten. Die priesterlosen Altgläubigen berufen sich dabei auf die Aussage von Johannes Chrysostomos (344/349–407), in Notzeiten müssten die Schafe die Aufgabe der Hirten selbst übernehmen. Es gibt nur das Amt des geistlichen Gemeindeleiters, der allerdings eine herausgehobene Stellung in der Gemeinde hat. Man geht davon aus, dass der Sinn der *apostolischen Sukzession* nicht in der Sukzession des Weihesakraments und der Handauflegung bestehe, sondern vielmehr in der Einheit des Glaubens und der kirchlichen und apostolischen *Tradition*.
Mit dem Wegfall des Sakraments der Weihe verschob sich das gesamte Sakramentsverständnis. Die Eucharistie, das Kernstück orthodoxen Glaubens, wurde durch die *Kommunion im Geist* ersetzt, bei der der Empfang des Leibes und Blutes Jesu Christi auch ohne Brot und Wein geglaubt wird, allein aufgrund des innigen Verlangens.
Die Bewegung der priesterlosen Altgläubigen spaltete sich im 18. Jahrhundert in eine ganze Anzahl von Gruppen, bei denen eine gemäßigte und eine strenge Richtung vorherrschte. Letztere geht davon aus, dass es nach dem Erlöschen des Priestertums in der Endzeit keine kirchlichen Eheschließungen mehr geben darf und deshalb der Zölibat praktiziert werden müsse. Diese Lehre führt die Gemeinschaft in die Selbstelimination.

Russische Orthodoxe Kirche im Ausland (auch: Russisch-Orthodoxe Auslandskirche)

Die 1920 gegründete Russisch-Orthodoxe Auslandskirche diente als Sammelbecken für die unter der bolschewistischen und kommunistischen Diktatur aus Russland geflohenen Gläubigen. Vom → **Ökumenischen Patriarchat** bekam sie den Autonomiestatus verliehen und unterstand dem Patriarchat. Seit 1927 verwaltete die Kirche sich aufgrund der abgebrochenen Verbindung zur Moskauer Kirchenleitung selbst und hatte einen eigenen Metropoliten. Der Sitz der Kirche war seit 1957 in New York.

Die Russisch-Orthodoxe Auslandskirche grenzte sich scharf von den (erzwungenen) Loyalitätsbekundungen der Russisch-Orthodoxen Kirche gegenüber der Sowjetregierung ab, was zu gegenseitigen Verwerfungen führte. Im *Akt der kanonischen Gemeinschaft* im Mai 2007 wurde die Spaltung der beiden russisch-orthodoxen Kirchen aufgehoben und die Russisch-Orthodoxe Auslandskirche vom Patriarchat von Moskau als → **autonome Kirche** anerkannt. Es gibt mehrere Abspaltungen von der Russisch-Orthodoxen Auslandskirche. Teilweise lehnen diese die Vereinigung der Russisch-Orthodoxen Kirche mit der Auslandskirche ab.

Japanische Orthodoxe Kirche

Diese Kirche ist eine nur vom Moskauer Patriarchat als autonom anerkannte Kirche.

1870 wurde in Hakodate auf Hokkaido eine russische Geistliche Mission von dem Mönch Nikolai (Kassatkin) von Japan (1859–1930) gegründet, die in Japan rasch Erfolge erzielte. Anfang des 20. Jahrhunderts gab es ausgehend von dieser Mission bereits mehr als 100 Kirchen und Gemeinden sowie ein Geistliches Seminar. Während des Zweiten Weltkrieges war die Japanisch-Orthodoxe Kirche verbunden mit der unierten Russischen Griechisch-Orthodoxen Katholischen Kirche in Nordamerika, unterstellte sich jedoch 1970 als autonome Kirche dem Patriarchat von Moskau. Vom Ökumenischen Patriarchat wird der Autonomiestatus nicht anerkannt.

Kirche von Zypern

Geschichte

Der Legende nach wurde die Kirche auf Zypern vom Apostel Paulus und dem von Zypern stammenden Barnabas gegründet, der in der Zeit von Kaiser Nero (37–68; Kaiser: 54–68) in Konstantia / Salamis gesteinigt wurde.

Gegen die jurisdiktionellen Ansprüche des → **Patriarchats von Antiochien** erklärte das 3. Ökumenische Konzil in Ephesus 431 die Kirche von Zypern als autokephal.

Zypern erlitt im Mittelalter zahlreiche abendländische Fremdherrschaften: Richard I. Löwenherz (1157–1199) eroberte die Insel während des 3. Kreuzzuges 1191, verkaufte sie an den Templerorden, später ging sie an den lateinischen König von Jerusalem und wurde 1489 eine Venezianische Kolonie. 1571 eroberten die Osmanen Zypern. Sie führten die orthodoxe Kirche zeitweise variierenden Verwaltungsformen zu, entweder zugehörig zum → **Ökumenischen Patriarchat von Konstantinopel** oder dem → **Patriarchat von Antiochien**, ansonsten wurde die orthodoxe Kirche tendenziell selbstverwaltet.

1878 wurde die Insel britische Kronkolonie und 1960 befreite sich Zypern unter dem späteren Staatspräsidenten Makarios III. (1913–1977), der gleichzeitig von 1950 bis 1977 Erzbischof von Zypern war, von der britischen Herrschaft. Er konsolidierte das Land und die Kirche und verschaffte letzterer eine einflussreiche, eng mit der Politik verbundene gesellschaftliche Stellung.

Durch die Teilung der Insel in den türkisch okkupierten Nordteil und den griechisch-zypriotischen Südteil ist die Kirche von Zypern im Wesentlichen auf den Südteil der Insel beschränkt.

Theologie, Kirche, Frömmigkeit

Die Kirche von Zypern hat etwa 650 000 Gläubige.

Kirche von Griechenland

Geschichte

Die orthodoxe Kirche von Griechenland, die noch im 19. Jahrhundert unter der Oberhoheit des → **Ökumenischen Patriachats** stand, formierte sich im griechischen Aufstand 1821 gegen die türkische Herrschaft. Griechenland gehörte in der Antike zum byzantinischen Großreich und im Mittelalter zum osmanischen Reich.

Die Zeit unter muslimischer Herrschaft und die damit verbundenen Phasen der Einschränkung kirchlichen Lebens bis hin zu offenen Repressionen überstand die griechische Kirche wie das gesamte Patriarchat von Konstantinopel nur mit massiven Einbußen. Die theologische Ausbildung erfolgte entweder im Ausland oder im Geheimen.

Mit der Unabhängigkeit Griechenlands 1827 / 1830 wurde der Ruf nach einer von Konstantinopel losgelösten Kirche laut. Die Unabhängigkeit der orthodoxen Kirche von Griechenland wurde 1833 von der Kirche selbst erklärt und 1850 vom → **Ökumenischen Patriarchat** anerkannt. Die später zu Griechenland hinzugekommenen Gebiete der Dodekanes und Kreta gehören bis heute zur Jurisdiktion des Ökumenischen Patriarchats, ebenso wie der Berg Athos und die darauf befindliche Mönchsrepublik.

Theologie, Kirche, Frömmigkeit

- Die orthodoxe Kirche von Griechenland ist Staatskirche. Die Gehälter der Kirchenbeamten und Priester werden vom griechischen Staat bezahlt. Bischöfe müssen vom Parlament bestätigt werden. Im Zuge der griechischen Staatsschuldenkrise seit 2010 wurde staatlicherseits erwogen, die Priesterbesoldung vom Staat abzulösen.
- Die Kirche von Griechenland zählt etwa neun Millionen Mitglieder.

Polnische Autokephale Orthodoxe Kirche

Geschichte

Im Zuge der sogenannten *polnischen Teilungen* im 18. Jahrhundert wurde das bereits in zwei Konfessionen getrennte Polen politisch aufgeteilt: Die im Süden und Westen befindlichen Gebiete, die größtenteils römisch-katholisch waren, wurden Preußen und Österreich zugeschlagen, die nördlichen und östlichen Gebiete mit mehrheitlich orthodoxer Kirchlichkeit kamen zu Russland. Für die polnische Orthodoxie bedeutete das die jurisdiktionelle Unterstellung unter das → **Patriarchat von Moskau**.

Nach der Gründung des unabhängigen Staates Polen, der *Zweiten Polnischen Republik*, im November 1918 setzten auch in der orthodoxen Kirche Eigenständigkeitsbestrebungen in den neuen Staatsgrenzen ein. 1922 wurde der *Heilige Synod* geschaffen und damit der Status der Autonomie für die Kirche. 1924 erteilte das → **Ökumenische Patriarchat** die Autokephalie für die Polnisch-Orthodoxe Kirche, deren Anerkennung zunächst von der Russisch-Orthodoxen Kirche verweigert wurde, bis das Moskauer Patriarchat 1948 der polnischen Kirche selbst noch einmal die Autokephalie verlieh.

Die ethnischen Zugehörigkeiten – polnisch, russisch, ukrainisch – der Priester, Bischöfe und der Gemeinden sorgten in der Zwischenkriegszeit immer wieder für innerkirchliche Konflikte.

Im Zweiten Weltkrieg kamen die polnischen orthodoxen Gemeinden in den russisch besetzten Gebieten wieder unter die Jurisdiktion des Moskauer Patriarchats.

Durch die Gebietsumverteilungen und Zwangsumsiedlungen nach 1945 verschob sich die konfessionelle Gemengelage noch einmal.

In der Zeit der kommunistischen Herrschaft griff das Moskauer Patriarchat teilweise massiv in die Belange der Polnisch-Orthodoxen Kirche ein.

Theologie, Kirche, Frömmigkeit

- Oberhaupt der Polnisch-Orthodoxen Kirche ist der Metropolit von Warschau und ganz Polen.
- Die Kirche hat etwa 700 000 Mitglieder.

Autokephale orthodoxe Kirche von Albanien

Geschichte

1912 befreite sich das Königreich Albanien im Zuge des ersten Balkankrieges gegen das osmanische Reich von der muslimischen Herrschaft und wurde unabhängig. Obwohl die Kirchenmitglieder nur ca. 20 % der Bevölkerung ausmachten, suchte die Albanisch-Orthodoxe Kirche ihre Unabhängigkeit von Konstantinopel zu erlangen und erklärte sich 1929 selbst für autokephal. Aufgrund von Auseinandersetzungen um die griechische Liturgiesprache, die von der Kirche abgeschafft und durch Albanisch ersetzt wurde, und des Landesverweises griechischer Priester durch die albanische Kirche erkannte das → **Ökumenische Patriarchat** die Kirche erst 1937 als autokephal an.

Von 1968 bis 1990 waren Kirchen und Religionsgemeinschaften in Albanien verboten, was zu einer weiteren enormen Schrumpfung der Kirche führte.

Theologie, Kirche, Frömmigkeit

Aktuell gibt es nur ungenaue Angaben über die Zahl der Gläubigen. Sie werden zwischen 150 000 und etwas über 400 000 geschätzt.

Orthodoxe Kirche der Tschechischen Länder und der Slowakei (auch: Tschechisch-Slowakisch-Orthodoxe Kirche)

Geschichte

Erst 1874 entstand in Prag eine orthodoxe Gemeinde, bestehend aus ukrainisch-, slowakisch- und ungarischstämmigen Gläubigen, der sich 1905 eine Gemeinschaft von → **Altkatholiken** anschloss. In kirchenrechtlicher Hinsicht unterstand ein Teil der Prager Orthodoxen sowie einzelner Gemeinden in Böhmen und Mähren dem → **Ökumenischen Patriarchat**, ein anderer Teil dem serbischen → **Patriarchat von Belgrad**.

1946 wurde ein Exarchat des → **Patriarchats von Moskau** errichtet, das alle orthodoxen Gemeinden umfasste, und fünf Jahre später proklamierte die Russisch-Orthodoxe Kirche die Autokephalie der tschechoslowakischen orthodoxen Kirche, die allerdings erst 1998 vom Ökumenischen Patriarchat anerkannt wurde.

Die orthodoxe Kirche blieb trotz der Teilung der Tschechoslowakei in die beiden Staaten Tschechien und Slowakei am 31. Dezember 1992 vereint. 1993 bildete sich aus der *Orthodoxen Kirche der Tschechoslowakei* die heutige *Orthodoxe Kirche der Tschechischen Länder und der Slowakei.*

Theologie, Kirche, Frömmigkeit

- Die Kirche hat etwa 23 000 Gläubige in Tschechien und rund 51 000 in der Slowakei.
- Sitz des Metropoliten ist gleichermaßen Prag und Prešov.

3.3.3.3 Autonome Kirchen

Orthodoxe Kirche vom Berg Sinai (Erzbistum des Sinai)

Die Kirche, deren Zentrum das Katharinenkloster auf dem Sinai ist, hat nicht mehr als 1000 Gläubige. Sie ist dem → **Patriarchat von Jerusalem** zugeordnet. Das Katharinenkloster wurde Mitte des 6. Jahrhunderts gegründet. Es liegt am Fuße des Sinai, wo sich nach der Überlieferung der brennende Dornbusch befand, in dem sich Gott Mose offenbarte. In einem aus dem 7. Jahrhundert stammenden, wahrscheinlich gefälschten Schutzbrief Mohammeds (570/573–632) stellte der Prophet die Mönche des Klosters und darüber hinaus allgemein die Christen unter seine Obhut, da er vor seiner Berufung zum Propheten bei einem Aufenthalt im Kloster gut behandelt worden sei. Seit dem 12. Jahrhundert befindet sich in dem Kloster auch eine Moschee.

Orthodoxe Kirche Finnlands

Die finnische orthodoxe Kirche geht auf die Mission russischer Mönche zurück. Sie erklärte 1918 ihre Autonomie und ordnete sich dem → **Ökumenischen Patriarchat** unter. Das → **Patriarchat von Moskau** erkannte die Autonomie erst 1957 an.

1980 beantragte die Finnisch-Orthodoxe Kirche, die etwa 60 000 Mitglieder hat und neben der Evangelisch-Lutherischen Kirche in Finnland [→ **Lutherische Kirchen**] eine der Volkskirchen ist, die Autokephalie. Sie wurde bisher nicht realisiert.

Moldauische Orthodoxe Kirche

Die Kirche gehört zwar zu den autonomen Kirchen, gleichzeitig ist aber umstritten, unter welcher jurisdiktionellen Zuordnung: der des → **Patriarchats von Moskau** oder der des → **Patriarchats von Bukarest**. Seit Ende des 14. Jahrhunderts war die Kirche von Bessarabien, d. h. dem Gebiet des heutigen Moldawiens, eine Metropolie des → **Ökumenischen Patriarchats**. Im 19. Jahrhundert wurde sie zusammen mit der orthodoxen Walachei ein Exarchat unter russischer kirchlicher Ägide und zwischen 1918 und 1939 als Kirche Bessarabiens dem rumänischen Patriarchat zugeordnet. Nach 1945 wurde sie ein Bistum der Russisch-Orthodoxen Kirche.

Im Januar 1991 beschloss der Heilige Synod des Moskauer Patriarchats die Erhebung des Bistums Bessarabien zur Metropolie und erkannte damit ihre Autonomie an. Offiziell heißt die Kirche seitdem *Metropolie von Chişinău und der ganzen Moldau*. Knapp zwei Jahre später, im Dezember 1992, beschloss der Heilige Synod des Patriarchats von Bukarest die Ernennung der Kirche zur *Metropolie von Bessarabien, autonom und alten Stils* unter der Jurisdiktion des rumänischen Patriarchats. Die Frage, welchem Patriarchat die moldauische Kirche zugeordnet wird, ist bis heute nicht geklärt, auch wenn die Mehrzahl der Gläubigen, ebenso wie die moldauische Staatsführung, eher die Unterstellung unter das Moskauer Patriarchat befürwortet.

Die Patriarchate, die der Moldauisch-Orthodoxen Kirche den Autonomiestatus verliehen, bezichtigen sich beide mit einer identischen Argumentation des „unkanonischen Übergriffs" auf eine Kirche, die nicht zu ihrem kanonischen Territorium gehört.

Erzbistum Ohrid (Autonome Serbische Orthodoxe Erzdiözese; Selbstbezeichnung: Mazedonische Orthodoxe Kirche)

Die Mazedonisch-Orthodoxe Kirche erklärte 1967 ihre Autokephalie und damit die Unabhängigkeit vom → **Patriarchat von Belgrad**. Auch vom → **Ökumenischen Patriarchat** und von anderen orthodoxen Kirchen wird die Autokephalie nicht anerkannt.

Als die Serbisch-Orthodoxe Kirche der mazedonischen Orthodoxie als Erzbistum Autonomie gewährte, spaltete das die Kirche in das Lager derer, die diese Autonomie annehmen wollten und derer, die weiterhin die Autokephalie beanspruchen. Der Großteil der Gläubigen wünscht jedoch die Autokephalie der Kirche. Der Streit zwischen dem Erzbistum und der serbischen Mutterkirche intensivierte sich seit der Jahrtausendwende durch mehrere verschiedene Ereignisse und hat mit der Erklärung der Autokephalie der Orthodoxen Kirche der Ukraine eine neue Dynamik bekommen.

3.3.3.4 Kirchen mit ungeklärtem Status

Zur Orthodoxen Kirche gehört eine Anzahl von Kirchen mit kirchenrechtlich ungeklärtem Status. Zu ihnen gehören: die *Orthodoxe Kirche in Amerika (Orthodox Church in America)*, die *Estnische Apostolische Orthodoxe Kirche*, die *Abchasische Orthodoxe Kirche*, die *Kroatische Orthodoxe Kirche*, die *Mazedonische Orthodoxe Kirche* [→ **Erzbistum Ohrid**], die *Montenegrinische Orthodoxe Kirche*, das *Türkisch-Orthodoxe Patriarchat*, die *Französisch-Orthodoxe Kirche* und die *Orthodoxe Kirche der Ukraine*.

Die Autokephalie der Orthodoxen Kirche der Ukraine

Eine innerorthodoxe Krise hat die Verleihung der Autokephalie an die Orthodoxe Kirche der Ukraine Ende 2018, Anfang 2019 durch das → **Ökumenische Patriarchat** hervorgerufen.

Bis 2018 existierten auf dem Gebiet der Ukraine mehrere orthodoxe Kirchen mit unterschiedlichem Status der Anerkennung:

- die *Ukrainisch-Orthodoxe Kirche des Moskauer Patriarchats*, die 1990 aus der Russisch-Orthodoxen Kirche hervorging,
- die *Ukrainisch-Orthodoxe Kirche des Kiewer Patriarchats*, die sich 1992 von der *Ukrainisch-Orthodoxen Kirche des Moskauer Patriarchats* abspaltete, und schließlich
- die *Ukrainische Autokephale Orthodoxe Kirche*, deren Gründung 1920 erfolgte, die in der Sowjetunion verboten war und sich 1990 in der Ukraine neu formierte.

Die einzige von diesen Kirchen, die einen allgemein anerkannten Status aufweisen konnte, war die *Ukrainisch-Orthodoxe Kirche des Moskauer Patriarchats*, die als autonome Kirche dem Moskauer Patriarchat zugeordnet ist.

Einen kirchenrechtlichen Konfliktherd in der Ukraine bildete in mehrfacher Hinsicht die *Ukrainisch-Orthodoxe Kirche des Kiewer Patriarchats*. Ihre Leitung lag in den Händen von Philaret (Denyssenko) (geb. 1929), ursprünglich als Metropolit von Kiew und der Ukraine Leiter des ukrainischen orthodoxen Exarchats der Russisch-Orthodoxen Kirche. Philaret setzte sich von Beginn der 1990er Jahre an für eine unabhängige ukrainische Kirche ein und damit gegen die Interessen des Moskauer Patriarchats. 1992 gründete er die *Ukrainisch-Orthodoxe Kirche Kiewer Patriarchat*. Zwischen dieser Kirche und der des Moskauer Patriarchats gab es in den 1990er Jahren schwere Auseinandersetzungen. 1995 kam es in Kiew sogar zu Straßenschlachten zwischen Mitgliedern der beiden Kirchen.

1997 verhängte das Bischofskonzil der Russisch-Orthodoxen Kirche das *Anathema* über Philaret, mit der Begründung, er betreibe eine „antikirchliche Tätigkeit". Eucharistische Gemeinschaft zwischen den beiden orthodoxen Kirchen in der Ukraine war damit nicht möglich. Innerhalb der Gemeinschaft der orthodoxen Lokalkirchen wurde dem Kirchenbann durch die russische Kirche nicht widersprochen, auch seitens des Ökumenischen Patriarchats nicht.

21 Jahre später, 2018, erkannte der Ökumenische Patriarch die *Ukrainische Autokephale Orthodoxe Kirche* und die *Ukrainisch-Orthodoxe Kirche des Kiewer Patriarchats* als kanonisch an. Das zog die Aufkündigung der Sakramentsgemeinschaft durch die Russisch-Orthodoxe Kirche mit den Kirchen nach sich, die dem Ökumenischen Patriarchat unterstellt sind.

Ungeachtet dessen berief das Ökumenische Patriarchat für den 15. Dezember 2018 ein „Vereinigungskonzil" ein, auf dem die Fusion aller drei orthodoxen Kirchen der Ukraine erfolgen sollte. Dieser Kirchenversammlung blieb die

Ukrainisch-Orthodoxe Kirche des Moskauer Patriarchats fern und lehnte ihre Beschlüsse ab. Aus der Fusion der anderen beiden orthodoxen Kirchen entstand die *Orthodoxe Kirche in der Ukraine*, die mit der Verleihung des Tomos am 6. Januar 2019 offiziell die 15. autokephale Kirche der Weltorthodoxie wurde.

In mehreren Protestnoten gegen das Vorgehen des Ökumenischen Patriarchats verwies die Russisch-Orthodoxe Kirche u. a. darauf, dass kirchenrechtlich einer Kirche, die zuvor als schismatisch erklärt wurde, nicht der Status der Autokephalie zugesprochen werden könne. Eine kanonische Vollgültigkeit dieser Kirche sei weiterhin deshalb nicht möglich, weil deren Priester und Hierarchen keine vollgültige Weihe erhalten hätten und außerhalb der *apostolischen Sukzession* stehen. Außerdem gehöre mit der *Ukrainisch-Orthodoxen Kirche des Moskauer Patriarchats* die Ukraine zum **Kanonischen Territorium** der Russisch-Orthodoxen Kirche, und die Bildung einer neuen orthodoxen Kirche auf dem kanonischen Territorium einer anderen sei nicht möglich – was sich kirchenrechtlich in der Tat so verhält.

Mehrere orthodoxe Kirchen haben sich inzwischen dem Protest der russischen Kirche angeschlossen und das Ökumenische Patriarchat gebeten, die Autokephalieverleihung zurückzunehmen. Die Implikationen dieses hohen Konfliktpotenzials für die Orthodoxe Kirche insgesamt und die orthodoxen Lokalkirchen bergenden Situation sind derzeit nicht abzusehen. Evident ist, dass die Ereignisse sehr stark von politischen und kirchenpolitischen Interessen beeinflusst sind. In der Ukraine gibt es momentan (Stand Januar 2019) zwei orthodoxe Kirchen: die *Orthodoxe Kirche der Ukraine* und die *Ukrainisch-Orthodoxe Kirche des Moskauer Patriarchats.*

3.3.4 Die wichtigsten Lebensvollzüge

Das gottesdienstliche Leben

Zentrum des orthodoxen gottesdienstlichen Lebens ist die Liturgie, die in der Eucharistie zusammenläuft. Das zeigt sich bereits daran, dass die Begriffe „Eucharistie“ und „Liturgie“ im Allgemeinen als Synonyme verwendet werden.

Die Feier der Liturgie erfolgt bis auf wenige und kleine Abweichungen in der Fassung, die bereits im Mittelalter üblich war. Im 7./8. Jahrhundert waren die Grundzüge der Liturgieformulare festgelegt, die heute gebräuchlich sind.

Die Einheit der orthodoxen Lokal- und Nationalkirchen liegt neben dem gemeinsamen Glauben und der *Synodalität* der Kirchen in der gemeinsamen Liturgie, die als Garant für *Tradition* und Kontinuität angesehen wird. Liturgiereformen im Sinne westlicher Kirchen sind von daher undenkbar. Wenn sie doch stattfanden, z. B. im 17. Jahrhundert in der Russisch-Orthodoxen Kirche durch die Reform des Patriarchen Nikon, führte das zu gravierenden Auseinandersetzungen, im Falle der russischen Reform zu einem Schisma [→ **Altgläubige**].

Die gesamte Liturgie der orthodoxen Kirche basiert grundsätzlich auf drei Liturgieformularen. Die gebräuchlichste Liturgieform ist die *Liturgie des Heiligen Johannes Chrysostomos*, die historisch belegbar zumindest in Teilen auf den Patriarchen von Konstantinopel zurückgeht. Weiterhin gibt es die nur zehn Mal im Jahr gefeierte *Liturgie Basilios des Großen*, die in den priesterlichen Eigengebeten länger ist als die Chrysostomos-Liturgie.

Das dritte Formular ist die *Liturgie der vorgeweihten Gaben*, die nur in der Großen Fastenzeit in den sieben Wochen vor Ostern gefeiert wird.

Darüber hinaus gibt es die alte, in der frühen Jerusalemer und antiochenischen Kirche verbreitete, heute nur noch in einigen Kirchen am Festtag des Apostels Jakobus zelebrierte *Liturgie des Heiligen Jakobus* [→ **Patriarchat von Jerusalem**].

Sakramente

Die Orthodoxie praktiziert sieben Sakramente, die als Mysterien verstanden und bezeichnet werden: Eucharistie, Taufe und Firmung, Buße, Krankensalbung, Ehe und die bereits dargestellte Ordination.

Eucharistie

Zentrum des sakralen Lebens und alle Sakramente in sich vereinend ist die Eucharistie, auch *Göttliche Eucharistie* oder *Heilige Eucharistie*. Aus dem Mysterium der Eucharistie geht das Handeln und das Wesen der Kirche hervor und auf die Eucharistie bezieht sich die Kirche grundlegend, da in ihr Christus mitten in der Kirche bzw. Gemeinde ist, die durch diesen Akt zu seinem Leib wird und sich damit realisiert. Trotz ihrer hohen Bedeutung gibt es keine geschlossene dogmatische Fixierung der Eucharistie in der orthodoxen Lehre. Im allgemeinen Verständnis wird in der Eucharistie das Opfer Christi auf Golgatha unblutig mitvollzogen und durch die Vereinigung der Kirche mit Christus bringt sich die Kirche, d. h. die das Abendmahl feiernde Gemeinde der Gläubigen, in Christus als Opfer dar.

Taufe

Die Taufe ist die Wiedergeburt aus dem Wasser und dem Heiligen Geist. Ein Mensch wird durch die Taufe zum Glied am Leib Christi, wendet sich ab vom Bösen, erlangt Vergebung der Sünden und Gotteskindschaft. Das sakramentale

Zeichen der Taufe ist das dreimalige vollständige Untertauchen des Täuflings, das das „mit Christus gestorben“ versinnbildlicht. Anschließend wird sofort die Myronsalbung vollzogen.

Im Taufverständnis stehen sich die christlichen Kirchen nahe und weisen zahlreiche Übereinstimmungen auf. Vor diesem Hintergrund kam es in Deutschland im April 2007 zu der *Magdeburger Erklärung*, in der elf Kirchen die wechselseitige Anerkennung ihrer Taufe aussprachen. Dazu gehören neben der evangelischen, der Römisch-katholischen Kirche und einigen Freikirchen auch die Äthiopisch-Orthodoxe Kirche, die Armenisch-Apostolische Orthodoxe Kirche und die Orthodoxe Kirche in Deutschland. In der Praxis zeigen sich allerdings oft Schwierigkeiten, die v. a. etwas mit den vorhandenen Unterschieden im Taufritus zu tun haben. Einzelne Priester in den orthodoxen Diasporagemeinden in Deutschland taufen hin und wieder bei einer Konversion noch einmal, da bei der evangelischen Taufe einige Elemente „fehlten", z. B. das dreimalige Untertauchen und die unmittelbar an die Taufe anschließende Myronsalbung, die die Taufe erst vollgültig macht. Das wird dann bei einer „zweiten" orthodoxen Taufe nachgeholt. Das Hauptargument allerdings ist im unterschiedlichen Amtsverständnis begründet: Da die Ordination in der evangelischen Kirche kein Sakrament ist, wird mitunter deshalb noch einmal getauft, weil die evangelische Taufe von keinem im orthodoxen Verständnis vollwertigen Amtsträger vollzogen wurde. Andere orthodoxe Kirchen, z. B. die Koptische Kirche, lehnen die Anerkennung nichtorthodoxer Taufen grundsätzlich ab.

Firmung (Myronsalbung)

Die Firmung, vergleichbar mit der römisch-katholischen Firmung oder der evangelischen Konfirmation, ist die Bekräftigung und Vollendung der Taufe. In der Orthodoxie erfolgt sie im Rahmen der Taufhandlung bzw. direkt im Anschluss. Dabei reibt der Priester Stirn, Augen, Nase, Ohren, Mund, Brust, Hände und Füße des Getauften mit einem vom Patriarchen geweihten Salböl (*Myron*, *Chrisam / Chrisma*) ein und spricht dabei die Worte: „Siegel der Gabe des Heiligen Geistes“. Der Getaufte wird nun wie Christus selbst zu einem Gesalbten.

Buße

Die Buße und die ihr vorangehende Beichte sind Voraussetzung für die Teilnahme am Abendmahl, aber daran nicht gebunden. Lange seelsorgerliche Gespräche mit dem Priester oder Bischof sind in ihrem Vollzug nicht unüblich. Das Wirken von Mönchen und Klöstern als Anlaufpunkte spielen hierbei eine bedeutende Rolle. Das Lossprechen von Sünden ist aber nur Priestern oder Bischöfen möglich, da sie, in der *apostolischen Sukzession* stehend, über die Vollmacht der Apostel zum Lösen und Binden verfügen (Mt 16,19; Joh 20,23).

Die Bußstrafen haben keine satisfaktorische Bedeutung, sondern sollen v. a. heilend auf den Betreffenden einwirken. Dieses Verständnis verhinderte in der Geschichte der Orthodoxie einen Missbrauch der Buße z. B. in der Form eines Ablasswesens wie in der Römisch-katholischen Kirche.

Krankensalbung

Die Krankensalbung (auch: *Euchelaion* = ‚Öl des Gebets') ist das Sakrament, bei dem durch Salbung des Körpers die Gnade Gottes auf den Kranken herabgerufen wird, damit seine seelischen und/oder körperlichen Beschwerden geheilt werden. Es wird nach Möglichkeit von sieben Priestern gespendet. Der eigentlichen Krankensalbung geht die Weihe des Öls voraus. Die Liturgie zur Krankensalbung wird von jedem der anwesenden Priester siebenmal vollzogen. Bei der Salbung wird das geweihte Öl in Kreuzform auf Stirn, Nase, Wangen, Mund, Brust und beide Seiten der Hände mit einem Pinsel aufgetragen.

Die Krankensalbung ist in der Orthodoxie tatsächlich, wie der Name sagt, ein Sakrament, das der Heilung von Körper und Seele dient und kein Sterbesakrament im Sinne der „letzten Ölung".

Ehe

Den sakramentalen Charakter erhält die Ehe im orthodoxen Verständnis als Versinnbildlichung der Vereinigung von Christus mit seiner Kirche, wie Eph 5,21–33 ausführt. In der Orthodoxie wird das Sakrament nicht mit dem gegenseitigen Ja-Wort gespendet, sondern die sakramentale Ehe entsteht in mehreren Schritten. So geht der Trauung im engeren Sinn ein Verlobungsritus voraus, bei dem die Ringe getauscht werden und ein Verlöbnis ausgesprochen wird. Zur eigentlichen Trauung werden die Brautleute nach ihrem Ehewillen befragt und mit Kränzen in Form von Kronen gekrönt. Es folgt ein liturgischer Hochzeitstanz um einen im Kirchraum aufgestellten Tisch. Auch trinken die Brautleute gemeinsam aus einem Hochzeitsbecher.

In der Orthodoxie sind Ehescheidung und erneute Eheschließungen von Geschiedenen möglich, auch wenn die Unauflöslichkeit der Ehe grundsätzlich vorausgesetzt wird. In der Orthodoxie wird pragmatisch mit der Realität und der „menschlichen Schwäche" gerechnet. Allerdings ist eine erneute Eheschließung mit einem Bußritus verbunden und wird nur schlicht gefeiert.

!\ Eine vollgültige Eheschließung kann im orthodoxen Verständnis nur ein ordinierter Priester vornehmen. Aus diesem Grund erfolgt bei Eheschließungen zwischen evangelisch-orthodoxen Ehepartnern meist nach der evangelischen Trauung nochmals eine orthodoxe Trauung.

Frömmigkeit /Spiritualität

Generell spielen Gebete in der Orthodoxie eine große Rolle. Im Gottesdienst sind lange Gebetspassagen tragendes Element des Heilsgeschehens. Private Gebete, v. a. das Gebet vor Ikonen, sind alltägliche Praxis.

Herzensgebet

Das *immerwährende Herzensgebet* als spezielle Gebetsform hat eine Tradition, die bis ins 4. Jahrhundert zurückreicht. Es lautet in seiner Grundform „Herr Jesus Christus, erbarme dich meiner" und kann in Abwandlungen wie „Herr Jesus Christus, Sohn Gottes, erbarme Dich über mich Sünder" gebetet werden. Idealerweise wird im Zusammenspiel mit der Gebetsschnur gebetet, einer Schlinge mit 100, 50 oder 33 Knotenkugeln, bei deren Berührung ein Gebet gesprochen wird. Das Gebet soll in ein ununterbrochenes Gebet mit Lippen, Geist und Herzen münden. Es ist eine Meditationsform, die den erfahrenen Beter in den Zustand der *Hesychia* (altgriech.: ‚Herzensruhe', ‚Gelassenheit', ‚Friede') führt und dadurch schützen, verändern und umwandeln kann.

Im 12. Jahrhundert wurde das Gebet, ohne dass die Traditionslinie seit dem 4. Jahrhundert ganz abgebrochen wäre, im *Hesychasmus*, einer byzantinischen Reformbewegung, im Mönchtum wiederentdeckt und im 14. Jahrhundert durch das Wirken des Thessalonicher Bischofs Gregor von Palamas (1296/97–1359) theologisch reflektiert. Der auf Palamas zurückgehende *Palamismus* stellt zum Teil eine kognitive Parallele zum *Hesychasmus* dar. Durch verschiedene Schriften fand das Gebet im 18., 19. und frühen 20. Jahrhundert weite Verbreitung in der Orthodoxie. Seit Ende des 20. Jahrhundert erlangt es zunehmend auch konfessionsübergreifend Beachtung.

Ikonen

Ikonen sind Äußerung der Orthodoxie als solcher. Sie stellen eine Sprache der Kirche dar, die der der Heiligen Schrift ähnlich ist und Liturgie auf einer anderen Sinnesebene zum Ausdruck bringt.

Auf dem 2. Ökumenischen Konzil von Nicäa 787 wurde die Verehrung der Ikonen dogmatisch fixiert und sowohl Ost- als auch Westkirche stimmten dem zu. Das war nach dem ikonoklastischen Konzil von Hiereia 754 ein Triumph für die Bilderverehrer der Ostkirche.

Entgegen den Beschlüssen des 2. Nicänums wurde allerdings in den „Libri Carolini“, die im Auftrag Karls des Großen in den 790er Jahren verfasst wurden, die Bilderverehrung abgelehnt. Vermutlich basierte diese Verneinung auf einer falschen oder ungenauen Übersetzung der Konzilsbeschlüsse, bei der die Unterscheidung zwischen *Bilderverehrung* und *Bilderanbetung*, die auch das Konzil ablehnte, nicht getroffen wurde, sodass der Eindruck entstand, es würden Bilder in Form von Götzenverehrung angebetet.

Die „Libri Carolini“ erreichten zwar keine weite Verbreitung, und Karl der Große konnte 794 auf der Frankfurter Synode die Verurteilung der Bilderverehrung nicht durchsetzen, aber durch die Debatte bekam die Bilderverehrung in der Westkirche, besonders im Frankenreich, einen Beigeschmack des Häretischen und wurde in der Folge (zu) schnell mit Götzenanbetung gleichgesetzt. So wurde der **Umgang mit Ikonen** zu einer **in West- und Ostkirche** sehr **unterschiedlichen** Angelegenheit. Hinzu kam die kulturelle Divergenz: Die westliche Kirche ist stärker von einem dinglichen, die östliche Kirche von einem symbolischen Realismus geprägt.

Während für die westliche Kirche das Bild im schlimmsten Fall zum Götzenbild wurde, zumeist aber lediglich künstlerisch-schmückenden Charakter hat, ist das Bild in der Orthodoxie das Medium, das es möglich macht, an der Wirklichkeit des Symbolisierten teilzuhaben. Ikonen machen das Unbeschreibbare fassbar, ohne dass es seine Unfassbarkeit verliert.

Der Begriff *Ikone* geht auf das griechische Wort *eikon* zurück, das ‚Bild‘ oder ‚Abbild‘, und auf Christus bezogen ‚Ebenbild‘ heißt. Christus ist die erste Ikone, das „nicht von Händen gemachte Bildnis“, die *lebendige Ikone Gottes*. Die Ikone Christi ist das Zeugnis der Fleischwerdung Gottes. Auf Christus als Prototyp ist jede Heiligenikone gegründet, denn sie ist das Bild eines Menschen, in dem Christus „Gestalt gewonnen hat“ (Gal. 4, 19).

Ikonen sind bildgewordene biblische Verkündigungen. Sie bieten den Gläubigen die Möglichkeit, sich mit ihrer Verehrung Gott, den Heiligen, den himmlischen Mächten zu unterstellen und teilzuhaben an der Wirklichkeit des Dargestellten. Zwischen Bild und Urbild besteht ein unmittelbarer Zusammenhang, eine Verbindung. Sie besteht durch die Projektion des Unsichtbaren auf das sichtbare Bild, das wiederum einen das Urbild offenbarenden und auf es hinweisenden Charakter hat. Das Bild, die Ikone, vergegenwärtigt die unsichtbare Wirklichkeit dessen, was dargestellt wird, ebenso wie die Liturgie und die Eucharistie die Heilswirklichkeit abbilden. Wie im Gottesdienst wird der Mensch über das Denken und das Sprechen hinweg in einen Erlebnisvorgang hineingezogen, der ihm die Begegnung mit der transzendenten Wirklichkeit ermöglicht, ohne in ihr Wesen einzudringen oder sie rational zu erfassen. Die Verehrung der Ikonen, die emotionale Hingabe an sie, die in der Orthodoxie praktiziert wird, ist Ausdruck einer Spiritualität, die durch das Abbild die Verbindung zum Transzendenten herstellt.

Mönchtum

Das Mönchtum ist ein genuines Element des östlichen Christentums. Im Orient entstanden gehört es bis heute elementar zum orthodoxen Glaubensleben dazu. In seiner gemeinschaftlichen Form orientiert es sich an der koinobitischen Form des Mönchtums. Im Gegensatz zum westlichen Mönchtum gibt es **keine Orden**. Die einzelnen Klöster sind selbstständig, wobei es häufig eine Zusammenarbeit zwischen Klöstern gibt, die geistlich ähnlich ausgerichtet sind oder eine gemeinsame Gründungstradition haben. Orthodoxe Klöster spielten in der Geschichte oft eine große Rolle im Hinblick auf diakonische, seelsorgerliche, kulturelle oder nationale Aufgaben, insbesondere in ihrem lokalen Einzugsgebiet. Das Wirken der *Geistigen Väter* oder *Geistigen Mütter* zeigt den orthodoxen Brückenschlag zwischen Spiritualität und Leben, denn durch diese Mönche und Nonnen erfahren sowohl die Klöster selbst als auch die Laien geistliche Begleitung und seelsorgerliche Unterstützung. Das Mönchtum „genießt im allgemeinen höhere Verehrung als die Priester in den Pfarreien." (Lilienfeld, 1995, 428) Die Möglichkeit der Erlangung christlicher Vollkommenheit durch ein Leben gemäß dem Evangelium hat als Modell und Vorbild das mönchische Ideal.

Orthodoxe Klöster sind Zentren des Gebets und des gottesdienstlichen Lebens. Gläubige reisen oft von weither an, um an den monastischen Gottesdiensten und Gebeten teilzunehmen. Dabei beten Mönche und Nonnen nicht nur für sich selbst und die Kirche, sondern fürbittend für diejenigen, die ihnen ihre Anliegen anvertrauen sowie stellvertretend für diejenigen, die selbst nicht oder nur ungenügend beten. Zentrum und Verkörperung des reinsten orthodoxen Mönchtums war über Jahrhunderte hinweg bis in die Gegenwart die Mönchsrepublik auf dem Berg Athos in Griechenland.

Weiterführende Literatur

Bremer, Thomas/ Gazer, Hacik Rafi/ Lange, Christian (2013), *Die orthodoxen Kirchen der byzantinischen Tradition*, Darmstadt.

Bryner, Erich (1996), *Die Ostkirchen vom 18. bis zum 20. Jahrhundert*. KGE III/10, Leipzig.

Ebert, Andreas/Lupu, Carol (Hg.) (2012), *Hesychia. Das Geheimnis des Herzensgebets*, München.

Felmy, Karl Christian (2011), *Einführung in die orthodoxe Theologie der Gegenwart*, Berlin.

Kallis, Anastasios (1979), *Orthodoxie. Was ist das?*, Mainz.

Lange, Christian/ Pinggéra, Karl (Hg.) (2011), *Die altorientalischen Kirchen. Glaube und Geschichte*, Darmstadt.

3.4 Die Anglikanische Gemeinschaft

Die Anglikanische Gemeinschaft ist ein elastischer Bund von autonomen anglikanischen Kirchen, die über die ganze Erde verteilt sind. Sie sind miteinander verbunden durch eine gemeinsame Liturgie und durch das Bewusstsein der Verbundenheit mit dem **Erzbischof von Canterbury** als *focus of unity*, der allerdings keine Jurisdiktionsgewalt hat. Doch „seine" *Church of England*, die ‚Kirche von England', ist die Mutterkirche der anglikanischen Kirchengemeinschaft.

Eine anglikanische Kirche kann in sich verschiedene Strömungen abbilden, die miteinander unvereinbar sind, sie kann nebeneinander katholisch und reformiert sein, evangelikal und liberal. Die Gemeinschaft der anglikanischen Kirchen steht aufgrund interner Differenzen zum Thema → **Frauenordination** und → **Homosexualität** unter einem großen Druck, hält bislang die Spannung aber aus. Vielfalt steht dabei bislang als Wert über Einheit und Autorität.

3.4.1 Die Realisierung der Apostolizität: Theologische Grundlagen

Die 3. *Lambeth-Konferenz* von 1888, auf die noch näher eingegangen wird, einigte sich in ihrer 11. Resolution auf vier Grundlagen der Anglikanischen Gemeinschaft, die aussagen, welche Bedingungen aus anglikanischer Sicht erfüllt sein müssen, um Kirchengemeinschaft erklären zu können. Diese ökumenisch ausgerichteten, im Folgenden genannten Grundlagen bilden die gemeinsame Überzeugung der anglikanischen Kirchen:

1. Die Heilige Schrift enthält alles, was zur Erlösung nötig ist (Suffizienz der Schrift). Sie ist die alleinige Richtschnur und Norm des Glaubens.
2. Das Apostolikum und das Nicäno-Konstantinopolitanum sind die ausreichenden Bekenntnisse des christlichen Glaubens.
3. Die Sakramente, die von Christus selbst eingesetzt wurden, also Taufe und Abendmahl, sind die wesentlichen Sakramente.
4. Jede Kirche braucht das historische Bischofsamt.

Diese Beschlüsse stellen die Grundlagen für jegliches Kirche-Sein dar. Wer diese Grundlagen teilt, kann „anglikanische" Kirche sein oder in Gemeinschaft mit einer anglikanischen Kirche stehen. Dem Wesen des Anglikanismus gemäß ist, dass diese Grundlagen flexibel aufgebaut sind und lediglich hinreichende Forderungen darstellen.

Im vierten Punkt wird das Amt angesprochen. Im anglikanischen Verständnis muss das Amt zwar den Gegebenheiten der verschiedenen Ortskirchen angepasst werden, allerdings steht es unabdingbar in personal verstandener *apostolischer Sukzession*. Die Sukzession gehört zum Kirche-Sein dazu. Dies schließt in den meisten anglikanischen Kirchen Frauen allerdings nicht von der Sukzession aus, da zum Geschlecht des Amtsträgers keine Angaben gemacht werden.

Synodale Kirchenaufsicht

Wichtig ist dagegen, dass eine anglikanische Kirche daran festhält, in ihrer Struktur die Ämter der frühen christlichen Gemeinden abzubilden. Die bischöfliche Verfassung der Kirche und das dreigeteilte geistliche Amt (Bischof – Priester – Diakon) sind deshalb grundlegend. Jeder Bischof oder Bischöfin muss von einem anderen Bischof ordiniert werden, damit die historische Sukzession gewährleistet bleibt. Da die anglikanische Gemeinschaft sich am Vorbild der frühen Gemeinden orientiert, führt sie neben dem episkopalen Element ihrem Wesen auch eine synodale Note hinzu, die an die Leitung durch die Ältesten der Gemeinde erinnert. Auf allen Ebenen finden sich Elemente der Beteiligung. Die *Generalsynode der Kirche von England* hat z. B. legislative Funktionen. Bischofssukzession und parlamentarische Züge schließen sich also nicht aus. Die Nachfolge an sich sagt wenig über die Autorität in der Kirche aus. So nimmt die anglikanische Gemeinschaft eine Zwischenposition ein: katholisch und orthodox wirkt die Bedeutung der historischen Nachfolge im Bischofsamt, protestantisch das synodale Element.

Diese verbindende Position zeigt sich auch in der Theologie und der Organisation anglikanischer Kirchen.

Die Theologie der Anglikanischen Gemeinschaft

Um die Theologie der Anglikanischen Gemeinschaft zu erfassen, sind verschiedene Quellen heranzuziehen. Es gibt kein zentrales Dokument, das diese für die ganze Kirche verbindlich regelt. Ein Ausgangspunkt, um trotzdem zentrale theologische Anliegen beschreiben zu können, ist die Erklärung, die anglikanische Amtsträger bei ihrer Ordination abgeben: die *Declaration of Assent*. Als *Preface* werden dort die zentralen Quellen anglikanischer Theologie angegeben und zum Wesen der Kirche selbst Stellung genommen:

> The Church of England is part of the One, Holy, Catholic and Apostolic Church, worshipping the one true God, Father, Son and Holy Spirit. It professes the faith uniquely revealed in the Holy Scriptures and set forth in the catholic creeds, which faith the Church is called upon to proclaim afresh in each generation. Led by the Holy Spirit, it has borne witness to Christian truth in its historic formularies, the Thirty-nine Articles of Religion, *The Book of Common Prayer* and the Ordering of Bishops, Priests and Deacons.

Die Kirche von England – hier stellvertretend für alle anglikanischen Kirchen – versteht sich selbst als Teil der einen, heiligen, katholischen und apostolischen Kirche. Sie behauptet keine Identität ihrer selbst mit der im Glaubensbekenntnis angesprochenen Kirche, sondern versteht sich als Teil davon, der aber sichtbar in ihr realisiert ist. Ihre Ordnung ist demnach nicht beliebig, sondern sie versteht sich als hierarchisch geordnete Gemeinschaft, die sowohl göttliche wie menschliche Elemente in sich vereinigt.

Das Bekenntnis zur Trinität ist dabei genauso grundlegend wie der Auftrag der Kirche, das Evangelium jeder Generation neu zu verkünden. Der Inhalt des Evangeliums ist dabei in der Bibel grundgelegt. Es wird entfaltet in weiteren Dokumenten, die als „historische Formulare" anglikanische Grundeinsichten bezeugen: die *39 Articles of Religion*, das *Book of Common Prayer* und die *Ordnung für die Weihe von Bischöfen, Priestern und Diakonen*.

Die grundlegenden theologischen Einsichten werden im Folgenden anhand der *39 Artikel* skizziert.

Die 39 Articles of Religion

Die *39 Articles of Religion* wurden nach mehreren Bearbeitungen von Königin Elisabeth I. (1533–1603) im Jahr 1571 unterzeichnet und beschäftigen sich mit den zu ihrer Zeit umstrittenen Punkten.

Die **Heilige Schrift** gilt darin als die **einzige Quelle der Offenbarung**: „Die Heilige Schrift enthält alles, was zum Heil notwendig ist, sodass, was darin nicht zu lesen steht und daraus nicht bewiesen werden kann, niemandem als Glaubensartikel oder als etwas Heilsnotwendiges auferlegt werden darf." (Artikel 6) Als Glaubensbekenntnisse werden die drei altkirchlichen, „das Nicänische, das des Athanasius und das gewöhnlich sogenannte Apostolische [...] unter allen Umständen angenommen und geglaubt [...]. Denn sie können durch die sichersten Zeugnisse der Schrift bewiesen werden." (Artikel 8) Es gibt kein *Lehramt*, das die Bibel exklusiv autoritativ auslegen darf (vgl. Artikel 20), sondern das ist der ganzen Kirche anvertraut. Jeder Gläubige soll die Bibel lesen und mithilfe der Vernunft für jede Zeit der Wille Gottes aus der Schrift erkannt werden.

Die Rechtfertigung des Menschen geschieht „allein um des Verdienstes unseres Herrn und Heilandes Jesu Christi willen, durch den Glauben, nicht um unserer Werke und Verdienste willen." (Artikel 11) Jegliches Mitwirken am Heil wird zurückgewiesen und betont, dass allein die Gnade Gottes wirkt.

Die Kirche wird als „sichtbare Kirche Christi" bestimmt, sie „ist eine Versammlung von Gläubigen, in welcher das Wort Gottes rein gelehrt wird und die Sakramente in allem, was notwendig dazu gehört, der Einsetzung Christi gemäß recht verwaltet werden." (Artikel 19). Hier zeigt sich ganz besonders der Einfluss reformatorischer Theologie des Kontinents, da die *Confessio Augustana* [→ **Evangelische Kirchen**] in Artikel VII das sehr ähnlich formuliert.

Sakramente

Auch die Reduktion der sieben Sakramente der alten Reichskirche auf zwei, die Taufe und das Abendmahl, lassen den protestantischen Einfluss erkennen, ebenso wie die Begründung der Ablehnung der fünf römisch-katholischen Sakramente, die keine Sakramente sind,

> da sie teils aus einer entarteten Nachfolge der Apostel entsprungen, teils Ordnungen des Lebens sind, die zwar in der Schrift gebilligt werden, aber nicht dieselbe Bedeutung von Sakramenten haben wie die Taufe und das heilige Abendmahl, da sie kein sichtbares Zeichen oder eine von Gott eingesetzte Zeremonie haben. (Artikel 25)

Klar setzt sich die anglikanische Theologie damit von der alten Lehre ab. Sie verwirft die *Transsubstantiationslehre* und erklärt:

> Die Transsubstantiation oder die Verwandlung der Substanz des Brotes und des Weines im Abendmahl kann aus der Heiligen Schrift nicht bewiesen werden, sondern ist den klaren Worten der Schrift entgegen, verkehrt die Natur des Sakraments und

hat zu vielerlei Aberglauben Anlass gegeben. Der Leib Christi wird im Abendmahl nur in himmlischer und geistlicher Weise gegeben, empfangen und gegessen. Das Mittel aber, wodurch der Leib Christi im Abendmahl empfangen und gegessen wird, ist der Glaube. Das Sakrament des Abendmahls wurde nach der Einsetzung Christi nicht aufbewahrt, herumgetragen, in die Höhe gehoben und auch nicht angebetet. (Artikel 28)

Auch der Stand der Kleriker wird neu geregelt und der Zölibat abgeschafft:

Klerus

Den Bischöfen, Priestern und Diakonen ist es durch kein göttliches Gebot vorgeschrieben, dass sie die Ehelosigkeit geloben oder sich der Ehe enthalten sollen. Es ist also auch ihnen wie allen andern Christen erlaubt, nach ihrem eigenen Gutdünken eine Ehe zu schließen, wenn dieses nach ihrem Urteil der Gottseligkeit förderlicher ist. (Artikel 32)

Für die konkrete Ausgestaltung einer anglikanischen Kirche in ihrem je eigenen Umfeld ist Artikel 34 wichtig, der wiederum an die Ausführungen der *Confessio Augustana*, Artikel VII angelehnt ist:

Es ist nicht unter allen Umständen notwendig, dass die Überlieferungen und Zeremonien überall dieselben oder gar ganz gleich sind. Denn sie sind immer mannigfaltig gewesen und können je nach der Verschiedenheit der Länder, Zeiten und Sitten geändert werden, wenn nur nichts im Gegensatz zum Worte Gottes angeordnet wird. (Artikel 34)

Der *Tradition* kommt demnach keine normative Größe an sich zu, sondern nur dann, wenn sie im Einklang mit der Heiligen Schrift steht. Außerdem wird bereits in dieser frühen Zeit der Kirche von England deutlich, dass sie ihrem Wesen nach national orientiert ist und dies auch anderen anglikanischen Kirchen zugesteht. Eine zentrale normative Autorität tritt dabei zugunsten jeder Kirche zurück:

Jede Partikular- oder Nationalkirche hat die Vollmacht, kirchliche Zeremonien oder Riten einzuführen, zu ändern oder abzuschaffen, welche nur durch menschliche Autorität eingerichtet sind, wenn nur alles zur Erbauung geschieht. (Artikel 34)

Das Zusammenspiel von **kirchlicher Freiheit** und **nationaler Orientierung** wird in Artikel 37 noch deutlicher:

Kirche und Nation

Seine Majestät der König hat in diesem Königreich England und in seinen übrigen Herrschaftsgebieten die höchste Gewalt, wozu die oberste Herrschaft in allen Dingen

> über alle Stände dieses Königreichs, kirchliche wie bürgerliche, gehört, und er ist keiner auswärtigen Jurisdiktion unterworfen und darf es auch nicht sein. (Artikel 37)

Dem König bzw. seit 1571 der Königin wird der **Primat** über die Kirche zuerkannt. Er oder sie untersteht keiner anderen Gewalt, insbesondere nicht dem Bischof von Rom. Allerdings hat der König lediglich das Recht, weltliche Dinge der Kirche zu regeln. Die Verwaltung der Sakramente bleibt den Geistlichen vorbehalten. Der König ist Regent von Kirche und Nation, er gehört aber nicht selbst dem geistlichen Stand an und ist insofern kein Souverän in Glaubensfragen.

Eine katholische Kirche

Insgesamt verstehen sich anglikanische Kirchen als „katholisch" in dem Sinne, dass sie die traditionellen christlichen Überlieferungen bewahren und der Gestalt der frühen Kirche in ihrer Allgemeinheit nacheifern, sich dabei allerdings in ihrer Geschichte immer wieder am Maßstab der Heiligen Schrift „reformiert" haben. Eine anglikanische Kirche bildet in sich die **Pluralität des Christentums** ab, das sich an verschiedenen Orten in verschiedenen Kirchen zeigt. Dieser Mittelweg der Haltung zwischen der Römisch-katholischen Kirche und den evangelischen Kirchen beinhaltet zahlreiche Spannungen, die auch in der Geschichte der anglikanischen Gemeinschaft sichtbar werden.

3.4.2 Besonderheiten der historischen Entwicklung

Legendarische Ursprünge

Die Kirche von England ist der Ausgangspunkt der Anglikanischen Gemeinschaft. Die Kirche begann als der christliche Glaube auf die britischen Inseln kam. Die Legende besagt, dass dies bereits durch Joseph von Arimathäa geschehen sein soll, der nach Mk 15,43–46 den Leichnam Jesu bestattete. Er sei im Jahr 63 in England eingetroffen und habe die Vorläuferkirche der Abtei von Glastonbury gegründet. Dort habe sich ein Wunder ereignet: Joseph hatte seinen Wanderstab während einer Rast auf seiner Wanderung abgelegt und dieser trieb Blüten, bekannt als der *Glastonbury Thorn*. Dies sei die göttliche Gründung der Abtei gewesen. Parallelen zur Erwählung Aarons in Num 17 oder der Aussonderung Josefs, des „Stiefvaters" Jesu wie es Protoevangelium des Jakobus erzählt, waren hier sicherlich beabsichtigt. So bekam die Kirche von England eine göttliche Legitimität. Dass Christen bereits sehr früh im Zuge der Ausbreitung des Römischen Imperiums nach England kamen, ist möglich, obgleich diese spezielle Tradition um Joseph von Arimathäa wenig glaubhaft ist.

Namentlich bekannt und deutlich besser belegt ist das Martyrium des später heiliggesprochenen Albanus, der wohl Anfang des 3. Jahrhunderts bei Verulamium hingerichtet worden ist. Die Berichte von ihm, seinem Leben und Sterben zeigen, dass sich in England recht rasch ein Christentum entwickelt hat, das noch nicht gefestigt, aber lebendig war.

Der Streit um die Erbsünde

Das englische Christentum nahm dabei rege an den theologischen Auseinandersetzungen seiner Zeit teil, wies jedoch auch spezielle Aspekte auf. Vor allem die Besonderheiten des keltisch geprägten Christentums stehen hier im Vordergrund, gegen das der Machtanspruch des sich entwickelnden römischen Papsttums geltend gemacht wurde. Theologisch ging es im 4./5. Jahrhundert um die Frage der Erbsünde, die von dem englischen Mönch Pelagius (um 350–420) bestritten wird. Pelagius vertrat die Ansicht, dass es keine erbliche Übertragung der Sünde gebe, sondern Sünde eine freiwillige Nachahmung der Übertretung Adams sei, keine dem Menschen einwohnende Natur, keine angeborene Schuld. Gegen diese Position argumentierte Augustin von Hippo und erreichte, dass Pelagius auf der Synode von Karthago (418) verurteilt wurde [→ **Römisch-katholische Kirche**].

Der keltische Einfluss

In der frühen Zeit stand das Christentum in England unter keltischem Einfluss. Besonders durch die im Norden Englands zu verzeichnenden Missionserfolge der iroschottischen Tradition, die sich trotz ihrer ursprünglich römischen Missionare des 5. Jahrhunderts, z. B. der irische Nationalheilige Patrick, in großer Unabhängigkeit von Rom entwickelten, wurde in der englischen Kirche eine weitere Form des Christentums sichtbar. Die keltische Tradition, die heidnische Elemente mit christlicher Frömmigkeit verband und eigene rituelle und künstlerische Gestaltungen ausbildete, z. B. das keltische Kreuz, füllte zum Teil das Vakuum, das der Rückzug des römischen Imperiums im frühen 4. Jahrhundert hinterließ.

Augustinus, Erzbischof von Canterbury (gest. 604)

Um das englische Christentum nach dem Abzug der Römer aus England im Sinne Roms zu festigen, schickte Papst Gregor I. (Pontifikat: 590–604) Augustinus, Prior eines römischen Klosters, 597 nach England. König Ethelbert von Kent (um 552/560–617) erlaubte diesem, in Canterbury zu predigen. So entschied sich der Weg der Kirche und die römische Richtung setzte sich gegenüber der keltischen durch.

Augustinus, Erzbischof von Canterbury, gilt als der *Apostel der Angelsachsen* und sein Wirken wird oft als der eigentliche Beginn der englischen Kirche verstanden. Das Datum seiner Entsendung gilt als Gründungsdatum der Kirche.

Augustinus schuf die grundlegende Gliederung der englischen Kirche in die Provinzen Canterbury und York und entschied in verschiedenen Auseinandersetzungen im Sinne der römischen Kirche.

Bestätigt wurde diese Richtung des Christentums auf der *Synode von Whiby* (644), die sich vordergründig mit der Berechnung des Ostertermins befasste, dahinterstehend aber eine kirchenpolitische Richtung diskutierte. Das katholisch geprägte Christentum setzte sich auch hier gegen das keltisch geprägte durch. Es wurde festgelegt, dass der römische Papst als Nachfolger des Apostels Petrus beanspruchen darf, letztverbindliche Entscheidungen zu treffen. Damit war entschieden, dass der keltische Flügel der englischen Kirche in seinem Einfluss zurückgedrängt wurde. Die *Synode von Herford* (672) bestimmte ein nach römischem Vorbild gegliedertes Diözesansystem und schuf damit die Einheit der englischen Kirche. Aus dieser Zeit bezieht die Kirche von England ihr „katholisches" Bewusstsein. Sie ist nach ihrem Selbstverständnis ein Teil der späteren Reichskirche des Westens, der ohne Unterbrechung der Sukzession im Amt bis heute fortbesteht.

Während des Mittelalters nahm das englische Christentum intensiv am europäischen Gedankenaustausch teil und gab wichtige theologische Impulse weit über England hinaus.

Anselm von Canterbury

Obwohl der Mönch Anselm (1033–1109) in Italien geboren wurde, gelangte er zu seiner vollen theologischen Wirkung als Erzbischof von Canterbury.

Anselm war eine Gestalt des Übergangs. Seine Ideen entwickelten erst im 13. Jahrhundert ihre Breitenwirkung in der Theologie.

Er wollte über den Glauben hinausgehen und zu einer Einsicht in die Wirklichkeit Gottes kommen. Das Verstehen sollte dem Glaubenden zeigen, dass das, woran er glaubt, notwendig richtig ist. Da alle Wahrheit auf Gott beruht, müsse sich durch die Vernunft, die ja in Gottes Schöpfung gegeben ist, auch Wahrheit erweisen lassen. Die Vernunft sollte also erweisen, dass das, was geglaubt wird, auch wirklich so ist und so sein muss.

Anselm vertrat die Auffassung, dass Gott das höchste Gut und das höchste Sein sei. Dieses Denken kommt im sogenannten *ontologischen Gottesbeweis* zum Tragen: Gott ist das, über welches hinaus nichts Größeres gedacht werden kann.

Wichtig sind gleichfalls Anselms wirkmächtige Gedanken zur Versöhnungslehre. In der Schrift „Cur Deus Homo" wies Anselm die Notwendigkeit des Kreuzestodes Jesu auf. Durch die Sünde hat die Menschheit sich gegen Gott aufgelehnt. Die Strafe müsste eigentlich der Tod sein. Da aber Gott einen Plan der Gemeinschaft mit dem Menschen gefasst hat, musste er um seiner Gerechtigkeit willen eine Genugtuung fordern. Die kann der Mensch aber aufgrund seiner großen Schuld nicht leisten. Um seinen Plan zu verwirklichen, musste Gott also selbst Mensch werden, um die nötige Satisfaktion zu leisten. Der Tod Christi, der sündlos starb, hat einen Wert, der die Schuld des Menschen aufwiegt. Christi Tod kompensiert also die Schuld des Menschen.

who is who

Wilhelm von Ockham

Den *ontologischen Gottesbeweis* Anselms bestritt der zweite der großen englischen Theologen des Mittelalters, Wilhelm von Ockham (1288–1347). Er lehrte, dass das Allgemeine lediglich im menschlichen Verstand existent sei. Die Subjektivität des Erkennens sei die Voraussetzung des Allgemeinen. Ockham lehnte es ab, einen Beweis für das Dasein Gottes zu führen und versuchte vielmehr, der Kirche ihre scheinbare rationale Begründung zu entziehen, um sie wieder auf das Fundament des Glaubens zu stellen. Erst durch den von Gott geschenkten Glauben könne der Mensch wirklich glauben, also den Glaubensartikeln der Kirche zustimmen. Dabei muss aber das Geschenk Gottes, die den Menschen eingegossene Gnade, in den Mittelpunkt rücken. Ockham bereitete mit diesen Thesen Gedanken vor, die in der Reformation des 16. Jahrhunderts aufgenommen wurden.

John Wyclif

Als Vorläufer der englischen Reformation gilt der dritte Theologe: John Wyclif (1330–1384). Seine Vorstellungen zielten auf eine harmonische Ergänzung von Wissenschaft und Glaube. Macht und Besitz verstießen in seinen Augen gegen die Heilige Schrift, weshalb die Kirche mit ihrer Prachtentfaltung zu kritisieren sei. Er plädierte für eine weitreichende Reform der Kirche. Der weltliche Machtanspruch der Bischöfe sei unrechtmäßig und müsse beendet werden. Damit zielte Wyclifs Kritik direkt auf den römischen Papst.

Um dem Kirchenvolk zu ermöglichen, die biblischen Texte selbst zu lesen, übersetzte Wyclif die lateinische Bibel ins Englische und schuf somit eine der ersten englischen Bibelausgaben.

Die Loslösung von Rom: Heinrich VIII.

Im 16. Jahrhundert kam es zur Lösung der englischen Kirche von der Römisch-katholischen Kirche. Das geschah allerdings nicht wie auf dem europäischen Festland aus theologischen Gründen, sondern aufgrund **politischer Erwägungen**, konkret aufgrund der Weigerung von Papst Clemens VII. (Pontifikat: 1523–1534) die Ehe des englischen Königs, Heinrich VIII. (1491–1547) mit Katharina von Aragon (1485–1536) zu annullieren. Das war der Höhepunkt der sich seit längerem schwierig gestaltenden Beziehungen zwischen der englischen Krone und dem römischen Papst Clemens VII.

Heinrich VIII. war keineswegs ein eifriger Anhänger der reformatorischen Ideen. Noch 1521 verlieh Papst Leo X. (Pontifikat: 1513–1521) ihm den Ehrentitel *Fidei Defensor*, ‚Verteidiger des Glaubens', weil Heinrich VIII. gegen Martin Luthers Thesen Stellung bezogen und den katholischen Glauben in Schutz genommen hatte. Mit einer Schrift für die Gültigkeit der sieben Sakramente gewann Heinrich VIII. zwar zunächst die Gunst des Papstes, geriet aber wenige Zeit später damit in einen Selbstwiderspruch. Die arrangierte Ehe Heinrichs VIII. mit Katharina von Aragon, der Witwe seines älteren Bruders, die er nur aufgrund eines päpstlichen Dispenses heiraten durfte, blieb ohne männlichen Thronfolger und Heinrich VIII. wertete das als Gottesurteil im Sinne von Lev 20,21: „Wenn jemand die Frau seines Bruders nimmt, so ist das eine schändliche Tat. Sie sollen ohne Kinder sein, denn er hat damit die Scham seines Bruders entblößt".

Die Ehe war in den Augen Heinrichs ungültig, da bereits der Papst gegen biblisches Gebot verstoßen hatte. Papst Clemens VII. zog nicht in Erwägung, die Ehe Heinrichs VIII. zu annullieren, weil er sich die Gunst von Kaiser Karl V. erhalten wollte, der wiederum der Neffe von Katharina von Aragon war. Der Papst war daran interessiert, die Ehefrage Heinrichs VIII. zu verschleppen. Der König aber wurde ungeduldig und nahm die stockende Angelegenheit in die eigene Hand. Er setzte einen Prozess in Gang, der ihn zum Oberhaupt der englischen Kirche machen sollte.

1533 erließ Heinrich VIII. den *Act in Restraint of Appeals*, der verbot, an den Papst zu appellieren. Damit war die Verbindung Englands mit Rom unterbrochen und der König unterstellte die englische Kirche sich selbst. 1534 wurde die Trennung von Rom durch den *Act of Supremacy* ratifiziert und der König erklärte sich zum Oberhaupt der Kirche von England: „the only supreme head on earth of the Church of England".

Sein **Visitationsrecht** übertrug Heinrich seinem Minister Thomas Cromwell (1485–1540). Dieser ordnete die englische Kirche mit Rücksicht auf die Belange des Königs neu. Der Erzbischof von Canterbury, Thomas Cranmer (1489–1556), löste 1533 die Ehe des Königs auf. 1540 hob Heinrich VIII. die Klöster auf und führte deren Besitz der Krone zu.

Obwohl Heinrich VIII. die englische Kirche schließlich völlig aus der Jurisdiktion Roms löste, hatte das für das religiöse Leben zunächst kaum Folgen. England hätte eine „romfreie", aber im Grundsatz katholische Kirche bleiben können. Doch brachen sich die reformatorischen Einflüsse schließlich doch Bahn. Die Regierung Heinrichs VIII. wurde für die Kirche von England eine nachhaltig prägende Zeit.

Edward VI. und Thomas Cranmer

Während sich der Erzbischof von Canterbury, Thomas Cranmer, während der Regierung Heinrichs VIII. noch mit gravierenden Änderungen zurückhielt, konnte er unter dem Nachfolger Heinrichs, dem minderjährigen Edward VI. (1537–1553), entscheidenden Einfluss ausüben. Er schuf die Grundlage für eine neue Strömung in der Kirche von England. Nachdem er Heinrich VIII. darin bestärkt hatte, sich von Rom zu lösen und das Prinzip der königlichen Hoheit über die Kirche bekräftigt hatte, unterstützte er in der Folge die weitere reformatorische Entwicklung der englischen Kirche. Er stand in regem Austausch mit verschiedenen Reformatoren, erlebte selbst die lutherische Liturgie in Nürnberg (1532) und wurde so ein Verfechter von kirchlichen Reformen. Cranmer bemühte sich, der englischen Kirche ein gottesdienstliches Fundament zu geben. Zwischen 1544 und 1547 wurden einzelne liturgische Elemente in die englische Sprache übersetzt und 1548 erstmals das Abendmahl in beiderlei Gestalt ausgeteilt. 1549 erschien das erste Book of Common Prayer (BCP; näheres s. u.), das eine Gottesdienstreform einleitete. In dessen Grundanliegen scheinen die reformatorischen Anliegen auf. Trotzdem rezipiert es auch die lateinische Tradition.

1552 erarbeitete Cranmer eine zweite Ausgabe, die unter dem Einfluss des deutschen Reformators Martin Bucer (1491–1551) weiteren protestantischen Impuls in die englische Kirche einbrachte. Beide waren Grundlagen für die klassische Ausgabe des *Book of Common Prayer* von 1662, das bis in die Gegenwart relevant ist. Die eigentlich eher aus machtpolitischen Gründen erfolgte Loslösung von Rom wurde theologisch untermauert.

William Tyndale

Eine wichtige Rolle spielte William Tyndale (1494–1536), ein in Oxford ausgebildeter Priester. Er übersetzte die Bibel aus den Ursprachen neu ins Englische und schuf damit nach der Übersetzung Wyclifs, der lediglich die Vulgata ins Englische übersetzt hatte, die Grundlage für die neue theologische Richtung. Kirchlicherseits waren Übersetzungen der Bibel seit Wyclif verboten. Deshalb floh Tyndale aus England und kam über Hamburg und Wittenberg nach Worms, von wo aus 1526 die ersten Exemplare des Neuen Testaments nach England geliefert, dort aber beschlagnahmt und verbrannt wurden. Tyndale ging nach Antwerpen, übersetzte dort weitere Teile der Bibel und verfeinerte die bereits übersetzten Texte, wurde dann aber verraten, verhaftet und 1536 hingerichtet.

Die Wirkung seiner Übersetzung erlebte Tyndale nicht mehr. Gemeinsam mit dem (späteren) *Book of Common Prayer* bestimmte seine Übersetzung die theologische Richtung der englischen Kirche nachhaltig. Auch über die kirchlichen Kreise hinaus wirkte die Übersetzung sprachbildend. Die 1611 autorisierte *King James-Bibel* beruht in weiten Teilen auf der Übersetzung Tyndales, dessen Bedeutung kaum zu überschätzen ist.

Maria I. und Elisabeth I.

Die reformatorische Entwicklung der englischen Kirche konnte auch der Re-Katholisierungsversuch von Königin Maria I. (1516–1558), die von 1553 bis 1558 regierte, nicht nachhaltig aufhalten. Der unter Maria I. hingerichtete Cranmer hatte neben dem „Book of Common Prayer“ eine weitere Grundlegung der reformatorischen Richtung vorgenommen. Nicht nur der Gottesdienst sollte nachhaltig reformiert werden, auch die Ausbildung und die theologische Bildung von Volk und Geistlichkeit musste vorangetrieben werden. Persönlich davon überzeugt, dass die deutschen Reformatoren die biblische Botschaft zufriedenstellend erkannt hatten, versuchte er mit den *42 Articles of Religion* von 1542 eine theologische Basis der englischen Kirche einzuführen. Aus diesen Artikeln entwickelten sich die bis heute als Glaubensgrundlage anerkannten *39 Articles of Religion*, die seit 1571 dem *Book of Common Prayer* beigegeben sind. Die Bibelübersetzung Tyndales, das *BCP* und die *39 Artikel* bilden bis in die Gegenwart die Grundlage der englischen Kirche und darüber hinaus das Bewusstsein des Englischen an sich.

Elisabeth I. regierte über 40 Jahre lang von 1558 bis 1603 und förderte den Protestantismus. Sie wählte den Weg der Mitte, beließ die Ordnung der Kirche, stellte aber den christlichen Staat Heinrichs VIII. wieder her. Damit war der Anglikanismus aus dem **Geist der Mitte** geboren. Die Kirche war katholisch und reformiert zugleich. Da Elisabeth den reformatorischen Kurs von Edward VI. fortsetzte, wurde sie 1570 von Papst Pius V. (Pontifikat: 1566–1572) exkommuniziert. Als sich der Papst derartig gegen die englische Königin stellte, geriet alles Katholische in den Verdacht, sich gegen den Staat zu richten. Die katholische Linie des Anglikanismus wurde dadurch deutlich geschwächt. Katholische Christen wurden wegen der ihnen unterstellten Sympathie für Philipp von Spanien (1527–1598), der das Land militärisch bedrohte, als Gefahr erachtet und verfolgt. Dafür gewannen diejenigen Kräfte Aufwind, die die Kirche von England von allen katholischen Spuren vehement reinigen wollten. Nach ihrem Anliegen *purification* wurden sie mit dem Spottnamen *Puritaner* [→ **Evangelische Konfessionsfamilie: Besonderheiten der historischen Entwicklung**] belegt.

Die Puritaner und England unter Oliver Cromwell

Die *Puritaner* waren keine einheitliche Bewegung. Sie differenzierten sich schon bald in verschiedene Zweige aus. Einzelne Gemeinden wollten unabhängig von der Staatskirche sein und bildeten die Keimzelle für *kongregationalistische* Gemeindeverfassungen. Die „Congregationalists" gerieten innerhalb der englischen Kirche unter Druck und wanderten in die Niederlande und schließlich nach Nordamerika aus. Ihre Geschichte umfasst die Fahrt mit der berühmten „Mayflower" 1620.

In England selbst erlangte der Puritaner Oliver Cromwell (1599–1658) im 17. Jahrhundert die Macht. Im *Englischen Bürgerkrieg* von 1642 bis 1649, in dem sich das Königtum nicht gegen die puritanische Bewegung durchsetzen konnte, ließ er 1649 König Karl I. (1600–1649), der zuvor die Puritaner verfolgt hatte, hinrichten, um seine Vorstellungen eines christlichen Staates durchzusetzen. Er selbst gab sich als *Lordprotektor* weitreichende Vollmachten und führte ein strenges Regime ein. Cromwell schreckte auch vor Massenhinrichtungen, z. B. von irischen Katholiken, nicht zurück, sodass seine Herrschaft bis in die

Gegenwart ambivalent beurteilt wird. 1658 scheiterte das fünfjährige Protektorat Cromwells unmittelbar nach dessen Tod und damit der Versuch, eine dauerhafte englische Republik zu installieren. 1660 wurde Karl II. (1630–1685) als König eingesetzt, die Monarchie wieder eingeführt und die Kirche von England neu instandgesetzt. 1662 gab sie sich mit der *Uniformitätsakte* ihre abschließende Verfassung.

Die apostolische Sukzession

Obwohl die Kirche von England die apostolische Bischofssukzession bewahrte, werden ihre Weihen von der Römisch-katholischen Kirche nicht anerkannt. Papst Leo XIII. (Pontifikat: 1878–1903) erklärte 1896 in der Bulle „Apostolicae Curae“:

> Weil das Sakrament der Weihe und das wahre Priestertum Christi aus dem anglikanischen Ritus völlig ausgemerzt wurde und insofern in der Bischofsweihe dieses Ritus das Priestertum in keiner Weise übertragen wird, kann ebenso in keiner Weise das Bischofsamt wahrhaft und rechtmäßig übertragen werden. [...] Deshalb ... bekräftigen Wir und erneuern gleichsam [die Dekrete der vorangegangenen Päpste] und verkünden und erklären kraft Unserer Autorität aus eigenem Antrieb mit sicherem Wissen, daß die im anglikanischen Ritus vollzogenen Weihen völlig ungültig und gänzlich nichtig waren und sind. (DH 3317.3319)

Dieser Mangel besteht darin, dass die Erlaubnis des Papstes zu weihen nicht vorlag und kein römisch-katholischer Bischof an den Weihen beteiligt war.

Trotzdem hält die Kirche von England an dem Grundsatz fest: *No bishop – no church.* Im Hinblick auf den König wird ergänzt: *No bishop – no king.*

Diese enge Verbindung von Altar und Thron wurde zum Problem, als die Kirche durch ihre Missionstätigkeit, v. a. im 18. Jahrhundert, in Gebiete vordrang, in denen kein König herrschte. Der Verlust des Königs als Identitätsmerkmal der Kirche wurde zunächst im Hinblick auf die Bischofstradition kompensiert, dann durch verschiedene Instrumente der Einheit der anglikanischen Gemeinschaft wie die *Lambeth-Konferenz* oder die Funktion des Erzbischofs von Canterbury (s. u). Am Ende der Entwicklung stand die Betonung der nationalen Unabhängigkeit von Kirchen in neu gegründeten Staaten, bei gleichbleibender historischer Bischofssukzession. Der Bischof, nicht der König, blieb der Garant der Kirche.

Mission und Ausdifferenzierung: Die drei Flügel der englischen Kirche

Die weitere Entwicklung im 18. Jahrhundert war durch die Missionsbewegungen der englischen Kirche in Folge der Ausbreitung des britischen Empire und die daraus resultierenden Probleme gekennzeichnet. Der aufkommenden Erweckungsbewegung in England ist die Gruppe um die Brüder John (1703–1791) und Charles Wesley (1707–1788) zuzurechnen. Sie gründeten die methodistische Bewegung, die sich von der Anglikanischen Gemeinschaft trennte (→ **Methodisten**). Ebenfalls im 19. Jahrhundert gingen die *katholisch-apostolischen Gemeinden* aus der englischen Kirche hervor (→ **Neuapostolische Kirche**).

Anglo-Catholicism / High-Church

Im 19. Jahrhundert setzte gegen die zunehmende Aufklärung in der Kirche und Theologie eine hochkirchliche Bewegung ein und verzeichnete durch ihr Bemühen um Lehre und Liturgie einen gewissen Erfolg. Diese *Oxford-Bewegung* (ab 1833), die sich um den Theologen John Henry Newman (1801–1890) sammelte, der 1845 zum römischen Katholizismus konvertierte und 2010 seliggesprochen wurde, bildete die *High Church* bzw. führte diese zum *Anglo-Catholicism* über. Der *Anglo-Catholicism* betonte die Autorität und die Heiligkeit der Kirche und stand insbesondere staatlichen Eingriffen in kirchliche Zuständigkeiten kritisch gegenüber. Dieser Flügel des Anglikanismus lehnt ebenso wie der evangelikale die Ordination von Frauen ab.

Anglican Evangelicalism

Eine Gegenbewegung zu dieser Entwicklung stellte der *Anglican Evangelicalism* dar. Diese Bewegung betonte die persönliche Glaubenserfahrung als einzig authentische Form des Christseins. Beide Strömungen der anglikanischen Kirche, der *Anglo-Catholicism* und der *Evangelicalism*, beschäftige die Frage, woher die anglikanische Kirche ihre Identität beziehe: aus der Betonung der Kirche oder der des Individuums? Der anglikanische Evangelikalismus unterstrich die Autorität der Heiligen Schrift, nicht die des Bischofs und legte sein Augenmerk auf die persönliche Bekehrung des Christen.

Broad Churchmen

Zwischen der katholisierenden *High Church*, die auf einen sakramentalen Kirchenbegriff Wert legt, und der eher evangelischen *Low Church*, die auf den Lebensvollzug des Einzelnen in der Gemeinde blickt, entwickelte sich im 19. Jahrhundert eine Mittelposition: die *Broad Churchmen*, auch *Latitudinarismus* genannt. Ihre Vertreter öffneten sich den Erkenntnissen der modernen Natur- und Geisteswissenschaften und versuchten, durch eine liberale Interpretation der *Tradition* und der Heiligen Schrift das Evangelium in gegenwartsbezogener Form zu verkünden.

Diese drei Flügel des Anglikanismus, die anglokatholische, die evangelikale und die liberale Strömung, halten gegenwärtig nur mit Mühe zusammen und stehen in der Gefahr des Auseinanderbrechens. Der Zusammenhalt ist allerdings grundsätzlich gegeben, da die anglikanische Gemeinschaft großen Wert darauf legt, in sich die Kirche Christi umfassend abzubilden und so ihre Vielfältigkeit stärker gewichtet als die bestehenden Unterschiede.

3.4.3 Die wichtigsten Lebensvollzüge

Die Kirche von England

Die Kirche von England ist die historische Landeskirche von England. Sie ist „etablierte" Kirche und im rechtlichen Sinne Staatskirche. Ihr Oberhaupt ist das gekrönte Haupt von England. Zwischen Staat und Kirche gibt es in England daher vielfältige Beziehungen, doch hat die staatliche Autorität – im Gegensatz zur Zeit der Reformation – keine exekutive Gewalt in der Leitung der Kirche. Allerdings nehmen 26 Bischöfe durch ihren Sitz im *House of Lords* an der staatlichen Gesetzgebung teil. Die Kirche betrachtet die ca. 32 Millionen Christen Englands als zu ihr gehörig, auch wenn sie keine Anglikaner sind, führt sie aber in keinen Mitgliederlisten.

In sich bildet die Kirche mit ihren verschiedenen Strömungen eine Vielfalt von christlichem Leben ab, das sich unter jeweils eigenen Bedingungen in verschiedenen Kirchen niederschlagen hat. Die Kirche ist dabei herausgefordert, in dieser Diversität ihre Identität zu bewahren. Gleiches gilt für die ganze anglikanische Gemeinschaft.

Fresh Expressions

Um dem sinkenden Gottesdienstbesuch zu begegnen, sind in den letzten Jahren vor allem in England eine Reihe von neuen Ausdrucksformen von Kirche entstanden, die *fresh expressions of Church*. Bereits in den 1990er Jahren versuchten verschiedene Gruppen auf die Veränderungen der Moderne zu reagieren und alternative Ansätze im missionarischen und gottesdienstlichen Leben der Church of England zu realisieren. Basierend auf dem 2004 veröffentlichten Grundsatzprogramm „Mission bringt Gemeinde in Form" wurde das Programm der *fresh expressions of Church* initiiert. Das Programm stieß eine Bewegung an, die in den Kirchen Menschen anspricht, die sich nicht für das überkommene kirchliche Angebot interessieren. Angelehnt an Erfahrungen, die vor allem im „freikirchlichen" Spektrum gemacht wurden, sucht die Kirche nach Ausdrucksformen und Handlungsfeldern, die einen neuen Zugang zum Glauben gewähren. Gezielt sollen die Menschen in ihrem Alltag erreicht werden. Der Akzent liegt dabei auf Erlebnissen von Gemeinschaft, z. B. in Hauskreisen und anderen, eher privaten Gemeinschaften, jenseits der klassischen gottesdienstlichen Angebote. Die *fresh expressions* wollen eine andere Form der Kirche etablieren und so – ohne sich gegen die traditionellen Formen kirchlichen Lebens zu richten – Menschen erreichen, die sich bislang von den Kirchen nicht angesprochen fühlten. Damit wurde eine neue Form der missionarischen Arbeit ins Leben gerufen. Gezielt werden bestimmte Bevölkerungsgruppen angesprochen und dort aufgesucht, wo sie täglich verkehren, z. B. in Bars und Pubs, Bäckereien oder Postfilialen. Dafür stellt die Church of England eigene Mittel bereit, sodass Gemeindepfarrer von dieser Arbeit entlastet sind. Inwieweit diese eher evangelikalen Missionsversuche nachhaltig erfolgreich sind und einen Effekt auch für die Gemeinden haben, bleibt abzuwarten. Zumindest muss die Vorstellung von der Mitte der Kirche im Gottesdienst angesichts dieser Bemühungen, ihrer Erfolge und Beschränkungen, diskutiert werden.

Anglican Communion / Die Anglikanische Gemeinschaft

Die Anglikanische Gemeinschaft hat gegenwärtig über zehn Millionen Mitglieder in über 165 Ländern auf der Welt. Sie ist in verschiedene Kirchen unterteilt, die wiederum in Diözesen und Gemeinden organisiert sind.

Als die Anglikanische Gemeinschaft historisch über die Kirche von England hinauswuchs, wurde deutlich, dass sich ihre Identität ebenfalls weiterentwickeln musste. Der König als Haupt der Kirche fiel weltweit gesehen aus. Da es sich aber um eine Gemeinschaft von Kirchen handelt, mussten andere Instrumente des Zusammenhalts geschaffen werden.

Die Organisation der Kirche

Die entscheidende, die Gemeinschaft einende Person ist der **Erzbischof von Canterbury**. Zwar hat er keine Weisungsbefugnis gegenüber anderen anglikanischen Kirchen, nur innerhalb der Kirche von England, doch kommt seinem Amt eine identitätsstiftende Funktion zu. Er gilt selbst als ein *Instrument of Communion*, ‚Instrument der Gemeinschaft', und steht anderen, kollegial ausgelegten *Instrumenten*, d. h. Gremien und Organisationen, vor bzw. beruft sie ein. Als *primus inter pares* fungiert er in pastoraler Autorität. Gleichzeitig betont die Gemeinschaft, dass die einzelnen Kirchen der Gemeinschaft für sich entscheiden. Es gibt also **keine zentrale Autorität** wie sie z. B. der Papst in der Römisch-katholischen Kirche darstellt.

Die Bedeutung, die der Erzbischof von Canterbury innehat, lässt sich an einer Initiative erkennen, die die Theologie der anglikanischen Gemeinschaft für alle sichtbar bestimmen will. Auf seine Initiative hin wurde eine Arbeitsgruppe *Theological Education for the Anglican Communion* gegründet, die zunächst Schwächen und Mängel der anglikanischen Theologie identifizierte, z. B. schlecht ausgebildete Priester, mangelnde Beschäftigung mit der modernen Kultur u. ä. und diesen abhelfen wollte. 2007 legte diese Gruppe, die aus Theologen, kirchenleitenden Personen und Pädagogen bestand, ein Dokument vor, das Grundeinsichten anglikanischer Theologie formulierte. Unter dem Titel *The Anglican Way: Signposts on a Common Journey* skizzierte die Arbeitsgruppe für die anglikanische Gemeinschaft die Basis, auf der alle Personen, die die anglikanische Gemeinschaft vertreten, stehen und die sich damit ihrer eigenen Identität vergewissern können. Obwohl sich die anglikanische Gemeinschaft gegenwärtig zu einem beeindruckenden Grad ausdifferenziert hat, hält die Gruppe fest: „Anglicans also have their commonalities, and it is these which hold them together in communion through bonds of affection".

Die Arbeitsgruppe fasst zusammen:

> The Anglican Way is a particular expression of the Christian Way of being the One, Holy, Catholic and Apostolic Church of Jesus Christ. It is formed by and rooted in Scripture, shaped by its worship of the living God, ordered for communion, and directed in faithfulness to God's mission in the world. In diverse global situations Anglican life and ministry witnesses to the incarnate, crucified and risen Lord, and is empowered by the Holy Spirit. Together with all Christians, Anglicans hope, pray and work for the coming of the reign of God. (The Anglican Way, 2018).

Der Bezug zur Heiligen Schrift

Wichtig ist der anglikanischen Theologie und Gemeinschaft die betonte Voranstellung des Schriftbezugs. Die Heilige Schrift ist die zentrale Quelle theologischer Erkenntnis. Sie wird ausgelegt durch die *Tradition* und durch die Vernunft. Gleichzeitig ist sie die zentrale Grundlage des Gottesdienstes. Gemäß der einheitsstiftenden Kraft des BCP, das viele Schriftlesungen im Gottesdienst vorsieht, dient die Bibel auch als Begleiter durch das alltägliche Leben. Die Schrift hat demnach ihren Platz auch durch die in der englischen Tradition stehenden speziellen Glaubensbekenntnisse, z. B. der in dem Gottesdienstbuch und den Glaubensartikeln. Abgelehnt wird ein starres Verständnis der Schrift. Sie muss vielmehr den modernen Lebensanforderungen angepasst und immer wieder neu ausgelegt werden.

Im gottesdienstlichen Leben versucht die Gemeinschaft die verschiedenen Inkulturationen des Anglikanischen zu beachten und trotzdem eine gemeinsame Identität zu entwickeln. Hier spielen liturgische Traditionen eine bedeutende Rolle. Gemäß der *Tradition* hält die Gemeinschaft an der katholischen Formung des Amtes in Bischof, Priester und Diakon fest und erkennt weiterhin im Erzbischof von Canterbury die zentrale Gestalt der Einheit.

Die Gemeinschaft bekennt sich ausdrücklich zum Dienst in der Welt und der ökumenischen Bewegung. Bemerkenswert ist der ausdrückliche Bezug zur Besonderheit dieser Glaubensrichtung, die sich als Gemeinschaft mit einer „reformed catholic tradition" versteht, die als besonderes Geschenk für die Ökumene verstanden wird.

In den zitierten *Signposts on a Common Journey* werden neben Erzbischof von Canterbury weitere Instrumente der Einheit genannt:

> In addition we are sustained through three formal instruments of communion: The Lambeth Conference, The Anglican Consultative Council and The Primates' Meeting. (The Anglican Way, 2018).

Dazu wird vermerkt:

> In addition we are sustained through three formal instruments of communion: The Lambeth Conference, The Anglican Consultative Council and The Primates' Meeting. The Archbishop of Canterbury and these three instruments offer cohesion to global Anglicanism, yet limit the centralisation of authority. They rely on bonds of affection for effective functioning. (The Anglican Way, 2018).

Lambeth-Conference/ Die Lambeth-Konferenz

Die *Lambeth-Konferenz*, benannt nach dem Amtssitz des Erzbischofs von Canterbury, gilt seit 1869 als eines der wichtigsten *Instrumente der Einheit*, die die Gemeinschaft stärken und gemeinsame Wege finden. Die Konferenz findet in der Regel in einem Turnus von zehn Jahren statt. Ohne legislative Gewalt dient die Versammlung als **Zusammenkunft aller Bischöfe der Anglikanischen Gemeinschaft** dazu, aktuelle Probleme der Gemeinschaft zu besprechen oder neuen gesellschaftlichen Herausforderungen zu begegnen. Ihren Resolutionen kommt eine wichtige pastorale Autorität zu. Sie gilt neben dem Erzbischof von Canterbury als der wesentliche Punkt der anglikanischen Einheit. Beiden gegenüber gibt es ein starkes Empfinden der Loyalität.

Das *Primates' Meeting*, eine in der Regel alle zwei Jahre stattfindende Konferenz der Bischöfe, die in ihren Provinzen übergeordnete Bedeutung haben (als ‚Primas' oder ‚Erzbischof'), fungiert ebenso als ein die Einheit stiftendes Band. Schließlich gibt es das *Anglican Consultative Council* (ACC), das in einem dreijährigen Turnus tagt und das auch Laien an der Leitung der Gemeinschaft teilhaben lässt. Der Council koordiniert und organisiert die Diskussionen über die aktuellen Themen der Anglikanischen Gemeinschaft.

Das Book of Common Prayer

Das *Book of Common Prayer* (BCP) ist die Grundlage für den Gottesdienst in den anglikanischen Kirchen. In seiner Fassung von 1662 ist es bis heute das offizielle Gottesdienstbuch der Kirche von England. Es enthält die Ordnungen der gottesdienstlichen Feiern. Weiter findet sich darin das *Ordinal* (*Die Ordnung für die Ordinationen von Diakonen, Presbytern und Bischöfen*) sowie ein knapper Katechismus und die *39 Artikel* von 1571.

Die Entstehung des BCP verdankte sich mehreren Gründen: Zunächst ging es darum, das überkommene Messbuch der nun getrennten römischen Kirche zu reformieren. Die neue theologische Richtung, die sich an den reformatorischen Einsichten orientierte, sollte auch im gottesdienstlichen Raum spürbar sein. Deshalb wurden die vormals lateinischen Texte nun – analog zur Einsicht in die Notwendigkeit der Verständlichkeit biblischer Texte – in die Muttersprache der Hörer übersetzt. Dadurch versprach man sich eine höhere, innere Beteiligung der Gemeinde am gottesdienstlichen Geschehen. Außerdem sollten durch das BCP die Gottesdienste der englischen Kirche vereinheitlicht werden, um eine stärkere Erkennbarkeit und Identität zu fördern.

Auf der Grundlage der römischen Liturgie wurden zunächst kleinere Veränderungen vorgenommen, doch bereits das war ein fast revolutionär wirkendes Unterfangen. Liturgische Einsichten des antiken und mittelalterlichen kirchlichen Lebens wurden eingebunden und mit reformatorischen Einflüssen vermischt. Bald verstärkten sich die nun deutlich sichtbaren reformierten Aspekte. Cranmer selbst erarbeitete weitere Auflagen.

Nach dem zwischenzeitlichen Verbot des BCP unter der Herrschaft von Maria I., konnte Elisabeth I. während ihrer Regierungszeit durch das BCP eine gewissen Form von anglikanischer Identität etablieren. Obwohl es danach wiederum angegriffen wurde – da es aus puritanischer Sicht zu „katholisch" war –, wurde 1662 eine Fassung erlassen, die bis heute Gültigkeit genießt. Die wechselvolle Geschichte der Kirche von England spiegelt sich in dem Umgang mit dem BCP. In den verschiedenen anglikanischen Kirchen bildet es heute, obwohl kleinere Differenzen zu verzeichnen sind, eine wichtige Grundlage der Zusammengehörigkeit.

Im gottesdienstlichen Gebrauch wird vielfach allerdings das aus einer liturgischen Reformbewegung entstandene Gottesdienstbuch *Common Worship* gebraucht, welches im Jahr 2000 autorisiert wurde.

Das BCP und seine Charakteristika bilden nichtsdestoweniger weiterhin die Basis des liturgischen Handelns in der Anglikanischen Gemeinschaft. Es ist nicht nur ein reines Gottesdienstbuch, sondern stellt die Basis für das tägliche Leben der Gläubigen dar und soll helfen, das ganze Leben zu bewältigen: „More than a book of devotion, then, this is a book to live, love, and die to." (Cummings, 2013, xii)

Das gottesdienstliche Leben

Wesentlich sind die Gebete am Morgen und am Abend. Sonntags wird ein ausgeführter Gottesdienst mit Predigt und Abendmahl gefeiert. Das Morgen- und das Abendgebet fußen auf den in der monastischen Tradition entwickelten Gebetsformen. Diese Gebete bestehen im Wesentlichen aus dem Lesen bzw. Singen von Psalmen und Hymnen. Am Morgen werden Benedictus und Tedeum zelebriert, am Abend das *Magnificat* und das *Nunc Dimittis*. Die Lesung von biblischen Texten spielt daneben eine große Rolle. Hohe Festtage durchbrechen den normalen Lesezyklus, indem auf sie abgestimmte liturgische Texte gewählt werden.

Dem **Gottesdienst** stehen in der Regel ein Priester oder ein Diakon vor, gegenwärtig dürfen aber zuweilen auch Laien für die Feier verantwortlich zeichnen.

Die verschiedenen Strömungen der anglikanischen Gemeinschaft lassen sich durch die Geschichte des Gottesdienstes erkennen, deren Spuren sich wiederum in heutigen Feiern niederschlagen.

Während der Frühzeit der Geschichte des anglikanischen Gottesdienstes, d.h. in der Phase, in der das BCP entstand, wiesen die Feiern liturgisch eher schlichte Formen auf, bei denen die Abendmahlsfeier stark die Sündenvergebung in den Fokus rückte. Im weiteren historischen Verlauf zeigte sich wieder eine stärkere Gewichtung katholischer Traditionen. Das Abendmahl wurde durch die *Oxford-Bewegung* des 19. Jahrhunderts nicht nur regelmäßiger und öfter gefeiert, sondern auch stärker als gemeinschaftsstiftendes Element wahrgenommen und liturgisch reicher gestaltet.

Ebenso wie die anglikanische Gemeinschaft bunt und vielfältig gestaltet ist, so sind auch die Gottesdienste stark davon geprägt, wer sie an welchem Ort der Welt feiert. Reformiert anmutende Gottesdienste lassen sich genauso finden wie hochkatholische oder eher freikirchlich geprägte. Grundsätzlich wird in den Gottesdiensten der Akzent darauf gelegt, den Gottesdienstbesuchern die biblischen Texte nahezubringen und gleichzeitig die Kontinuität der Kirche anhand der liturgischen Traditionen aufzuzeigen.

Weiterführende Literatur

Avis, Paul (2013), *The Anglican Understanding of the Church. An Introduction*, London.

Chapmann, Mark D. (2006), *Anglicanism. A very short Introduction*, Oxford.

Spencer, Stephen (2010), *Anglicanism. SCM Studyguide*, London.

Thiede, Carsten Peter (1994), *Religion in England*, Gütersloh.

Kirchengeschichte Grossbritanniens vom 17. bis zum 20. Jahrhundert. KGE III/7, Leipzig.

Wells, Samuel (2011), *What Anglicans believe. An Introduction*, Canterbury.

4 Die inhaltliche apostolische Sukzession: Die evangelische Konfessionsfamilie

4.1 Die Realisierung der Apostolizität: Theologische Grundlagen

Allgemeines / Selbstverständnis

Das Selbstverständnis aller evangelischen Kirchen basiert auf der Reformation und den in der Reformation entwickelten theologischen Einsichten, deren Kern die Wiederentdeckung des Evangeliums von der bedingungslosen Gnade Gottes und der Rechtfertigung des Menschen durch diese Gnade ist. Die Selbstbezeichnung „evangelisch", die Mitte des 17. Jahrhunderts offiziell eingeführt wurde, drückt den **Bezug** dieser Konfessionsfamilie **auf das Evangelium** aus. Ebenso impliziert dieser Name die Verpflichtung zur Verkündigung des Evangeliums und die Rückführung der kirchlichen Ordnung auf dieses Evangelium. Die 1973 verabschiedete *Konkordie reformatorischer Kirchen in Europa* [→ **Evangelische Konfessionsfamilie: Besonderheiten der historischen Entwicklung**], mit der die große Mehrheit der reformatorischen Kirchen in Europa ihre Kirchengemeinschaft erklärten, fasst das „evangelische Selbstverständnis" im vierten Abschnitt wie folgt zusammen:

> [Die Kirchen der Reformation] gingen aus von einer neuen befreienden und gewißmachenden Erfahrung des Evangeliums. Durch das Eintreten für die erkannte Wahrheit sind die Reformatoren gemeinsam in Gegensatz zu kirchlichen Überlieferungen jener Zeit geraten. Übereinstimmend haben sie deshalb bekannt, daß Leben und Lehre an der ursprünglichen und reinen Bezeugung des Evangeliums in der Schrift zu messen sind. […] Übereinstimmend haben sie bekannt, daß Handeln und Gestalt der Kirche allein von dem Auftrag her zu bestimmen sind, dieses Zeugnis in der Welt auszurichten, und daß das Wort des Herrn jeder menschlichen Gestaltung der christlichen Gemeinde überlegen bleibt. (Hüffmeier, 1993, 26 f.)

Die Bedeutung der Bibel

Evangelische Kirchen sind mehr orientiert am „Wort" als andere Kirchen und messen dem in der Heiligen Schrift geoffenbarten Wort Gottes zentrale Bedeutung bei. Die **Heilige Schrift** ist Ausgangspunkt des Glaubens, Zentrum evangelischer Theologie und Grundlage kirchlichen Handelns. Für alle auf die Reformation zurückgehenden Kirchen ist sie die **einzige Glaubensnorm**.

Eine Grundeinsicht der Reformation war, dass vom richtigen Hören und Verstehen von Gottes Wort in der Bibel das Heil des Menschen, sein Bestehen vor Gott abhängt. In den Kirchen der Reformation sind Fragen der Art und Weise der Bibelauslegung und der Bibelhermeneutik und ihrer Methoden existentielle Problemstellungen.

Bibel und Evangelium„

„Bibel" und „Evangelium" sind nicht deckungsgleich. Die Wiederentdeckung des Evangeliums von der Gnade Gottes war keine Wiederentdeckung der Bibel, die auch vor der Reformation höchste Autorität genoss, sondern die neue Erkenntnis der rettenden Gnade Gottes, von der her die Bibel in einem ganz neuen Licht zu verstehen ist. Es war ein zentrales Anliegen der Reformation, Wege zu finden, damit dieses zentrale Anliegen der Schrift eindeutig und mit Gewissheit zu Gehör kommt.

Jede kirchliche Lehre, die gesamte Theologie sowie die *Tradition* muss, so die Reformatoren, am Wort Gottes gemessen werden.

Die vier Soli

Das reformatorische Gedankengut drückt sich zentral in vier Aussagen des ‚allein' (lat.: *solus / sola*), im Sinne von ‚allein gültig' oder ‚allein wertvoll' aus: *solus Christus, sola gratia, sola fide* und *sola scriptura. Solus Christus* (= ‚**allein Christus**') meint die Zentrierung auf Christus, in dem allein Gott den Menschen rettet, ohne Zutun der Kirche oder anderer Mächte. *Sola gratia* (= ‚**allein die Gnade**') drückt die reformatorische Wiederentdeckung des gnädigen Gottes aus, der ohne menschliche Gegenleistung, ohne menschliche Güte, den Menschen rechtfertigt. *Sola fide* (= ‚**allein der Glaube**') hält fest, dass es allein der Glaube ist, den Gott schenkt, kein menschliches „Werk", der zu Gott führt. *Sola scriptura* (= ‚**allein die Schrift**') unterstreicht die zentrale Bedeutung der Heiligen Schrift, gegen den vermeintlich normativen Wert von *Tradition* oder menschlichen Dogmen.

Sola Scriptura als Nachfolge der Apostel

In der reformatorischen Tradition gründet die *apostolische Sukzession* auf der Übereinstimmung der Verkündigung mit dem Zeugnis der Apostel, die die Norm für jede Verkündigung und das gesamte Leben der Kirche ist. Die Autorität des Amtes beruht ausschließlich auf der Konformität mit dem Wort, das Christus seiner Kirche anvertraut hat. Der Heilige Geist bringt dieses Wort in der Gegenwart zur Entfaltung, wie unterschiedlich die Formen auch sind, die die Sukzession der Amtsträger zum Ausdruck bringen. Die Verkündigung gemäß dem Evangelium ist zentrale Aufgabe der Kirche.

4.1.1 Ekklesiologie

Die protestantische Bekenntnisschrift *Confessio Augustana* von 1530, die gleichermaßen die ekklesiologische Grundlagenschrift vieler evangelischer Kirchen ist, bietet in Artikel VII die Basis für die Konstituierung von Kirche in den auf die Reformation zurückgehenden Glaubensgemeinschaften:

Die kirchenkonstituierenden Elemente

> Es wirt auch geleret, das alzeit müsse ein heilige Christlich kirche sein und bleiben, welche ist die versamlung aller gleubigen, bey welchen das Evangelium rein gepredigt und die heiligen Sacrament laut des Evangelii gereicht werden. Denn dieses ist gnug zu warer einigkeit der Christlichen kirchen, das da eintrechtiglich nach reinem verstand [Verständnis] das Evangelium gepredigt und die Sacrament dem Göttlichen wort gemes [gemäß] gereicht werden. Und ist nicht not [nötig] zur warer einigkeit der Christlichen kirchen, das allenthalben [überall] gleichformig Ceremonien, von menschen eingesatzt, [ein]gehalten werden, wie Paulus spricht Ephes. iiii: „Ein leib, ein geist, wie ihr beruffen seid zu einerley [einer] hoffnung euers beruffs, Ein Herr, ein glaub, ein Tauffe." (Die Confessio Augustana, 2014, 102)

Kirche ist nach evangelischem Verständnis die Versammlung aller Gläubigen, bei denen das Evangelium rein gepredigt und die beiden evangelischen Sakramente Abendmahl und Taufe gemäß dem Evangelium gereicht werden. Im Zentrum der evangelischen Gottesdienste stehen die **Evangeliumsverkündigung** sowie die **Sakramentsspendung**. Die Sakramente stellen eine eigene Form der Verkündigung dar.

Die Glaubenden sind durch den Gehorsam gegenüber Gottes Wort mit Gott und untereinander in einer verborgenen geistlichen Gemeinschaft verbunden.

Verborgene Gemeinschaft der Glaubenden

In der Kirche ist gleichermaßen das nicht sichtbare Handeln Gottes präsent als auch das Handeln der Menschen, das die sichtbare Gestalt der Kirche durch Strukturen, Ordnungen und Lehren prägt. Letztere ist fehlbar und verändert sich im Laufe der Geschichte.

Die Kirche als verborgene Gemeinschaft aber ist kein Ideal, sondern eine reale geistliche Gemeinschaft, die als ‚Geschöpf des Wortes Gottes' (*creatura verbi divini*) durch Gott geboren und genährt wird. In diesem Wort Gottes versöhnt Gott den Menschen mit sich.

Die Kirchen, die auf die Reformation zurückgehen, sind mit der Gesamtkirche sowohl äußerlich als auch durch ihre Bestimmung verbunden. Sie stehen in einem konstitutiven Bezug zur universalen Kirche Jesu Christi. Auch wenn die Einheit der Kirche als sichtbare Gemeinschaft aufgrund der Pluralität von Kirchen nicht realisiert ist, ist die Kirche als verborgene geistliche Gemeinschaft

Teilkirche und universale Kirche Jesu Christi

gleichwohl eins. Versammelt sich eine Gemeinde an einer bestimmten Zeit und an einem bestimmten Ort zum Hören des Wortes Gottes und zum Empfang der Sakramente, so ist sie nicht nur Teil der universalen Kirche, sondern ganz und gar die eine Kirche.

Das Zeugnis der Kirche in der Welt

Der Auftrag der Kirche ist, die frohe Botschaft zu verkündigen und in der Welt zu bezeugen, wie es in der dritten These der *Barmer Theologischen Erklärung* von 1934 heißt:

Die christliche Kirche hat

> mit ihrem Glauben wie mit ihrem Gehorsam, mit ihrer Botschaft wie mit ihrer Ordnung mitten in der Welt der Sünde als die Kirche der begnadigten Sünder zu bezeugen, dass sie allein sein [des Herrn Jesus Christus] Eigentum ist, allein von seinem Trost und von seiner Weisung in Erwartung seiner Erscheinung lebt und leben möchte. (Barmer Theologische Erklärung, III. These)

Kongregationalismus

Kirche bzw. *Gemeinde* ist im Verständnis vieler Freikirchen [→ **Landeskirchentum**] *congregatio et communio fidelium* und bildet die *Einheit in der Vielheit* ab, die konziliare Gemeinschaft autonomer Kirchen. Je *kongregationalistischer* eine Kirche verfasst ist, desto mehr Autonomie wird der Einzelgemeinde zugesprochen, bis hin zur völligen Autonomie der Gemeinden untereinander. Die institutionellen Hierarchien sind sehr flach. Das bedeutet in der Praxis u. a., dass Verlautbarungen und Resolutionen keine kirchenbindende und autoritative Gültigkeit besitzen, sondern lediglich richtungsweisend wirken können.

Persönlicher Glaube

Neben Wort und Sakrament zählt besonders in den Freikirchen auch der persönliche Glaube zu den die Kirche konstituierenden Elementen. Häufig ist das persönliche Glaubensbekenntnis unabdingbar für die Mitgliedschaft in der Kirche oder Gemeinschaft. Im Anschluss an den Aspekt des persönlichen Glaubensbekenntnisses spielt in manchen Freikirchen die Versammlung der Gläubigen als eine Gemeinschaft der Heiligen eine besondere Rolle.

Trotz dieser Charakteristika ist die Spannbreite ekklesiologischer Vorstellungen innerhalb der evangelischen Konfessionsfamilie sehr hoch. Manche Freikirchen geben sich keine ekklesiologische Grundlage und verstehen sich lediglich allgemein als *Gemeinde*. Die fehlende Festlegung auf Bekenntnisschriften innerhalb mancher Freikirchen erschwert überdies grundsätzlich die Bestimmung ekklesiologischer Spezifika. Dem stehen sehr scharf konturierte Ekklesiologien der lutherischen und reformierten Kirchen gegenüber. Generalisierungen in Bezug auf ein evangelisches Kirchenverständnis steht somit stets in der Gefahr, eine einseitige Sicht zum Ausdruck zu bringen.

Evangelische ekklesiologische Weite

4.1.2 Amtsverständnis

Die Verkündigung des Evangeliums, das Konstitutivum der Kirche, erfolgt durch das Predigtamt, das von seinem Auftrag her sein Gewicht erhält. Die Schwerpunkte der Begründung des Predigtamtes sind in den einzelnen evangelischen Kirchen verschieden gelagert und können weit auseinander gehen. Ausgangspunkt einer evangelischen Lehre des Amtes ist aber die ebenfalls in der *Confessio Augustana* in Artikel V getroffene Aussage:

Predigtamt

> Solchen glauben zuerlangen, hat Got das predig ampt [Predigtamt] eingesatzt, Evangelium und Sacramenta geben, dadurch als durch mittel der heilig geist wirckt und die hertzen tröst und glauben gibt, wo und wenn er wil, inn denen, so das Evangelium hören, welches leret, das wir durch Christus verdienst ein gnedigen Gott haben, so wir solchs gleuben. (Die Confessio Augustana, 2014, 100).

Das Amt und die Ordination in den evangelischen Kirchen sind als dienende Zuordnungen an Verkündigung und Sakramente gebunden.

Die Gläubigen, obwohl sie „gerecht und sündig zugleich" (lat.: *simul iustus et peccator*) sind, bilden die „königliche Priesterschaft, das heilige Volk" (1. Petr. 2,9). Das **Priestertum aller Gläubigen** (ursprünglich: *aller Getauften*) oder *allgemeines Priestertum* ist **Grundlage des Kirchenverständnisses**. Martin Luther hat das in einer der Hauptschriften der Reformation, „An den christlichen Adel deutscher Nation" 1520 dargelegt: Durch die Teilhabe an Christus, dem einzigen und ursprünglichen Priester, „werden wir allesampt durch die tauff zu priestern geweyhet." (Kohnle, 2015, 11)

Priestertum aller Gläubigen/ allgemeines Priestertum

Es bedarf keiner heilsvermittelnder Instanzen zwischen Gott und dem Menschen. Daraus ergibt sich, dass der Unterschied eines Pfarrers zu einem Christen, der nicht Pfarrer ist, lediglich ein Unterschied des Amtes ist, nicht des Gnadenstandes. Die theologische Kategorisierung des Standes der Kleriker und der Laien ist aufgehoben. Die Struktur der Kirche ergibt sich durch das *allgemeine Priestertum* der Gläubigen und das ordinierte, aber nicht sakramentale Amt der öffentlichen Wortverkündigung und Sakramentsverwaltung. Inwiefern sich das Amt aus dem *Priestertum aller Gläubigen* ableiten kann wird bei den evangelischen Kirchen verschieden bewertet.

Freikirchliches Amtsverständnis

In vielen Freikirchen ist der Unterschied von Ordinierten und Nicht-Ordinierten gering, da sie den Gedanken des *Priestertums aller Gläubigen* wesentlich stärker vertreten als die lutherischen oder reformierten Kirchen. Damit haben diese Kirchen, die sich grundsätzlich als Laienkirchen verstehen, die Forderungen der Reformation konsequent verwirklicht. Ein Weiheamt für ein herausgehobenes Priestertum halten sie für ebenso wenig schriftgemäß wie ausgeprägte Hierarchien. Das schließt klare Leitungsstrukturen nicht aus, aber Ämter werden rein funktional verstanden. Der Heilige Geist begabt zu den entsprechenden Diensten, auch zu Leitungsdiensten.

4.1.3 Die geistliche Ordnung der Kirche

Ordination

Die Kirchen der Reformation verstehen die Ordination zum Pfarrer nicht als Sakrament, das einen *character indelebilis* kreiert oder eine besondere Qualität verschafft, durch die der Träger sich von anderen Christen unterscheidet. Die Ordination ist die Übertragung einer notwendigen Aufgabe für die Existenz der Kirche. Die Beauftragung zur Verantwortung für die Gemeinde und die öffentliche Verkündigung und Sakramentsverwaltung, die in der Ordination ausgesprochen wird, unterscheidet den Amtsträger vom *allgemeinen Priestertum* nur auf der funktionalen Ebene, nicht der ontologischen.

Einheit des Amtes

Die auf die Reformation zurückgehenden Kirchen haben nicht nur deshalb ein gravierend anderes Amtsverständnis als die Römisch-katholische und die Orthodoxe Kirche, weil das Amt bei ihnen nicht mit einer sakramentalen Weihe verknüpft ist und deshalb nicht in der *apostolischen Sukzession* der Handauflegung steht. Das evangelische Amt ist im Gegensatz zum römisch-katholischen und orthodoxen Amt nicht dreigliedrig. Das Episkopat als Amt der Einheit und der Förderung der innerkirchlichen Versöhnung fällt weg. Vor allem in den lutherischen Kirchen hat das Pfarramt gleichzeitig die traditionellen Aufgaben des Episkopats und des Presbyteriats übernommen, in den reformierten Kirchen wird nach Calvin von der Gleichberechtigung der vier Ämter ausgegangen:

- Prediger / Pastoren
- Doktoren / Lehrer
- Älteste / Presbyter
- Diakone

Das episkopale Amt kann auf verschiedenen Ebenen des kirchlichen Lebens in drei Formen ausgeübt werden, die je nach Kirche divergieren:

- durch synodale Versammlungen, die verantwortlich sind für die Orientierung in Lehre und Ordnung,
- durch Räte, die verantwortlich sind für die Leitung der Kirche und die Durchführung getroffener Entscheidungen,
- durch Personen, die das pastorale Amt der Einheit an einem spezifischen Ort oder in spezifischen Situationen wahrnehmen.

Die Zuordnung dieser Ämter zum Pfarramt wird ebenfalls unterschiedlich in den Kirchen der Reformation beantwortet. Da die dreigliedrige Ordnung des Amtes, wie sie im römisch-katholischen und orthodoxen kirchlichen Leben entgegen tritt, normativ gegeben ist und nicht inhaltlich gefüllt werden muss, ist sie in der Praxis nicht nur deutlich einfacher zu handhaben, als die Ordnung, die nur ein Amt kennt und deshalb die Amtszuordnungen je klären muss, sondern sie weist auch eine wesentlich schmalere Bandbreite an Variationen auf.

4.2 Besonderheiten der historischen Entwicklung

4.2.1 Die Wittenberger Reformation

Der junge Luther

Mit den Aktivitäten Martin Luthers (1483–1546) begann die Reformation, eine Bewegung mit dem Ziel, die katholische Kirche zu erneuern. Sie führte schließlich zur Spaltung in eine evangelische und eine katholische Konfession. In der Schweiz wurde die Reformation von Huldrych Zwingli (1484–1531) und Johannes Calvin (1509–1564) angestoßen.

1505, als 23-Jähriger, brach Luther nach einer existentiellen Erfahrung bei einem Gewitter sein Jurastudium ab, trat in Erfurt in ein Kloster ein und wurde Mönch. Obwohl Luther sein Leben als Augustiner-Eremit sehr ernst nahm, quälte ihn die Sorge, vor dem richtenden und strafenden Gott der Bibel nicht bestehen zu können. Ihn trieb die Frage um, wie der sündige Mensch Gnade bei Gott finden könne.

1510/11 reiste er im Auftrag seines Ordens nach Rom. Dort nahm er viele Missstände wahr und erste Zweifel an der römischen Kirche kamen bei ihm auf.

Ablasshandel – Kennzeichen der Kirche im frühen 16. Jahrhundert

Der zu der Zeit amtierende Papst war Julius II. (Pontifikat: 1503–1513), ein Papst mit militärischen Interessen und zugleich ein Förderer der Kunst. Unter seiner Ägide begann der Bau der Peterskirche in Rom. Zur Finanzierung schrieb Julius II. 1506 einen vollkommenen Ablass aus, der erstmals in der ganzen Christenheit verkündet werden sollte. Im Deutschen Reich wurde der Ablass seit 1515 durch Albrecht Kardinal von Brandenburg (1490–1545) umgesetzt. Der wiederum hatte vom Papst das Mainzer Erzbistum gekauft und dafür immense Schulden beim Bankhaus der Fugger aufgenommen. Die Abzahlung der Schulden erfolgte hauptsächlich über den eingetriebenen Ablass. Das Ablasswesen prosperierte in dieser Zeit enorm.

Der reformatorische Durchbruch

Martin Luther wechselte 1511 nach Wittenberg, wo er 1512 zum Doktor der Theologie promoviert wurde und die Professur für Biblische Exegese übernahm. Seine Suche nach einem gnädigen Gott setzte sich hier fort. In der Zeit von etwa 1514 bis 1517 kam Luther die für ihn umwälzende und befreiende Erkenntnis, dass es sich bei dem *gerechten Gott* nicht um einen *richtenden Gott* handelt. Beim Durchdenken des Römerbriefs, speziell Röm 1,17: „Der Gerechte wird aus Glauben leben" erkannte er, dass die Gerechtigkeit Gottes darin besteht, dass der Mensch durch Christus gerechtfertigt, d. h. vor Gott gerecht, ist. Allein der Glaube an Jesus Christus als den Retter und Erlöser macht vor Gott gerecht. Die im wahrsten Sinne des Wortes „Recht-Fertigung" des Menschen kann allein durch die Gnade Gottes geschehen. Dieser sogenannte **reformatorische Durchbruch**, der historisch nicht genau datierbar ist, veränderte die gesamte Theologie Luthers. Er war für den weiteren Verlauf der Kirchengeschichte umwälzend und führte Luther in Opposition zu seiner römischen Kirche. Nach Röm 3,28: „So halten wir nun dafür, dass der Mensch gerecht wird ohne des Gesetzes Werke, allein durch Glauben" sah er schon bald, dass für die Rechtfertigung keine Werke, keine guten Taten und nicht das Einhalten von Gesetzen nötig sind. Um dem Höllenfeuer zu entkommen, bedarf es allein des Glaubens an die Barmherzigkeit Gottes, an die Gnade Gottes.

Luthers Kritik des Ablasswesens

In Wittenberg kam der Theologieprofessor auch wieder mit dem Ablasswesen in Berührung: Der Subkommissar für den Ablasshandel im Bistum Magdeburg, Johann Tetzel (um 1460–1519), wirkte im nahe gelegenen Jüterborg, wohin zahlreiche Wittenberger Bürger reisten, um bei ihm Ablassbriefe zu kaufen, sehr zum Ärger Luthers. 1517 verfasste er ein Protestschreiben an Albrecht Kardinal von Brandenburg, der als Erzbischof von Mainz und Magdeburg in Halle residierte. Luther forderte eine Stellungnahme zu der verheerenden Ablasspraxis und legte seinem Schreiben 95 Thesen bei, die er möglicherweise auch am 31. Oktober 1517 zum Zweck einer Disputation mit Gelehrten in Wittenberg an die Tür der Schlosskirche anschlagen ließ.

In den Ablassthesen wandte sich Luther mit deutlichen Worten gegen die Ablasspraxis, die lediglich den steigenden Einnahmen der Kirche, aber nicht der Vergebung der Sünden und der Gewinnung des Heils diene. Niemand könne Vergebung ohne Reue erhalten, aber wer wirklich bereue, habe auch Anspruch auf Vergebung, ohne Geld dafür zu bezahlen. Hier kam Luthers Theologie, die er später vertiefte und ausbaute, an einem konkreten Beispiel, dem Ablasswesen, zum Ausdruck und ist in den Grundzügen zu erkennen: Niemand kann sein Heil erarbeiten. Die Gnade, den Menschen zu erretten, geht nur von Gott aus.

Unter dem Schutz Friedrichs III.

Die Thesen Luthers sorgten für Aufsehen und wurden rasch verbreitet. Albrecht von Brandenburg antwortete nicht darauf, sondern leitete sie nach Rom weiter, wo rasch der Verdacht aufkam, man habe es mit einem Ketzer zu tun. Luther wurde vorgeladen. Mithilfe des Kurfürsten von Sachsen und Gründers der Universität, an der Luther dozierte, Friedrich III., auch Friedrich der Weise, von Sachsen (1463–1525), konnte eine Anhörung auf deutschem Gebiet erwirkt werden. Der sächsische Kurfürst warf von nun an seinen politischen Einfluss, seine Macht als Kurfürst und seine strategische Klugheit für seinen Schützling Luther in die Waagschale. Ohne seinen Schutz in der wechselhaften Politik der Zeit hätte Luther die Reformation nicht vorantreiben können.

Luther und Cajetan, Melanchthon, die Leipziger Disputation

Die Anhörung vor dem päpstlichen Legaten Kardinal Cajetan (1469–1534) fand 1518 in Augsburg statt. Auf die Aufforderung seine Thesen zu widerrufen weigerte sich Luther, es sei denn, er würde durch die Bibel widerlegt.

In Wittenberg sammelte Luther Professoren und Freunde um sich, die sich seinen Ideen anschlossen. Zu ihnen gehörte der Gräzist **Philipp Melanchthon** (1497–1560), der, von der Strömung des Humanismus geprägt, noch eine wesentliche Rolle für die Reformation spielen sollte.

1519 kam es in Leipzig zu einer Disputation zwischen dem Ingolstädter Theologieprofessor Johannes Eck (1486–1543) und führenden Vertretern der Reformation, bei der Eck erste reformatorische Äußerungen Luthers provozierte.

Luther sagte u. a. aus, dass der Papst de iure erst seit 400 Jahren Oberhaupt der Christenheit sei und dass sich auch Konzile irren könnten und der Heiligen Schrift unterzuordnen seien.

Verhängung des Kirchenbanns über Luther

Damit hatte sich Luther als Häretiker offenbart. Die Kirche erklärte ihn zum Ketzer. Das geschah im Juni 1520 mit der päpstlichen Bannbulle Leos X. (Pontifikat: 1513–1521) „Exsurge Domine". In ihr wurde Luthers Lehre verdammt und ihm eine Frist von 60 Tagen zum Widerruf gesetzt, ansonsten drohte ihm die Exkommunikation. Im Dezember 1520 verbrannte Luther die Bannbulle öffentlich.

Die drei reformatorischen Hauptschriften

Das Jahr 1520 war für Luther und für die Reformation ein bedeutendes Jahr. Er wurde nicht nur zum Häretiker abgestempelt und das Scheitern seiner Reform der katholischen Kirche wurde immer deutlicher. Luther selbst ging nun zum theologischen Gegenangriff über. Drei Schriften entstanden 1520, die sogenannten reformatorischen Hauptschriften. Mit ihnen und ihrem raschen und zahlreichen Druck und der weiten Verbreitung begann der Sturm der Reformation.

„An den christlichen Adel deutscher Nation"

In der ersten der drei Schriften „An den christlichen Adel deutscher Nation: Von des christlichen Standes Besserung" appellierte Luther an den Adel, d. h. die Obrigkeit, Verantwortung für des christlichen Standes Besserung zu übernehmen. Er stimmte auf ganzer Linie in die zeitgenössische Kritik an der katholischen Kirche ein. Im zweiten Teil der Schrift bezeichnete Luther den Papst offen als „Antichrist". Am Bild von drei Mauern, die das Papsttum errichtet habe, erläuterte Luther, wie Reformen in der Kirche bisher verhindert wurden. In seinen Forderungen, die u. a. die Abschaffung des Zölibats und eine stärkere Schriftorientierung im Theologiestudium betrafen, wurde er sehr konkret. Die Schrift war an die weltlichen Stände des Reichs gerichtet und sollte sie an ihre Verantwortung als Christen erinnern, nach dem Versagen der geistlichen Stände die Reform der Kirche mit Gottes Hilfe umzusetzen. Möglich wurde das mit der Vorstellung eines *allgemeinen Priestertums*. Konkret hieß es in der Passage, die die Abschaffung einer heilsvermittelnden Kirche bedeutete:

> Dan alle Christen, sein warhafftig geystlichs stands, unnd ist unter yhn kein unterscheyd, denn des ampts halben allein [...]. Das macht allis, das wir eine tauff, ein Evangelium, eynen glauben haben, unnd sein gleyche Christen, den die tauff, Evangelium und glauben [...], die machen allein geistlich und Christen volck. Das aber der Bapst odder Bischoff salbet, blatten macht [Tonsur schert], ordiniert, weyhet,

> anders dan leyen [sich anders als Laien] kleydet [...] macht aber nymmer mehr, ein Christen odder geystlichen menschen. Dem nach szo werden wir allesampt durch die tauff zu priestern geweyhet. (Kohnle, 2015, 10 f.)

Der Titel der zweiten Schrift Luthers aus dem Jahr 1520 lautete „Von der babylonischen Gefangenschaft der Kirche". In ihr wandte sich Luther an die Theologen und nahm ausführlich Stellung zur Sakramentsfrage. Er definierte ein Sakrament als ein mit der Zusage der Sündenvergebung verbundenes Zeichen, das Christus selbst gestiftet hat. Danach können nur Taufe, Abendmahl und mit Einschränkungen auch die Buße wahre Sakramente sein. Die weiteren katholischen Sakramente, nämlich Priester- bzw. Bischofsweihe, Firmung, Ehe und die Krankensalbung sind keine Sakramente. Außerdem bestritt Luther in der Schrift die katholische Lehre von der *Transsubstantiation*, d. h. die sich im Messopfer vollziehende Wandlung von Brot und Wein in Leib und Blut Jesu Christi, und kritisierte das Fehlen des Kelches, d. h. des Darreichens des Blutes Jesu Christi bei der Messe (De capititate Babylonica Ecclesiae 2009).

„Von der babylonischen Gefangenschaft der Kirche"

In der Schrift „Von der Freiheit eines Christenmenschen", die mit einem Sendschreiben an Papst Leo X., dem „allerheyligsten in gott vatter" (Kingreen, 2017, 2), versehen war, reagierte Luther auf die gegen ihn gerichtete Bannbulle und begründete darin die christliche, vom Evangelium gewirkte Freiheit des Christen. Pointiert läuft diese Freiheit auf die berühmte Formel im Eingang der Schrift hinaus:

„Von der Freiheit eines Christenmenschen"

> Eyn Christen mensch ist eyn freyer herr über alle ding und niemandt unterthan. Eyn Christen mensch ist eyn dienstpar [dienstbarer] knecht aller ding und yderman [jedermann] unterthan. (Kingreen, 2017, 26)

Besonders auf die „Freiheitsschrift" griffen im Laufe der nächsten Jahre die von Fürsten, Adligen und Landbesitzern unterdrückten Bauern, Leibeigenen und Handwerker zurück, die gegen ihre teilweise katastrophalen Lebensbedingungen aufbegehrten. Sie bezogen „Freiheit" auf ihre Lebenssituation und forderten deshalb das Ende von Leibeigenschaft und Unterdrückung. Luther aber meinte „Freiheit" in rein theologischem Sinn und distanzierte sich 1525 scharf von anderen Lesarten seines Textes.

1520 waren bereits mehrere hunderttausend Drucke von Luthers Flugschriften und Büchern im Umlauf. Die Erfindung des Buchdrucks um 1450 durch

Johannes Gutenberg (1400–1468) hatte eine solche Entwicklung möglich gemacht. Die Reformation erzielte zeitnah Breitenwirkung.

Melanchthons „Loci communes rerum theologicarum"

Eine weitere wichtige Schrift der Wittenberger Reformation waren die „Loci communes rerum theologicarum" (= „Hauptpunkte der Theologie") von Philipp Melanchthon, dem engen Mitarbeiter Martin Luthers in Wittenberg. Er veröffentlichte mit den „Loci communes" 1521 den ersten Versuch einer Dogmatik der reformatorischen Theologie. Das Werk wurde von ihm mehrfach überarbeitet und entwickelte sich zu einem wichtigen Lehrbuch der Reformation. Melanchthon wurde zum Dogmatiker der Reformation, im Gegensatz zu Luther, der seine theologischen Überlegungen nicht systematisch anlegte, sondern auf Ereignisse reagierte.

Luther auf dem Wormser Reichstag

Durch die massive publizistische Tätigkeit Luthers herausgefordert, drängte Papst Leo X. auf eine Auslieferung Luthers. Nachdem der päpstliche Bann über ihn verhängt war, sollte nun auch die politische Ächtung durch den Kaiser des Heiligen Römischen Reichs Karl V. folgen. Der wiederum war von den Reichsfürsten abhängig, von denen sich viele gegen ein eigenmächtiges Vorgehen des Kaisers wehrten, zum ersten aus einer prinzipiellen Haltung heraus, aber zum zweiten auch, weil einige Luthers Kritik an den Missständen in der Kirche teilten. Sie setzten durch, dass Luther zunächst persönlich angehört werden sollte, bevor er geächtet würde. Friedrich der Weise arrangierte, dass Luther 1521 vor ein Schiedsgericht auf den Wormser Reichstag geladen wurde und freies Geleit zugesagt bekam.

Am 17. April 1521 begann das Verhör vor dem Kaiser und den Reichsfürsten, dessen Ergebnis Luthers Bekenntnis war, er wolle kein Wort in seinen Schriften korrigieren oder widerrufen, weil es beschwerlich, nicht heilsam und gefährlich wäre, gegen das Gewissen zu handeln. Nur wenn er durch Schriftzeugnisse oder einen klaren Grund des Irrtums überführt werde, wäre er zum Widerruf bereit. Er schloss mit den Worten „Got kumm mir zuhülf. Amen. Da bin ich". Die Legende machte daraus den großen Satz „Hier stehe ich, ich kann nicht anders, Gott helfe mir!"

Luther auf der Wartburg

Kaiser Karl V. verhängte daraufhin die Reichsacht gegen Luther und seine Anhänger. Er bekam noch einen Schutzbrief über 21 Tage für die Reise und war danach für „vogelfrei" erklärt: Niemand durfte ihm helfen oder Unterkunft gewähren und jedermann durfte ihn jederzeit töten. Die Reichsacht, die Ächtung, nicht der päpstliche Bann, war im Mittelalter das Ende jeglicher Sozialität und eine der schlimmsten Strafen überhaupt. Sie bedeutete früher oder später den Tod. Um das zu verhindern, ließ Friedrich der Weise den Geächteten auf der Heimreise nach Wittenberg zum Schein überfallen und verschleppen. Luther wurde auf die Wartburg gebracht, wo er zehn Monate lebte und die Zeit zur Übersetzung des Neuen Testamentes ins Deutsche nutzte.

Reformatorische Neuordnungen

In dem Jahrzehnt von 1520 bis 1530 kam es zu Neuordnungen in den Gebieten, die von der Reformation geprägt waren. Die Gottesdienstordnungen wurden umgestellt und die Predigt bekam einen zentralen Platz im Gottesdienst. Das Bildungswesen und die Armenfürsorge, ursprünglich zwei wesentliche Aufgaben der Kirche, wurden zunehmend von den weltlichen Obrigkeiten übernommen. Für diese zusätzlichen Aufwendungen wurden die Erträge des Kirchengutes herangezogen. Die Bildung der Laien begann eine immer größere Rolle zu spielen. Das monastische Leben erfuhr einen tiefen Einschnitt. Klöster verwaisten, da Mönche und Nonnen die Klostermauern verließen und heirateten.

Der Bauernkrieg

Mitte der 1520er beeinflusste der Bauernkrieg die Reformation. Er entzündete sich an Forderungen von Bauern, die diese aufgrund der Schrift Luthers über die „Freiheit eines Christenmenschen" erhoben. Die Grundherren, auf deren Seite sich Luther stellte, zeigten sich unnachgiebig, und die Bauern erlitten 1525 in mehreren Schlachten, besonders in der Entscheidungsschlacht bei Frankenhausen, entsetzliche Niederlagen.

Die Protestation von Speyer

Das *Wormser Edikt* des Kaisers, in dem er 1521 über Luther die Reichsacht verhängt und seine Schriften verboten hatte, stellte ein dauerhaftes Problem für die Anhänger der Reformation dar, die auch unter den Fürsten immer zahlreicher wurden. 1526, auf dem ersten Reichstag zu Speyer, wurde das Edikt modifiziert und seine Ausführung den Reichsständen überlassen, da Kaiser Karl V. außenpolitisch abgelenkt war. Auf dem zweiten Reichstag in Speyer 1529 wollte er die Beschlüsse von 1526 revidieren. Die Mehrheit der auf dem Reichstag versammelten Stände stimmte der neuerlichen Verfügung des Kaisers zu, d. h. der Durchführung des *Wormser Edikts*. Den anwesenden Evangelischen wurde erklärt, dass sie sich einem Mehrheitsbeschluss beugen müssten.

Sechs Fürsten und 14 Reichsstädte protestierten dagegen und stützten sich auf die Argumentation, dass Glaubensfragen nicht mit Mehrheitsbeschlüssen entschieden werden sollten. Sie verfassten eine Protestschrift, die zwar nicht vom Kaiser oder seinem Vertreter entgegengenommen wurde, aber durch Publikation an die Öffentlichkeit gelangte. So entstand der Name **„Protestanten“** für die Evangelischen: Sie protestierten auf dem Reichstag zu Speyer.

Confessio Augustana/Augsburger Bekenntnis

Um die Glaubensfragen in seinem Reich endgültig zu klären, berief Kaiser Karl V. 1530 einen Reichstag nach Augsburg ein. Im Gegensatz zu dem harschen Verlauf des Reichstages 1529 war die Einladung in versöhnlichem Ton gehalten und die Protestanten hofften auf eine gütliche Einigung. Die evangelischen Fürsten beschlossen, von Melanchthon einen Text ausarbeiten zu lassen, der die evangelische theologische Position enthielt. So entstand die *Confessio Augustana*, das ‚**Augsburger Bekenntnis**‘, die dem Kaiser im Juni 1530 auf dem Reichstag vorgelegt wurde. Den evangelischen Ständen ging es vor allem um den Nachweis, dass ihre Lehre nicht von der kirchlichen Lehre abwich. Melanchthon gelang es, die protestantischen Anliegen prägnant zu formulieren und gleichzeitig die Differenzen zu marginalisieren und mit „Missbräuchen“ zu begründen, nicht mit grundsätzlich divergenten theologischen Haltungen. Zentral war die Lehre von der Rechtfertigung allein aus Glauben. Es wurde das Bemühen der Protestanten deutlich, die römische Kirche zu reformieren und nicht eine neue zu gründen. Der Kaiser ließ eine Widerlegung (lat.: *Confutatio*) ausarbeiten und befahl den Evangelischen zum alten Glauben zurückzukehren, was sie verweigerten. Stattdessen schlossen sie mit dem *Schmalkaldischen Bund* ein protestantisches Bündnis.

Die Situation in den 1530er Jahren

Die 1530er Jahre brachten den Protestanten zwar immer noch keine offizielle Erlaubnis ihrer Lehre, aber sie wurden geduldet. Karl V. benötigte die Hilfe der einflussreichen protestantischen Stände für seine Kriegszüge gegen die Türken und die Franzosen. Die lange Friedenszeit auf deutschem Gebiet sowie der außenpolitische Druck auf das Heilige Römische Reich deutscher Nation brachte für die Protestanten eine weitere Ausbreitung ihrer Lehre.

Eine der wesentlichen Neuerungen, die die neue Lehre auf den protestantischen Gebieten bewirkte, war die Übernahme der Verantwortung für die neue religiöse Ordnung durch die Landesherren, die die Rolle der Bischöfe einnahmen. In den Jahren 1526 bis 1532 bildete sich das protestantische → **Landeskirchentum** heraus.

4.2.2 Die Zürcher Reformation

Ein wichtiger Zweig der Reformation neben dem, der sich in Wittenberg herausbildete, entstand in Zürich unter dem Einfluss von Huldrych Zwingli.

Der junge Zwingli

Zwingli war etwa gleichaltrig mit Luther, durchlief aber, durch andere äußere Umstände geprägt, divergente Lebensstationen und begann sein reformatorisches Wirken aus einer anderen Perspektive. Er war sehr musikalisch, weshalb ihn der Dominikanerkonvent in Bern für seinen Orden gewinnen wollte. Dagegen protestierte Zwinglis Familie, sodass er im Gegensatz zu Martin Luther keine Erfahrungen mit dem Klosterleben machte. Die Frage nach dem gerechten Gott, die Luther umtrieb und letztendlich ins Kloster führte, war für Zwingli kein Antrieb seines theologischen Nachdenkens. Ihn prägte vielmehr der Humanismus.

Der **Humanismus** war eine von der Epoche der Renaissance beeinflusste Reformbewegung des späten 15., frühen 16. Jahrhunderts innerhalb der Theologie. Mit dem Ziel der Rückführung zum einfachen Frömmigkeitsleben auf der Grundlage der Bibel und dem Ideal des Urchristentums verschrieben sich die Humanisten der Erneuerung und Reform der katholischen Kirche. In Anlehnung an die Renaissance zielte der Humanismus auf das Vorbild des antiken Menschen, der seine Persönlichkeit auf der Grundlage allseitiger theoretischer und moralischer Bildung frei entfaltet. Seine Kritik richtete sich scharf **gegen moralische Missstände** der Kirche. Führender Kopf der Bewegung war der niederländische Theologe und Philologe Erasmus von Rotterdam (um 1467–1536). Seine antiklerikale Satire „Das Lob der Torheit“ trug zur europaweiten Verbreitung humanistischen Denkens bei.

Humanismus

An Zwinglis Studienorten, an den Universitäten in Wien und Basel, waren Humanisten tätig und prägten Zwinglis theologische Sicht. 1506 wurde er zum Priester geweiht und trat kurz darauf seine erste Pfarrstelle in Glarus an. Bereits in dieser Zeit ging Zwingli gegen Missstände in der Kirche, aber auch der Gesellschaft generell vor. So wandte er sich z. B. gegen den sogenannten „Reislauf“, die Praxis der Schweizer, Waffendienst in fremdem Sold zu leisten. Später erreichte er in Stadt und Land Zürich das Verbot der Anwerbung als Söldner. Von 1516 bis 1518 wirkte Zwingli im nahegelegenen Einsiedeln, einem der bekanntesten Wallfahrtsorte der Schweiz. Hier begann er Heiligenverehrung und Ablass kritisch zu sehen.

Zwinglis frühe Kirchenkritik

Zwingli studierte die antiken Schriftsteller, v.a. Platon (428/427 v. Chr.-348/347 v. Chr.) und Aristoteles (384 v. Chr.-322 v. Chr.), und die Schriften der Kirchenväter. Außerdem beschäftigte er sich eingehend mit dem Neuen Testament. Er schrieb große Teile des von Erasmus auf Griechisch herausgegebenen Neuen Testaments eigenhändig ab und lernte sie auswendig. Zwingli blieb Erasmus stets dankbar für die Erschließung des Urtextes des Neuen Testaments.

1516 kam Zwingli zu der Einsicht, dass die Klarheit der Schrifterkenntnis im Erfassen des buchstäblichen Sinns der Schrift liege. Die Entwicklung seines Denkens und seiner theologischen Vorstellungen führten immer stärker zu Reformideen wie sie v.a. in humanistischen Kreisen geäußert wurden.

Zwingli am Großmünster in Zürich

Aufgrund seiner Reputation als gelehrter und engagierter Priester wurde Zwingli 1519 an die bedeutendste Kirche des Stadtstaates Zürich, an das Großmünster, berufen. In der Erinnerungskultur reformierter Kirchen läutete Zwinglis Wechsel nach Zürich den Beginn der Reformation ein, denn hier zeigte er sich als konsequenter Reformer der Kirche und des Zürcher Gemeinwesens. In vier Jahren setzte er am Großmünster Liturgiereformen durch und predigte, mit der üblichen Perikopenordnung brechend, in fortlaufender Auslegung ganze biblische Bücher. In seinen Predigten wandte er sich gegen das ausschweifende Leben der Mönche, gegen Heiligenverehrung, die Lehre vom Fegefeuer und die Praxis des Zehnten, nach der die Bauern regelmäßig Abgaben zu zahlen hatten, die die Haupteinnahmequelle der kirchlichen Institutionen bildeten.

Zwingli über Luther

Über sein Verhältnis zu dem Wittenberger Reformator Martin Luther und die gleichzeitig in Wittenberg verlaufende Reformation schrieb Zwingli in der Auslegung des 18. Artikels der Schrift „Auslegen und Gründe der Schlußreden" von 1523, bis 1519 hätten weder er noch Theologen aus seinem Umfeld mehr über Martin Luther in Wittenberg gewusst als dass dieser sich gegen den Ablass wandte. Er selbst, Zwingli, habe schon 1516 begonnen, das Evangelium Christi zu predigen, indem er die Worte der Schrift durch die Schrift auslegte. Außerdem sei er schon zu dieser Zeit der Überzeugung gewesen, der Ablass sei Betrug und „unwahrer Schein". Da ihn immer wieder „Päpstler" als „Lutheraner" bezeichneten und ihm unterstellten, er müsse wohl lutherisch sein, da er so predige, wie Luther schreibe, hielt er ihnen entgegen:

> Ich predigen doch glych als wol wie Paulus schrybt; warumb nempstu mich nit as mär [ebenso gut] einen Paulischen? Ja, ich predgen das wort Christi; warumb nempstu

> mich nit as mär einen Christen? [...] Hierumb lassend uns, frommen Christen, den eerlichen namen Christi nit verwandelet werden in den namen des Luters; denn Luter ist nit für uns gestorben, sunder lert er uns erkennen den, von dem wir allein alles heyl habend. (Zwingli 1908, 147.149)

Zwingli schätzte Luther für dessen Mut, dem Papst entgegen zu treten, wurde aber nicht auf den Spuren Luthers, sondern des Humanisten Erasmus von Rotterdam zum Reformator.

Zwei Hauptstränge der Reformation

So entwickelten sich im frühen 16. Jahrhundert parallel zwei Hauptstränge der Reformation: Einmal durch das Wirken Zwinglis in Zürich, zum anderen unter Luthers Führung in Wittenberg. Aber auch in weiteren Städten brach sich die Reformation bereits sehr zeitig und vorbereitet durch das Wirken engagierter Personen und Gruppen Bahn, z. B. in Venedig, Riga, Basel oder Worms.

Zwinglis frühe Reformation in Zürich nahm die allgemein verbreitete Kritik der kirchlichen und politischen Missstände auf und zielte auf die Rückkehr zu den biblischen Quellen und die Predigt des Evangeliums. Damit stieß er, der mehr und mehr Einfluss auf den Großen und Kleinen Rat der Stadt gewann, bei der Zürcher Obrigkeit auf positive Resonanz. Zürich war im Vergleich zu dem feudalen landesfürstlich-patriarchalischen Kurfürstentum Sachsen ein souveräner, teils aristokratisch, teils demokratisch regierter Stadtstaat. Das zog gravierende Unterschiede in der Entwicklung der Reformation nach sich.

Das Zürcher Wurstessen

Zum entscheidenden Konflikt in Zürich kam es, als Anhänger Zwinglis am 9. März 1522 demonstrativ gegen die kirchliche Fastenordnung verstießen und im Haus des Verlegers und Druckers Christoph Froschauer (1490–1564) bei einem Essen auch Wurst verzehrten, die in der Fastenzeit streng verboten war. Juristisch war das eine Ordnungswidrigkeit, für die sich Froschauer später vor dem Rat der Stadt verantworten musste. In erster Linie aber stellte es eine symbolische Demonstration evangelischer Freiheit dar, die sich über alles sogenannte „nicht Biblische“ hinwegsetzte. Für die katholische Kirche musste das demonstrative Wurstessen zwangsläufig eine massive Provokation sein. Kurze Zeit später kam es mit derselben Intention in Basel zu einem etwas opulenteren Spanferkel-Essen. Für die Reformation in der Schweiz und für die reformierte Kirche im Allgemeinen hat das **„Zürcher Wurstessen“**, „Froschauer-Wurstessen“ oder kurz einfach „das Wurstessen“ eine ähnlich große Bedeutung wie der Thesenanschlag Luthers für die Wittenberger Reformation und die lutherischen Kirchen.

Nachdem Zwingli sowohl in einer Predigt als auch schriftlich in der Abhandlung „Vom Erkiesen [Auswählen] und Freiheit der Speisen" zu der Fastenfrage Stellung genommen und den Fastenbruch mit biblischen Argumenten verteidigt hatte, beschloss der Stadtrat in der Fastenfrage nur noch gelten zu lassen, was die Bibel dazu sage. Die Bibel und Zwinglis Schriftprinzip wurden somit in Folge eines ersten, paradigmatischen Ereignisses Grundlage des kirchenpolitischen Handelns einer weltlichen, nicht geistlichen Institution.

In den folgenden Wochen kam es zu Gottesdienststörungen durch radikale Anhänger Zwinglis. Der Bischof von Konstanz ermahnte die Zürcher Obrigkeit zur Einhaltung der kirchlichen Ordnung und forderte sie zum Schutz der Kirche auf. Zwingli widerlegte das bischöfliche Mahnschreiben und bestritt der kirchlichen Hierarchie wegen ihres verderbten Zustandes das Recht, sich in Fragen der Verkündigung und kirchlichen Ordnung zu äußern.

Die Zürcher Disputationen 1523

Daraufhin berief der Große Rat für Ende Januar 1523 eine Disputation ein, an der alle an der Religionsfrage beteiligten Parteien teilnehmen konnten. Es war die erste von drei Zürcher Disputationen. Zwingli verfasste für sie 67 Disputationsthesen und zu ihnen auslegende „Schlußreden", die unter dem Titel „Auslegen und Gründe der Schlußreden" eine der frühen deutschsprachigen evangelischen Dogmatiken wurden.

Der Konstanzer Bischof sandte eine Abordnung unter Leitung des Humanisten und späteren Bischofs von Wien, Johannes Fabri (1578–1541), der zu dem damaligen Zeitpunkt Diplomat und Ratgeber von Ferdinand I. (1503–1564, Kaiser: 1558–1564), dem Bruder und Stellvertreter des Kaisers, war. Ursprünglich stand Fabri der Reformation sympathisierend gegenüber, fühlte sich aber nach und nach von den Entwicklungen abgestoßen und gab 1523 einen „Ketzerhammer" heraus, der gegen die Evangelischen gerichtet war.

Der Zürcher Rat legte im Vorfeld der Disputationen fest, dass nur Argumente zählen sollten, die sich direkt mit der Bibel begründen ließen. Da Fabri Zwinglis Thesen nur Feststellungen der *Tradition* und von Konzilien entgegensetzen konnte, sprach der Zürcher Rat Zwingli den Sieg in der Disputation zu.

Die zweite Disputation fand Ende Oktober 1523 statt und behandelte das in den reformierten Kirchen wesentlich stärker als in den lutherischen Kirchen diskutierte Thema Bilderverehrung und *Bilderdienst*.

Die Betonung der Gleichwertigkeit von Altem und Neuem Testament im reformierten Denken unterstreicht die besondere Betonung des Bilderverbotes. Zwingli berief sich auf das biblische Gebot „Du sollst dir kein Bildnis machen" und las darin das Verbot von Bildern, die auf Altären verehrt würden. Außerdem argumentierte er, die äußere Darstellung lenke vom Wort ab, das Christus zu erkennen lehre. Im Gegensatz dazu lag für Luther der Schwerpunkt bei der Frage nach der Bilderverehrung auf der damit eng verbundenen Werkgerechtigkeit: Indem er Bilder verehre, vermeine der Mensch sich sein Heil zu erkaufen. Argumentativ etwas anders gelagert, aber ebenfalls ablehnend äußerte sich später Johannes Calvin in Genf [→ **Evangelische Konfessionsfamilie: Besonderheiten der historischen Entwicklung**]. Er sah in Darstellungen von Gott dessen Majestät verletzt.

Bilderverehrung in den reformierten Kirchen

Das Bilderverbot wurde später in den reformierten Bekenntnisschriften häufiger aufgegriffen als in den lutherischen. Im *Heidelberger Katechismus* von 1563 heißt es in der Antwort zur 98. Frage über den Gehalt der Wissensvermittlung durch Bilder, Gott wolle „seine Christenheit nit durch stumme götzen […], sonder durch die lebendige predig seines worts […] underwiesen haben." (Neuser, 2009, 201)

Der Rat der Stadt Zürich entschied in Folge der Zweiten Zürcher Disputation, dass alle Bilder über einen Zeitraum von einem halben Jahr friedlich aus den Kirchen entfernt werden sollten. Als sich dieser Anordnung einzelne Priester widersetzten, kam es zu gewaltsamen Bilderstürmen.

Die dritte Zürcher Disputation fand Mitte Januar 1524 statt und behandelte die Frage der Messe. Alle drei Disputationen, die eine hohe Aufmerksamkeit erfuhren und unter großen Zuhörerscharen stattfanden, gingen zugunsten von Zwingli aus.

Reformen in Zürich

Daraufhin beschloss der Rat der Stadt Zürich weitreichende Reformen: Die Messe wurde abgeschafft und der evangelische Gottesdienst eingeführt, d. h. die schriftgemäße Predigt des Evangeliums stand nun im Mittelpunkt des gottesdienstlichen Geschehens. Die evangelische Abendmahlsfeier wurde eingeführt. Klöster wurden geschlossen, eine geregelte Armenpflege eingeführt. Es erfolgte die Beseitigung von Bildern aus den Kirchen. Mit Zwingli als Berater ordnete der Rat der Stadt Zürich zügig und konsequent die kirchliche Verkündigung und Ordnung sowie das Schulwesen neu. Zwinglis Richtlinie war, wie das bürgerliche und kirchliche Gemeinwesen so organisiert werden könne, dass es der Vorgabe der göttlichen Gerechtigkeit entspreche.

1529 kam es zur Konfrontation zwischen Zwingli und Luther sowie ihren jeweiligen Anhängern, wobei es um das rechte Verständnis des Abendmahls ging. Luther sah im Abendmahl das tiefste Erlebnis der sichtbar gewordenen Gnade Gottes. Durch die Konsekration komme es zur

Abendmahlsstreit

praedicatio identica, zu „Leibsbrot" und „Blutswein", und „in, mit und unter Brot und Wein" werde der wahre Leib und das wahre Blut Christi ausgeteilt und mit dem Mund empfangen. Diese Vorstellung meint *Realpräsenz* oder auch *Konsubstantiation*, ein Begriff, der von manchen lutherischen Kirchen als missverständlich abgelehnt wird und zudem von keinem Reformator verwendet wurde.

Zwingli hingegen sah im Abendmahl ein Gemeinschafts-, Verpflichtungs-, Dank- und Erinnerungsmahl. Der Auferstandene ist dabei nicht in den Elementen präsent, sondern, in der Form der anamnetischen Realpräsenz, im Gedächtnis der Gläubigen (lat.: *in mente fidelium*).

Einig waren sich Luther und Zwingli in der Ablehnung der *Transsubstantiation*, also der Wandlung von Brot und Wein in Leib und Blut Christi bei der Heiligen Messe der katholischen Kirche.

Auf Wunsch von Landgraf Philipp I. von Hessen (1504–1567), der die unterschiedlichen Ausprägungen der oberdeutsch-schweizerischen und der Wittenberger Reformation zusammenführen wollte, trafen sich Zwingli und Luther im Oktober 1529 in Marburg, um einen Konsens in der Abendmahlsfrage herzustellen. Bei diesem *Marburger Religionsgespräch* konnten sich die beiden Reformatoren auf 14 Artikel einigen. Nur im Hinblick auf die *Realpräsenz* im Abendmahl gingen sie im Dissens auseinander.

Die unterschiedliche Interpretation des Abendmahls schlug sich dann auch in den jeweiligen Bekenntnisschriften nieder. In der *Confessio Augustana* wurde in Artikel X festgehalten, dass „warer leib und blut Christi warhafftiglich unter gestalt des brods und weins im Abentmal gegenwertig sey und da ausgeteilt und genomen wirt." (Die Confessio Augustana, 2014, 104) Diese Formulierung war den Lutheranern zu wenig eindeutig und wurde 1577 in der *Konkordienformel* (lat.: *Formula Concordiae*) ausgeführt. Das „wirklich" bekam in den Affirmativa in Artikel VII die Charakterisierung als „warhafftig und wesentlich gegenwertig." (Die Konkordienformel, 2014, 1258)

In dem vielerorts als reformierte Bekenntnisschrift geltenden *Heidelberger Katechismus* wurde in der Antwort auf die 78. Frage zusammengefasst, dass beim Abendmahl aus Brot und Wein explizit nicht der Leib und das Blut Christi werden, sondern dass die Elemente wie das Wasser der Taufe, das ebenfalls nicht in das Blut Christi verwandelt wird, „allein ein Göttlich warzeichen und versicherung" (Neuser, 2009, 195) sind.

Die Fragen, wie und in welcher Abgrenzung zueinander das Abendmahl zu verstehen sei, durchzog beginnend bei dem *Marburger Religionsgespräch* die gesamte Kontroverse zwischen Reformierten und Lutheranern im 16. Jahrhundert. Auf lutherischer Seite schlug sich die Problematik in einer offenen Verdammung der „Sakramentarier" in der Konkordienformel nieder, d.h. derer, die vertreten, dass

> der Leib Christi im heiligen Abendmal nicht mündlich mit dem Brot, sondern allein Brot und Wein mit dem munde, der Leib Christi aber allein geistlich durch den Glauben empfangen werde [und dass] Brot und Wein im heiligen Abendmahl nicht mehr dann kennzeichen sein, dadurch die Christen einander erkennen. (Die Konkordienformel, 2014, 1262)

Der *Abendmahlsstreit* sollte die beiden protestantischen Lager dauerhaft in zwei Konfessionen spalten: in die lutherische und die reformierte.

Zweite Kappeler Schlacht und Tod Zwinglis

1529, in demselben Jahr, in dem das Marburger Religionsgespräch stattfand, schlossen sich in der Schweiz die katholischen Stände zur *Christlichen Vereinigung* zusammen und reagierten damit auf das protestantische Bündnis *Christliches Burgrecht*. Der *Erste Kappelerkrieg* 1529 war eine Auseinandersetzung zwischen Protestanten und Katholiken in der Schweiz, die, ohne dass es zu Kampfhandlungen kam, endete. Zwei Jahre später brach der Konflikt erneut los, diesmal als blutiger Religionskrieg. Am 9. Oktober 1531 erklärten die katholischen Kantone der Schweiz Zürich den Krieg. Die unzureichend vorbereiteten Zürcher erlitten in der *Zweiten Schlacht bei Kappel* am 11. Oktober eine schwere Niederlage. In der Schlacht fiel u.a. Zwingli, der die Kämpfenden unterstützte. Sein Leichnam wurde gevierteilt, verbrannt und in alle vier Winde zerstreut.

Mit der militärischen Niederlage zerschlug sich Zwinglis Plan, die gesamte Schweizer Eidgenossenschaft für die Reformation zu gewinnen. Auch in der Schweiz kam es nun zu einer dauerhaften konfessionellen Glaubensspaltung. Manche Gebiete wurden zwangs-rekatholisiert.

Heinrich Bullinger

Zwinglis reformatorischer Nachfolger wurde Heinrich Bullinger (1504–1575), der im Dezember 1531 mit 27 Jahren zum höchsten Vorsteher (= *Antistes*) der reformierten Kirche in Zürich gewählt wurde, ein Amt, das er bis zu seinem Tod 1575 innehatte. Bullinger konsolidierte die Reformation in der Schweiz, war 1536 Mitverfasser des *Ersten Helvetischen Bekenntnisses* (lat.: *Confessio Helvetica prior*) und Verfasser des *Zweiten Helvetischen Bekenntnisses* (lat.: *Confessio Helvetica posterior*) von 1566. Er war einer der am besten informierten und vernetzten Gelehrten Europas in seiner Zeit und hinterließ u.a. den umfassendsten Briefwechsel des 16. Jahrhunderts in Europa. Bullinger arbeitete eng mit Johannes Calvin zusammen, der 1536 in Genf begann, die Reformation durch eine Gemeindeordnung mit strenger Kirchenzucht einzuführen [→ **Evangelische Konfessionsfamilie: Besonderheiten der historischen Entwicklung**]. Beiden gelang es, ein Auseinanderbrechen der Reformierten und Calvinisten und damit der gesamten reformierten Kirche in der Frage des Abendmahls zu verhindern.

4.2.3 Die Täuferbewegung

Die Zürcher Reformation war die Wiege einer weiteren Bewegung, die auch als der *radikale Flügel der Reformation* bezeichnet wird: die Täuferbewegung. Den Namen *Täufer* erhielten die Anhänger dieser aus der Reformation hervorgegangenen Strömung, weil sie die Taufe als das Siegel der bewussten Bekehrung zum Christentum ansahen und deshalb die Kindertaufe ablehnten. Von ihren Gegnern wurden sie „Wiedertäufer" (= *Anabaptisten*) genannt, weil sie in einer Gesellschaft, in der jedes Kind getauft wurde, mit der Erwachsenentaufe zwangsläufig eine Zweittaufe vornahmen. Dieser Sachverhalt war der entscheidende Grund für ihre Verfolgung, denn nach Reichsrecht wurde die Wiedertaufe mit der Todesstrafe geahndet.

Die **Taufe als bewusste Bekehrung** war nur ein Aspekt der Lehre dieser Bewegung, die eine radikale Rückkehr zu den Maßstäben der Urkirche und die Rechtgläubigkeit von Christen als Ausweis der Heiligkeit der Kirche propagierte. Verbunden war die Lehre mit einer Haltung der starken Abgrenzung zur „Welt", zur katholischen Kirche und schließlich zur Reformation.

Luther bezeichnete die radikalen Reformer häufig als „Schwärmer", weil sie aus seiner Sicht die Beschränktheit der irdischen Existenz, also die grundsätzliche Sündhaftigkeit des Menschen, außer Acht ließen und sich Illusionen über die Möglichkeiten eines im Diesseits zu verwirklichenden Christentums hingaben.

Zürcher Reformation als Wiege der Täuferbewegung

Huldrych Zwingli arbeitete mit den Gründungsgestalten der Bewegung, mit den humanistisch geprägten und gebildeten Zürcher Bürgern Konrad Grebel (um 1498–1526) und Felix Manz (um 1498–1527), ursprünglich eng zusammen. Über die Frage der Kinder- oder Erwachsenentaufe und der Radikalität der Reformation kam es dann zum Bruch. Anfang 1525 verbot der Zürcher Rat nach einer öffentlichen Disputation über die Tauffrage die Verweigerung der Kindertaufe und erteilte Grebel und Manz Lehrverbot. In Reaktion darauf nahmen die Täufer in Zollikon nahe bei Zürich im Januar 1525 an Georg Cajacob, genannt Jörg Blaurock (um 1492–1529), die erste *Gläubigentaufe*, d. h. Erwachsenentaufe, vor. Im Januar 1527 wurde Felix Manz vom Zürcher Rat zum Tode verurteilt. Er war der erste in einer ganzen Reihe von Märtyrern der Täuferbewegung, die für ihre Überzeugung hingerichtet wurden.

Verbreitung der Bewegung

Auch in anderen Gebieten entstanden Gruppen der Täuferbewegung: in Straßburg, in Österreich, in Süddeutschland, wo Hans Hut (um 1490–1527) und Balthasar Hubmaier (um 1485–1528) wirkten – letzterer hatte mit Zwingli an der Zweiten Zürcher Disputation teilgenommen – sowie in Mitteldeutschland. Im Baltikum, Norddeutschland und in Ostfriesland sammelte Melchior Hofmann (um 1498-um 1543) Anhänger, die nach ihm Melchioriten genannt wurden, und gründete Täufergemeinden. Bei den mährischen Fürsten fanden Angehörige der Täuferbewegung Aufnahme, weil sie als Kolonisten geschätzt wurden. Unter Jakob Huter (um 1500–1536), der aus Tiroler Gemeinden Flüchtlinge nach Mähren führte, organisierten sie sich dort als Gruppen mit gemeinschaftlichem Eigentum und errichteten sich auf diese Weise eine eigene Sozialstruktur.

Die Schleitheimer Artikel

1527 gaben sich die *Schweizer Brüder*, wie sich die Anhänger der Täuferbewegung aufgrund ihrer Genese aus der Schweizer Reformation um Zwingli nannten, unter dem Vorsitz von Michael Sattler (um 1490–1527) mit den *Schleitheimer Artikeln* bzw. dem *Schleitheimer Bekenntnis* ihre erste gemeinsame Glaubensformel.

Verbot der Wiedertaufe

1529 wurde auf dem Reichstag zu Speyer das *Wiedertäufermandat* erlassen, nachdem es bereits punktuelle Verbote, in einzelnen Regionen und durch einzelne Herrscher erlassen, gab. Das *Wiedertäufermandat* verbot Erwachsenentaufen bei Todesstrafe und diente dem Ziel, die Täuferbewegung vollständig zu eliminieren.

Das Täuferreich zu Münster

1534 sandte der Niederländer Jan Matthys (um 1500–1534), ursprünglich ein Anhänger von Melchior Hofmann und Verfechter der Errichtung eines Gottesstaates, den von ihm getauften Jan Bockelson (1509–1536), der als Jan van Leiden bekannt wurde, nach Münster, wohin er ihm kurz danach folgte und die Stadt zum „neuen Jerusalem" erklärte. Von 1533 bis 1535 errichteten Matthys und van Leiden das sogenannte *Täuferreich von Münster*, ein militantes Endzeitreich der „Erwählten". Die gesamte Leitung der Stadt wurde mit Täufern besetzt sowie die Wiedertaufe aller Bürger und die Gütergemeinschaft angeordnet. Wer sich dem verweigerte, wurde als „Gottloser" vertrieben oder hingerichtet. Entgegen der ursprünglichen strengen

Sittenwacht der Täufer wurde aufgrund des Frauenüberschusses in der Stadt im Sommer 1534 die Polygynie eingeführt. Jan van Leiden, der seit dem Tod von Matthys 1534 alleiniger *König des Täuferreichs* war, heiratete im Verlauf seines Endzeitreichs 16 Frauen. Er versuchte, die Täufer außerhalb Münsters zu einer gemeinsamen Erhebung anzuspornen, hatte damit aber keinen Erfolg, nicht zuletzt deshalb, weil das Täuferreich zunehmend abschreckend auf Außenstehende wirkte und die Bewegung nun sowohl seitens der katholischen als auch der reformatorischen Obrigkeit massiv verfolgt wurde. Als der Bischof von Münster und Philipp von Hessen im Juni 1535 die Stadt nach langer Belagerung einnahmen, wurde van Leiden gefangen genommen und im Januar 1536 zusammen mit weiteren Führern des Täuferreichs öffentlich gefoltert und hingerichtet. Ihre Leichname wurden als Abschreckung in Käfigen an der Lambertikirche in Münster zur Schau gestellt. Das *Täuferreich von Münster* war Anlass für weitreichende Verfolgungen der Täufer, obwohl sie in der Mehrzahl friedlich gesinnt und teilweise ausdrücklich Pazifisten waren.

Menno Simons und die Täufergemeinden

Nach dem Desaster von Münster sammelte der ehemals katholische Priester Menno Simons (1496–1561) mit großem Erfolg in Norddeutschland und den Niederlanden Täufer und gründete Täufergemeinden, die *Apokalyptik* und *Militanz* ablehnten und sich von radikalen Täufergruppen abgrenzten. 1542 erließ Kaiser Karl V. ein Edikt gegen seine Anhänger und setzte ein Kopfgeld auf ihn aus. Simons wurde durch die Unterstützung von Freunden nie gefasst, aber einzelne Täufer, die mit ihm Kontakt hatten, erlitten den Märtyrertod. Simons' Einfluss war so groß, dass sich Gemeinden nach ihm benannten, die sich bald eine feste Struktur gaben: die → **Mennoniten**. Der Name *Mennoniten* vermied allerdings auch den Begriff *Wiedertäufer*, der zu dieser Zeit einem Todesurteil gleichkam.

Erste Akzeptanz und weitere Verbreitung

1572 sprach Wilhelm I. von Oranien (1533–1584), der Statthalter in den Niederlanden, den Mennoniten sein Wohlwollen aus und verfügte 1577 ihre Befreiung von Eid und Waffendiensten, was ihre Verbreitung in den Niederlanden stark beförderte.

Weitere aus der Täuferbewegung hervorgegangene religiöse Gemeinschaften sind die in Nordamerika verbreiteten *Hutterer* und die *Amischen*. Mit den → **Baptisten** gibt es zwar Berührungspunkte, aber diese wurzeln in der englischen Reformbewegung des *Puritanismus* und gehören unter konfessionellen Gesichtspunkten nicht zur Täuferbewegung.

4.2.4 Die Genfer Reformation

Leben und Wirken Johannes Calvins

Neben Huldrych Zwingli ist Johannes Calvin (1509–1564) der für die reformierten Kirchen wichtigste Reformator. Er gehörte der zweiten Generation der Reformatoren an und wirkte seit den späten 1530er Jahren in Genf. Calvin wurde in Frankreich geboren und war als Student Mitglied humanistisch gesinnter Kreise der Pariser Universität. Mit Nicolas Cop (um 1501–1540), dem Rektor der Universität, verband Calvin eine enge Freundschaft. Als sich Cop 1535 zum Luthertum bekannte, flohen beide aus Frankreich. Über Basel, wo Calvin 1536 seine bedeutendste Schrift „Institutio Christianae Religionis" (= „Unterricht in der christlichen Religion") herausgab, mit der er sich den Ruf eines Gelehrten der Reformationsbewegung erwarb, kam er nach verschiedenen Aufenthaltsorten 1536 nach Genf. Dort baute er gemeinsam mit dem französischen Reformator Guillaume (William) Farel (1489–1565) die protestantische Gemeinde auf. Streitigkeiten in der Gemeinde und der Rigorismus der von Calvin avisierten Kirchenordnung waren der Grund, weswegen Farel und Calvin 1538 ausgewiesen wurden. Calvin kehrte allerdings 1541 auf Bitte von Anhängern seiner Ideen zurück und errichtete in Genf in den nächsten beiden Jahrzehnten eine Kirche, die Vorbild für viele Gemeinden und Kirchen in ganz Europa werden sollte.

Kirchenordnung und Kirchenzucht

Im Mittelpunkt der Bemühungen Calvins stand die Sorge um die Gestalt der Gemeinde und um die Übereinstimmung von Lehre und Leben. Die Kirche sollte „nach der Ordnung des Evangeliums erneuert" werden und die Genfer Kirchenordnung von 1541 ließ erkennen, wie das in der Praxis auszusehen hatte. Für Calvin war die kirchliche Verfassungsform im Neuen Testament vorgezeichnet und beinhaltete vier Ämter: Prediger / Pastoren, Doktoren / Lehrer, Älteste/Presbyter und Diakone. Die Leitung der Gemeinde lag in den Händen der Pastoren und der Ältesten. Das von Laien besetzte Ältestenamt mit seiner zentralen Aufgabe der Kirchenzucht sollte für calvinistische Gemeinden charakteristisch werden. Der Einfluss der Laien auf die Gestaltung der Kirche auf sämtlichen Ebenen war dadurch sehr groß und das von lutherischer Seite proklamierte *Priestertum aller Gläubigen* wurde evident in die Praxis umgesetzt.

Zur **Kirchenzucht** gehörten Beratungen der Gemeindeglieder, Schlichtung von Streitfällen, in besonders schwierigen Fällen Exkommunikation oder Anzeige bei der staatlichen Gewalt. Dieses strenge Reglement, das der Reformator seiner Gemeinde auferlegte, wurde teilweise als Kontrollsystem empfunden und sorgte immer wieder für Widerstand. Calvin aber wollte mit dieser Kirchenzucht eine Verherrlichung der Ehre Gottes im Gemeindeleben erreichen. Im Gegensatz zu den Wittenberger Reformatoren vertrat er ein stärker biblizistisches Schriftverständnis und hob Gottes Souveränität und Majestät in seinem gesamten theologischen Lehrgebäude deutlicher hervor. Seine Theologie war dezidiert theozentrisch ausgerichtet und der von ihm geforderte Glaubensgehorsam und damit verbunden die Ethik waren auf die Ehre Gottes ausgerichtet. Jeder Kultus, jede Form der Werkgerechtigkeit schränkt nach Calvin die Heiligkeit Gottes ein.

Die Lehre von der doppelten Prädestination

Die schärfsten Diskussionen rief Calvins Lehre von der *doppelten Prädestination* hervor, mit der er von den Vorstellungen der anderen Reformatoren deutlich abwich. Nach Calvin erwählt Gott Menschen gleichermaßen zum Heil wie zur ewigen Verdammnis. Es gibt nicht nur die Gnade Gottes, sondern auch die Verwerfung durch Gott. Beides erfolgt vor Anbeginn der Zeit, d. h. lange vor der Geburt der betreffenden Menschen, die dieser Erwählung vollkommen unterworfen sind und nichts tun können, um der Erwählung oder Verdammung zu entgehen. Gottes Entscheidung richtet sich nicht nach menschlichen Werken. Für die Auserwählten hat Gott die Erkenntnis und die Auferstehung bestimmt, für die Verdammten die Unwissenheit und die Hölle. Calvin erkannte deshalb nur drei der reformatorischen *soli* an. Das *sola gratia* fiel bei ihm weg, da Gott auch zur Verdammnis erwählt und nicht nur Gnade gewährt.

Die Auseinandersetzung um Calvins Lehre, der Kampf zwischen seinen Anhängern und seinen Gegnern in Genf endete erst 1555. 1559 gewährte die Stadtverwaltung Genf ihrem Reformator die Bürgerrechte. Im selben Jahr gründete Calvin die Genfer Akademie, die sich rasch zu einer Hochschule des reformierten Protestantismus in Europa entwickelte. Fünf Jahre später starb er.

Der Einfluss des Calvinismus

Die von Calvin geprägte reformatorische Bewegung und Zweig der reformierten Kirche, der *Calvinismus* (ein Begriff, den sowohl Calvin selbst als auch die calvinistischen Kirchen ablehnten), verbreitete sich in den folgenden Jahrzehnten erfolgreich in Europa, v. a. in Frankreich, England, Schottland und den Niederlanden sowie in Nordamerika. Einen direkten Einfluss hatte der Calvinismus sowohl auf den französischen Protestantismus, dessen Anhänger, die Hugenotten, von der Römisch-katholischen Kirche auf das Schärfste verfolgt wurden, als auch auf den sich der anglikanischen Staatskirche in England widersetzenden *Puritanismus.* Teilweise von ihm beeinflusst wurden die → **Anglikanische Gemeinschaft**, die → **Baptisten** und die → **Methodisten**.

Der *Puritanismus* [→ **Anglikanische Gemeinschaft**] bildete mehrere verschiedene Richtungen aus, die zwar durch die *Westminster-Confession* von 1646 geeint waren, aber unterschiedliche ekklesiologische Vorstellungen aufwiesen. Im Kongregationalismus wird die Kirche als unabhängige Einzel- oder Ortsgemeinde gesehen, die allein zuständig ist für ihre Lehre und ihr Gemeindeleben, im *Presbyterialismus* ist die Kirche das Zusammengehen von bürgerlicher und kirchlicher Gemeinde mit synodaler Struktur. Der *Presbyterialismus* steht zwischen dem hierarchischen *Episkopalismus* und dem *Kongregationalismus*. Die *Dissenters*, die sich ebenfalls aus dem Puritanismus entwickelten, galten als nonkonformistische, kongregationalistisch geprägte Separatisten. Im Zuge von Verfolgungen in England wanderten viele Puritaner in die Niederlande und nach Nordamerika aus, wo sie entscheidend die Geschichte des Protestantismus prägten.

Der Puritanismus

Die französische reformierte Kirche erhielt durch den Calvinismus entscheidende Impulse. Ihre Generalsynode übernahm 1559 die Kirchenordnung, die Calvin 1541 in Genf eingeführt hatte.

Die Verbreitung des Calvinismus

Die Kirche von Schottland bekam durch John Knox (1514–1572), einen Reformator, der bei Calvin in Genf dessen Kirchenreformen studiert hatte, ein reformiertes Gepräge. 1560 nahm das Schottische Parlament die im Wesentlichen auf ihn zurückgehende *Confessio Scotica* an. Die Kirche von Schottland ist bis heute eine presbyterianische, d. h. reformierte Kirche, die stark vom Calvinismus beeinflusst ist.

In Deutschland war der Calvinismus nur schwach vertreten, wirkte aber auf den Pietismus ein. Dieser erstreckte sich über die Erweckungsbewegung des 19. Jahrhunderts in die → **Gemeinschaftsbewegung** hinein.

4.2.5 Das Landesherrliche Kirchenregiment und seine konfessionelle Bedeutung

Eine spezielle historische Entwicklung in Deutschland und der Schweiz stellt die Herausbildung eines *territorialen Staatskirchentums* dar. Dieses **Staatskirchentum**, das auf deutschem Gebiet im sogenannten **Landesherrlichen Kirchenregiment** seine Ausdrucksform fand, hatte weitreichende Folgen für die Gestalt der Kirchen, ihre Bezüge zu der sie umgebenden und durchdringenden Gesellschaft und zur Politik. Für eine konfessionskundliche Darstellung ist insbesondere das Verhältnis der territorialen Staatskirchen zu den anderen Kirchen und Glaubensgemeinschaften von Interesse.

Staatskirche

In Europa gab es seit Antike und Mittelalter das Staatskirchenwesen, für das die prinzipielle Übereinstimmung der religiösen Weltanschauung, d. h. des Christentums, sowohl bei den weltlichen als auch bei den geistlichen Machthabern charakteristisch war. Staatsangehörigkeit und Kirchenmitgliedschaft waren weitgehend identisch. Auch in der Reformationszeit, als sich die evangelische Konfession herausbildete, löste sich dieses Staatskirchentum nicht auf, sondern erhielt eine neue Gewichtung.

Der Landesherr als Notbischof

Bei der Neugestaltung der Kirche auf den reformatorischen Territorien kam es mit dem Wegfall der katholischen Bischöfe zu einem Vakuum des leitenden geistlichen Amtes. Vor dem Hintergrund einerseits der Vorstellung des *Priestertums aller Gläubigen* und andererseits der Territorialtheorie, nach der die Landesherren auf ihren Herrschaftsgebieten auch die Befehlsgewalt über die Kirche inne hatten, wurde den Landesherren die Kirchengewalt auf den jeweiligen Territorien, in der Art eines „Notbischofs", verliehen. Der **Landesherr** wurde zum obersten Bischof seiner Kirche, zum **Summus Episcopus** und übernahm auf seinem Herrschaftsgebiet in Personalunion beide Funktionen: die weltliche und kirchliche Leitung. Damit wurden auf reformatorischen Gebieten Staat und Kirche erneut eins. Das Prinzip des *cuius regio, eius religio*, d. h. ‚wessen Gebiet, dessen Religion', des Augsburger Religionsfriedens von 1555 – dort in der Formulierung „*Ubi unus dominus, ibi una sit religio*", aus der der Jurist Johann Joachim Stephani (1544–1623) 1599 die Formel *cuius regio, eius religio* machte – ordnete die Religions- bzw. Konfessionszugehörigkeit. In vertiefter Form erfolgte das im *Westfälischen Frieden* von 1648. Nun hatten sich die Gläubigen nach der Konfession, d. h. dem römischen Katholizismus oder dem lutherischen oder reformierten Glauben des Landesherrn zu richten. Andernfalls mussten sie auswandern. In der Praxis kam es zwar sowohl in Reichsstädten als auch bei Konversionen von Landesherren zu Ausnahmen, aber dieses Prinzip blieb bis zum Ende der Monarchie und der Trennung von Staat und Kirche in der Verfassung des Deutschen Reichs, der Weimarer Verfassung von 1919, rechtlich in Kraft.

Staatskirche und Freikirchen

Neben einer Vielzahl von Auswirkungen ging damit die scharfe Trennung und Abgrenzung der *staatlichen Kirchen*, der *Landeskirchen* und der sogenannten *Freikirchen* einher, d. h. den Kirchen, die nicht staatsopportun waren. Den Begriff „frei" in ihrem Namen führen diese Kirchen auf die freie Wahl ihrer Mitgliedschaft zurück. Er meint aber gleichermaßen auch die Freiheit von der staatlichen Bindung. So verschieden Freikirchen untereinander waren, einte sie die Ablehnung der Verbindung von Staat und Kirche und das Ideal der Kirche als Gemeinschaft der Gläubigen wie in der Zeit der frühen Kirche, als das Christentum noch nicht in den Status einer Staatsreligion erhoben worden war. Lange Zeit waren sie staatskirchenrechtlich gegenüber den Landeskirchen stark benachteiligt, wenn nicht gar grundsätzlich verboten und verfolgt. Aus Sicht der Landeskirchen haftete ihnen aufgrund ihrer kirchlichen Opposition der Hauch des Häretischen an. Überall dort, wo sie sich niederließen, traten sie durch das System des Landeskirchentums zwangsläufig in Konkurrenz zu der kirchlichen Arbeit der Landeskirchen. So bildete sich ein Gegenüber und ein Gegeneinander von Landeskirchen und Freikirchen heraus, das Auswirkungen auf die Gestalt von Kirche auf beiden Seiten hatte.

Freikirche

Den Terminus „Freikirche" gibt es also nur in den Ländern, in denen ein territoriales Staatskirchentum wie das landesherrliche Kirchenregiment existierte, das die Trennung in Landeskirchen, d. h. „Kirchen", und „Freikirchen" überhaupt möglich machte. So sind nicht nur direkte Vergleiche zwischen der kirchlichen Situation in Deutschland und Ländern ohne Staatskirchentum von vornherein zum Scheitern verurteilt, werden nicht die Implikationen des deutschen Landeskirchentums in die Betrachtung einbezogen. Auch die Charakteristika ein und derselben Kirche variieren je nach Kontext. Z. B. entwickelten sich in den USA, wo es kein Landeskirchentum gab, die Kirchen und *Denominations* gleichberechtigt nebeneinander. Glaubensgemeinschaften, die in Deutschland als „Freikirchen" eine Marginalisierungsgeschichte aufweisen, z. B. die → **Baptisten** und die → **Methodisten** gehören in den USA neben reformierten, lutherischen und anglikanischen Kirchen zu den sogenannten *Mainline Churches*, die Anfang des 20. Jahrhunderts die Mehrheit der US-amerikanischen Christen stellten.

!\ Für die Konfessionskunde ist die Abgrenzung von Landes- und Freikirchen in Deutschland ein ausschlaggebendes Phänomen, da es ein spezifisches Strukturelement der gegenseitigen Positionierung von Kirchen darstellt, die global gesehen nicht oder zumindest nicht in dieser Form gegeben ist.

Da sich die grundsätzliche und massive Benachteiligung eines Teils der Kirchen und religiöser Gemeinschaften in Deutschland über Jahrhunderte hinzog und manifestierte, löste sie sich 1919 mit der verfassungsgemäßen Trennung von

Die Weimarer Verfassung

Staat und Kirche und der prinzipiellen rechtlichen Gleichsetzung aller Religionsgemeinschaften durch die Möglichkeit, *Körperschaften des öffentlichen Rechts* zu werden, lediglich rechtlich auf, aber nicht im allgemeinen Bewusstsein. Das zeigt sich u.a. daran, dass der Begriff „Freikirche", der sich aus der Frontstellung einer staatlichen und einer staatsunabhängigen Kirche ergeben hatte, nicht obsolet wurde, sondern bis heute besteht. Das wird dadurch gestützt, dass sich auch in der Gegenwart Freikirchen im Hinblick auf die Frage des Kirchensteuereinzugs durch den Staat von den Landeskirchen unterscheiden und in dieser Hinsicht den Begriff „frei" im Sinne von „Freiwilligkeit" nach wie vor auf sich anwenden. Den äußeren Niederschlag findet dieser Umstand darin, dass alle Freikirchen die Erhebung von Kirchensteuern aufgrund der damit verbundenen engen Verflechtung von Staat und Kirche und dem fehlenden Moment der Freiwilligkeit ablehnen und sich finanziell gänzlich auf die freiwilligen Spenden ihrer Mitglieder stützen.

Die Ausrichtung der vorliegenden Konfessionskunde erfolgt vorrangig im Hinblick auf eine deutschsprachige Leserschaft. Sie trägt vor diesem Hintergrund der deutschen historischen Genese der Trennung und unterschiedlichen Entwicklung von Landes- und Freikirchen Rechnung, indem eine Gliederung zugrunde gelegt wurde, die einerseits die Gruppe der Landeskirchen, andererseits die Gruppe der Freikirchen betrachtet. Damit sollen keine überholten Frontstellungen verfestigt, sondern lediglich die Verständlichkeit der konfessionellen Gemengelage im deutschen Kontext gewährleistet werden.

4.2.6 Das Verhältnis von Landes- und Freikirchen in Deutschland

Obwohl die Geschichte des Verhältnisses von Landes- und Freikirchen in der 2. Hälfte des 20. Jahrhunderts zu Annäherungen führte, war sie nicht frei von den traditionellen Prägungen und Vorurteilen.

Erste Annäherungen

1949 begann sich die *Vereinigte Evangelisch-Lutherische Kirche Deutschlands* (VELKD), [→ **Lutherische Kirchen**] der Regelung des Verhältnisses von Landeskirchen und Freikirchen anzunehmen. Die Gespräche der VELKD mit den Freikirchen waren erste Versuche, die in der Praxis an der Gemeindebasis oft unklaren oder kontroversen Verhältnisse zu regeln und im gegenseitigen Einvernehmen zu bereinigen. In der ersten Hälfte der 1970er Jahre wurden auf unterschiedlichen Ebenen zwei Dokumente verabschiedet, die für das Verhältnis von Freikirchen und Landeskirchen wesentliche Rollen spielen sollten: Zum ersten die für die europäischen evangelischen Kirchen bedeutsame *Konkordie reformatorischer Kirchen in Europa*, die ‚Leuenberger Konkordie', und zum zweiten die Erklärung „Freie Kirche im Freien Staat" der bundesdeutschen FDP.

Leuenberger Konkordie und Gemeinschaft evangelischer Kirchen in Europa (GEKE)

Die 1973 auf dem Leuenberg bei Basel verabschiedete *Leuenberger Konkordie* stellte die Kirchengemeinschaft zwischen lutherischen, reformierten, unierten Kirchen sowie den vorreformatorischen Kirchen der → Waldenser und der Böhmischen Brüder [→ **Evangelische Brüder-Unität – Herrnhuter Brüdergemeine**] her. In ihr gewähren die unterzeichnenden Kirchen einander Gemeinschaft an Wort und Sakrament, d. h. Kanzel- und Abendmahlsgemeinschaft und die gegenseitige Anerkennung der Ordination. Mit diesem Dokument fanden die beteiligten Kirchen erstmals zu einer gemeinsamen Auffassung von Taufe und Abendmahl und gaben die gegenseitigen Verwerfungen der Reformationszeit auf. Die Leuenberger Konkordie ist das Gründungsdokument der *Gemeinschaft evangelischer Kirchen in Europa* (GEKE), früher *Leuenberger Kirchengemeinschaft*. Derzeit sind über 100 europäische lutherische, reformierte und unierte Kirchen Mitglied der GEKE, u. a. sämtliche deutsche Landeskirchen. 1997 trat der europäische Teil der methodistischen Kirche mit einer *Gemeinsamen Erklärung zur Kirchengemeinschaft* bei, seit 2010 gibt es eine Kooperationsvereinbarung mit der Europäischen Baptistischen Föderation [→ **Baptisten**].

Annäherungen in den 1980er Jahren

Eine ebenfalls starke Wirkung auf das Verhältnis der deutschen Landeskirchen zu den Freikirchen in Deutschland hatte das sogenannte „Kirchenpapier" der FDP, das 1974 als Erklärung „Freie Kirche im Freien Staat" verabschiedet wurde und das im Sinne einer deutlicheren Trennung von Staat und Kirche die Gleichbehandlung von Großkirchen und Religionsgemeinschaften forderte. In Reaktion auf beides, den europaweiten Vorstoß zur Versöhnung der reformatorischen Kirchen und der politischen Aufforderung zum kirchlichen Umgang auf Augenhöhe begannen ab Mitte der 1970er Jahre einzelne Landeskirchen mit einer Intensivierung ihrer Beziehungen zu den Freikirchen. Seit 1981 kam es verstärkt zu Treffen zwischen Vertretern der EKD und der Freikirchen. Bis heute haben auf diversen Ebenen und in lokalen Rahmen Annäherungen stattgefunden und sind verschiedene „Healing of Memories"-Prozesse in Gang gesetzt worden.

Lutheraner und Mennoniten

So hat z.B. die *Lutheran World Federation* (LWF) nach vorausgegangenen Gesprächen auf nationaler Ebene in Deutschland und Frankreich auf ihrer Vollversammlung 2010 die → **Mennoniten** um Vergebung für die Verfolgungen im 16. Jahrhundert gebeten. Allerdings spielen die evangelischen Freikirchen als ökumenische Gesprächspartner bis heute in der Perspektive der deutschen Landeskirchen und der EKD keine so gewichtige Rolle wie die Römisch-katholische Kirche. So wies das Reformationsjubiläum 2017 seitens der evangelischen Landeskirchen und der EKD zwar einen starken ökumenischen Impetus auf, der sich aber im Wesentlichen auf die Römisch-katholische Kirche konzentrierte und Freikirchen fast vollständig ausschloss.

Arbeitsgemeinschaft Christlicher Kirchen in Deutschland (und der Schweiz) (ACK)

Eine wichtige Rolle bei der Zusammenarbeit der verschiedenen, aus der Reformation hervorgegangenen Kirchen, spielt die *Arbeitsgemeinschaft Christlicher Kirchen in Deutschland* (ACK). Die ACK ist ein Dachverband für alle christlichen Kirchen in Deutschland, nicht nur der evangelischen, stellt aber trotzdem ein bedeutendes Forum der landeskirchlich-freikirchlichen Zusammenarbeit dar.

Die ACK wurde 1948 als *Nationaler Kirchenrat* im Zuge der Gründung und ersten Vollversammlung des *Ökumenischen Rates der Kirchen* mit dem Ziel der Förderung ökumenischer Zusammenarbeit und der Einheit der Kirchen gegründet. Die Bedeutung der ACK war in den ersten Jahrzehnten nach ihrer Gründung in Deutschland noch vergleichsweise gering, nahm aber seit Ende des 20. Jahrhunderts kontinuierlich zu. Besonders die einzelnen regionalen ACK-Gruppen leisten mitunter einen weitreichenden Beitrag für das ökumenische Miteinander vor Ort. Die Struktur der Zusammenarbeit folgt der Gliederung in Mitglieder, Gastmitglieder und Ständige Beobachter. Zahlreiche orthodoxe und anglikanische Kirchen sowie die Römisch-katholische Kirche und die der EKD angehörigen (Landes)Kirchen sind Mitglied der ACK. Weiterhin haben zahlreiche Freikirchen die Mitgliedschaft oder Gastmitgliedschaft inne. Dadurch bietet sich hier auch die Möglichkeit einer intensiven evangelisch-evangelischen Zusammenarbeit.

4.3 Evangelische Kirchen und Bewegungen

4.3.1 Kirchen des Landeskirchentums

4.3.1.1 Lutherische Kirchen

Die lutherischen Kirchen gingen aus der **Wittenberger Reformation** [→ **Evangelische Konfessionsfamilie: Besonderheiten der historischen Entwicklung**] hervor, die sich in der ersten Hälfte des 16. Jahrhunderts bald in ganz Europa, v. a. im Baltikum, in Dänemark, Schweden, Finnland, Polen sowie in Slowenien, Kroatien, Ungarn und Siebenbürgen im späteren Rumänien verbreitete. Auf dem Gebiet des Deutschen Reichs wurden v. a. die nord-, mittel- und ostdeutschen Fürstentümer lutherisch. Süddeutschland blieb bis auf Württemberg und zahlreiche Reichsstädte vornehmlich römisch-katholisch.

Geschichtliche Entwicklung

Die Lehrbildung wurde 1580 mit dem Konkordienbuch abgeschlossen. Das Konkordienbuch ist die Sammlung der „symbolischen Bücher" der lutherischen Kirchen, die folgende Bekenntnis- oder dogmatische Schriften enthält: die drei ökumenischen Symbole oder Glaubensbekenntnisse *Apostolicum*, das *Nicäno-Konstantinopolitanum* und das *Athanasianum*, die *Confessio Augustana* (CA), die *Apologie* der CA, die *Schmalkaldischen Artikel* von 1537, den *Kleinen* und den *Großen Katechismus Martin Luthers* sowie die *Konkordienformel* von 1577. Das Konkordienbuch war eine zwar offiziell nicht als solche bezeichnete, aber letztendlich ein *corpus doctrinae* darstellende Sammlung lutherischer Bekenntnisse [→ **Lutherische Kirchen**]. Die im Konkordienbuch versammelten Schriften gelten in einigen Landeskirchen Deutschlands oder in einzelnen Gemeinden der Landeskirchen sowie in der → **Selbständigen Evangelisch-Lutherischen Kirche** als Bekenntnisgrundlage, entweder weil sie der Heiligen Schrift entsprechen oder insofern sie der Heiligen Schrift entsprechen.

Lehrbildung und Bekenntnisse

Die lutherischen Kirchen verstehen sich als Bewahrerinnen der reinen Verkündigung des Evangeliums und dem Spenden der Sakramente sowie der Überzeugungen, die sich aus dem Kern der reformatorischen Erkenntnisse ergeben. Zentral für die lutherische Kirche ist die Bezeugung des rechtfertigenden Handeln Gottes in Jesus Christus. Das ist Kern des Evangeliums, d. h. der Heilsbotschaft, Grundlage der christlichen Existenz und Maßstab der kirchlichen Verkündigung.

Kernanliegen

Im lutherischen Verständnis wird, um eine sogenannte *billige Gnade* zu verhindern, das Wort Gottes als forderndes und richtendes Wort (*Gesetz*) und als freimachendes und neuschaffendes Wort (*Evangelium*) unterstrichen. Menschen sind demzufolge nicht nur durch die Gnade Gottes befreit, sondern stets auch als Sünder angeklagt.

Spezifika im Amtsverständnis

Martin Luther verstand das Predigtamt nicht klerikal, wie beispielsweise die Gleichstellung der drei göttlichen Ordnungen Pfarramt, Ehe, Obrigkeit im „Sermon von den guten Werken" von 1520 zeigt. Trotzdem ist es in den lutherischen Kirchen ein vom Herrn gestiftetes, heilsnotwendiges Amt.

Im Verständnis der lutherischen Kirchen wird durch das *Priestertum aller Gläubigen* das kirchliche Amt nicht obsolet. Es kann aber vom *Priestertum aller Gläubigen* auch nicht abgeleitet werden, sondern befindet sich in einer gewissen Spannung zu ihm. Es steht der Gemeinde, die über die Amtsausübung des Amtsträgers wacht, gegenüber.

Das kirchliche Amt und seine Funktion wird durch Christus gewirkt, denn mit der Verkündigung und der Sakramentsverwaltung ist das kirchliche Amt als göttliche Stiftung gesetzt. Es wird seiner Funktion, d.h. dem Dienst am Evangelium, zwar untergeordnet, bleibt aber gerade durch die Zuordnung zur Verkündigung und Sakramentsverwaltung eine göttliche Stiftung.

Bei der Ausprägung dieses Amtes besteht ebenso die Freiheit der verantwortlichen Gestaltung wie bei der Gestaltung der gottesdienstlichen Ordnung.

Das an die Ordination gebundene Amt tritt in seiner primären Gestalt als Pfarr-Amt, als *Presbyteriat*, auf und meint den Dienst der öffentlichen Verkündigung. Ursprünglich war das gegen die Theologie und Praxis des römischen-katholischen Amtes gerichtet, mit welchem die reformatorische Bewegung konfrontiert war.

Das bischöfliche Amt

Luther ging davon aus, dass Bischofsamt und Pfarramt ursprünglich ein Amt waren und im Wittenberger Ordinationsformular von 1535 war die Ordination der Pfarrer noch dezidiert als **Bischofsweihe** konzipiert (Wendebourg, 2000, 15 f.). Die apostolische Amtssukzession spielte bei den Reformatoren nur eine ganz randständige Rolle. Aber die Implikation der bischöflichen Weihe eines Pfarrers ist nach römisch-katholischem Verständnis das Eintreten dieses Pfarrers in die bischöfliche Sukzessionslinie.

Bemerkenswerterweise lehnen lutherische Kirchen auch heute die *apostolische Sukzession* nicht grundsätzlich ab, sondern kritisieren lediglich, eine bestimmte Amtsgestalt gesetzlich zu fordern. Die reformatorische Kritik an der Vorstellung der *apostolischen Sukzession* war, dass sie die unverkürzte Weitergabe des Evangeliums nicht garantiere. Das Bischofsamt per se beanstandete die lutherische Reformation nicht.

In den lutherischen Kirchen schwingt bei der Beschreibung des Hirtenamtes eine Charakterisierung desselben mit, die das Amt als mit *petrinischen Funktionen* ausgestattet ansieht. Diese *petrinischen Funktionen* meinen eine Form der Amtsführung mit Blick auf die Kirche als Ganzes.

Vor diesem Hintergrund entwickelten die verschiedenen lutherischen Kirchen Schwerpunkte innerhalb der Charakteristika des Hirtenamtes, die von den evangelischen Grundlegungen teilweise erheblich abweichen.

Die Porvoo-Gemeinschaft

Ein spezielles Amtsverständnis wird von den lutherischen Kirchen vertreten, die der *Porvoo-Gemeinschaft* (*Porvoo Communion*) angehören, einem Verbund von 13 anglikanischen und lutherischen Kirchen Großbritanniens, der nordeuropäischen Länder und des Baltikums sowie Portugal und Spaniens. Der Name geht zurück auf die *Porvoo Declaration*, die 1992 in der finnischen Stadt Porvoo verabschiedet wurde. In der *Porvoo-Erklärung* wird die Kirchengemeinschaft der unterzeichnenden Kirchen bekannt, die gegenseitige Anerkennung aller Ämter und Sakramente. Es wird festgehalten, dass sich die unterzeichnenden Kirchen im schrift- und traditionsgemäßen Feiern der Sakramente und im Bischofsamt verbunden wissen, wie es historisch praktiziert wurde. Damit ist die *Porvoo-Erklärung* ein Bekenntnis zur *apostolischen Sukzession*, der acht lutherische Kirchen beipflichten und in der sie sich stehen sehen.

Strukturen lutherischer Kirchen und Vereinigungen

Die lutherischen Kirchen haben hauptsächlich eine episkopal-konsistoriale Verfassungsstruktur, bei der Bischof und Leitungsgremium (Konsistorium) der betreffenden Kirche der Synode gegenübersteht.

Gegenwärtig gehören zu den lutherischen Landeskirchen in Deutschland folgende Kirchen:

- die Evangelisch-Lutherische Kirche in Bayern,
- die Evangelisch-Lutherische Landeskirche in Braunschweig,
- die Evangelisch-Lutherische Landeskirche Hannovers,

- die Evangelische Kirche in Mitteldeutschland,
- die Evangelisch-Lutherische Kirche in Norddeutschland,
- die Evangelisch-Lutherische Kirche in Oldenburg,
- die Evangelisch-Lutherische Landeskirche Sachsens,
- die Evangelisch-Lutherische Landeskirche Schaumburg-Lippe,
- die Evangelische Landeskirche in Württemberg.

Vereinigte Evangelisch-Lutherische Kirche Deutschlands (VELKD)

Bis auf die Württembergische und Oldenburgische Landeskirche sind die lutherischen Kirchen zusammengeschlossen in der 1948 gegründeten *Vereinigten Evangelisch-Lutherischen Kirche Deutschlands* (VELKD). Die Arbeitsschwerpunkte der VELKD liegen auf theologischem, praktisch-theologischem und seelsorgerlichem Feld sowie bei ökumenischen Dialogen und Projekten, die die Mitgliedskirchen nicht allein erbringen können.

Lutheran World Federation (LWF)

Weltweit sind die lutherischen Kirchen in der *Lutheran World Federation* (LWF), dem ‚Lutherischen Weltbund' (LWB) vereint, die 1947 im schwedischen Lund gegründet wurde und deren Ziele die Stärkung der Zusammenarbeit der weltweiten lutherischen Kirchen, die Ökumene und der Aufbau und die Pflege interreligiöser Beziehungen, das Zeugnis in Kirchen und Gesellschaften sowie Verständigung und Verantwortung sind. Die LWF ist in Diakonie, Entwicklungshilfe, im Kampf um Menschenrechte, in der der Not- und Katastrophenhilfe, der Missions- und Entwicklungsarbeit sowie bei der Stipendienvergabe tätig.

Die deutschen Mitgliedskirchen der LWF sind die sieben in der VELKD zusammengeschlossenen Kirchen sowie die Evangelisch-Lutherische Kirche in Oldenburg, die Evangelische Landeskirche in Württemberg, die Lutherische Klasse, d. h. die lutherischen Kirchenmitglieder der vorwiegend reformierten Lippischen Landeskirche, und die Evangelisch-Lutherische Kirche in Baden (nicht zu verwechseln mit der Evangelischen Landeskirche in Baden). Diese elf Kirchen werden vom Deutschen Nationalkomitee des *Lutherischen Weltbundes* (DNK / LWB) vertreten, der insgesamt etwa zwölf Millionen Gläubige zählt, und der eng mit der VELKD zusammenarbeitet.

Innerhalb der LWF gibt es starke Spannungen bis hin zur Aufkündigung der grundsätzlichen und explizit erklärten Kanzel- und Abendmahlsgemeinschaft aufgrund der Themen → **Frauenordination** und Umgang mit → **Homosexualität**.

Die LWF hat derzeit (Stand 2018) 148 Mitgliedskirchen in 99 Ländern. Ihr gehören rund 75 Millionen Gläubige an.

4.3.1.2 Reformierte Kirchen

Die reformierten Kirchen gehen auf die **Zürcher Reformation** und die **Genfer Reformation** [→ **Evangelische Konfessionsfamilie: Besonderheiten der historischen Entwicklung**] und das Wirken der Reformatoren Huldrych Zwingli und Johannes Calvin zurück.

Geschichtliche Entwicklung

1536 entstand mit der auf eine innerprotestantische Annäherung ausgerichteten *Confessio Helvetica prior*, dem ‚Ersten Helvetischen Bekenntnis', die erste reformierte Bekenntnisschrift. Das umfangreichste und wirkungsgeschichtlich bedeutsamste Bekenntnis aber ist das 1566 von Heinrich Bullinger herausgegebene *Zweite Helvetische Bekenntnis.* Es wurde außer von Basel von allen reformierten Kirchen der deutschsprachigen Schweiz angenommen, ebenso von Genf, den reformierten Kirchen in Österreich und Ungarn, in Polen und der schottischen Staatskirche.

Bekenntnisse

i\ Der 1563 in Heidelberg herausgegebene *Heidelberger Katechismus* ist der am weitesten verbreitete reformierte Katechismus und gilt als reformiertes Bekenntnis. Er wurde im Auftrag von Friedrich III. als Anweisung für den christlichen Unterricht in Kirchen und Schulen erstellt, da der Kurfürst in der Kurpfalz den Calvinismus einführen wollte.

Im Gegensatz zu den lutherischen Kirchen verfügen die reformierten Kirchen über keinen abgeschlossenen Kanon von Bekenntnisschriften. In manchen reformierten Kirchen, z. B. der Evangelisch-reformierten Kirche und der Nordkirche (sowie allen unierten Kirchen), gehört zu den Bekenntnisschriften die *Theologische Erklärung zur gegenwärtigen Lage der Deutschen Evangelischen Kirche*, die sogenannte ‚Barmer Theologische Erklärung', die im Mai 1934 zur Abwehr nationalsozialistischer Eingriffe in die Kirchenstruktur unter maßgeblicher Federführung des Baseler reformierten Theologen Karl Barth (1886–1968) von der ersten Bekenntnissynode der Bekennenden Kirche verabschiedet wurde.

Spezifika im Amtsverständnis

Ausgangspunkt des reformierten Amtsverständnisses ist die Lehre vom dreifachen Amt Christi als Prophet, Priester und König. An diesem dreifachen Amt hat jeder Gläubige Anteil. Ein besonderes Amtspriestertum hat Christus durch das Sühnen der Sünde am Kreuz überwunden.

Auch in der reformierten Kirche ist wie in den lutherischen Kirchen das öffentliche Predigt- und Hirtenamt eine Stiftung Gottes. Dieses Amt hatte Jesus Christus selbst inne und gab es seinen Aposteln weiter. Innerhalb des *Priestertums aller Gläubigen* ist besonders der Diener an Wort und Sakrament priesterlich in die Mitte zwischen den Herrn der Kirche und die Menschen gestellt.

Im reformierten Verständnis wird wie im allgemein evangelischen das Amt von seiner Funktion her bestimmt, d. h. Dienst der Wortverkündigung und Sakramentsverwaltung, denn diese Funktion ist konstitutiv für das Sein der Kirche. Allerdings betonen die reformierten Kirchen die Dienstfunktion des Amtes stärker als die lutherischen Kirchen. Indem die Verkündigung des Evangeliums wahrgenommen und gehört wird, ist der Verkündigungsdienst ein Element des *Priestertums aller Gläubigen.*

Der priesterliche Dienst gilt in seiner Verkündigung letztendlich der Welt, zwischen der und Gott der Priester ein Mittler ist. Er soll nach Karl Barth die Welt zu Gott emportragen und Gott in die Welt hinein.

Struktur

Die reformierten Kirchen haben meist eine *presbyterial-synodale* Verfassungsstruktur.

Reformierte Kirchen in Deutschland

In Deutschland gibt es zwei reformierte Kirchen: die Lippische Landeskirche und die Evangelisch-reformierte Kirche, wobei letztere keine Territorialkirche ist. Auch in der Evangelischen Kirche in Mitteldeutschland und der Evangelischen Kirche Berlin-Brandenburg-schlesische Oberlausitz existieren reformierte Kirchenkreise, in der Evangelischen Kirche im Rheinland und der Evangelischen Kirche von Hessen-Nassau *Reformierte Konvente.* Außerdem gehören zur reformierten kirchlichen Landschaft der *Bund Evangelisch-Reformierter Kirchen Deutschlands* sowie die freikirchliche *Evangelisch-Altreformierte Kirche.* Insgesamt gibt es etwa zwei Millionen reformierte Christen in Deutschland.

Der 1884 gegründete *Reformierte Bund* ist der Dachverband der reformierten Gemeinden und Kirchen. Neben den Mitgliedern des *Reformierten Bundes* entsenden zahlreiche unierte Landeskirchen Mitglieder in das *Moderamen*, den Vorstand der Hauptversammlung des *Reformierten Bundes*.

International sind die reformierten Kirchen in der *World Communion of Reformed Churches* (WCRC), der ‚Weltgemeinschaft Reformierter Kirchen' (WGRK), zusammengeschlossen. Vorläuferorganisationen des WCRC waren der 1970 gegründete *Reformierte Weltbund*, der aus der Fusion einer presbyterianischen und einer kongregationalistischen globalen Organisation hervorging, sowie das 1946 konstituierte *Reformed Ecumenical Council*, der ‚Reformierte Ökumenische Rat'.

Internationale Verbände

Die WCRC hat aktuell etwa 230 Mitgliedskirchen und mehr als 80 Millionen Mitglieder.

4.3.1.3 Unierte Kirchen

Erste Bemühungen um die Union von lutherischen und reformierten Kirchen gab es auf deutschem Gebiet schon seit dem 17. Jahrhundert. Im 18. Jahrhundert nahmen die Anstrengungen im Hinblick auf Kirchenunionen zu. So inspirierte das Reformationsjubiläum 1717 z. B. den Tübinger Theologen Christoph Matthäus Pfaff (1686–1760) zu Überlegungen zur Kirchenunion. Ihm gelang es, den preußischen König Friedrich Wilhelm I. (1688–1740) für seine Ideen zu gewinnen, der wiederum die Union durch Zustimmung des *Corpus Evangelicorum*, der Vereinigung der evangelischen Reichsstände, durchsetzen wollte, was allerdings scheiterte.

Geschichtliche Entwicklung: Vorgeschichte der Unionen

1812 erzielte der Berater König Friedrich Wilhelms III. (1770–1840), Friedrich Samuel Gottfried Sack (1738–1817), mit seiner Schrift „Ueber die Vereinigung der beiden protestantischen Kirchenparteien in der Preußischen Monarchie" einen publizistischen Erfolg. Schon sein Vater August Friedrich Sack (1703–1786) sowie sein Schwiegervater Johann Joachim Spalding (1714–1804) hatten sich um einen Abbau der Ressentiments zwischen Reformierten und Lutheranern bemüht.

Eine der zentralen Ursachen des Niedergangs konfessionellen Bewusstseins im 19. Jahrhundert war dem fast ein Jahrhundert währenden Einfluss der Aufklärungstheologie sowie des Pietismus und später der Erweckungsbewegung geschuldet, bei denen Dogmen, Lehrfestschreibungen als Einschränkungen entweder der Vernunft oder des persönlichen Glaubens abgelehnt wurden. Nur beispielhaft seien genannt der Aufklärer Gotthold Ephraim Lessing (1729–1781), bei dem Liebe und Toleranz ausschlaggebend und Bekenntnisse eher hinderlich für Religion waren, oder der Pietist Nikolaus Ludwig Graf von Zinzendorf (1700–1760), dessen Brüdergemeine [→ **Evangelische Brüder-Unität – Herrnhuter Brüdergemeine**] Christen aller protestantischen Richtungen aufnahm und sich als Verbindungsglied unterschiedlicher Konfessionen mit Christus als das eine Haupt aller verstand.

Friedrich Samuel Gottfried Sack votierte 1798 in einem Gutachten für eine gemeinsame Agende, vertrat aber die Ansicht, eine Union könne nur durch eine Abstimmung aller Geistlichen der beiden Kirchen herbeigeführt werden. Anders argumentierte der wohl renommierteste Theologe aus den Reihen der Unionsbefürworter, Friedrich Daniel Ernst Schleiermacher (1768–1834). In seiner Schrift von 1804 „Zwei unvorgreifliche Gutachten in Sachen des protestantischen Kirchenwesens" wollte er die Union tatsächlich durch staatliche Anordnungen herbeigeführt wissen, das aber vor dem Hintergrund, dass die Lehrunterschiede nicht angetastet würden, denn ein „mittlere[r] Proportionalglauben" zwischen dem reformierten und lutherischen Glauben, so Schleiermacher, sei kein anzustrebendes Ziel. Wenn schon eine Union, dann könne sie nur auf der Ebene eines organisatorischen Bundes, d. h. durch staatlich vorgegebene Strukturveränderungen gelingen, keinesfalls aber durch Veränderungen in der Lehre oder im Ritus. Schleiermacher ist vor diesem Hintergrund kein uneingeschränkter Repräsentant der Unionstheologie, wie häufig veranschlagt. Eine Bekenntnisunion jedenfalls lehnte er entschieden ab.

Von Beginn an war für die Unionsbemühungen die enge Verknüpfung mit politischen Interessen charakteristisch. So wurden viele der Kirchenunionen des 19. Jahrhunderts „von oben" angeordnet und durchgesetzt. Herausragendes Beispiel dafür ist die wirkungsgeschichtlich bedeutsamste Union, die *preußische Kirchenunion*.

Die preußische Union

Am 27. September 1817 erließ Friedrich Wilhelm III., König von Preußen und Kurfürst und Markgraf von Brandenburg, eine *Allerhöchste Königliche Cabinets-Ordre*, die spätere *Preußische Unionsurkunde*. Darin erklärte der Monarch, dass er eine „wahrhaft religiöse Verbindung der beiden, nur noch durch äußere Unterschiede getrennten protestantischen Kirchen" herbeiführen wolle. Eine solche Vereinigung sei „den großen Zwecken des Christenthums gemäß", entspreche „den ersten Absichten der Reformatoren", liege „im Geiste des Protestantismus", befördere den „kirchlichen Sinn", sei „heilsam in der häuslichen Frömmigkeit" und werde „Quelle vieler nützlicher, oft nur durch den Unterschied der Confession bisher gehemmter Verbesserungen in Kirchen und Schulen" sein. Allerdings habe sie „nur dann einen wahren

Werth, […] wenn sie aus der Freiheit eigener Ueberzeugung rein hervorgehet." (Preußische Unionsurkunde, 1982)

Der Unionsaufruf fand in den preußischen Provinzen große, teilweise euphorische Zustimmung. In dem gerade erwachenden Nationalgefühl spielte der Einigungsgedanke der Religionen, d. h. Konfessionen, eine nicht zu unterschätzende Rolle.

So war es nicht nur weitgehend Konsens, dass es im Christentum neben der „Hauptsache […], worin beide Confessionen eins sind" „Außerwesentliches" gebe, das es zu beseitigen gelte, sondern auch, worin das „Außerwesentliche" bestehe, nämlich u. a. in den Bekenntnissen oder den liturgischen Formeln. Diese wiederum hatten ihren Ursprung in dem vormaligen „unglücklichen Sekten-Geiste." (Preußische Unionsurkunde, 1982, 34)

Union im Herzogtum Nassau

Dem preußischen Unionsaufruf und der Teilnahme Friedrich Wilhelms III. am gemeinsamen Abendmahl zum Reformationsfest, die als Stichtag der preußischen Kirchenunion gilt, war im August 1817 bereits die Union im Herzogtum Nassau vorausgegangen. Diese erste Union auf dem Gebiet des Deutschen Reichs wurde auf Antrag des reformierten und des lutherischen Generalsuperintendenten am 5. August auf einer reformiert-lutherischen Generalsynode verhandelt und positiv beschlossen. Am 11. August 1817 dekretierte der Nassauische Herzog Wilhelm I. (1792–1839) die Kirchenvereinigung. Die Union auf dem Gebiet des Herzogtums Nassau war von Anfang an im Gegensatz zu der in Preußen folgenden nicht nur eine Verwaltungs- und Kultusunion, sondern auch eine *Konsensusunion*, d. h. es wurde nicht nur die reformierte und lutherische Kirchenleitung vereinigt und eine gemeinsame Liturgie in Auftrag gegeben, sondern auch die konfessionellen Bekenntnisgrundlagen eliminiert.

Gemeinsames Abendmahl als Union

In Preußen hatte unabhängig zu dem Engagement des Königs, dessen Unionsaufruf erst am 9. Oktober veröffentlicht wurde, die Berliner Synode unter dem Vorsitz ihres Präses Friedrich Schleiermacher am 1. Oktober 1817 einen Beschluss bezüglich der anstehenden Reformationsfeier gefasst. Das Reformationsfest solle mit einem gemeinsamen Abendmahl der Geistlichen der reformierten und lutherischen Kirche gefeiert werden, und zwar in einer kleinen Feier im Kreis der Geistlichen, eventuell noch der Behörden- und Schulvertreter. Den Gemeinden sollte lediglich ein Beispiel gegeben werden. Kirchlicherseits ging man in der Angelegenheit durchaus etwas vorsichtiger zu Werke als der König selbst. In einer *Amtlichen Erklärung* des Synodenbeschlusses, u. a. von Schleiermacher verfasst, wurde besonderes Augenmerk darauf gelegt, die Abendmahlsliturgie so umzugestalten, dass die Gemeinsamkeiten der beiden protestantischen Kirchen hervorgehoben und das Trennende zurückgestellt werde. Dem ganzen Unterfangen müsse unbedingte Freiwilligkeit der Teilnahme zugrunde gelegt werden. Außerdem läge es nicht im Interesse der Synode, eine neue Kirche zu schaffen, da die Abwandlung der Liturgie bzw. des Ritus im engeren Sinne keine Glaubens- und auch keine Lehrveränderung nach sich ziehe. Die Glaubensgrundlage der Kommunikanten solle durch eine Teilnahme am unierten Abendmahl dezidiert nicht tangiert werden.

Das Eingreifen des Königs

Diese Intention wurde durch das Agieren des Königs torpediert. Der von der Synode vorgeschlagene unierte Ritus mit Brotbrechen und der reformierten Spendeformel wurde von Friedrich Wilhelm III. ganz allgemein als Zeichen der Union am Reformationsfest eingeführt. Außerdem verordnete er die Einführung der Abendmahlsfeier nach der unierten Variante für den 31. Oktober auch in den Gemeinden.

Die durch den König forcierte starke Konzentration auf die gemeinsame Abendmahlsfeier stellte das Unterfangen von vornherein in das Auge eines theologischen Taifuns, denn die seit der Reformation bestehenden Bekenntnisdifferenzen zwischen Lutheranern und Reformierten waren dadurch im Kern betroffen [→ **Evangelische Konfessionsfamilie: Besonderheiten der historischen Entwicklung**]. Das dreitägige Reformationsfest 1817, das in Preußen zum Unionsfest wurde, stellte trotzdem einen vollen Erfolg für die Unionsbefürworter dar. Am 30. Oktober fanden gemeinsame Abendmahlsfeiern für die Geistlichkeit, am 31. Oktober in den Gemeinden statt, und König Friedrich Wilhelm III. selbst nahm in der Hof- und Garnisonskirche Berlin am unierten Abendmahl teil. Nur randständig brach sich Kritik Bahn. In den ersten Jahren der Union überwog die Euphorie bei weitem die Bedenken. Zu einer wirklichen Unruhe um und einer massiven Kritik an der Union kam es erst 1822 aufgrund des *Agendenstreits* [→ **Selbständig Evangelisch-lutherische Kirche**], einer Auseinandersetzung, die das Unionswerk des Kaisers nachhaltig schädigen sollte.

Im Februar 1834 wurde in einer Kabinettsorder des preußischen Königs dann zusammengefasst, was die unierte preußische Landeskirche, d. h. die Altpreußische Union, seit Mitte des 20. Jahrhunderts *Evangelische Kirche der Union* (EKU), auszeichnen sollte: das Nebeneinander der beiden evangelischen Konfessionen, die in der äußerlichen kirchlichen Gemeinschaft in einer konföderativen Union zusammengeschlossen und deren Zeichen Kirchen-, Kanzel- und Abendmahlsgemeinschaft sind.

Man unterscheidet grundsätzlich zwei Varianten der Kirchenunionen: Die *Verwaltungsunion*, bei der die jeweiligen kirchlichen Strukturen zusammengeführt werden, aber verschiedene Bekenntnisse bestehen bleiben, und die *Bekenntnisunion*, bei der der lutherische und reformierte Bekenntnisstand aufgehoben wird zugunsten eines unierten, allgemein evangelischen. Weitere Differenzierungen von Unionstypen sind möglich.

Varianten der Union

Innerhalb kurzer Zeit kam es nach der preußischen Union auch in anderen Landeskirchen nach verschiedenen Modi zu Vereinigungen der Reformierten und Lutheraner: In der Pfalz, d. h. den linksrheinischen Gebieten, die politisch an Bayern gegangen waren, erbrachte eine Volksabstimmung die überwältigende Zustimmung der Bevölkerung zu einer Union. Daraufhin beschloss die Pfälzische Generalsynode im August 1818, alle Glaubensnormen bis auf das Neue Testament abzuschaffen. Das wurde auf Druck des lutherischen Oberkonsistoriums in München auf einer zweiten Synode 1821 dahingehend modifiziert, die „symbolischen Bücher“, d. h. die jeweiligen Glaubensbekenntnisse der lutherischen und reformierten Konfession, „in gebührender Achtung“ zu halten. Am ersten Advent 1818 wurde in der Pfalz die Kirchenunion eingeführt.

Die Union in der Pfalz

In Baden fielen dem lutherischen Herrscherhaus 1806 Teile der rechtsrheinischen reformierten Pfalz zu. Nur für kurze Zeit bestand eine lutherische und reformierte Kirchenleitung nebeneinander, da recht rasch eine Verwaltungsunion gebildet wurde. Im Juli 1821 erarbeitete eine vom badischen Großherzog einberufene Synode eine Unionsurkunde, die im Juli 1821 die Reformierten und Lutheraner zu einer Vereinigten evangelisch-protestantischen Kirche in einer Bekenntnisunion zusammenschlossen, deren Bekenntnisschriften die *Confessio Augustana*, der *Kleine Katechismus* und der *Heidelberger Katechismus* waren. Insgesamt bemühte man sich bei der badischen Bekenntnisunion um relative Freiheit der beiden protestantischen Konfessionen, um offene Formulierungen in der Liturgie und das Recht auf freie theologische Forschung.

Die Union in Baden

Ebenfalls eine *Vereinigte evangelisch-protestantische Kirche* wurde Ende November 1822 in Rheinhessen ausgerufen, wo die Gemeinden zuvor in einer Abstimmung einhellig eine Union befürwortet hatten. Man war in Rheinhessen der Ansicht, dass außer in der Abendmahlsfrage eigentlich keine trennenden Gründe gegen eine Union ins Feld geführt werden könnten und entwickelte deshalb eine besondere Lehre und speziellen Ritus zum bzw. für das Abendmahl, die in dieser Hinsicht einen Konsens bil-

Die Union in Rheinhessen

deten. Im übrigen Großherzogtum Hessen, das durch den Wiener Kongress das konfessionell zersplitterte Rheinhessen erhalten hatte, kam es kaum zu Zusammenschlüssen von Gemeinden.

Die Union in Waldeck und Pyrmont

In Waldeck-Pyrmont wurde im Januar 1821 die Union eingeführt, obwohl in den beiden verbundenen Fürstentümern nur zwei reformierte Gemeinden existierten. Sämtlichen Gemeinden wurde die Möglichkeit eines Einspruchs eingeräumt, von dem aber kein Gebrauch gemacht wurde, sodass die Union mit einer gemeinsamen Abendmahlsfeier am Karfreitag 1821 in den Gemeinden eröffnet wurde.

Unionen in Hanau-Isenburg und Fulda

In Kurhessen kam es in vereinzelten Regionen, nämlich dem ehemaligen Fürstentum Hanau, einem Teil des ehemaligen Fürstentums Isenburg und des ehemaligen Großherzogtums Fulda zur Vereinigung der reformierten und lutherischen Gemeinden, im restlichen Kurhessen wurden die Konsistorien zusammengelegt. Die *Hanauer Unionsartikel* waren von einer Synode erarbeitet und Anfang Juli 1818 von Kurfürst Wilhelm I. (1743–1821) bestätigt worden. Die Bekenntnisschriften blieben in Geltung, wurden aber zu einem Buch zusammengebunden, was der Kurhessischen bzw. Hanauer Union den Namen „Buchbinderunion“ einbrachte.

Unionen in Anhalt

In Anhalt setzten sich Unionen in verschiedenen Gebieten nach und nach durch: zuerst in Anhalt-Bernburg, wo das Unionsstatut – ohne Lehrkonsens, da man den nicht einmal in der eigenen Konfession erwartete – von einer Synode angenommen und im September 1820 in Kraft gesetzt wurde. 1826 wurde das Bernburger Statut von der Anhaltinisch-Dessauischen Landespastoralversammlung übernommen. Als 1847 Anhalt-Köthen an Anhalt-Dessau fiel, kam es auch dort zur Union.

Entwicklungen im 20. Jahrhundert

Die *Evangelische Kirche der Union* (EKU) wurde in der Zeit der Teilung Deutschlands die Dachorganisation für die unierten Kirchen. Eine weitere Plattform war die *Arnoldshainer Konferenz*, ein Zusammenschluss von unierten, reformierten und nicht der VELKD angehörenden lutherischen Kirchen in Deutschland, die Mitglied der EKD waren. Das Ziel der 1967 in der Evangelischen Akademie in Arnoldshain gegründeten *Arnoldshainer Konferenz* war die Erarbeitung von Übereinstimmungen in Theologie und Lebensbereichen der beteiligten Kirchen und somit eine Stärkung der EKD. 2003 schloss sich die *Arnoldshainer Konferenz* mit der EKU zusammen zur *Union Evangelischer Kirchen in der EKD* (UEK).

Ekklesiologische Spezifika

Das ekklesiologische Verständnis unierter Kirchen in Deutschland geht ebenso auf die reformatorischen Grundlagen zurück wie das der lutherischen und reformierten Kirche, und die Kirchen berufen sich ebenfalls auf die Aussagen der *Confessio Augustana* über die Kirche. Allerdings geht die unierte Ekklesiologie insofern über die lutherische und reformierte hinaus, als dass der Gedanke der Union, der Einheit der Kirche, stärker herausgehoben wird. Die EKU fördert das Anliegen der Bildung einer einheitlichen evangelischen Kirche in Deutschland. Sie sorgt durch gemeinsame Gottesdienstordnungen, Übereinstimmungen in der Regelung des kirchlichen Lebens und in den Bestimmungen für die Ämter für eine Geschlossenheit. Ihr Bemühen um die Überbrückung von konfessionellen Spaltungen geht auf den Kern des unierten Kirchenverständnisses zurück: Im Licht des Evangeliums sind die Unterschiede in Bekenntnis, Liturgie und Kirchenordnung eher geringfügig und dürfen nicht als Abgrenzungen vertieft werden, sondern das Bewusstsein für die evangeliumsgemäße Kircheneinheit muss entwickelt werden.

Struktur

Gegenwärtig gehören zu den unierten Kirchen in Deutschland folgende Kirchen:

In Verwaltungsunion:

- die Evangelische Kirche in Berlin-Brandenburg-schlesische Oberlausitz,
- die Bremische Evangelische Kirche,
- die Evangelische Kirche in Hessen und Nassau,
- die Evangelische Kirche von Kurhessen-Waldeck,
- die Evangelische Kirche in Mitteldeutschland,
- die Evangelische Kirche im Rheinland,
- die Evangelische Kirche von Westfalen,
- die der Evangelisch-Lutherischen Kirche in Norddeutschland zugehörige Pommersche Evangelische Kirche.

Die Nordkirche als lutherische Kirche ist Mitglied in der VELKD, hat aber auch aufgrund der unierten Tradition der Pommerschen Kirche eine Gastmitgliedschaft in der UEK.

In Bekenntnisunion:

- die Evangelische Landeskirche Anhalts,
- die Evangelische Landeskirche in Baden,
- die Evangelische Kirche der Pfalz (Protestantische Landeskirche).

Kirchenunionen in Europa und Nordamerika

In den Niederlanden, in Österreich, Frankreich, Tschechien und in den USA bestehen ebenfalls Kirchenunionen.

In den Niederlanden wurde 2004 die *Protestantse Kerk in Nederland* in einer Union der reformierten *Hervormde Kerk*, der calvinistischen *Gereformeerde Kerken* und der lutherischen *Evangelisch-Lutherse Kerk in het Koninkrijk der Nederlanden* gegründet.

In Österreich sind die lutherische *Evangelische Kirche A. B.* und die reformierte *Evangelische Kirche H. B.* in der *Evangelischen Kirche A. und H. B.* in Form einer Verwaltungsunion zusammengeschlossen, die dezidiert nicht als „Union" bezeichnet wird und in der beide Kirchen, u. a. mit jeweiligen Synoden und Kirchenleitungen, eigenständig sind.

In Frankreich schlossen sich 2012 die reformierte und lutherische Kirche zur *Église protestante unie de France*, der ‚Vereinigten Protestantischen Kirche Frankreichs' zusammen.

In Tschechien traten 1918 reformierte und lutherische Gemeinden in einer Bekenntnisunion zur *Evangelischen Kirche der Böhmischen Brüder* zusammen.

In den USA ist die *United Church of Christ* (UCC) eine reformiert-kongregationalistische unierte Kirche. 1957 entstand sie aus dem Zusammenschluss der *Evangelical and Reformed Church* und der *Congregational Christian Churches.*

Die *United Church of Canada*, die zweitgrößte kanadische Kirche nach der Römisch-katholischen Kirche in Kanada, entstand 1925 aus der Fusion von vier Kirchen: einer presbyterianischen, einer methodistischen, einer kongregationalistischen Kirche sowie der *Association of Local Union Churches.*

4.3.1.4 Landeskirchliche Gemeinschaften

Gemeinschaftsbewegung

Die Gemeinschaftsbewegung ist eine Strömung innerhalb der Landeskirchen in Deutschland, deren Wurzeln teilweise in den altpietistischen Konventikeln, in der deutschen Erweckungsbewegung des 19. Jahrhunderts sowie Strömungen der angelsächsischen Erweckung in Form der Evangelisations- und Heiligungsbewegung liegen. Das Anliegen der landeskirchlichen Gemeinschaften ist „Gemeinschaftspflege und Evangelisation“, d. h. das gemeinsame christliche Leben und die intensive Weitergabe der Botschaft von dem rettenden Handeln Christi an Gläubige und an Kirchenferne. Dieses Engagement wurde innerhalb der landeskirchlichen Gemeinschaften stets als ein Werk zum Wohle der ganzen Kirche verstanden. Pointiert bringt der oft zitierte Satz das Verhältnis von Gemeinschaftsbewegung zu den Landeskirchen auf den Punkt: „In der Kirche, wenn möglich mit der Kirche, aber nicht unter der Kirche.“ (Lange, 1988, 19)

Gnadauer Verband

1888 versammelten sich in Gnadau bei Magdeburg Vertreter der Gemeinschaftsbewegung und ihr nahe stehende Theologen zur ersten Pfingstkonferenz. 1897 wurde aus diesen Pfingstkonferenzen heraus der *Deutsche Verband für Gemeinschaftspflege und Evangelisation (Gnadauer Verband)*, heute *Evangelischer Gnadauer Gemeinschaftsverband*, gegründet. Der Dachverband der Bewegung ist aber keine geschlossene, einheitliche Organisation, sondern eher ein loser Zusammenschluss verschiedenartiger und selbstständiger Verbände.

Berliner Erklärung

Im ersten Jahrzehnt des 20. Jahrhunderts brachen in der Gemeinschaftsbewegung sowohl Auseinandersetzungen mit dem internen *darbystischen*, d. h. dem freikirchlichen, gegen jedes Kirchentum gerichteten und ursprünglich aus der → **Anglikanischen Gemeinschaft** hervorgegangenen Flügel auf, als auch erste Konflikte mit der → **Pfingst- und Charismatischen Bewegung**. Letztere durchzogen nahezu das gesamte 20. Jahrhundert. Die Gemeinschaftsbewegung in Deutschland zeigte sich gegenüber enthusiastischen Bewegungen rigoros ablehnend, nachdem es 1907 zu den sogenannten *Kasseler Vorgängen* gekommen war, zu tumultartigen Zuständen in Versammlungen mit ekstatischen Erscheinungen. In der 1909 verabschiedeten *Berliner Erklärung*, unterzeichnet von Vertretern der → **Evangelischen Allianz** und der Gemeinschaftsbewegung, wurde die Pfingstbewegung als „perfektionistisch“ und „von unten“, d. h. von Satan inspiriert, verurteilt. Ihre starke Betonung des Geistes und ihre, so wahrgenommene, Vernachlässigung des Sündenbewusstseins waren für die Gemeinschaftsbewegung problematisch. Über Jahrzehnte war in Deutschland das Verhältnis markiert von einer scharfen Abgrenzung. Erst mit der *Kasseler Erklärung* von 1996 fand eine gegenseitige Annäherung statt.

Auch das Verhältnis zu den Landeskirchen, innerhalb derer die Gemeinschaftsbewegung wirkte, war nicht frei von Dissonanzen. In die Debatten um die neu zu erstellenden Kirchenverfassungen in den 1920er Jahren brachte sich die Gemeinschaftsbewegung ein und forderte, durch die Gleichstellung der Kirchen und Religionsgemeinschaften in der Weimarer Verfassung selbstbewusster als zuvor, die offizielle kirchenrechtliche Freigabe des Abendmahls an die Gemeinschaften. Das wurde in keiner der damaligen Landeskirchenverfassungen berücksichtigt, sodass sich das Problem der Anerkennung des gemeinschaftlichen Abendmahls, das in Folge auch ohne kirchenrechtliche Genehmigung abgehalten wurde, durch die Landeskirchen bis weit in die zweite Hälfte des 20. Jahrhunderts immer wieder stellte. Die Landeskirchen wiederum drängten die sich auf ihren Gebieten befindlichen Gruppen seit den 1920er Jahren deutlicher als zuvor mit starkem Selbstbehauptungswillen an den kirchlichen Rand. Die Stimmen in der Gemeinschaftsbewegung wurden lauter, die den Austritt aus den Landeskirchen und selbstständig organisierte Gemeinschaftsformen, z. B. in einer Freikirche, forderten. 1941 beschloss die Leitung des *Gnadauer Gemeinschaftsverbandes*, Doppelmitgliedschaften in den Gemeinschaftsverbänden und in Freikirchen zu verbieten. Diese Ablehnung wurde an der Gemeindebasis recht weit ausgelegt bzw. wissentlich oder unwissentlich ignoriert. Es kam immer wieder vor, dass Prediger der Gemeinschaftsbewegung ihre Gemeinden Freikirchen zuführten oder in freie Gemeinden umwandelten. Häufig wussten sie wenig über das formale Verhältnis des Gnadauer Verbandes zur den evangelischen Landeskirchen.

Gemeinschaftsbewegung und Landeskirchen

Seit Ende der 1950er Jahre positionierte sich die Leitung des *Gnadauer Verbandes* in der **Debatte** um die **Theologie der Entmythologisierung** des Marburger Neutestamentlers Rudolf Bultmann (1884–1976) gegen die „moderne Theologie". Die Gemeinschaftsbewegung bildete eine gewichtige Trägergruppe der sich formierenden evangelikalen Bewegung und vertrat im Wesentlichen, trotz interner Differenzierung, deren Kampfziele: gegen eine „Verkürzung des Evangeliums" bei Pfarrern, gegen die „Aufweichung von Glaubensaussagen" der Theologie, gegen pluralistische Kirchentage, gegen Vernachlässigung von Evangelisation und Mission in den Kirchen und gegen familien- und sexualethischen Liberalismus. Die Kirchenkritik war scharf, wobei oft eine ekklesiologische Unklarheit vorherrschte, bei der das fehlende Bewusstsein dafür hervorstach, sich selbst innerhalb der abgelehnten Kirche, ihrer Strukturen und ihrer Repräsentation als Leib Christi zu bewegen.

Die Entmythologisierungsdebatte

Anfang der 1980er Jahre kam es zu einer Neujustierung des methodischen Zugriffs in der Verkündigung und im Auftreten der Gemeinschaftsbewegung. Auf der im Frühjahr 1981 stattgefundenen Pfingstkonferenz des *Gnadauer Verbandes* hielt der Präses des Verbandes Kurt Heimbucher (1928–1988) eine Rede, in der er eine umfassende Erneuerung des deutschen Pietismus im Sinne des Vorbilds seiner Väter im 18. Jahrhundert forderte. Der Pietismus müsse offensiv seine Weltverantwortung wahrnehmen und besonders auf den Gebieten der Evangelisation, der Bildung und Schule, der Erziehung, der Umwelt und Diakonie neue Wege finden, um Menschen auf zeitgemäße Art und Weise und mit „charmantem Offensivgeist" Jesus Christus als die größte Nachricht der Welt nahe zu bringen. Diese Botschaft könne nur mit „natürlicher Menschlichkeit, die den anderen ernst nimmt", verbreitet werden (zitiert nach Bauer, 2012, 648).

Die Neuorientierung des *Gnadauer Verbandes* schlug sich in zwei Außenbezügen nieder: einmal in dem Verhältnis zur evangelikalen Bewegung, von der man sich Ende der 1980er, Anfang der 1990er Jahre organisatorisch trennte, ohne jedoch gemeinsame Ziele aufzugeben, und zum zweiten in der Beziehung zu den Landeskirchen.

Annäherungen

In einer im Dezember 1987 herausgegebenen Positionserklärung „Der Gnadauer Verband als geistliche Bewegung in der evangelischen Kirche" wurden die Landeskirchen weniger als zuvor kritisiert. Der sich in ihnen ergebende Freiraum, der die eigene Arbeit überhaupt erst ermögliche, wurde dezidiert gewürdigt. Eine starke Betonung lag auf den Aufgaben und Zielen der Gemeinschaftsbewegung und der Verantwortung „für den von Gott gewiesenen innerkirchlichen Weg." (zitiert nach Bauer, 2012, 656) Vorausgegangen waren dem Positionspapier eine Reihe von Gesprächen zwischen dem Vorstand des Gnadauer Verbandes und dem Rat der EKD bzw. zwischen Vertretern einzelner Gemeinschaften und denen einzelner Landeskirchen v. a. über praktische Fragen des Miteinanders, die eine zunehmende Vertrauensbildung bewirkten. In den 1980er und 1990er Jahren wurde in offiziellen Bestimmungen auf den Gebieten nahezu aller deutschen Landeskirchen im gegenseitigen Einvernehmen das Verhältnis von Landeskirchen und landeskirchlichen Gemeinschaften geregelt. Die Gemeinschaftsbewegungen werden darin als ein wichtiger Faktor des evangelischen Lebens wahrgenommen und gewürdigt. In manchen Landeskirchen wurde den Gemeinschaftskreisen die Möglichkeit für das eigenständige Feiern der Sakramente eröffnet. Heute verfügt die Bewegung auch über eigene, teilweise akkreditierte theologische Hochschulen, z. B. die 1886 gegründete Evangelistenschule Johanneum in Wuppertal-Barmen, die Evangelische Hochschule „Tabor" in Marburg oder die Internationale Hochschule Liebenzell, wo eigene Prediger und Predigerinnen ausgebildet werden.

Das Verhältnis der Gemeinschaftsbewegung zu den Landeskirchen war phasenweise stark von der Versuchung geprägt, sich von den Landeskirchen abzuspalten und eine eigene Freikirche zu gründen. In den 1990er Jahren verabschiedete sich die Leitung des Gnadauer Verbandes von dem sogenannten *Modell 4*, das von verschiedenen Gruppen innerhalb des Verbandes präferiert wurde und das den Kirchenaustritt bei gleichzeitiger Mitgliedschaft im *Gnadauer Verband* meinte. Damit distanzierte sich die Führung des *Gnadauer Verbandes* von allen Tendenzen hin zur Freikirche in den eigenen Reihen.

Die Deutsche Evangelische Allianz

Eine enge Verbindung hat die Gemeinschaftsbewegung zur → **Evangelischen Allianz.** In ihren missionarischen und evangelistischen Anliegen treffen sich beide Sammlungsbewegungen elementar. Aus diesem Grund sind personelle Überschneidungen zwischen Gemeinschaftsbewegung und *Deutscher Evangelischer Allianz* häufig anzutreffen. Der markanteste Unterschied besteht zwischen beiden Großorganisationen in der Stellung zu den evangelischen Landeskirchen und zu den Freikirchen: Während sich der *Gnadauer Verband* als ein freies Werk der EKD in seinen Regionalvereinen den jeweiligen Landeskirchen zugeordnet sieht und hier neben der Aufgabe der Evangelisation die *Gemeinschaftspflege* verfolgt, ist die *Evangelische Allianz* eine überkonfessionelle Plattform, deren Mitgliedsorganisationen (Einzelmitgliedschaften gibt es nicht) sowohl in Landes- als auch in Freikirchen, vereinzelt in der Römisch-katholischen Kirche beheimatet sind.

4.3.2 Freie Kirchen und Strömungen

4.3.2.1 Kirchen aus dem Vorfeld der Reformation

Waldenser

Geschichte

Als „Protestanten vor der Reformation" bezeichnete im 16. Jahrhundert der lutherische Theologe Matthias Flacius Illyricus (1520–1575) die Waldenser und drückte damit nicht nur aus, dass sie neben der mittelalterlichen Kirche eine vorreformatorische Kirche bilden, sondern auch, dass sie, die von der seit dem Aufstieg des Papsttums verdorbenen katholischen Hierarchie als „Häretiker" bezeichnet wurden, die „wahre Kirche" gewesen seien. Illyricus und weitere Theologen stellten somit eine *Sukzession der Kirche* auf.

Die Waldenser gehen zurück auf das Wirken des Lyoner Kaufmanns Peter Valdes(ius) (gest. vor 1218), der sich nach einer Bekehrung zu einem Leben in Armut als Prediger entschloss und eine Anhängerschar um sich sammelte. Über die Frage, ob Valdes eine Predigterlaubnis der Kirche für seine Verkündigung benötigte oder nicht, entbrannte in den 1180er Jahren eine Auseinandersetzung mit der römischen Kirche, die Valdes 1184 mit dem Bann belegte. Auch in den nächsten Jahrzehnten stießen sich die Schüler von Valdes nur an der Ordnungsfrage und lehnten die Aufforderung ab, um Predigterlaubnis zu bitten. Häretische Lehren konnten den Waldensern, die auch „Arme von Lyon" genannt wurden, nicht nachgewiesen werden. Sie distanzierten sich von den Katharern und verschmolzen teilweise mit der katholischen Kirche oder gingen in anderen Bettelorden auf. Lediglich eine ihrer Splittergruppen, die Lombarden, traten mit sehr kirchenkritischen Vorstellungen auf. Neben kirchentreuen Gruppen gab es eine volkstümliche Bewegung der Waldenser, die im 13. Jahrhundert in Frankreich und Deutschland weite Verbreitung fand.

In Frankreich gerieten die Waldenser aufgrund ihrer umherziehenden Prediger, die nicht der Kontrolle der Kirche unterworfen waren, ihrer tendenziellen Kirchenkritik und dem Umstand, dass Lombarden mitunter für Waldenser gehalten wurden, in Bedrängnis durch die Inquisition. In Deutschland war die waldensische Bewegung radikaler als in Frankreich, da sie vermutlich unter dem Einfluss von Lombarden standen. Zwei ihre Kirchenkritik durchziehende Elemente waren der donatistische Vorwurf, dass sündige Priester die Wirksamkeit der Eucharistie verhinderten und die Sakramente unwirksam machten sowie die Ablehnung des Anspruchs der Kirche, allein geistliche Vollmachten und kirchliche Autorität zu besitzen.

Vom 13. bis zum späten 14. Jahrhundert breiteten sich die Waldenser in Österreich, Süddeutschland, Böhmen und der Mark Brandenburg aus. Eine besondere Rolle spielten die Gemeinden, die sich in den 1290er Jahren in den tiefen Tälern der Cottischen Alpen in der Region Piemont im südwestlichen Alpenraum ansiedelten. Jahrzehntelang wussten sie durch eine geschickte Lokalpolitik ihre Verfolgung durch die Inquisition zu verhindern. Dagegen initiierte Papst Innozenz VIII. (Pontifikat 1484–1492) 1487/88 einen Kreuzzug gegen die Waldenser in den Tälern der Dauphiné, bei dem über 150 Waldenser ermordet wurden.

Um 1530 traten Waldenser in Kontakt mit der Schweizer Reformation [→ **Evangelische Konfessionsfamilie: Besonderheiten der historischen Entwicklung**]. Mehrere Treffen um 1532 trugen zu der grundsätzlichen Beeinflussung der Waldenser durch die Reformation bei, u.a. zur Aufgabe der bisherigen Lebensweise in Armut und Ehelosigkeit. Auf der Synode von Chanforan 1532 beschlossen die Waldenser den Anschluss an die Schweizer reformatorische Bewegung. 1555 verliehen sich die Waldensergemeinden in den Gebirgstälern des Piemont die Kirchenordnungen Genfs und erhielten in der Folge reformierte Geistliche aus der Schweiz. Zunehmend studierten waldensische junge Männer in Genf.

In den 1550er Jahren kam es zu einer grausamen Verfolgung der Waldenser im Lubéron in den französischen Voralpen südöstlich von Avignon. Anfang der 1560er Jahren setzte Herzog Emmanuel Philibert von Savoyen (1528–1580) auch die Savoyardischen Waldenser durch ein Verbot unter Druck. Nach gewaltsamen Auseinandersetzungen wurde es in ein Befriedungsedikt umgewandelt, das den Waldensern in einem engen Rahmen die öffentliche Ausübung ihrer Religion auf der Basis des reformierten Bekenntnisses gestattete. Im Zuge dieser Auseinandersetzungen mit der Staatsgewalt sowie vor dem Hintergrund des endgültigen Bruchs mit der Römisch-katholischen Kirche gaben sich die Waldenser 1560 ein „Bekenntnis“, und zwar mit der *Prefatione*, der ‚Vorrede‘ der ein Jahr zuvor durch eine Pariser Synode verabschiedeten *Confessio Gallicana* (vgl. Campi 2009), die als Geburtsstunde der reformierten Kirche in Frankreich gilt.

Durch die Verfolgungen der Waldenser wurden die aus dem Ausland kommenden Geistlichen reformierten Glaubens und die waldensische Bevölkerung fester verbunden. Bis Ende des 17. Jahrhunderts kam es immer wieder zu Ausschreitungen entweder der lokalen Obrigkeiten gegen die Waldenser oder zu repressiven Erlassen der französischen Könige gegen die französischen Protestanten. Allerdings stießen die **Verfolgungen der Waldenser** im restlichen Europa immer deutlicher auf Empörung. Es erfolgten Eingaben beim Herzog von Savoyen, seit 1720 beim König von Sardinien-Piemont, und Geldspenden zur Unterstützung der verfolgten Waldenser wurden gesammelt. Besondere Unterstützung erhielten sie von Geistlichen der → **Anglikanischen Gemeinschaft**.

Trotzdem wanderten viele Waldenser während der Verfolgungswellen aus. Im 18., 19. und 20. Jahrhundert entstanden Diasporagemeinden in Uruguay, Argentinien und im Osten und mittleren Westen der USA.

In Deutschland gestattete Herzog Eberhard Ludwig von Württemberg (1676–1733) den Waldensern ebenso wie den Hugenotten seit 1699 die Ansiedlung in Württemberg, um den Wiederaufbau seines Landes nach dem Pfälzischen Erbfolgekrieg voranzutreiben. Den Glaubensflüchtlingen wurde Religionsfreiheit und die Möglichkeit der Gründung eigenständiger, selbst verwalteter Gemeinwesen zugesagt. Auch in Hessen und in Preußen fanden die Waldenser Aufnahme und gründeten zahlreiche Gemeinden.

Seit dem 18. Jahrhundert erfolgten zwar keine gewaltsamen religiösen Verfolgungen der Waldenser mehr, aber es wurden immer wieder Versuche ihrer Re-Katholisierung unternommen. Unter Napoleonischer Herrschaft erhielten sie einzelne bürgerliche Rechte, 1848 in einem Edikt des Königs Karl Albert von Sardinien (1798–1849) das volle Bürgerecht, gemeinsam mit den Juden.

In den 1840er Jahren bewirkte eine Erweckungsbewegung fast die Spaltung der waldensischen Gemeinden. 1855 wurde die *Waldensische Theologische Fakultät* in Torre Pellice eröffnet, die 1860 nach Florenz und 1922 nach ökumenischen Gesprächen mit → **Baptisten** und → **Methodisten** nach Rom verlegt wurde. Seit der ersten Hälfte des 20. Jahrhunderts wurden methodistische Studenten an der Waldensischen Theologischen Fakultät zugelassen.

Die Waldenser waren von Anfang an ausgesprochen kirchenverbindend und ökumenisch ausgerichtet. So heißt es in dem 1655 auf Französisch und 1662 auf Italienisch veröffentlichten Glaubensbekenntnis der Waldenser-Kirchen *Confessione di fede delle Chiese valdesi*, man stimme in der Lehre mit allen reformierten Kirchen aus Frankreich, Großbritannien, den Niederlanden, Deutschland, Schweiz, Böhmen, Polen, Ungarn und anderen überein und verspräche ihnen Schutz im Leben und im Tod.

1975 wurde mit den Methodisten die vollständige Kirchengemeinschaft durch den *Patto d'integrazione globale valdese e metodista* hergestellt. Dabei werden die Kirchenmitglieder und Pfarrer gegenseitig als solche anerkannt und die lokalen Kirchen behalten ihre eigene Bezeichnung. Dazu kommt eine gemeinsame waldensische und methodistische Synode sowie ein gemeinsamer Pfarrerverband, der *Corpo pastorale*. Gegenüber dem italienischen Staat besteht eine einzige Kirchengemeinschaft, die *Chiesa Evangelica Valdese* (‚Evangelische Waldenserkirche – Gemeinschaft der waldensischen und methodistischen Kirchen in Italien'). An den waldensisch-methodistischen Synodenversammlungen nehmen mit beratender Stimme auch Baptisten teil, mit denen einige theologische Differenzen im Sakramentsverständnis und in der Ekklesiologie bestehen. Seit 1990 gibt es einen Vertrag der gegenseitigen Anerkennung zwischen der *Evangelisch-baptistischen Union Italiens* (UCEBI) und der Waldensischen Kirche.

2007 wurde in Rom das Studienzentrum *Centro Filippo Melantone* gegründet, das ‚Protestantische Zentrum für ökumenische Studien', das von der Waldensisch-Methodistischen Kirche und der *Chiesa Evangelica Luterana*, der ‚Evangelisch-Lutherischen Kirche' in Italien getragen und von der EKD und der „Gemeinschaft Evangelischer Kirchen in Europa“ (GEKE) unterstützt wird. Zentrales Ziel des Zentrums ist die Förderung des theologischen Nachwuchses mit einem Schwerpunkt auf der Ökumene.

Ekklesiologische Spezifika

- Die Kirche der Waldenser hat eine presbyteriale Verfassung.
- Die Ortsgemeinden sind autonom.

Struktur

- Die Ortsgemeinden werden von Delegierten in der jährlich stattfindenden Synode vertreten. Diese wählt die *Tavola Valdese*, das Moderamen der Kirche, als exekutives Leitungsgremium der Kirche.
- In Italien geben bei der für alle Staatsbürger obligatorischen Kultursteuer über eine halbe Million Einwohner acht Promille (= 0,8 %) ihres Steueraufkommens an die Waldenser-Kirche, ohne Mitglied zu sein.
- Weltweit hat die Waldenser-Kirche ca. 98 000 Mitglieder, von denen etwa 47 500 in Italien leben (Stand 2018).
- In den USA vereinigten sich in den 1970er Jahren die Gemeinden der Waldenser mit der *Presbyterianischen Kirche.*
- Die *Iglesia Evangelica Valdese del Rio de la Plata* ist die größte Waldenserkirche im Ausland mit etwa 15 000 Mitgliedern.
- In Stuttgart existiert eine italienischsprachige Waldensergemeinde mit etwa 90 Mitgliedern.

Evangelische Brüder-Unität – Herrnhuter Brüdergemeine

Geschichte

Die Wurzeln der *Brüder-Unität* reichen bis zu dem tschechischen Reformator Jan Hus zurück, der 1415 auf dem Scheiterhaufen starb. Hus wirkte seit 1402 als charismatischer und wortgewaltiger Prediger an der Bethlehemskapelle in Prag. In Anlehnung an die Reformideen des Oxforder Professors John Wyclif lehrte er, dass nicht Papst und Klerus, sondern die Gläubigen die Kirche darstellten. Deshalb gestand Hus das Trinken aus dem Kelch bei der Kommunion, das Vorrecht der Priester, allen Gläubigen zu, also auch den Laien. Das daraus hervorgehende Schlagwort *Laienkelch* bezeichnete diese reformtheologische Richtung. Weiterhin wandte sich Hus gegen den politischen Machtanspruch und den Großgrundbesitz der Kirchenfürsten, den Verkauf von Kirchenämtern, den Zölibat, die Verehrung von Reliquien und gegen den Ablasshandel.

Mit seiner Verurteilung auf dem Konzil von Konstanz wurde Jan Hus zum Märtyrer der Reformbewegung in Böhmen. Der Konstanzer Schuldspruch gegen ihn wurde hier mehrheitlich nicht anerkannt. Zwei Monate nach Hus' Tod, im September 1415, sandten über 450 böhmische Adlige einen Protestbrief an das Konzil, in dem sie diesem die Lehrautorität absprachen und die Universität Prag als letzte Entscheidungsinstanz in Glaubensfragen ernannten. Es kam rasch zu einem Radikalisierungsprozess, der in den *Hussitenkriegen* mündete, die im Juli 1419 mit dem sogenannten *Ersten Prager Fenstersturz* begannen und sich bis 1434/39 erstreckten.

Die aufbegehrenden Anhänger von Jan Hus, die *Hussiten*, forderten theologisch v. a. den *Laienkelch* beim Abendmahl. Sie bildeten mehrere Strömungen aus. Das gemäßigte Lager berief sich auf die „Vier Prager Artikel" von 1420, in denen Predigtfreiheit, *Laienkelch*, Armut der Geistlichen und Bestrafung der Todsünden in jedem Stand festgelegt wurden. Die gemäßigten Hussiten wurden auch *Kalixtiner* (lat.: *calix* = ‚Kelch') oder *Utraquisten* (lat.: *communio sub utraque specie* = ‚Abendmahl in beiderlei Gestalt') bezeichnet. Daneben gab es die *Taboriten*, benannt nach der 1420 neugegründeten Stadt Tábor in Südböhmen, die sich als zweites Revolutionszentrum neben Prag etablierte und theologisch weitaus radikaler und stärker auf den gesellschaftlichen Umsturz fokussiert war. Tábor war die Operationsbasis eines Volksheeres von „Gottesstreitern", bestehend aus Bauern, Handwerkern und Kleinadligen unter der Führung des aus dem niederen Adel stammenden Jan Žižka (um 1360–1424). Nachdem die hussitischen Heere in der zweiten Hälfte der 1420er Jahre teilweise weit in die Territorien des Heiligen Römischen Reichs vorgedrungen waren und nicht selten eine Schneise der Verwüstung hinterließen, zeigte sich das 1431 bis 1437 in Basel tagende Konzil zu Friedensverhandlungen bereit. 1433 kam es zum Abschluss der *Basler* bzw. *Prager Kompaktaten*, nach denen das kirchliche Abendmahl in Böhmen und Mähren jedem, der es verlangte, in Gestalt von Brot und Wein gereicht werden musste.

Die Vereinbarungen mit der katholischen Kirche wurden von den *Utraquisten* unterschrieben, denen besonders an der Gewährung des *Laienkelches* lag. Die radikaleren *Taboriten* hingegen waren mit den weiteren Regelungen, die der römischen Kirche zahlreiche Rechte garantierten, nicht einverstanden. Es kam

1434 zu einem Kampf der Anhänger beider hussitischen Glaubensrichtungen. Dabei trugen die *Utraquisten*, verbündet mit einem kaiserlichen Heer, den militärischen Sieg davon.

1462 erklärte Papst Pius II. (Pontifikat: 1458–1464) die Zugeständnisse an die *Hussiten* für ungültig. Erst 1485 kam es zum Abschluss eines Religionsfriedens zwischen Katholiken und *Utraquisten*. 1512, nach fast einem Jahrhundert teilweise blutiger Auseinandersetzungen und fünf Jahre bevor in Wittenberg ein Augustinermönch namens Martin Luther mit seiner Kritik am Ablasswesen an die Öffentlichkeit trat, verlieh der Reichstag den *Hussiten* die gleichen Rechte wie den Katholiken.

Die in der Schlacht von Lipan 1434 geschlagenen *Taboriten* blieben in den nächsten Jahrzehnten im Verborgenen. In der zweiten Hälfte des 15. Jahrhunderts begründeten sie zusammen mit → **Waldensern** eigene Siedlungen. Sie nannten sich *Unitas Fratrum* – die auch heute offizielle Bezeichnung der Herrnhuter – und bildeten die „alte" *Brüder-Unität*. Nach ihren Verbreitungsgebieten in Böhmen und Mähren wurden sie auch *Böhmische Brüder* oder *Moravian Church* genannt. Eine ihrer bedeutendsten Persönlichkeiten war im 17. Jahrhundert der Universalgelehrte und Bischof der *Brüder-Unität* Johann Amos Comenius (1592–1670).

Im Zuge der *Gegenreformation* und der Rekatholizierung von Böhmen und Mähren mussten die Mitglieder der *Brüder-Unität* eine Untergrundkirche bilden oder fliehen. Viele wanderten aus. 1722 kamen Flüchtlinge aus Mähren auch auf das Gut Berthelsdorf bei Herrnhut im Osten Sachsens, das sich im Besitz der Familie des Reichsgrafen Nikolaus Ludwig von Zinzendorf (1700–1760) befand. Dort wurden sie aufgenommen und durften eine eigene Siedlung errichten. Sie organisierten sich in Kleingruppen, Unverheiratete lebten in einer Wohngemeinschaft, es wurde Gütergemeinschaft praktiziert und Frauen waren gleichberechtigt zu Ämtern zugelassen.

In Weiterführung der böhmisch-mährischen *Unitas Fratrum* wurde im August 1727 bei einer Abendmahlsfeier in Herrnhut die *Brüder-Unität* erneuert. Der reformierte Berliner Oberhofprediger Daniel Ernst Jablonsky (1660–1741) weihte Nikolaus Ludwig von Zinzendorf und David Nitschmann (1695–1772) zu Bischöfen der „neuen" *Brüder-Unität* bzw. der *Herrnhuter Brüdergemeine*. Um erneuten Verboten zu entgehen, verblieben die Herrnhuter als Nachfolger der *Böhmischen Brüder* und nach dem Modell des innerkirchlichen *Pietismus* von Philipp Jakob Spener in der Landeskirche.

1732 begannen die Herrnhuter mit einer für sie typischen ausgedehnten und intensiven Missionsarbeit, zunächst bei den Sklaven in der Karibik und den Leibeigenen im Baltikum.

1736 wurde Zinzendorf aus Sachsen ausgewiesen. Er reiste durch Deutschland und gründete vielerorts *Pilgergemeinen*. Seit 1750 lebte er hauptsächlich in London. Er legte größten Wert auf die *Herzensfrömmigkeit*, die unmittelbare Beziehung zu Jesus. Das aktive „Streitertum" für das Evangelium stand für ihn und seine Anhänger im Mittelpunkt. Aus der tiefen persönlichen Verbundenheit mit dem Heiland Jesus Christus entsprang für ihn notwendig und unmittelbar der Ruf zum missionarischen Zeugnisdienst. Zeit seines Lebens war er vom Gedanken der die Konfessionen verbindenden Ökumene motiviert und getragen. Die einzelnen Konfessionen waren für ihn Erziehungsformen und Gnadengaben Gottes, die zuerst zum Evangelium und dann zur Einheit aller „Kinder Gottes" führen. *Herzensfrömmigkeit* und verantwortliches, christliches Zeugnis für diese Welt stellten für ihn zwei Seiten ein- und derselben Sache dar.

Zu den besonderen Charakteristika der Herrnhuter zählten Singgottesdienste, in denen Lieder spontan gedichtet wurden. Außerdem beging man den jüdischen Sabbat und das Versöhnungsfest. Bei Bestattungen wurde weiß getragen, um den Glauben an die Auferstehung zu bezeugen. Wichtig war zudem die Praxis des Losens: es wurden die Bibelverse gelost, die die Grundlage der Tagesandacht bildeten, es wurden Ämtervergabe, alltägliche Entscheidungen, aber auch Eheschließungen gelost. Mit den „Losungen" gibt die Herrnhuter Brüdergemeine ein Andachtsbuch heraus, das heute in über 45 Sprachen der Erde erscheint.

Die Brüder-Unität hat keine eigenen Bekenntnisschriften festgelegt, sondern bekennt den Auferstandenen Jesus Christus. Der Schwerpunkt ihrer Frömmigkeit besteht in der gelebten Glaubenspraxis, bei der Jesus Christus im Zentrum steht, die Gemeindediakonie, die Mission und die ökumenische Zusammenarbeit mit den aus der Missionsarbeit entstandenen selbstständigen Kirchen der Brüder-Unität in aller Welt.

Ekklesiologische Spezifika

- Die Brüdergemeine hat die Einheit der Kirche als Ziel ihrer Bemühungen im Blick. Die verschiedenen Kirchen werden mit vielfältigen Gaben ausgestattet gesehen, die es ermöglichen, voneinander zu lernen. Die Herrnhuter verstehen sich als Volk auf der Wanderschaft dem kommenden Herrn und der Einheit der Kirche entgegen.

- Verfasst ist die Herrnhuter Gemeine auf allen Ebenen *presbyterial-synodal*. Die Synode ist ihre höchste verfassungsmäßige Vertretung.
- Die *Brüder-Unität – Herrnhuter Brüdergemeine* ist der Evangelischen Kirche in Deutschland (EKD) angegliedert. Für Kirchenmitglieder gibt es die Besonderheit der Möglichkeit der Doppelmitgliedschaft in der Gemeine und in einer Landeskirche.
- Darüber hinaus ist die Herrnhuter Brüdergemeine Gastmitglied in der *Vereinigung evangelischer Freikirchen* (VEF).

Spezifika im Amtsverständnis

- Die weltweite Brüder-Unität kennt drei Ämter: das des Diakons, das des Presbyters und das des Bischofs.
- Alle Ämter dürfen von Männern und Frauen ausgeübt werden.
- Die Weihe zum Diakon oder zur Diakonin berechtigt zur Sakramentsverwaltung.
- Das Bischofsamt geht nicht mit Verwaltungsbefugnissen einher, sondern wird als ein seelsorgerliches Amt an den Mitarbeiterinnen und Mitarbeitern im geistlichen Dienst verstanden.

Struktur

- Die *Evangelische Brüder-Unität – Herrnhuter Brüdergemeine* ist organisatorisch eine von 29 Provinzen bzw. selbstständigen Kirchen der weltweiten Brüder-Unität. Sie stellt einen Verband von Gemeinden, Gruppen, Sozietäten, Werken, Schulen und Missionsorganisationen in verschiedenen europäischen Ländern dar und ist Teil der *Europäisch-festländischen Provinz*.
- Der *Europäisch-festländischen Provinz* gehören 30 Gemeinden und Sozietäten in Deutschland, Dänemark, Estland, den Niederlanden, Schweden und der Schweiz an. Neben der *Europäisch-festländischen Provinz* gibt es in Europa die *Britische* und die *Tschechische Provinz*.
- Die weltweite Brüder-Unität umfasst in ihren 29 Provinzen etwa 1 210 000 Mitglieder (Stand 2018), von denen 80 % in Afrika, Mittel- und Südamerika sowie der Karibik leben.

- In Deutschland hat die Herrnhuter Brüdergemeine etwa 6000 Mitglieder in 16 Gemeinden.

4.3.2.2 Aus der Täuferbewegung hervorgegangene Kirchen

Mennoniten

Geschichte

Die Mennoniten gingen direkt aus der **Täuferbewegung** des 16. Jahrhunderts hervor [→**Evangelische Konfessionsfamilie: Besonderheiten der historischen Entwicklung**]. Zu einem großen Teil ist die Geschichte der Täuferbewegung die mennonitische Geschichte.

Seit dem 16. Jahrhundert entstanden mennonitische Gemeinden auf deutschem Gebiet, stets der Gefahr der Verfolgung und der Hinrichtung ihrer Gläubigen ausgesetzt. Je nach dem regionalen Kontext prägten sie lokale Spezifika aus. Seit dem 18. Jahrhundert breiteten sie sich von Deutschland nach Russland und nach Nordamerika aus.

1886 vereinigten sich die norddeutschen Stadtgemeinden und einige links-rheinisch-pfälzische Gemeinden zur *Vereinigung der Mennoniten-Gemeinden* im Deutschen Reich. 1922 erhielt die Vereinigung die Körperschaftsrechte unter dem Namen *Vereinigung der Deutschen Mennonitengemeinden.*

Daneben gab es seit 1840 einen *Badisch-württembergisch-bayrischen Gemeindeverband*, der sich aus regionalen Predigerversammlungen bildete, die schon Ende des 18. Jahrhunderts im süddeutschen Raum aktiv waren. Der Gemeindeverband war vom württembergischen Pietismus beeinflusst und der Arbeit der → **Evangelischen Allianz** verbunden. Seit 1949, als er sich eine neue Verfassung gab, hieß er *Verband deutscher Mennonitengemeinden.*

Die *Arbeitsgemeinschaft Südwestdeutscher Mennonitengemeinden* wurde 1824 gegründet.

1990 erfolgte der Zusammenschluss dieser Vereinigungen sowie der ostdeutschen Mennonitengemeinden zur *Arbeitsgemeinschaft Mennonitischer Gemeinden* (AMG), deren Gründung seit 1982 vorbereitet wurde.

Die Mennoniten bekennen sich zu Jesus Christus als dem Herrn der Gemeinde und Retter der Welt. Maßstab für ein Leben in der Nachfolge ist die Heilige Schrift, wie sie im Gespräch miteinander ausgelegt wird. Das Neue Testament hat nuanciert eine höhere Bedeutung, insbesondere die Bergpredigt, der die Mennoniten ihre Lehre und die Richtlinie der Gemeindezucht entnehmen. Es gibt zwar keine fixierten Lehrmeinungen und Dogmen, allerdings haben das *Schleitheimer Bekenntnis* (1527) oder das 2006 von der *Mennonite World Conference* verabschiedete „Bekenntnis" durchaus den Charakter einer Glaubensbasis.

Wesentlich für die Glaubenspraxis ist der unbedingte Pazifismus. Die Mennoniten sind eine traditionelle Friedenskirche. Die Verweigerung jeglicher Form der Gewaltanwendung bis hin zur Ablehnung von Hierarchien, z. B. auch in der Kirche, beruht auf den Geboten der Nächstenliebe und der Versöhnung zwischen den Menschen.

Der rechtfertigende Glaube wird bei den Mennoniten in einer persönlichen Entscheidung angenommen. Die Taufe erfolgt als Aufnahmeakt des gläubig Gewordenen in die Gemeinde Jesu Christi und in das Bündnis mit Gott. Sie ist unabdingbar mit Buße und Glaube des Täuflings verbunden, d. h. es gibt keine Säuglingstaufe. Auch dadurch wird die eigenverantwortliche Entscheidung zum Glauben und die damit verbundene Zugehörigkeit zur Gemeinde betont.

In der Praxis konzentriert sich das mennonitische Engagement stark auf weltweite Friedens- und Freiwilligendienste, auf die Mission und die Hilfe zur sozialen und wirtschaftlichen Entwicklung in Asien, Afrika, Süd- und Mittelamerika sowie den Gemeindeaufbau und die Gemeindeentwicklung im Inland.

Ekklesiologische Spezifika

- Die Gemeinde besteht in mennonitischer Sicht aus den wahrhaft Gläubigen. Sie ist von anderen kirchlichen und gesellschaftlichen Gruppen unterschieden, da die Gläubigen in der Nachfolge Jesu ein anderes Ziel im Leben verfolgen und einen anderen Lebenswandel an den Tag legen als die allgemeine, staatlich strukturierte Gesellschaft. Die Gläubigen sind aus der sündigen Welt herausgetreten. Deshalb legen auch die Mennoniten, wie alle Freikirchen, einen starken Wert auf die Trennung von Staat und Kirche.
- Christus ist in der Gemeinde gegenwärtig, und der Heilige Geist wirkt in ihr. Die Gemeinde verfügt über die Gewalt der Lehrentscheidung und der Gemeindezucht. Tiefergehende Kirchenvorstellungen gibt es nicht.
- Zu dem Verständnis von Gemeinde gehört weiterhin, dass Frauen und Männer sich entsprechend ihrer Gaben und Möglichkeiten in die vielfäl-

tigen Aufgaben (ehrenamtlich) einbringen und das Leben der Gemeinde mitgestalten, u. a. durch Predigtdienst und Ausrichtung des Gottesdienstes.

- Jede Mennonitengemeinde ist ein freiwilliger Zusammenschluss und unabhängig (independent) von den anderen Gemeinden. Beschlüsse von gemeinsamen Verbünden oder Konferenzen sind nicht verbindlich und können abgelehnt werden. Die Gemeindemitglieder verstehen sich als Geschwister, die auch über den Gottesdienst hinaus füreinander verantwortlich sind.
- Weil jede Gemeinde autark ist, bestimmt sie die eigene theologische Richtung. Daher gibt es eine Vielfalt an Gruppen und Verbänden, deren Spektrum von liberalen, politisch links orientierten Gemeinden bis hin zu konservativen Ausrichtungen reicht, von denen die Bibel wortwörtlich ausgelegt wird.

Spezifika im Amtsverständnis

- Das Amt des Ältesten oder Predigers wird in großen Gemeinden von fest angestellten Pastoren oder Pastorinnen ausgeübt, in kleineren Gemeinden von Laienpredigern oder gewählten Ältesten.
- Den Predigtdienst können auch Frauen übernehmen.
- Es gibt kein *Lehramt* und in der Regel auch kein Bischofsamt.

Struktur

- Die *Arbeitsgemeinschaft Mennonitischer Gemeinden* (AMG) wird getragen von den drei mennonitischen Gemeindeverbänden, die wiederum Gemeinden in spezifischen Regionen zusammenfassen: die *Vereinigung der Deutschen Mennonitengemeinden*, die in Nord- und Westdeutschland beheimatet ist, die *Arbeitsgemeinschaft Südwestdeutscher Mennonitengemeinden* mit Gemeinden in der Pfalz, in Rheinhessen und in Frankfurt sowie der *Verband deutscher Mennonitengemeinden*, der die Gemeinden in Bayern, Baden-Württemberg, der Pfalz und in Halle / Saale sammelt.
- Diese Trägerverbände sind die Mitglieder der AMG, die den Trägerverbänden und den Gemeinden zur Erfüllung gemeinsamer Aufgaben nach innen und außen dient. Die AMG ist Mitglied im Dachverband der Freikirchen in Deutschland, der *Vereinigung evangelischer Freikirchen* (VEF).

Sowohl die Regionalverbände als auch die AMG sind Körperschaften des öffentlichen Rechts.

- Neben der AMG gibt es zahlreiche und zum Teil große mennonitische Gemeinden und Verbünde, die auf Einwanderer aus den Staaten der ehemaligen Sowjetunion, speziell Russland, zurückgehen.
- Die AMG hat enge Beziehungen zu dem 1920 gegründeten *Mennonite Central Committee* (MCC), dem *Mennonitischen Zentralkomitee*, ein internationales Hilfswerk und weltweite Friedens-NGO, das von 15 überregionalen Verbänden der Mennoniten und ihnen verwandten Glaubensgemeinschaften getragen wird.
- Nach dem Zweiten Weltkrieg engagierte sich das MCC mit Aufbauprogrammen für Vertriebene und Lebensmittel- und Kleidungspaketen auch in Deutschland und anderen mitteleuropäischen Ländern. Das Hilfsprogramm CARE wurde von MCC unterstützt. Zwischen 1945 und 1950 investierte MCC ca. 30,5 Millionen Pfund in Hilfsprogramme. Heute ist MCC mit zahlreichen Großprojekten der Entwicklungshilfe, des Fairen Handels und des Umweltschutzes aktiv.
- Auf der 9. Mennonitischen Weltkonferenz 1972 wurde die Idee einer *Mennonitischen Europäischen Regionalkonferenz* geboren. Ursprünglich war die Europäische Regionalkonferenz als einmalige Veranstaltung gedacht, wurde nach der ersten Konferenz 1975 aber eine kontinuierliche Einrichtung. Sie findet alternierend zu den Vollversammlungen der *Mennonite World Conference*, der ‚Mennonitischen Weltkonferenz' statt, die alle Mennoniten weltweit zusammenfasst und 1925 erstmalig tagte.
- 2010 haben sich in einem historisch einmaligen Akt die *Mennonitische Weltkonferenz* und der *Lutherische Weltbund* (LWB) nach einem Schuldbekenntnis des LWB gegenüber den *Anabaptisten* versöhnt. In dem Schuldbekenntnis äußerten die Lutheraner „tiefes Bedauern und Schmerz über die Verfolgung der Täufer durch lutherische Obrigkeiten und besonders darüber, dass lutherische Reformatoren diese Verfolgung theologisch unterstützt haben." (Hahn, 2010) Die *Mennonitische Weltkonferenz* nahm das Schuldeingeständnis an und verpflichtete sich, eine „stärkere Zusammenarbeit mit Lutheranern anzustreben." (ebd.)
- In Deutschland gibt es ca. 60 000 Mennoniten (Stand 2018), weltweit etwa eineinhalb Millionen mennonitische Gläubige, wobei die meisten in Afrika, Nordamerika und Asien leben.

4.3.2.3 Aus kirchlichen Bewegungen in England hervorgegangene Kirchen

In England opponierten im 17., 18. Jahrhundert verschiedene christliche Strömungen gegen die anglikanische Staatskirche [→ **Ausdifferenzierung,** → **Anglikanische Gemeinschaft**]. Durch die *Puritaner*, *Kongregationalisten* und *Dissenter*, die allesamt in je eigener Form stark vom Calvinismus [→ **Evangelische Konfessionsfamilie: Besonderheiten der historischen Entwicklung**] geprägt waren, bekam das Staatskirchensystem Risse. Aus diesen kirchenkritischen Gruppen und Bewegungen gingen die Baptisten, die Methodisten, die Heilsarmee, die Brüdergemeinden sowie Gemeinschaften, die sich von diesen Strömungen abspalteten, oder zahlreiche kleinere Gemeinschaften, z. B. die Quäker, hervor.

Im 18.–19. Jahrhundert begünstigten in England die durch die Industrialisierung bewirkten sozialen Umwälzungen das Wachstum der Methodisten und Baptisten. Das *Disestablishment* von Staat und Kirche wurde ein Thema kirchlicher und politischer Debatten, nicht zuletzt im Hinblick auf Irland, wo sich die anglikanische Staatskirche gegen den Katholizismus trotz jahrhundertelanger Bemühungen nicht hatte durchsetzen können. Schon zu Beginn des Jahrhunderts wurden die Freikirchen vom Staat immer offener toleriert. Als 1828 / 29 die *Test Acts* aufgehoben wurden, die den Zugang zu Staatsämtern auf Angehörige der Anglikanischen Kirche beschränkten, erhielt die freikirchliche Bewegung einen zusätzlichen Schub. Die Freikirchen boten der Erweckungsbewegung einen Rahmen, die dann auch in der Anglikanischen Staatskirche Fuß fasste.

In Deutschland konnten sich die von den britischen Inseln kommenden Glaubensbewegungen aufgrund des → **Landeskirchentums** nur eingeschränkt ausbreiten.

Baptisten

Geschichte

Der Baptismus entwickelte sich aus einer Form des Calvinismus in England, dem Puritanismus [→ **Ausdifferenzierung / Anglikanische Gemeinschaft / Evangelische Konfessionsfamilie: Besonderheiten der historischen Entwicklung**].

Anfang des 17. Jahrhunderts wanderten Glaubensflüchtlinge der Dissenters unter Führung des ehemaligen anglikanischen Priesters John Smyth (um

1566–1612) in die Niederlande aus, wo Smyth 1609 die Erwachsenen- bzw. Gläubigentaufe als Ausdruck eines erneuerten Kirchenverständnisses einführte. Dieser Zeitpunkt gilt als Gründungsdatum der baptistischen Kirche. Die Kritik an den anderen Kirchen seitens Smyths, seiner Mitarbeiter und Anhänger war, dass diese die *apostolische Sukzession* im Sinne der inhaltlichen Übereinstimmung der apostolischen und der kirchlichen Lehre nicht weitergeführt hätten.

Während Smyth sich den → **Mennoniten** zuwandte, kehrte sein Mitarbeiter Thomas Helwys (um 1550–1616) mit einem Teil der Gemeinde nach England zurück und gründete 1612 in Spitalsfield in der Nähe von London die erste englische baptistische Gemeinde. Diese suchte in den folgenden Jahrzehnten die Annäherung an die Mennoniten, was aber an den divergenten Anschauungen in Bezug auf das Verhältnis zum Staat und zur Politik, dem die Baptisten nicht so rigoros ablehnend gegenüberstanden wie die Mennoniten, sowie am Amtsverständnis scheiterte. Stärker als die Mennoniten setzten die Baptisten Laien für die Verwaltung der Sakramente ein.

Ende der 1630er Jahre entstanden in England die ersten Gemeinden der sogenannten *Particular Baptists*, die im Gegensatz zu den *General Baptists* die Calvinistische *Prädestinationslehre* [→ **Evangelische Konfessionsfamilie: Besonderheiten der historischen Entwicklung**] vertraten. Trotz der internen Auseinandersetzungen wuchs die Bewegung bis Ende des 17. Jahrhunderts rasch an. Die Erweckungsbewegung der → **Methodisten** hatte zusätzlichen Einfluss auf die Ausbreitung der baptistischen Gemeinden.

In der zweiten Hälfte des 18. Jahrhunderts kamen die Glaubensinhalte durch baptistische Missionsunternehmen nach Afrika und Asien. In Afrika setzten sich Baptisten für die Abschaffung der Sklaverei und des Sklavenhandels ein.

1813 wurde die *Baptist Union of Great Britain* als Vereinigung der *Particular Baptists* gegründet, 1833 aber für Mitglieder der *General Baptists* geöffnet. 1891 schlossen sich die beiden Richtungen des Baptismus in der *Baptist Union* zusammen. Die Basis der Vereinigung wurde die dreigliedrige *Declaration of Principle*, die den Glauben an Jesus Christus, die christliche Taufe und die Weltevangelisation vorschreibt.

Eine der führenden Persönlichkeiten der baptistischen Bewegung und der bekannteste baptistische Prediger im 19. Jahrhundert in England war Charles Haddon Spurgeon (1834–1892), dessen Predigten von tausenden Menschen gehört und dessen zahlreiche Schriften in hohen Auflagenzahlen verkauft wurden. Spurgeon war Anhänger der Verbalinspiration und der calvinistischen Prädestinationslehre.

Da das staatskirchliche System den Freikirchen in Deutschland kaum Raum ließ [→ **Landeskirchentum**], konnten sie hier erst im Laufe des 19. Jahrhunderts Fuß fassen und sich in gewissen Grenzen ausbreiten. Die erste Baptistengemeinde in Deutschland wurde 1834 in Hamburg durch Johann Georg Oncken (1800–1884) gegründet, der u. a. die Traktate Spurgeons auf Deutsch verlegte. Oncken, der schon durch die Erweckungsbewegung vorgeprägt war, hatte in England den Methodismus und Baptismus kennengelernt. Weitere Gemeinden wurden in Deutschland durch den ehemaligen Herrnhuter Gottfried Wilhelm Lehmann (1799–1882) gegründet. Um die Mitte des 19. Jahrhunderts führte ein einheitliches Glaubensbekenntnis die Gemeinden zusammen. 1848 sammelten sich unter der Führung Lehmanns die preußischen baptistischen Gemeinden, und 1849 wurde unter Onckens Vorsitz der *Bund der vereinigten Gemeinden getaufter Christen in Deutschland und Dänemark* gegründet.

Gegen Ende des 19. Jahrhunderts fassten die Baptisten in Russland und der Ukraine Fuß und stellten dort die größte protestantische Gemeinschaft dar. Die Mission wurde vor allem durch Reiseprediger, die Verbreitung von Bibeln und Traktaten und der Etablierung von *Evangelisationswochen* vorangetrieben. Zur Festigung der Bewegung trug die *Sonntagsschulbewegung*, also die Kinderkatechese, bei.

Am Ende des 19. Jahrhunderts erhielten die Baptisten in Hamburg und in Preußen die Korporationsrechte, d. h. sie wurden als offizielle Vereinigung anerkannt. 1941 ging aus dem Zusammenschluss der Baptisten und dem *Bund freikirchlicher Christen* der *Bund Evangelisch-Freikirchlicher Gemeinden* (BEFG) hervor, der seit 1948 eine *Bundesgeschäftsstelle Ost* hatte, die die Arbeit des Bundes in der DDR sicherstellte. Heute betreibt der BEFG in Elstal bei Berlin, wo sich seine Geschäftsstelle befindet, ein Bildungszentrum mit eigener theologischer Fachhochschule.

Das Verhältnis zur „Welt" spielt im Baptismus eine große Rolle, ist allerdings regional verschieden gewichtet. In Deutschland verband sich die baptistische Bewegung im Gegensatz zu derjenigen des angelsächsischen Raums mit dem weltabgewandten, unpolitischen Pietismus und bildete so eine andere, distanzierte Haltung gegenüber der sie umgebenden Gesellschaft aus.

Im angelsächsischen Raum wurde schon in den Anfängen des Baptismus Glaubens-, Gewissens- und Religionsfreiheit und eine strikte kirchenrechtliche Trennung von Staat und Kirche bei gleichzeitiger individueller Übernahme von politischen Ämtern und politischer Verantwortung gefordert – Elemente, die in der Verfassung der Vereinigten Staaten festgeschrieben sind und im religiösen

Leben in den USA zum Ausdruck kommen. Hier verbreitete sich der Baptismus im weltweiten Vergleich am stärksten und entwickelte zwei Richtungen, die sich in zwei verschiedenen Kirchen niederschlugen: die *American Baptist Churches USA* (ABCUSA) und die *Southern Baptist Convention* (SBC).

Die Gemeinschaft der ABCUSA führt sich auf die ersten baptistischen Kirchen und die sich daraus formierenden Zusammenschlüsse auf dem amerikanischen Kontinent zurück. Durch ihre baptistische Tradition ist die Kirche kongregationalistisch ausgerichtet und ihre Gemeinden untereinander vollkommen autonom. In der Selbstdarstellung der Gemeinschaft heißt es, die ABCUSA sei „one of the most diverse Christian denominations today" (Mission Table 2019). Die ABCUSA besteht aus etwa 5000 lokalen Gemeinden mit etwa 1,3 Millionen Mitgliedern in den USA und Puerto Rico (Stand 2017). Sie gehört zu den *Mainline Churches* in den USA. Der Name *American Baptist Churches USA* (ABCUSA) wurde 1972 eingeführt – in der ersten Hälfte des 20. Jahrhunderts hieß die Denomination *Northern Baptist Convention*, in der zweiten Hälfte bis 1972 *American Baptist Convention*. Obwohl die Gemeinden der ABCUSA autonom sind und die Kirche demzufolge eine hohe Diversität aufweist, gab es in den letzten Jahrzehnten Abspaltungen aufgrund unterschiedlicher Haltungen zur gleichgeschlechtlichen Ehe. Die ABCUSA setzt sich aufgrund ihrer Frömmigkeitstradition und Theologie für eine gerechtere Gesellschaft ein, ist pazifistisch eingestellt und verurteilt immer wieder scharf die durch Waffen ausgehende Gewalt in den USA.

Im Gegensatz dazu ist die ebenfalls baptistische *Southern Baptist Convention* (SBC) in ihrer Ethik wesentlich konservativer. Die SBC ist mit 15,3 Millionen Mitgliedern die größte protestantische Denomination der USA, wobei ihre Mitgliederzahlen in den letzten Jahren kontinuierlich gesunken sind (Größte protestantische Kirche 2017). Sie steht wie die ABCUSA in kongregtionalistischer Tradition, d. h. auch in der SBC sind die Einzelgemeinden völlig autonom. Das vereinende Element ist wie bei der ABCUSA die Ausrichtung der Frömmigkeit. Die weicht in der SBC deutlich von der der ABCUSA ab, obwohl beide Gemeinschaften zur selben Konfession gehören. Es zeigt sich, dass es mitunter nicht die konfessionellen oder theologischen Kriterien sind, die die Kirchen trennen, sondern historisch geprägte Mentalitäten und sozio-kulturelle Einstellungen, die sich v. a. in der Sozialethik niederschlagen und von dort her disparierend wirken. Im Hinblick auf das persönliche Erweckungs- oder Wiedergeburtserlebnis, auf das Bibelverständnis und den missionarischen Impetus gehört die SBC als das Bollwerk des theologischen und politischen Konservatismus

(Schlozmann, 2015, 208) zu dem weiten Bereich des US-amerikanischen Evangelikalismus und ist eine bedeutende Stütze desselben. Das bedeutet keineswegs einen Rückzug aus der Politik. Der politisch-christliche Flügel der *Christian right* nimmt im Gegenteil im Sinne des sozialen Konservatismus direkten Einfluss auf die Politik. Paradigmatisch dafür ist das Wirken des bekannten Predigers und Pastors der SBC Billy Graham (1918–2018), der zu mehreren Präsidenten der USA engen Kontakt hatte und häufiger Gast im Weißen Haus war.

Im Hinblick auf Weltzuwendung und politisches Engagement sind innerhalb des Baptismus je nach Region und Ländern Unterschiede auszumachen. Gemeinsam ist dem weltweiten Baptismus wie allen Freikirchen, die vom Puritanismus angestoßen wurden, der ausgeprägte Individualismus. Mit der Fokussierung auf den Einzelnen, auf das Individuum und dessen persönlicher Beziehung zu Gott, bekam die Frage nach den Menschenrechten im Baptismus schon früh eine eigene Gewichtung.

Die Baptisten haben keine verbindlichen Bekenntnisschriften, aber das *Glaubensbekenntnis des BEFG* von 1944 und die *Rechenschaft vom Glauben*, eine in der Mitte der 1970er Jahre entstandene deutschsprachige Glaubensschrift, die eine Auslegung der Heiligen Schrift zum Ausweis der Übereinstimmung der Gemeinden bietet, stellen Referenzpunkte für die baptistische Frömmigkeit dar. Die Glaubensprinzipien bestehen in der Anerkennung der Bibel als oberste Autorität, der Zugrundelegung des *Priestertums aller Gläubigen* sowie der Unabhängigkeit der Ortsgemeinden als ekklesiologische Regel, der Voraussetzung des Zusammenhangs von Glaube und Taufe, der Forderung der Trennung von Staat und Kirche und des Menschenrechts auf Glaubens- und Gewissensfreiheit.

Die Bekehrung bzw. das öffentliche Glaubenszeugnis stehen im Zentrum des Glaubenslebens, da erst sie den Menschen an dem von Christus erschaffenen Heil teilhaftig werden lassen. Der persönliche Glaube ist demzufolge, im Gegensatz zur Taufe, heilsnotwendig. Er ist die Antwort des Menschen auf die Gnade Gottes.

Die Taufe erfolgt durch Untertauchen (Immersion), begründet die Gemeinde- (und damit Kirchen-)Mitgliedschaft des Täuflings und verpflichtet zu einem Lebenswandel im Sinne des Heilshandelns Gottes.

Ekklesiologische Spezifika

- Schon relativ früh empfanden sich baptistische Gemeinden in Deutschland nicht nur als kirchenrechtlich unterprivilegiertes Gegenüber zu den Landeskirchen, sondern auch als Gemeinde gemäß des Neuen Testaments und begründeten damit einen qualitativen Unterschied zur Volkskirche.
- Ekklesiologisches Gestaltungsprinzip im Baptismus ist der einzelne Mensch. Der Glaube des Individuums ist kirchenkonstituierendes Element. Die Gemeindezucht spielt dadurch eine große Rolle.

Realisierung der Sukzession

Da die urchristliche Gemeinde nach baptistischem Verständnis die ursprüngliche apostolische Lehre am unmittelbarsten verkörperte, dient sie nicht nur als Richtwert der Lebensgestaltung, sondern auch als Ursprung der inhaltlichen *apostolischen Sukzession*, in die sich der Baptismus eingebunden sieht und die er in seinem Selbstverständnis unmittelbar weiterträgt.

Spezifika im Amtsverständnis

- Ämter sind aus dem *allgemeinen Priestertum* der Gläubigen abgeleitet und die Berufung dazu erfolgt durch Jesus Christus und durch die Gemeinde.
- Pastorinnen und Pastoren werden ebenso wie Diakoninnen und Diakone in ihr Amt ordiniert.
- Das Amt des Pastors ist an der Verkündigung orientiert.

Struktur

- Der Baptismus ist kongregationalistisch organisiert, d. h. jede Ortsgemeinde ist autonom und regelt ihre Angelegenheiten selbst. Mitarbeiter und Pastoren werden von ihr gewählt, die Finanzen verwaltet und Jugendarbeit betrieben.
- Ein Teil der deutschen baptistischen Gemeinden sind gemeinsam mit Brüdergemeinden im *Bund Evangelisch-Freikirchlicher Gemeinden* (BEFG) zusammengeschlossen. Die ca. 83 000 Mitglieder des Bundes sind mehrheitlich baptistische Gläubige.
- Ein größerer Teil baptistischer Gemeinden wird durch russlanddeutsche Aussiedler gestellt, die sich dem BEFG nicht angeschlossen haben. De-

ren Mitgliederzahlen können nur geschätzt werden und liegen bei etwa 120 000 bis knapp einer halben Million Gläubigen.

- Der BEFG ist eine kongregationalistische Vereinigung von freien Ortsgemeinden, die sich zur gemeinsamen Arbeit in verschiedenen Bereichen wie Diakonie, Jugendarbeit, Evangelisation und Mission sowie der Ausbildung von Mitarbeitern zusammenschließen. Wie der BFeG, die EmK und weitere Kirchen ist der BEFG in Deutschland Mitglied des Dachverbandes der Freikirchen, der *Vereinigung Evangelischer Freikirchen* (VEF).
- Der BEFG ist Teil der 1949 gegründeten *Europäisch-Baptistischen Föderation*, die aus den europäischen Baptistenkongressen hervorging und die Baptistenunionen Europas und Westasiens verbindet.
- Die *Europäisch-Baptistische Föderation* wiederum gehört der *Baptist World Alliance* an, die 1905 gegründet wurde und alle fünf Jahre baptistische Weltkongresse veranstaltet. Die Ziele des ‚Baptistischen Weltbundes' sind die Förderung der Einheit des weltweiten Baptismus, Evangelisation auf der gesamten Welt, Unterstützung von Völkern, die Not leiden und der Einsatz für die Menschenrechte. Die *Baptist World Alliance* hat ca. 40 Millionen Gläubige in über 200 Ländern.

Methodisten

Geschichte

Der anglikanische Geistliche John Wesley (1703–1791), der durch den Kontakt zur → **Evangelischen Brüder-Unität – Herrnhuter Brüdergemeine** zur befreienden Gewissheit der Rechtfertigung allein durch Glauben gefunden hatte, begründete 1739 in England die Bewegung des Methodismus. Wesley sprach als Reiseprediger vornehmlich untere kirchliche und sozial schwache Bevölkerungsschichten an und löste unter den Arbeitern eine Erweckungsbewegung aus. Mit der Glaubensverkündigung verband Wesley ein starkes soziales Engagement. Für ihn war das „Christ-sein selber" der Dienst am Nächsten. Seine und die Anstrengungen seiner Mitarbeiter auf sozialpolitischem Gebiet waren enorm. Der Aktionsradius umfasste zahlreiche Initiativen, beginnend bei der Versorgung von Bedürftigen mit Lebensmitteln und Kleidung über die Schaffung ärztlicher Betreuung, der Gründung von Darlehnskassen, dem Kampf gegen Sklavenhandel bis hin zur Gründung der englischen Gewerkschaftsbewegung. Das soziale Element blieb für den Methodismus bis heute bestimmend.

In England war der Methodismus lange Zeit eine Bewegung innerhalb der → **Anglikanischen Gemeinschaft**. Wesley selbst blieb sein Leben lang anglikanischer Priester. Erst 1795 wurde aus der methodistischen Bewegung heraus in England eine eigene Kirche gegründet. Im 19. Jahrhundert kam es zu Abspaltungen, die 1939 zur *Methodist Church* zusammengeführt wurden.

In Nordamerika konstituierten sich die methodistischen Gemeinden 1784 mit der Gründung der *Methodist Episcopal Church*, der ‚*Bischöflichen Methodistenkirche*', schon vor der Etablierung als Kirche im Ursprungsland. Die methodistische Kirche wuchs in den folgenden Jahrzehnten rasant. Aufgrund von Auseinandersetzungen über die Form der Kirchenleitung, gab es mehrere Trennungen. So spalteten sich mit ihrer Gründung 1828 die *Methodist Protestant Church*, 1840 die *Wesleyan Methodist Church* und 1845 die *Methodist Episcopal Church, South* von der Mutterkirche ab. Auch die → **Heilsarmee / Salvation Army** bildete in der zweiten Hälfte des 19. Jahrhunderts in England eine eigene, von der methodistischen Kirche abstammende Glaubensgemeinschaft aus. 1895 / 1908 ging aus der US-amerikanischen methodistischen Kirche die *Church of the Nazarene*, die ‚Kirche des Nazareners', hervor.

1816 wurde eine deutschsprachige methodistische Kirche in Pennsylvania gegründet, die *Evangelische Gemeinschaft*, später *Evangelical Church*. Aus der gemeinsamen Arbeit von Methodisten und Mennoniten ging 1800 die *Church of the United Brethren in Christ*, die ‚Kirche der vereinigten Brüder in Christo', hervor. 1946 kam es zur Union der *United Brethren in Christ* und der *Evangelical Church* zur *Evangelical United Brethren Church*.

1968 vereinigten sich die nordamerikanische *Evangelical United Brethren Church* und die *Methodist Church* Großbritanniens zur weltweiten *United Methodist Church*.

Nach Deutschland gelangte der Methodismus im 19. Jahrhundert durch Rückwanderer und methodistische Missionare aus den USA. Die Zentren lagen in Württemberg, Sachsen und Bremen. Von dort verbreitete sich der Methodismus innerhalb der deutschen Gebiete und darüber hinaus in die Schweiz, Österreich, Ungarn und Polen. Am 21. Mai 1850 wurde die erste sogenannte *Vierteljährliche Konferenz*, die kleinste Organisationseinheit der methodistischen Kirche, in Bremen von Ludwig Sigismund Jacoby (1813–1874) eingerichtet. Das gilt als das Gründungsdatum der *Evangelisch-methodistischen Kirche* (EmK) in Deutschland. 1936 wurde der Direktor des methodistischen Predigerseminars in Frankfurt am Main, Otto Melle (1875–1947), zum ersten deutschen methodistischen Bischof gewählt.

Das Selbstverständnis der methodistischen Kirche ergibt sich aus den *25 Glaubensartikeln*, eine von Wesley gekürzte und zum Teil geänderte Variation des Lehrbekenntnisses der → **Anglikanischen Gemeinschaft**, den *39 Articles of Religion*, sowie aus weiteren Glaubens- und Lehrgrundlagen, Ordnungen der Gemeinde und Anweisungen für den Lebenswandel ihrer Mitglieder, aber auch aus sozialen Bekenntnissen wie dem 1908 formulierten *Sozialen Bekenntnis* und ethischen Anleitungen, die sich mit Gegenwartsfragen auseinandersetzen. Diese Dokumente und Schriften sind in der *Verfassung, Lehre und Ordnung* der EmK zusammengefasst.

Im Zentrum des Methodismus steht die Heiligung, d. h. die Verwirklichung des rechtfertigenden Glaubens an Jesus Christus im Leben des Gläubigen. Das Ziel ist die Vollkommenheit, die durch das stete „Verlangen nach Seligkeit“ mit einem dem Willen Gottes gemäßen Handeln bewiesen wird. Weil Gottes Wille die Heiligung ist (1. Thess.4,3), will die EmK ihren Mitgliedern auf dem Weg der Heiligung helfen.

Maßstab und Kriterium für das theologische Urteil sind im Methodismus die Heilige Schrift, die *Tradition* der christlichen Kirche, die das Verständnis der Bibel vertiefen vermag, die menschliche Vernunft als kritisches Instrument für die Erkenntnis der Zusammenhänge offenbarter Wahrheit und die persönliche Glaubenserfahrung und das eigene Bekenntnis.

Theologisches Proprium ist, dass der in Christus gerechtfertigte und geheiligte Mensch in seinem Lebensvollzug Jesus Christus und den Heiligen Geist sichtbar verkünden und repräsentieren kann. Bei der Bestimmung des Verhältnisses von Gott und Mensch sind in methodistischer Sicht die reformatorischen Aussagen von der Rechtfertigung allein durch Glauben (*sola fide, solus Christus, sola gratia*) wichtig, ebenso so wie das an römisch-katholische Vorstellungen angelehnte Verständnis von Heiligung. Im persönlichen Verhalten, den Früchten des Glaubens, zeigt sich tendenziell der Fortschritt in der Heiligung des Gläubigen. Es gelten Regeln, die zu diesem Fortschritt anleiten und gleichzeitig den Gläubigen an die Gemeinschaft binden. Die Gestaltung des an der Heiligung orientierten persönlichen Lebens umfasst die Teilnahme am Gottesdienst sowie Engagement bei der vielfältigen Evangelisations- und Missionsarbeit, in der Diakonie als Teil von Evangelisation, bei der Jugend- und Erziehungsarbeit der Kirche und in der Sozialarbeit. Das soziale Wirken im Methodismus ist ein direktes Erbe Wesleys. Das *Sozialwerk der EmK* ist Mitglied im *Diakonischen Werk* der EKD.

Im Gegensatz zum römisch-katholischen Verständnis von Heiligung und Heil wird im Methodismus davon ausgegangen, dass Christus sein Heilshandeln durch die verschiedenen Glieder seines Leibes auf Erden fortsetzt und die Kirche eine offene, dynamische Bewegung ist.

Ein zentrales Anliegen des Methodismus ist die Mission, deren praktische Herausforderungen sogar Lehrnormen beeinflussen können.

Generell nimmt die Laientätigkeit in der Kirche einen breiten Raum ein, da einerseits von den Kirchengliedern erwartet wird, ihren Glauben durch tätiges Handeln zu bezeugen, andererseits so das *Priestertum aller Gläubigen* zum Ausdruck kommt.

Ekklesiologische Spezifika

- Die *United Methodist Church* versteht sich als Teil der allgemeinen Kirche, die in Jesus Christus ein Leib ist.
- Sie sieht sich bewusst in der *Tradition* des apostolischen Glaubens, wie er in den altkirchlichen Bekenntnissen bezeugt wird.
- Darüber hinaus reklamiert sie für sich Erbin der Reformation in ihrer anglikanischen Form zu sein und sieht sich als Kind der Erweckungsbewegung des 18. Jahrhunderts.
- In Artikel XIII der *25 Glaubensartikel* heißt es zur sichtbaren Kirche Christi, sie ist „eine Gemeinschaft von Gläubigen, in welcher das reine Wort Gottes gepredigt wird und die Sakramente in allen notwendig zu denselben gehörigen Stücken nach Christi Anordnung richtig verwaltet werden." (Die Glaubensartikel, 2017, Artikel XIII)
- Die Mitgliedschaft in der EmK setzt die Taufe voraus, aber die Aufnahme in die Gemeinde erfolgt nach der öffentlichen Bezeugung des persönlichen Glaubens und der Mitgliedschaftsverpflichtung, die die Teilnahme am Gemeindeleben und am Gottesdienst und das Engagement in der Gemeindearbeit und beim Spenden beinhaltet. Bei Nichteinhaltung dieser Verpflichtungen ist ein Ausschluss aus der Gemeinde möglich.
- Eine gewisse Spannung besteht innerhalb der methodistischen Kirchengemeinschaft im Hinblick auf die nuanciert unterschiedliche Gewichtung bei der Organisation der prinzipiell *episkopal-synodalen* Verfassung der Kirchenleitung: Einige Kirchen sind stärker bischöflich organisiert, insbe-

sondere die US-amerikanischen episkopalen Kirchen, andere werden deutlicher durch die *Konferenzen* geleitet, besonders die britischen Gemeinden.
- In Deutschland ist die EmK Mitglied des Dachverbandes der Freikirchen, der *Vereinigung evangelischer Freikirchen* (VEF).

Spezifika im Amtsverständnis

- Vom Anglikanismus hat der Methodismus das dreifache Amt übernommen, d. h. es gibt Diakone, Älteste (Presbyter) und Bischöfe. In methodistischer Vorstellung ist das dreifache kirchliche Amt seit der Frühzeit der Kirche gesamtchristliches Erbe.
- Die Verkündigung des Evangeliums vom Heilshandeln Gottes am Menschen ist zentrale Aufgabe der methodistischen Kirche, die von ordinierten Pastoren, von Laienpredigern und Predigthelfern wahrgenommen wird.
- Die Ordination geht mit der Verpflichtung zur Predigt und der Sakramentsverwaltung einher sowie zum engagierten missionarischen Dienst.
- Allein Bischöfe ordinieren und erteilen die entsprechenden Dienstzuweisungen.

Struktur

- Die EmK ist in *Konferenzen* gegliedert.
- Die *Bezirkskonferenz* umfasst alle Mitarbeiter der Gemeinden eines Bezirks und dient als Verwaltungsorgan, das die Wahl von Mitarbeitern, die Ordnung der Seelsorge, finanzielle Angelegenheiten, Ausschüsse und Empfehlungen von Predigern und Laienpredigern u. a. realisiert.
- Mehrere Bezirkskonferenzen bilden die *Distriktskonferenz*, die von Superintendenten geleitet werden.
- Die *Jährliche Konferenz* fasst die *Distriktskonferenzen* zusammen und ist grundlegende Körperschaft der methodistischen Kirche.
- Zusammen bilden die Konferenzen die *Zentralkonferenz*, einen Sprengel der Gesamtkirche, der ein Bischof vorsteht.
- Das oberste Organ der globalen methodistischen Kirche ist die *Generalkonferenz*.
- Die EmK ist als methodistische Kirche in Deutschland Teil der *United Methodist Church*.

- In dem 1881 gegründeten *World Methodist Council*, dem ‚Weltrat der Methodistischen Kirchen', sind alle methodistischen Kirchen zusammengefasst.
- In Deutschland hat die EmK ca. 54000 Gläubige. Zum *World Methodist Council* gehören etwa 75 Millionen Gläubige.

Heilsarmee / Salvation Army

Geschichte

1865 begann William Booth (1829–1912), ursprünglich ein methodistischer Prediger [→ **Methodisten**], zusammen mit seiner Frau Catherine (1829–1890) in den Londoner Armutsvierteln mit dem Aufbau einer Zeltmissionsbewegung, aus der sich die „Salvation Army", die „Heilsarmee", entwickelte. 1878 veröffentlichte Booth die Gründungsurkunde seiner Bewegung, die nach militärischem Vorbild mit Offizieren und Soldaten in „Feldzügen" tätig war. Die Uniformierung sollte die Heilsarmisten in ihrem inneren Zusammenhalt stärken und sie von ihrer Umgebung abgrenzen. Booth selbst hatte den Rang eines Generals inne.

Kern der Arbeit der Heilsarmee ist bis heute die Verkündigung des Evangeliums und soziale Arbeit, beides untrennbar verbunden. Booth und seine Mitarbeiter wirkten teilweise in den untersten sozialen Schichten. Die praktische Hilfe erstreckte sich von der Fürsorge für Kinder, Alte, Alkoholiker, Obdachlose, Gefängnisinsassen, über die Arbeit in Krankenhäusern und Schulen bis hin zum Suchdienst für vermisste Familienangehörige.

Wie viele Prediger seiner Zeit griff Booth zu volkstümlichen Mitteln, um die Menschen zu erreichen. Er ließ fromme Lieder zu bekannten Melodien von Blaskapellen spielen und Umzüge mit Plakaten und Musik veranstalten. Das Motto der „Christlichen Mission" Booths in East London, aus der die Heilsarmee hervorging, war „Soup, Soap, Salvation", „Suppe, Seife, Seelenheil", und brachte die beiden Stränge der sozialen Arbeit und der Verkündigung auf den Punkt.

Booths Frau Catherine organisierte den Aufbau der Frauenarbeit, eine der Töchter des Ehepaars, Catherine Booth-Clibborn (1858–1955), wurde später in den Rang einer Generalin gewählt. Die Heilsarmee bezog von Anfang an Frauen gleichberechtigt in die Leitungsarbeit ein und war eine der wenigen religiösen

Gemeinschaften, die Frauen schon im 19. Jahrhundert als völlig gleichberechtigt gegenüber Männern ansahen. Die Heilsarmee berief als eine der ersten freikirchlichen Gemeinschaften Frauen als Leiterinnen und Predigerinnen in ihre Gemeinden.

Seit den 1880er Jahren breitete sich die Heilsarmee weltweit aus, seit 1886 gab es sie auch in Deutschland. 1897 wurde in Berlin ein Mädchenheim der Heilsarmee eröffnet.

Im Nationalsozialismus wurde das Wirken der Heilsarmisten stark eingeschränkt. In der DDR war die Heilsarmee seit 1949 verboten.

Struktur

- Die Heilsarmee ist nach militärischem Vorbild aufgebaut.
- An der Spitze der Organisation steht im *Internationalen Hauptquartier* in London der General, dem der Stabschef samt Beirat zugeordnet ist. Gewählt wird der General von den nationalen Hauptquartieren, die das *High Council* bilden.
- Die einzelnen Territorien unterstehen jeweils einem *Hauptquartier*. Das *Hauptquartier für Deutschland, Litauen und Polen* befindet sich in Köln, das *Hauptquartier für die Schweiz, Österreich und Ungarn* in Bern.
- Die Gemeinden sind *Korps*, die *Korpsoffiziere* die Geistlichen, die von den *Lokaloffizieren*, den Laien, unterstützt werden.
- Die Heilsarmee ist in 131 Ländern tätig und hat über eineinhalb Millionen Mitglieder (Stand 2019).
- Die rund 40 *Korps* der Heilsarmee in Deutschland teilen sich in zwei Regionen mit jeweiligen Regionalverwaltungen auf: in den *Distrikt Nordost* und den *Distrikt Südwest*.
- In Deutschland hat die Heilsarmee etwa 1400 Mitglieder.

Brüderbewegung (auch: Brüdergemeinden, Brüderversammlungen, Christliche Versammlungen, Freier Brüderkreis, Darbysten, Plymouth-Brüder)

Geschichte

Die Brüderbewegung (nicht zu verwechseln mit der Herrnhuter Brüdergemeine) entstand im 19. Jahrhundert und ging aus überkonfessionell zusammengesetzten irischen Hauskreisen in Dublin hervor, die in den 1820er Jahren in Erwartung der Wiederkunft Christi und dem Bewusstsein der nahenden Endzeit zum Bibelstudium, Gebet und Abendmahl zusammenkamen. Zentral war in diesen Kreisen die Vorstellung, unabhängig von Kirchen und Denominationen die Einheit der Gläubigen vor Gott zum Ausdruck zu bringen. Das versuchte man zu erreichen, indem man die Kirche als Organisation hinter sich ließ und sich im Selbstverständnis eines „lebendigen Organismus“ sammelte. Die Anhänger der Brüdergemeinden verweigerten sich einer Namensgebung und dem Aufbau einer Gruppenidentität, da sie sich allgemein als Teil der weltweiten Gemeinde Gottes verstanden und außerhalb von Kirchen, Freikirchen und Konfessionen sahen. Von Außenstehenden erhielten sie zahlreiche Namen, was sie anfällig für Verwechslungen macht. Der Flügel der *Geschlossenen Brüder* hält bis heute an der Namenlosigkeit der Gemeinschaft fest.

Um 1827/28 stieß der anglikanische Priester John Nelson Darby (1800–1882) zu Gemeinden der Brüderbewegung. Er legte bald darauf sein Amt nieder, wurde Prediger der jungen Bewegung und eine ihrer profiliertesten Persönlichkeiten. Der Terminus *Darbysten* für die Mitglieder der Brüdergemeinden leitet sich von seinem Namen ab. Allerdings lehnen Anhänger der Brüderbewegung diese Bezeichnung ab, da sie sich nicht nach einem Menschen benennen möchten.

Darby leitete aus der Bibel verschiedene heilsgeschichtliche Epochen ab, die er als *Dispensations* (= ‚Haushaltungen‘) bezeichnete. Diesen biblischen Zeitaltern ordnete er spezifische göttliche Offenbarungen oder Prüfungen der Menschheit zu. Darby entwickelte mit seiner Form der Bibelauslegung und Hermeneutik den *Dispensationalismus*, der bis heute eine der populärsten Strömungen im Evangelikalismus und christlichen Fundamentalismus ist. Im *Dispensationalismus* gelten die biblischen Texte als irrtumsfrei und verbal inspiriert [→ **Der Umgang mit der Heiligen Schrift**].

Ein frühes Zentrum der Brüderbewegung wurde Plymouth, wo Darby 1832 zusammen mit dem Evangelisten und ehemaligen britischen Marineoffizier

Percy Francis Hall (1801–1884) eine Gemeinde gründete, die rasch auf über 500 Glieder anwuchs. Aufgrund der Bedeutung Plymouths für die frühe Brüderbewegung heißen die Brüdergemeinden mitunter auch *Plymouth Brethren*, wobei im offiziellen Gebrauch die Bezeichnung *Plymouth Brethren Christian Church* der Name der *Raven Brethren* ist, einer Splittergruppe der Brüderbewegung. Obwohl gerade die Zersplitterung der Christenheit in Konfessionen beklagt und kritisiert wurde, gab es in der Brüderbewegung zahlreiche Abspaltungen, die sich zum Teil gegenseitig die Legitimität absprachen.

Innerhalb der 1820er, 30er Jahre entstanden in ganz Großbritannien Gemeinden der Brüderbewegung. Die informelle Führung der Bewegung lag bei Darby, der auf die Abgrenzung gegenüber anderen Kirchen, aber den engen Zusammenschluss der Brüdergemeinden untereinander bedacht war.

Neben dieser exklusiven Strömung bildete sich sukzessive eine weitere, „offene" Richtung heraus, die ökumenisch orientiert war und deren Augenmerk auf der Einheit der Kirche, auf Diakonie und Sozialarbeit sowie auf Mission lag. Ihr regionaler Schwerpunkt war die Brüdergemeinde in Bristol.

1848 kam es zur Trennung beider Richtungen. Konkreter Anlass war, inwiefern Beschlüsse einer Gemeinde von den anderen anerkannt werden sollten oder nicht und ob die Zulassung von Christen anderer Kirchen zum Abendmahl gestattet sei. Darby und seine Anhänger lehnten letzteres ab. Die Gemeinde in Bristol hingegen war bereit, Christen anderer Gemeinschaften ohne Prüfung zum Abendmahl zuzulassen.

Seitdem gibt es in der weltweiten Brüdergemeinschaft eine Richtung der *Offenen Brüder* und eine Richtung der *Geschlossenen* oder *Exklusiven Brüder*.

Ende der 1880er Jahre spaltete sich von den *Exklusiven Brüdern* eine Gruppe um den Prediger Frederick Edward Raven (1837–1903) ab, der eine eigene Lehre im Hinblick auf das Wesen und die zwei Naturen Christi vertrat und sich vom Biblizismus der Bewegung zugunsten von Mystik und Erfahrungsfrömmigkeit abwandte. Raven ging davon aus, dass der Heilige Geist in den Versammlungen selbst redete. In England stießen Ravens Lehren innerhalb der Brüderbewegung auf scharfen Widerspruch, sodass er sich 1890 von ihr trennte. In Nordamerika schlossen sich ihm der überwiegende Teil der Brüdergemeinden an, sodass die Bezeichnung *Exklusive Brüder* hier als Synonym für *Raven-Brüder* verwendet wird. Die *Raven-Brüder*, seit 2012 die *Plymouth Brethren Christian Church*, betreiben eine scharfe Kontrolle und Reglementierung des Privatlebens ihrer Anhänger und schotten sich gegenüber anderen Kirchen und Gemeinschaften deutlich ab.

In Deutschland fasste die Brüderbewegung durch die unabhängig voneinander erfolgte Gründung von *Geschlossenen* und *Offenen Gemeinden* Fuß.

Die *Geschlossene Brüderbewegung* war geprägt von dem Elberfelder Lehrer Carl Brockhaus (1822–1899), der in der deutschen Erweckungsbewegung engagiert war und seit 1852 Brüdergemeinden gründete. Brockhaus stand in engem Kontakt mit Darby. Darby arbeitete an der Übersetzung der *Elberfelder Bibel* mit, durch deren Herausgabe Brockhaus eine Wirkung weit über die Brüderbewegung hinaus erzielte. Weitere Gemeindegründungen gingen von dem Juristen Julius Anton von Poseck (1816–1896) aus, der seit 1851 *Geschlossene Gemeinden* im Rheinland ins Leben rief. Die regionalen Zentren der Brüderbewegung lagen im Bergischen Land, im Siegerland und Dillkreis. Brockhaus gründete über die deutschen Grenzen hinaus auch Gemeinden in der Schweiz und den Niederlanden. Er und später sein Sohn, der Namensgeber des Verlags R. Brockhaus, Rudolf Brockhaus (1856–1932), waren bis in die 1930er Jahre die bestimmenden Persönlichkeiten innerhalb der deutschen *Geschlossenen Brüderbewegung*.

Die *Offenen Brüder* entfalteten in Deutschland erst gegen Ende des 19. Jahrhunderts eine größere Wirkung. Führende Gestalt wurde hier der Evangelist, Erweckungsprediger und Missionar Friedrich Wilhelm Baedeker (1823–1906), der in Osteuropa und Russland wirkte und sich gleichermaßen in der allgemeinen Heiligungsbewegung des 19. Jahrhunderts engagierte wie in der Arbeit der → **Evangelischen Allianz**. Die *Offenen Gemeinden* in Deutschland hielten Verbindungen zu anderen Kirchen und Gemeinden außerhalb der Bewegung und forcierten die gemeinsame christliche Arbeit. Viele ihrer Anhänger wirkten in der ökumenischen Allianzarbeit mit.

1942 begründete ein Teil der Gemeinden zusammen mit den → **Baptisten** den *Bund Evangelisch-Freikirchlicher Gemeinden* (BEFG).

Ekklesiologische Spezifika

- Darby war davon überzeugt, dass die Kirche seit der Zeit der Apostel unwiderruflich verfallen sei. Versuche der Wiederherstellung der Zustände der Urgemeinde, wie sie Darby bei einigen Freikirchen ausmachte, seien zum Scheitern verurteilt, u. a. deshalb, weil es kein apostolisches Amt mehr gebe. Somit bestehe die einzige Aufgabe der Gemeinden in der Gegenwart darin, sich im Namen Jesu Christi zu versammeln und Abendmahl zu feiern. Allerdings dürften an dem „Brot-Brechen" nur diejenigen teilnehmen, die einen „reinen Lebenswandel“ aufweisen könnten. Diese Haltung Darbys prägt die Brüdergemeinden bis heute.

- U.a. vor diesem Hintergrund ist die scharfe Abgrenzung zu den ehemaligen Staatskirchen zu sehen, die als verweltlicht und abgefallen vom Christentum wahrgenommen werden.

Spezifika im Amtsverständnis

Die Brüderbewegung lehnt das Pastorenamt generell ab.

Struktur

- In Deutschland gliedern sich die Brüdergemeinden
  1. in evangelisch-freikirchliche Bundesgemeinden, d.h. den Mitgliedern im BEFG, die durch die Mitarbeit in der Evangelischen Allianz Kontakte zu anderen Freikirchen haben.
  2. in die bundesfreien Gemeinden, die zwar nicht Mitglied in einem Verbund sind, aber Positionen der *Offenen Gemeinden* vertreten und mit anderen Freikirchen und in der Evangelischen Allianz zusammenarbeiten.
  3. in die auf Darby und Brockhaus zurückgehenden *Geschlossenen Brüder*, die sich durch zum Teil rigide ethische Vorstellungen auszeichnen.
- Die einzelnen örtlichen Gemeinden sind grundsätzlich selbstständig, aber in Lehre und Praxis je nach „offener“ oder „geschlossener“ Prägung lose oder eng miteinander verbunden.
- Weltweit gehören etwa eine Million Menschen zur Brüderbewegung.
- In Deutschland wird die Zahl ihrer Gläubigen auf 40000 bis 45000 geschätzt.

4.3.2.4 Freie Kirchen, Gemeinden und Frömmigkeitsströmungen des 19. und 20. Jahrhunderts

Eine Anzahl von Freikirchen ging aus der Erweckungs- und Heiligungsbewegung hervor, die ihren Ursprung im Pietismus, einer Frömmigkeitsströmung des 17./18. Jahrhunderts hatte. Im Pietismus rückte die Frömmigkeit des Einzelnen, seine Beziehung zu Gott, die bewusste Glaubensentscheidung, die Kritik an Dogmen und institutionalisierter Kirche in den Mittelpunkt. Vorstellungen, die durch Begriffe wie „lebendiger Glaube", *praxis pietatis* oder *Früchte des Glaubens* beschrieben wurden, gewannen an Bedeutung. Im 18./19. Jahrhundert erhielt der Pietismus durch den Einfluss der angelsächsischen Erweckungsbewegung eine Wendung hin zum Sozialen, die allerdings in Deutschland im Gegensatz zu Großbritannien und Nordamerika keine substantielle und nachhaltige Gestalt annahm.

Kennzeichnend für die im 19. Jahrhundert entstehenden Glaubensgemeinschaften und Kirchen in Deutschland war ein gesteigertes Aufkommen von Endzeitstimmungen, Adventerwartungen und chiliastischen Vorstellungen.

Evangelische Allianz

Geschichte

Die Wurzeln der modernen Ökumene liegen nicht bei den großen Kirchen, sondern auch in den Erweckungsbewegungen des 19. Jahrhunderts und den aus ihnen hervorgegangenen Strömungen.

Ein frühes und nachhaltig wirksames ökumenisches Ereignis war die Gründung der *World Evangelical Alliance* (WEA), der ‚Weltweiten Evangelischen Allianz', auf der Gründungsversammlung vom 19. August bis 2. September 1846 in London. Auf dieser Versammlung trafen sich rund 900 Delegierte aus Europa und Nordamerika, die den verschiedensten Zweigen des Protestantismus entstammten. Aus Deutschland waren der Einladung der vorbereitenden Gründungsversammlung im Oktober 1845 in Liverpool 13 Teilnehmer gefolgt, u. a. Johann Gerhard Oncken [→ **Baptisten**].

Die Intention bei der Gründung war, einerseits deutlich zu machen, dass in der Gemeinschaft der Kirche Christi ein Band alle „wahrhaft Gläubigen" zusammenfüge, andererseits den konfessionellen Trennungen und der „Erkaltung der Liebe" entgegenzuwirken.

Auf der Gründungsversammlung der WEA wurden neun Lehrsätze entwickelt, die die *Basis* der zukünftigen Allianzarbeit bilden sollten. Demzufolge war die Allianz geeint im Glauben an:

1. die göttliche Eingebung, Autorität (Ansehen) und die Zulänglichkeit (Allgenügsamkeit) der Heiligen Schrift,
2. die Einheit der Gottheit und die Dreieinigkeit der Personen in derselben,

3. die „gänzliche Verderbtheit“ der menschlichen Natur infolge des Sündenfalls,
4. die Menschwerdung des Sohnes Gottes, sein Erlösungswerk für die sündige Menschheit und sein Mittleramt als Fürsprecher und König,
5. die Rechtfertigung des Sünders durch den Glauben allein,
6. das Werk des Heiligen Geistes in der Bekehrung und Heiligung des Sünders,
7. das Recht und die Pflicht des eigenen Urteils in der Erklärung der Heiligen Schrift,
8. die göttliche Einsetzung des christlichen Predigtamtes und die Autorität und Dauer der Stiftung der Taufe und des Abendmahls,
9. die Unsterblichkeit der Seele, die leibliche Auferstehung, das Weltgericht durch Jesus Christus mit der ewigen Seligkeit der Gerechten und der ewigen Verdammnis der Ungerechten.

Im historischen Kontext stellte diese Basis eine Reaktion auf die Bibelkritik der deutschen Theologen Johann Salomo Semler (1725–1791) und David Friedrich Strauß (1808–1874) dar. Sie nahm die von der Erweckungsbewegung ausgehende Vorstellung der Bedeutsamkeit individueller Bekehrung und der Heiligung auf und richtete sich zudem gegen die erstarkende → **Römisch-katholische Kirche**, mit dem 7. Punkt speziell gegen die katholische Lehrautorität.

In den folgenden Jahrzehnten gründeten sich in verschiedenen Ländern nationale Allianzvereine: 1846 der britische Zweig der Evangelischen Allianz, 1847 der französische und der US-amerikanische. Bis zum Ersten Weltkrieg hatten sich in Australien, Brasilien, China, Dänemark, Holland, Italien, Japan, Kanada, Mexiko, Österreich und Schweden landesweite Allianzverbände konstituiert. Die Staatskirchen in Europa hielten sich von der Evangelischen Allianz weitgehend fern und diskreditierten sie gelegentlich als Sektierertum.

Auf der 1851 in London stattfindenden ersten internationalen Hauptversammlung bzw. der zweiten internationalen Konferenz der WEA wurde die Gründung eines *Deutschen Zweiges der Evangelischen Allianz* beschlossen. Das führte in Deutschland zur Genese des *Komitees des Norddeutschen Zweiges der Evangelischen Allianz*, das zunächst keine weitreichende Wirkung erzielte, allerdings einige freikirchliche Akteure sammelte, u. a. Oncken und Gottfried Wilhelm Lehmann [→ **Baptisten**] sowie Vertreter der → **Methodisten** und der → **Brüderbewegung**. Der Durchbruch für die Evangelische Allianz in Deutschland kam mit der dritten *Internationalen Hauptkonferenz der WEA*, die 1857 in

Berlin stattfand. Auf heimischem Boden erfolgte die Gründung eines *Deutschen Zentralkomitees*, d.h. eines ‚Deutschen Zweigs der Evangelischen Allianz'. In den folgenden Jahrzehnten wurden immer mehr Allianzkreise ins Leben gerufen und die überkonfessionelle Allianzarbeit gewann an Popularität. 1880 erfolgte die Bildung der *Westdeutschen Evangelischen Allianz*, deren Vorsitz der Pfarrer und Professor für Praktische Theologie Theodor Christlieb (1833–1889), führende Persönlichkeit der → **Gemeinschaftsbewegung**, innehatte. Parallel dazu wirkten die 1886 von Anna von Weling (1837–1900) begründeten *Blankenburger Konferenzen* im Sinne der Allianz, wobei die *Blankenburger Konferenzen* eher ein Anlaufpunkt der freikirchlichen Kreise waren, während das Zentralkomitee den Landeskirchen nahe stand. 1952 wurden die *Blankenburger Konferenzen*, die *Westdeutsche Evangelische Allianz*, weitere Regionalallianzen und das *Zentralkomitee*, ohne ihre eigene Arbeit einzustellen, zur *Deutschen Evangelischen Allianz* (DEA) zusammengeführt. Durch personelle Überschneidungen war die Zusammenarbeit von Evangelischer Allianz, *Gemeinschaftsbewegung* und *Gnadauer Verband*, Missionsunternehmen und der Evangelisationsbewegung in Deutschland sehr eng. Die Vorsitzenden der Allianz gehörten in Folge im Rotationsverfahren Freikirchen und Landeskirchen an.

Die Betonung der Evangelisationsarbeit in den Reihen der Allianz führte zu der Bildung der Missionsschulen *Johanneum* in Wuppertal (1886) und der Bibelschule in Berlin-Steglitz (1905), die 1919 nach Wiedenest in der Nähe von Köln umsiedelte.

Auf internationaler Ebene zeichnete sich Anfang der 1950er Jahre eine organisatorisch unterfütterte Hinwendung der Allianz zum US-amerikanischen Evangelikalismus ab: 1951 schloss sich der *Britische Zweig der Evangelischen Allianz* der 1941 in den USA gegründeten *National Association of Evangelicals* (NAE) an, dem evangelikalen Gegenstück zum christlich-fundamentalistischen *American Council of Churches*.

Dem Anschluss der Allianz an die nordamerikanische Evangelikalenbewegung waren verschiedene Gespräche und Publikationen vorausgegangen mit der Forderung nach einer anzustrebenden geistlichen Einheit der Allianzchristen. Grundlage dafür sollte der Evangelikalismus in seiner nordamerikanischen Prägung bieten. Die Verschmelzung der englischen Nationalallianz mit dem NAE 1951 brachte die *World Evangelical Fellowship* (WEF) hervor. Die Arbeit der Evangelischen Allianz und der evangelikalen Bewegung fielen zunehmend in eins. Schriftauslegungsfragen, daraus folgende hermeneutische Aspekte und Bewertungen von einzelnen Aussagen der Bibel, spielten nun eine stärkere Rolle als zuvor, besonders im ethischen Bereich. Richtungweisend war dabei die Bewertung der heiligen Schrift als von Gott eingegeben, göttlich inspiriert, unfehlbar, absolut vertrauenswürdig und die höchste Autorität in allen Belangen des Glaubens und des Verhaltens – eine evangelikale Charakterisierung der Bibel. Seit den 1970er Jahren sieht sich die DEA als „Sammelbecken der Evangelikalen".

Struktur

- Die DEA ist ein eingetragener Verein, dessen 59 Mitglieder ihren *Hauptvorstand* stellen.
- Der Verein steht im Zentrum eines Netzwerkes evangelikaler Organisationen und Einzelpersonen.
- Konkrete Zahlen von Anhängern und Mitgliedern dieses Netzwerkes lassen sich nicht erheben. Von der DEA werden Mitgliederzahlen von einer Million bis eineinhalb Millionen Menschen angegeben, wobei eingeräumt wird, dass das nur Schätzungen sind, die indirekt erhoben werden.
- Es gibt wechselnde Sympathisantenkreise für verschiedene Themen, die von der Allianz bzw. der evangelikalen Bewegung ventiliert werden, z. B. → **Homosexualität**. Das Netzwerk wirkt weniger über die Stärke der es tragenden sozialen Gruppe, sondern durch den medialen Diskurs.
- Zur DEA gehören etwa 1000 örtliche Allianzkreise, die die Anliegen der ursprünglichen Allianzarbeit vertreten. Schwerpunkte sind das gemeinsame Bezeugen des christlichen Glaubens, die ökumenische Zusammenarbeit von Frei- und Landeskirchen und das gemeinsame Gebet, z. B. in der einmal jährlich stattfindenden Allianzgebetswoche.
- Die DEA ist Mitglied der *Europaen Evangelical Alliance* und der *World Evangelical Alliance.*

Selbständige Evangelisch-Lutherische Kirche (SELK)

Geschichte

Die SELK ist ein Zusammenschluss mehrerer evangelisch-lutherischer Freikirchen, die sich im 19. Jahrhundert von den lutherischen und unierten Landeskirchen abspalteten.

Als König Friedrich Wilhelm III. 1817 in der preußischen Landeskirche die Kirchenunion eingeführte [→ **Unierte Kirchen**], griff er nicht direkt in die liturgische Gestaltung der Gottesdienste ein. Das geschah erst fünf Jahre später, als er im Alleingang, ohne theologische Beratung, eine Agende nach seinem eigenen Gutdünken schrieb und bekannt gab. In den Formulierungen griff er auf Elemente des 16. und 17. Jahrhunderts zurück, die gleichermaßen bei Lutheranern als auch Reformierten auf Kritik und Unverständnis stießen. Die Reformierten nahmen Anstoß an dem gekünstelten liturgischen Stil, die Lutheraner verweigerten sich den Abendmahlseinsetzungsworten. Beiden Gruppierungen entgingen nicht die katholisierenden Tendenzen der Agende. Trotz der Kritik verordnete der König die Einführung seiner eigenhändig verfassten Agende Ende 1821, Anfang 1822 im Heer und am Berliner Dom. Es brach ein Sturm der Empörung los. Der sogenannte *Agendenstreit* zog sich bis in die 1830er Jahre. Er endete mit einem Kompromiss und durch den langen Atem Friedrich Wilhelms, der von einer gesetzlichen Einführung der Agende absah und regionale Agenden mit Sondertraditionen als Alternativformulare in seiner Agende gestattete. Diese Strategie brachte die Mehrheit der Geistlichen zum Einlenken.

Nicht einlenkend verhielten sich dagegen die lutherischen Gemeinden der östlichen preußischen Provinzen und besonders in Schlesien. In Breslau bildete sich unter der Führung des Theologieprofessors und Pfarrers Johann Gottfried Scheibel (1783–1843) gegen die Einführung der Agende die erste Opposition, die sich in den nächsten zehn Jahren auf viele preußische Provinzen ausweitete. Es kam zu Zwangsmaßnahmen und vereinzelt gewalttätigen Auseinandersetzungen, bei denen Gemeinden zum Annehmen der Agende gezwungen, Kirchen beschlagnahmt oder Pfarrer, die sich weigerten, ihres Amtes enthoben wurden. Dieses Schicksal traf auch Scheibel, der des Landes verwiesen wurde und bis zu seinem Tod in Sachsen und in Franken lebte, hauptsächlich unterstützt von Vertretern der Erweckungsbewegung. Diese hatten Verständnis für die unterdrückte Lage ihrer lutherischen Brüder und Schwestern und unterstützten die „freien" oder „separierenden" Lutheraner, die bald *Altlutheraner* genannt wurden.

1827 lehnte weit über die Hälfte der schlesischen Pfarrer die Unionsagende ab. Trotzdem wurde die Forderung der schlesischen Lutheraner nach einer selbstständigen Existenz der lutherischen Kirche, die nicht in eine Union eingebunden sein sollte, 1834 durch eine Kabinettsorder des Königs zurückgewiesen. 1838 wanderten die ersten preußischen Lutheraner unter der Führung von August Ludwig Kavel (1798–1860) nach Australien aus. Tausende sollten ihnen ins Exil folgen, hauptsächlich nach Nordamerika und Australien. Die im Lande Bleibenden spalteten sich gezwungenermaßen von der Landeskirche ab.

Die Sympathien für sie waren im Kirchenvolk und unter den Theologen stark, denn die Durchsetzung kirchlicher Angelegenheiten mit staatlichen Mitteln und vor allem unter diesem Zwang löste allseits Befremden und Kritik aus. Im Februar 1834 schlug König Friedrich Wilhelm III. in einer Kabinettsorder moderatere Töne an und trennte die Einführung der Agende von der Union – zeitgleich mit den restriktiven, repressiven Maßnahmen gegenüber den schlesischen Lutheranern.

Erst mit dem Tod Friedrich Wilhelms III. 1840 und dem Regierungsantritt seines Sohnes entspannte sich die Situation etwas. König Friedrich Wilhelm IV. (1795–1861) beendete den restaurativ-repressiven politischen und kirchenpolitischen Kurs seines Vaters und verordnete 1841 die staatliche Duldung der Altlutheraner. 1845 wurden sie staatlich anerkannt und konnten sich somit als Freikirche strukturieren und eine eigene Ordnung geben. In der Missionsbewegung des 19. Jahrhunderts wurden sie zur treibenden Kraft. Seit der Mitte des 19. Jahrhunderts formierten sich Gemeinden auch in anderen deutschen Landeskirchen als in Preußen. Weitere Gemeinschaften, die sich in der zweiten Hälfte des 19. Jahrhunderts in Sachsen und Hessen von ihren Landeskirchen aufgrund von Differenzen hinsichtlich des Bekenntnisstandes bzw. des Amtsverständnisses trennten, kamen dazu und stellten die Gruppe der konfessionell-lutherischen Freikirchen und Gemeinschaften, die sich 1972 in der SELK vereinigten. 1991 erfolgte der Zusammenschluss der Altlutherischen Kirche der DDR mit der SELK.

Bekenntnisgrundlage der SELK sind die lutherischen Belkenntnisschriften, d. h. die *Confessio Augustana* und ihre Apologie, die *Schmalkaldischen Artikel*, der *Kleine* und *Große Katechismus* Luthers und die *Konkordienformel*. Im Verständnis der SELK ist die Heilige Schrift „unfehlbares Wort Gottes". Der Bibel und den lutherischen Bekenntnisschriften widersprechende Lehren werden abgelehnt, insbesondere Unionen, die gegen Schrift und Bekenntnis verstoßen. Dem Bischof fällt die Aufgabe zu, über die rechte Verkündigung des Wortes Gottes zu achten. Über weitere Fragen der Lehre und der kirchlichen Praxis kann der *Allgemeine Pfarrkonvent*, in dem alle Pfarrer zusammengeschlossen sind, beraten und Beschlüsse fassen, die aber nur durch die aus Theologen und Laien bestehende Kirchensynode bindende Wirkung erhalten.

Die SELK unterhält enge Beziehungen zu der US-amerikanischen, dem christlich-fundamentalistischen Lager zuzuordnenden *Lutheran Church – Missouri Synod* und ist ebenso wie diese und die *Wisconsin Evangelical Lutheran Synod* in den USA aufgrund divergierender Ansichten zur Bibelauslegung und ihrer

Ablehnung der → **Frauenordination** kein Mitglied im *Lutherischen Weltbund*, sondern im *Internationalen Lutherischen Rat* (ILR).

Ekklesiologische Spezifika

- Die SELK steht laut ihrer Grundordnung „in der Einheit der heiligen, christlichen und apostolischen Kirche, die überall da ist, wo das Wort Gottes rein gepredigt wird und die Sakramente nach der Einsetzung Christi verwaltet werden. Sie bezeugt Jesus Christus als den alleinigen Herrn der Kirche und verkündigt ihn als den Heiland der Welt." (Grundordnung der SELK, 2007, Artikel 1)
- In ihrem Selbstverständnis ist die SELK eine dezidiert konfessionell-lutherische Kirche.
- Da die Reformatoren keine neue Kirche gründen wollten, sondern sich als innerkatholische Reformbewegung sahen, versteht sich die SELK als *katholische* (d. h. zur allgemeinen, weltumspannenden Kirche Christi gehörende) Kirche mit lutherischem Bekenntnis.

Spezifika im Amtsverständnis

In der Grundordnung der SELK heißt es zu dem „von Christus gestifteten Amt der Wortverkündigung und Sakramentsverwaltung", dass es nur von denjenigen ausgeübt werden kann, die berufen und ordiniert sind, und dass es nur Männern übertragen werden kann [→ **Frauenordination**].

Struktur

- Die Kirche gliedert sich in jeweils von Superintendenten geleitete Kirchenbezirke, die mehrere Pfarrbezirke und Gemeinden umfassen.
- Das leitende geistliche Amt übt der Bischof aus, der vom *Allgemeinen Pfarrkonvent* nominiert und von der *Kirchensynode* gewählt wird.
- Bundesweit hat die SELK 174 Gemeinden in 111 Pfarrbezirken. Zu ihr gehören etwa 33 300 Gläubige (Stand 2016).

Adventisten / Siebenten-Tags-Adventisten

Geschichte

Der Name „Adventisten“ leitet sich vom lateinischen Begriff *adventus* (= ‚Ankunft‘) ab und bringt zum Ausdruck, dass es sich bei der Adventbewegung um eine Strömung handelt, für die der *Zweite Advent*, die Wiederkunft Christi, im Zentrum der Glaubenslehre steht.

Im ausgehenden 18., beginnenden 19. Jahrhundert kam es sowohl im angelsächsischen als auch im deutschen Raum zu einer Zunahme apokalyptischer Erwartungen. Gegenüber der allgemeinen Furcht vor dem sich nähernden Weltende behauptete der frühe Adventismus, die Wiederkehr Christi genau berechnen zu können. In den *Albury-Konferenzen* des Bankiers Henry Drummond (1786–1860), aus denen sich die *katholisch-apostolischen Gemeinden* [→ **Neuapostolische Kirche**] bildeten, erlebte die adventliche Bibelauslegung 1826 bis 1830 ihren Höhepunkt in England.

In den USA entwickelte sich eine breitenwirksame Adventbewegung. Der baptistische Farmer William Miller (1782–1849) berechnete 1839 für die Zeit zwischen dem 21. März 1843 und dem 21. März 1844 die Wiederkehr Christi und löste eine adventliche Massenbewegung aus, die nach ihm die *Millerbewegung* genannt wurde. Nach dem Nichteintreffen der Vorhersage errechnete der Prediger Samuel S. Snow (1806–1890), ein Anhänger Millers, den 22. Oktober 1844 als Datum der Wiederkehr. Als auch dieser Termin ohne Weltende verstrich, setzte die *Große Enttäuschung* ein und die *Millerbewegung* löste sich in zahlreiche Kleingruppen auf. Aus einer dieser adventistischen Gruppen, die bei Millers ursprünglich sehr intensiver Naherwartung blieb, ging die chiliastische, nicht-trinitarische Religionsgemeinschaft *Jehovah's Witnesses*, die ‚Zeugen Jehovas‘, hervor. Eine andere Splittergruppe, mit dem Schiffskapitän und Laienprediger Joseph Bates (1792–1872) an der Spitze, kam mit den *Siebenten-Tags-Baptisten* in Kontakt, die den Sabbat anstelle des Sonntags heiligten. Diese Lehre nahm Bates an und überzeugte weitere Adventisten davon, u. a. seinen Mitarbeiter Hiram Edson (1806–1888), der als Reaktion auf die *Große Enttäuschung* die Lehre proklamierte, Christus habe am 22. Oktober 1844 das Versöhnungswerk Gottes mit den Menschen begonnen, aber ohne das himmlische Reich zu verlassen. Auch das Ehepaar James und Ellen Gould White (1827–1915) übernahmen den Gedanken der Sabbatheiligung.

Die adventistische Bewegung organisierte sich neu, wobei Ellen G. White eine entscheidende Rolle als Künderin von Visionen spielte, die der Neuinterpretation der bisherigen Glaubensinhalte dienten. Der Gedanke einer Berechnung der Ankunft Christi auf Erden wurde aufgegeben und stattdessen die Lehre Edsons übernommen, dass sich Christi Wiederkehr im Himmel vollzogen habe. Durch White erhielt darüber hinaus der Gesundheits- und Lebensreformgedanke eine hohe Bedeutung, speziell der Verzicht auf Alkohol und Nikotin. Später kam die Betonung des persönlichen Glaubens an Jesus Christus als Erlöser hinzu. Glaubensbekenntnisse waren den Adventisten deutliches Zeichen des Abfalls der Kirche von Gott, da sie die Bibel als ihr *Credo* erklärten.

Anfang der 1860er Jahre erfolgte die Benennung der Gemeinschaft in *Siebenten-Tags-Adventisten* und die Gründung der *Kirche der Siebenten-Tags-Adventisten.* 1863 trat die erste *Generalkonferenz* der adventistischen Gemeinden in den USA zusammen.

In der ersten Hälfte des 20. Jahrhunderts kam es zu zahlreichen Abspaltungen.

Seit Mitte der 1870er Jahre missionierten Adventisten auch in der Schweiz und in Deutschland. Die ersten Gemeinden entstanden in Wuppertal-Vohwinkel und Solingen. Unter Ludwig Richard Conradi (1856–1939) begann Ende der 1880er, Anfang der 1890er Jahre von Hamburg aus eine wirkungsvolle Missionsbewegung, durch die sich die Siebenten-Tags-Adventisten bis in die 1910er Jahre in großen Teilen Europas und Afrikas, im Nahen Osten, Südamerika und Asien ausbreiteten.

1952 ließen sich die Siebenten-Tags-Adventisten als Körperschaft des öffentlichen Rechts in Deutschland registrieren. Die Kirche betreibt mit der 1899 gegründeten Theologischen Hochschule Friedensau eine eigene Ausbildungsstätte.

Die adventistische Glaubensgrundlage ist inzwischen nicht nur die Bibel als *Credo*, sondern auch die sogenannten *27 Glaubensüberzeugungen*, denen 2005 ein 28. Glaubensartikel zugefügt wurde. Diese *Glaubensüberzeugungen* werden aber bewusst nicht *Glaubensbekenntnis* genannt. Sie behandeln u. a. das adventistische Gottesverständnis und die Dreieinigkeit, die Rolle Jesu Christi bei der Errettung der Menschheit, das Bibelverständnis, die Lehre vom Sabbat, die Form der Gemeindefinanzierung und den christlichen Lebenswandel. Laut Vorwort der *Glaubensüberzeugungen* sind die Artikel nicht normativ festgelegt, sondern können jederzeit durch Beschlüsse der *Vollversammlung der Generalkonferenz* verändert werden.

Zu einem großen Teil ähnelt die Lehre der Siebenten-Tags-Adventisten derjenigen anderer evangelischer Kirchen, v. a. der der → **Baptisten**. Im Mittelpunkt stehen die Endzeiterwartung, die öffentlich bezeugte, persönliche Glaubensbeziehung zu Gott sowie die Glaubenstaufe durch Untertauchen, der Zusammenhang von Heiligung und Heil, die strenge Heiligung des Sabbats, die gesunde Lebensführung und der Verzicht auf Alkohol, Tabak, Rauschmittel, Schweinefleisch und verschiedene andere Fleischarten sowie Schalentiere.

Als Reaktion auf den so empfundenen Liberalismus des 20. und frühen 21. Jahrhunderts reagierten die Siebenten-Tags-Adventisten mit der Ausprägung von Dogmatismus und einem streng konservativen, fundamentalistischen Flügel. Das trieb die Polarisierung innerhalb der Gemeinschaft voran, die unter den Spannungen zwischen einem konservativen und liberalen Lager leidet. Konkreter Ausdruck dieser internen Differenzen ist das Thema → **Frauenordination**, welches die Kirche in massive Kontroversen geführt hat.

Ekklesiologische Spezifika

Die adventistische Kirche sieht sich als Teil der unsichtbaren, universalen Gemeinde, die der Leib Christi ist und gleichzeitig das sichtbare Zeichen Gottes in der Welt.

Spezifika im Amtsverständnis

Mit der Ordination überträgt die Kirche der Siebenten-Tags-Adventisten einer Person die Vertretungsvollmacht für die Aufgaben des Dienstes, zu dem sie berufen wird. Dabei werden ihr jedoch keine besonderen Fähigkeiten übertragen und keine hierarchisch übergeordnete Position innerhalb der Glaubensgemeinschaft eingeräumt.

Struktur

- In Deutschland ist die Kirche organisatorisch zusammengefasst in den Landeskörperschaften, die sich nach den Bundesländern richten, und die wiederum im *Norddeutschen* und im *Süddeutschen Verband* integriert sind.
- Die Siebenten-Tags-Adventisten sind *presbyterial-synodal* als Weltkirche organisiert.

- Die Weltkirchenleitung ist die *Generalkonferenz*, die parlamentarisch gewählt wird und der der Präsident vorsteht. Sie ist kirchenleitend für die Einheit im Glauben, für Lehrfragen und für die Weltmission zuständig.
- Weltweit gibt es ca. 20 Millionen in ca. 80 000 adventistischen Gemeinden.
- In Deutschland gehören etwa 35 000 Gläubige den Siebenten-Tags-Adventisten an.

Der Bund Freier evangelischer Gemeinden (BFeG)

Geschichte

Der Bund Freier evangelischer Gemeinden (BFeG, nicht zu verwechseln mit dem BFEG [→ **Baptisten**]) ist eine evangelische kongregationalistische Freikirche, ein Zusammenschluss selbstständiger Ortsgemeinden, der *Freien evangelischen Gemeinden* (FeG).

Die erste FeG gründete sich Anfang der zweiten Hälfte des 19. Jahrhunderts in Abgrenzung zu den evangelischen Landeskirchen in Deutschland in Wuppertal. Initiator der Gründung war der Textilunternehmer Hermann Heinrich Grafe (1818–1869), der zunächst eine gemeinsame Gemeindebildung mit einer bereits bestehenden Gemeinde der → **Baptisten** in Barmen anstrebte. Aufgrund von Differenzen bei der Taufpraxis, trennten sich die Wege. Grafe gründete seine eigene Gemeinde. Es gab seit der Anfangszeit der FeG bis heute enge Beziehungen zur → **Evangelischen Allianz** als ökumenischer Plattform.

1874 wurde aus über 20 Gemeinden die *Vereinigung der Freien evangelischen Gemeinden und Abendmahlsgemeinschaften* gegründet. Die Unabhängigkeit der einzelnen Gemeinden sollte trotz des Zusammenschlusses weiterhin gewahrt bleiben. Schon zu diesem Zeitpunkt war deutlich, dass sich die Vereinigung zu einer freikirchlichen Denomination entwickelte.

Als 1919 mit der Weimarer Verfassung erstmalig die Möglichkeit für alle Religionsgemeinschaften bestand, sich als Körperschaften des öffentlichen Rechts registrieren zu lassen, so den Landeskirchen und der Römisch-katholischen Kirche gleichgestellt zu werden und das Stigma der *Sekte* abzulegen, verzichteten die FeG darauf, da man Eingriffe des Staates in die Arbeit befürchtete.

1928 wurde die Vereinigung in *Bund Freier evangelischer Gemeinden in Deutschland* (BFeG) umbenannt. Themen, mit denen sich der Bund seit der zweiten Hälfte des 20. Jahrhunderts bis in die Gegenwart hinein in stärkerem

Maße beschäftigte, waren: Schriftverständnis, Evangelisation, Taufe, charismatische Auf- und Einbrüche, Frauen als Pastorinnen und das Verhältnis von Ortsgemeinde und Bund unter ekklesiologischen Gesichtspunkten.

Ekklesiologische Spezifika

- Der Austritt der ersten FeG aus der Landeskirche als „Akt des Gewissens“ geschah vor dem Hintergrund, dass man als Zentrum des Glaubenslebens die freie und bewusste Glaubensentscheidung des Einzelnen für die Nachfolge Jesu sah. Das, so die Kritik, sei in den Landeskirchen nicht der Fall. Dadurch komme es dort zu einer Mischung von Gläubigen und Ungläubigen. Dies aber sei bei einer *congregatio fidelium* bzw. *sanctorum*, der ‚Gemeinschaft der Glaubenden‘ eine Unmöglichkeit. Die Bedeutung der „Gemeinschaft der Heiligen“ ist für die FeG groß, da Gott durch die Bibel zu erkennen gibt, wie sich Glaube durch Bekenntnis und Lebensstil zeigen soll, und somit Kirche sichtbar wird.
- Die Entscheidung für den Austritt aus der Landeskirche war somit eine ganz grundsätzliche Beschlussfassung, die das unterschiedliche ekklesiologische Verständnis betraf, das Wesen der Kirche und ihre konkrete Gestalt. Dementsprechend nannten sich die neuentstehenden Gemeinden nach einer Phase, in der sie sich als reine Abendmahlsgemeinschaften zusammenfanden, Freie *evangelische* Gemeinden, und drückten dadurch im Namen aus, dass sie sich „gemäß dem Evangelium“ verstanden.
- Die FeG sahen sich darüber hinaus als Bewahrerinnen der Reformation, da sie die in der *Confessio Augustana* in Artikel VII beschriebenen Merkmale der Kirche nicht auf reine Predigt und das Reichen der Sakramente reduzieren wollten, wie das in den Landeskirchen der Fall war, sondern auch die „Versammlung der Glaubenden“ als Merkmal von Kirche betonten. Damit führten die FeG im Selbstverständnis die Reformation in ekklesiologische Hinsicht an ihr Ziel.

Spezifika im Amtsverständnis

- Bereits der Gründer der ersten FeG Hermann Heinrich Grafe war davon überzeugt, dass „der Ältestendienst [...] eine göttliche Einsetzung für die Gemeinde“ sei – so der Titel eines Buches von Grafe von 1859. Im Amt der Ältesten (Presbyter) kämen alle Ämter des Neuen Testaments zusammen, ohne dass dieses Amt einen, als unevangelisch empfundenen geistlichen Stand begründet.

- An der frühen Einstellung, dass im Amt des Ältesten alle Dienste kumulieren, hat sich bis heute nichts geändert. Pastoren sind Älteste mit einer besonderen Beauftragung, die v. a. im Verkündigungsdienst besteht, und somit „Diener des Wortes Gottes“ (Iff, 2009, 53 f.) im unmittelbaren Wortsinn. Sie üben die Leitungsfunktion in der Gemeinde aus und stehen als Hirten der Gemeinde vor. Im Gegensatz zu den Ältesten einer Gemeinde werden sie nicht nur von der Ortsgemeinde berufen, sondern in Abstimmung mit der Bundesleitung.

Struktur

- Der BFeG ist eine Körperschaft des öffentlichen Rechts, bestehend aus selbstständigen Ortsgemeinden mit je eigener Ausprägung und eigenen Arbeitsschwerpunkten.
- Die Gemeinden gehören zu geografisch gegliederten *Kreisen*, in denen die einzelnen Gemeinden beraten und gefördert werden und die der gemeinsamen Wahrnehmung von Aufgaben dienen.
- Die *Kreise* bilden *Regionen*, die von einem Bundessekretär geleitet werden. Derzeit gibt es die *Region Nord*, *Region West*, *Region Mitte-Ost*, *Region Mitte-West* und *Region Süd.*
- Die *International Federation of Free Evangelical Churches* (IFFEC) bildet den Verbund der weltweiten freien evangelischen Gemeinden. Die FeG ist Teil des IFFEC.
- Zum BFeG in Deutschland gehören 482 Gemeinden mit ca. 42 000 Mitgliedern (Stand 2017). Der Bund ist Mitglied der *Vereinigung evangelischer Freikirchen* (VEF).
- Regional sind die FeG an vielen Orten Vollmitglied der *Arbeitsgemeinschaft Christlicher Kirchen* (ACK).

Pfingst- und Charismatische Bewegung(en) (auch: pentecostale, neopentecostale oder pfingstlerische Bewegung)

Geschichte

Von den USA ging am Beginn des 20. Jahrhunderts die Pfingstbewegung aus, die von charismatischen Erfahrungen durch die Wirkungen des Heiligen Geistes gekennzeichnet war.

Den Nährboden und den historischen Vorlauf bot der Bewegung in der zweiten Hälfte des 19. Jahrhunderts die methodistische *Heiligungsbewegung* [→ **Methodisten**]. Als Geburtsstunde der Pfingstbewegung gilt eine Versammlung in der Nacht vom 31. Dezember 1900 in der Bibelschule des methodistischen Laienpredigers Charles Fox Parham (1873–1929) in Topeka in Kansas, bei der nach intensivem Gebet um die Gabe der Taufe im Heiligen Geist Teilnehmerinnen mit Zungenrede begannen. Die Zungenrede ist seitdem in der Pfingstbewegung die *Taufe im Heiligen Geist* und gilt als pfingstlerisches Erkennungsmerkmal. Parham verbreitete seine Lehre von der Taufe im Heiligen Geist als Folge der Heiligung und nannte sie *Apostolic Faith*. Einer seiner Schüler, der Prediger William J. Seymour (1870–1922), brachte sie nach Los Angeles, wo die Heiliungsversammlungen Ausgangspunkt der weltweiten Verbreitung pfingstlerischer Frömmigkeit wurden.

Innerhalb kurzer Zeit bildeten sich auch in Europa pfingstlerische Kreise und Gemeinden, häufig in massiver Auseinandersetzung mit den traditionellen Kirchen.

Die Pfingstbewegung war besonders in ihren Anfängen eine Bewegung für Menschen der unteren sozialen Schichten. Sie bildete kaum einen Anlaufpunkt für die gesellschaftlichen Eliten und Bildungsbürger. Gerade „einfache" Menschen suchten einen tieferen, nicht intellektuell verbrämten Zugang zur persönlichen Begegnung mit Gott und fanden ihn im emotionalen Überwältigt-Sein durch den Heiligen Geist.

In Deutschland breitete sich die sogenannte *erste Welle* der Pfingstbewegung seit etwa 1907 aus, die *zweite Welle*, im Zuge derer sich die charismatische Bewegung aus der traditionellen Pfingstbewegung heraus besonders in den traditionellen protestantischen sowie der → **Römisch-katholischen Kirche** entwickelte, in den 1960er Jahren, und die *dritte Welle*, die eng mit der *Gemeindewachstumsbewegung* verbunden ist, seit den 1980er Jahren.

Durch die → **Gemeinschaftsbewegung** und die verschiedenen Ausprägungen der Heiligungsbewegungen war der Pfingstbewegung der Boden bereitet. Der geistliche Aufbruch begann 1905 in Mülheim a. d. Ruhr und setzte sich von hier aus in andere Gebiete Deutschlands fort. Einen Höhepunkt erreichte die Wirkung der neuen Bewegung 1907 auf charismatischen Versammlungen in Kassel, wo die Unmittelbarkeit der Geisterfahrung zu ekstatischen Ausbrüchen und Zungenreden führte. Das zog die Abkehr der Gemeinschaftsbewegung von der Pfingstbewegung nach sich. Sie verurteilte 1909 zusammen mit der → **Evangelischen Allianz** und verschiedenen Freikirchen in der *Berliner Erklärung* die Pfingstbewegung und ebenso die Heiligungsbewegung, da man die charismatischen Erfahrungen als ambivalent und möglicherweise dämonisch ansah. Die Pfingstbewegung wurde als „perfektionistisch", „von unten", d. h. vom Satan inspiriert und unter dem Einfluss von Dämonen in einer Linie mit dem Spiritismus stehend diskreditiert. Über Jahrzehnte hinweg war das Verhältnis der beiden Strömungen, trotz der unmittelbar folgenden *Mülheimer Erklärung* der Pfingstbewegung, die vermittelnd wirken sollte, von einer offenen Feindschaft charakterisiert. Auch in den Landeskirchen, bis 1918/19 Staatskirchen, wurde die Pfingstbewegung rigoros abgelehnt. Das war in dieser scharfen Form weltweit einmalig. In keinem anderen Land wurde eine solche Trennung vollzogen.

Erst im Zuge der sogenannten *dritten Welle* der charismatischen Bewegung, die sich mit großem Erfolg unter den Schlagworten *Gesunder Aufbruch* oder *power evangelism* von Kalifornien ausgehend in Deutschland ausbreitete, kam es zu punktuellen, vorsichtigen Öffnungen sowohl in den traditionellen Freikirchen als auch der Gemeinschaftsbewegung und der Evangelischen Allianz gegenüber der charismatischen Bewegung. Mit der *Kasseler Erklärung* von 1996, in der sich der *Bund Freikirchlicher Pfingstgemeinden* uneingeschränkt zur Basis der Evangelischen Allianz bekannte und in der die Allianz die Gnadengaben des Heiligen Geistes, so wie sie in der Bibel bezeugt sind, befürwortet wurden, fand der Prozess der schwierigen Annäherung einen formalen Ausdruck.

Nach der *Berliner Erklärung* von 1909 organisierte sich die Pfingstbewegung auf der Ebene von Gemeinden, die sich 1913 zum *Mülheimer Verband Freikirchlich-Evangelischer Gemeinden*, kurz *Mülheimer Verband*, ursprünglich *Christlicher Gemeinschaftsverband Mülheim a. d. Ruhr* zusammenschlossen. In den ersten Jahrzehnten empfanden sich die Gemeinden des Verbandes eher als kirchenangelehnte Gemeinschaften, in den 1970er Jahren entwickelten sie sich immer mehr zu freikirchlichen Gemeinden.

In den USA, dem Ursprungsland der Pfingstbewegung, schlossen sich 1914 zahlreiche Pfingstgemeinden zu den *Assemblies of God* zusammen, deren Pendant auf deutschem Gebiet in gewissem Grad die 1947 gegründete *Arbeitsgemeinschaft der Christengemeinden Deutschlands* war, die 1982 in *Bund Freikirchlicher Pfingstgemeinden in Deutschland* (BFP) umbenannt wurde.

Die Pfingstbewegung weist aufgrund der Bandbreite ihrer einzelnen Kirchen, die von Megachurches in Afrika, Korea und Nordamerika bis zu Arbeitsgruppen der *Geistlichen Gemeindeerneuerung* innerhalb von Landeskirchen und traditionellen Freikirchen reicht, divergente Ausprägungen aus. Vor dem jeweiligen politischen, kulturellen und gesellschaftlichen Hintergrund sind die Stoßrichtungen verschieden. Entweder richtet sich der pfingstlerische Enthusiasmus gegen einen Glauben, der Wunder ausschließt und zu gesetzlich ist und will Halt geben in einer pluralisierten religiösen Gegenwart, wie sie z. B. in Europa präsent ist. In Afrika dagegen ist die pfingstlerische Frömmigkeit auf das Erschließen sozialer und persönlicher Ressourcen gerichtet, auf die Stärkung von Selbstvertrauen, auf soziale Neugestaltung, nicht zuletzt verknüpft mit einer Wertschätzung von Bildung.

Die grundsätzliche Gemeinsamkeit besteht in der pneumatologischen Schwerpunktsetzung. Damit geht eine eher emotionale denn reflektiert-theologische Frömmigkeit einher. Dementsprechend sind Theologumena nicht tiefer ausgeprägt und die Vorstellungswelt von Dualismen geprägt. Die Bedeutung des Heiligen Geistes für die Glaubensentwicklung des Christen ist zentral. Der Heilige Geist ermöglicht den Glauben und damit das Christsein. Bei seiner Wiedergeburt empfängt der Christ den Heiligen Geist und ist damit geistgetauft. Die Gläubigen bitten Gott immer wieder um die Erfüllung mit dem Heiligen Geist, um das vertiefende Wirken des Heiligen Geistes zu erfahren, das in der Befähigung zur Anbetung Gottes, der Entfaltung des Wesens Jesu im Gläubigen und der Bevollmächtigung zum Dienst in Gemeinde und Welt besteht. Das physische Erleben dieser Geist-Erfüllung wird in manchen Kirchen als mitunter gegeben angenommen, in anderen Kirchen vorausgesetzt.

Die Frömmigkeit ist geprägt von der Praxis der in der Bibel bezeugten Charismen wie Prophetie, *Glossolalie* (= ‚Zungenreden') und Heilung (Apg. 2; 1. Kor. 12–14). In der Gottesdienstpraxis führt das zu enthusiastischen Veranstaltungen, bei denen Singen und Lobpreis dominiert und häufig unter dem Eindruck des Wirkens des Heiligen Geistes außergewöhnliche Erfahrungen des Ergriffenseins und des emotionalen Mitgerissenseins gemacht werden. In der Regel sind pfingstlerisch-charismatische Christen evangelikal orientiert.

Allerdings sind Evangelikalismus und Pfingstbewegung bzw. charismatische Frömmigkeit nicht deckungsgleich.

Ekklesiologische Spezifika

- In Deutschland wird sowohl im *Mülheimer Verband* als auch im BFP Gemeinde da gesehen, wo der Heilige Geist Menschen zur Nachfolge ruft und mit anderen Christen als Gemeinschaft der Glaubenden sammelt.
- Gemeindeglieder verstehen sich als *Glieder am Leib Christi* und als *Mitarbeiter am Reich Gottes*, die ihre Gaben zum Aufbau dieses Reichs einbringen.

Spezifika im Amtsverständnis

- Die Leitung von Gemeinden wird durch berufene Gemeindeleitungskreise oder Ältestenkreise ausgeübt.
- Der ordinierte Pastor bzw. der Gemeindeleiter ist in diesem Leitungskreis *primus inter pares* (= ‚Erster unter Gleichen').

Struktur

- Die Ortsgemeinde ist die grundsätzliche Trägerin des geistlichen Lebens. Ihr wird durch die Verbände Gemeinschaft sowie die Erledigung gemeinsamer Aufgaben ermöglicht. Im *Mülheimer Verband* und im BFP sind die Ortsgemeinden selbstständig und meist eingetragene Vereine.
- Daneben ist die charismatische Bewegung durch die *zweite* und *dritte Welle* zu einem (geringen) Teil in die Kirchen, speziell in Freikirchen und die → **Römisch-katholische Kirche** eingedrungen, sodass es zu einer konfessionellen Adaption kam.
- Darüber hinaus bilden „freie" charismatische Gemeinden, deren Gründungszahlen sich seit der *dritten Welle* noch einmal potenzieren, sowohl weltweit als auch in Deutschland ein unübersichtliches Feld verschiedener Arbeitsansätze, Strukturen und Klientelorientierungen. Verbunden sind die meisten dieser Gemeinden nur sehr lose.
- Der *Mülheimer Verband* ist ebenso wie der BFP Vollmitglied der *Vereinigung Evangelischer Freikirchen* (VEF).

- In der *Arbeitsgemeinschaft Christlicher Kirchen* (ACK) ist der *Mülheimer Verband* Mitglied. Der BFP trat 1984 aufgrund von Bedenken gegen die Ökumene aus der ACK aus. Nach intensiven Gesprächen wurde der BFP 2010 wieder als Gastmitglied in die Bundes-ACK aufgenommen.
- Der BFP unterhält in Erzhausen bei Darmstadt die *Bibelschule Beröa.*
- Der *Mülheimer Verband* hat etwa 4000 Mitglieder in knapp 50 Gemeinden (Stand 2018), der BFP etwa 62900 Mitglieder in 836 Gemeinden (Stand 2019).
- Weltweit sind die Pfingstkirchen in der Weltpfingstkonferenz locker verbunden.
- Die Pfingstbewegung wird aufgrund ihres rasanten Anwachsens in den letzten Jahrzehnten häufig als die zukunftsträchtigste Form des Christentums angesehen.

Weiterführende Literatur

Demandt, Johannes (Hg.) (2012), *Freie evangelische Gemeinden*, Göttingen.

Härle, Wilfried (2019), *Worauf es ankommt. Ein Katechismus. Mit einem Geleitwort von Christian Schad*, Leipzig.

Heimbucher, Kurt (Hg.) (1988), *Dem Auftrag verpflichtet. Die Gnadauer Gemeinschaftsbewegung. Prägungen – Positionen – Perspektiven*, Dillenburg.

Herlyn, Okko (2015), *Was ist eigentlich evangelisch?*, Neukirchen.

Hochgeschwender, Michael (2007), *Amerikanische Religion: Evangelikalismus, Pfingstlertum und Fundamentalismus*, Frankfurt am Main.

Hörsting, Ansgar/ Strauch, Peter (2017), *Typisch FeG*, Witten.

Hülsman, Matthias (2009), *Konfession: evangelisch. Basiswissen*, Gütersloh.

Klaiber, Walter (Hg.) (2011), *Methodistische Kirchen,* Göttingen.

Kolb, Robert (2011), *Die Konkordienformel. Eine Einführung in ihre Geschichte und Theologie,* Göttingen.

Rohls, Jan (2018), *Protestantische Theologie der Neuzeit*. 2 Bde., Tübingen.

Spornhauer, Dirk (2001), *Die Charismatische Bewegung in der Bundesrepublik Deutschland. Ihre Geschichte und Theologie*, Münster.

Strübind, Andrea/ Rothkegel, Martin (2012), *Baptismus. Geschichte und Gegenwart*, Göttingen.

Voigt, Karl Heinz (2004), *Freikirchen in Deutschland (19. und 20. Jahrhundert),* KGE III/6, Leipzig.

Wenz, Gunter (1996/98): *Theologie der Bekenntnisschriften der evangelisch-lutherischen Kirche*. 2 Bde., Berlin/New York 1996/1998.

5 Die persönliche Apostolizität: Die Neuapostolische Kirche

Im frühen 19. Jahrhundert entwickelte sich im Zuge der Erweckungsbewegung die Vorstellung, dass eine Gemeinschaft, die in der als unmittelbar bevorstehend vorgestellten Endzeit bestehen will, dem Ideal der frühen Christen entsprechen müsse. Die Vorstellung, das „Urchristentum" wieder aufleben zu lassen, kennzeichnet diese Bewegung, die sich im Gegenüber zu den etablierten Kirchen bildete, sich aber durchaus offen für alle Konfessionen zeigt. Dazu gehört nicht nur Nachfolger der Apostel zu kennen oder auf dem Boden der apostolischen Überlieferung zu stehen, sondern wirklich lebende Apostel zu haben. Das Amt des Apostels wurde neu belebt, indem durch prophetische Eingaben Männer zu Aposteln berufen wurden. Das geschah zunächst in England, wo sich die *katholisch-apostolische Gemeinde* bildete. Sie vertrat die Ansicht, dass die Kirche Jesu lebendige Apostel benötige, da es ohne Apostel keine Kirche gäbe. Obwohl die berufenen zwölf Apostel der katholisch-apostolischen Gemeinden schließlich starben, ohne dass die Wiederkunft Christi stattgefunden hatte, und sie sich geweigert hatten, Nachfolger im Apostelamt zu benennen, existierten zu dem Zeitpunkt noch wenige katholisch-apostolische Gemeinden. Allerdings ist der Gedanke, dass eine Kirche Apostel haben müsse, nicht mit den englischen Aposteln ausgestorben. Wirkungsvoller war die Gemeinschaft, die sich von ihnen emanzipiert hat und eigene Wege gegangen ist. Sie hat neue Apostel berufen: die Neuapostolische Kirche.

5.1 Die Realisierung der Apostolizität

Die Neuapostolische Kirche (NAK) übernahm von den katholisch-apostolischen Gemeinden den Gedanken, dass die Kirche das lebendige Apostelamt braucht, um dem Willen Gottes gerecht zu werden. Die NAK geht davon aus, dass die Kirche immer apostolisch war und ist, dass aber die **personale Besetzung des Apostelamts** unterbrochen war. Nachdem die ursprünglich von Jesus von Nazareth selbst zu Trägern des Apostelamtes berufenen Männer gestorben waren, blieb das Amt zwar erhalten, es wurde aber nicht besetzt. So sagt es der „Katechismus der Neuapostolischen Kirche in Fragen und Antworten" von 2014, der den aktuellen Stand der neuapostolischen Lehre bietet (im Folgenden werden in Klammern die jeweiligen Nummern der Fragen bzw. Antworten des Katechismus angegeben).

Erst 1832 fand das Amt einen neuen Träger. Die NAK erkennt John Bate Cardale (1802–1877) als ersten Träger des Apostelamtes in der Neuzeit an, den ersten Apostel der katholisch-apostolischen Gemeinden (400). Er wurde vom Heiligen Geist in das Amt berufen und von Henry Drummond als Apostel benannt. Insofern sieht sich die NAK in einer Kontinuität mit den englischen Aposteln und den katholisch-apostolischen Gemeinden.

Erkennbar ist hier die **Struktur einer Berufung**: Ein mit dem Geist Gottes begabter Prophet erklärt einen anderen Menschen zum Apostel und damit zu einem Amtsträger. Der potenzielle Konflikt zwischen dem **Charismatiker** und dem **Amtsinhaber** ist damit bereits am Anfang der Bewegung gegeben. Die weitere Geschichte zeigt, dass der Amtsinhaber durch sein in eine kirchliche Ordnung überführbares Amt dem Charismatiker hinsichtlich der Durchsetzungskraft überlegen ist.

Ein eigener Typ von Apostolizität

Durch die Erkenntnis, dass Gott gegenwärtig Männer zu Aposteln beruft, stellt die NAK in der Nachfolge der katholisch-apostolischen Gemeinden einen weiteren Typus der Realisierung der Apostolizität dar. Sie reklamiert für sich, dass lebendige und damit „echte" Apostel nur in ihrer Kirche wirken, obgleich sie einen Auftrag für alle Christen haben (403). Die Kirche ist demnach apostolisch, „weil in ihr apostolische Lehre verkündigt wird und in ihr das apostolische Amt wirkt." (385) Alle Zeichen der Kirche (lat.: *notae ecclesiae*) sind dort am deutlichsten verwirklicht, „wo die Apostel" (386) wirken. Die Apostel der NAK haben dabei vordringlich die Aufgabe, ihre Gemeinden auf die baldige Wiederkehr Christi vorzubereiten. Das Amt des Apostels ist für die NAK das einzige Amt, das Christus seiner Kirche unmittelbar gegeben hat (421). Von ihm haben sie den Auftrag, das kommende Heil zu vermitteln (424). Die Apostel sollen in der Autorität Christi, „die Regentschaft Christi ausüben, den göttlichen Segen spenden, das Evangelium Christi verkündigen." (425) Insbesondere die Spendung der Gabe des Heiligen Geistes wird exklusiv an das Apostelamt gebunden (440). Außerdem legen die Apostel die Lehre der Kirche und die Ordnung der Gemeinden fest (453). Zusammenfassend lässt sich festhalten:

> Die Tätigkeit der Apostel ist darauf gerichtet, das Erlösungswerk des Herrn zu erbauen und zur Vollendung zu führen. Dazu gehört, dass die Sakramente so gespendet werden, wie es im Willen Jesu Christi liegt. Die Apostel achten darauf, dass das

Evangelium unverfälscht gepredigt wird und dass die Gemeinde eine Ordnung hat, die Gott wohlgefällt. Darüber hinaus sollen die Apostel die Brautgemeinde durch die Predigt des Evangeliums, die Verkündigung der Sündenvergebung, die Taufe mit Wasser und Heiligem Geist sowie durch das Heilige Abendmahl auf die Wiederkunft des Herrn vorbereiten. (455)

Aus dem Amt der Apostel entwickeln sich dann – in Nachbildung der Ämter wie sie im Neuen Testament in Ansätzen zu erkennen sind – weitere Ämter für verschiedene Bereiche.

Das neue Amtsverständnis

Im Zuge der theologischen Neuformierung der Kirche durch die Erarbeitung des Katechismus von 2012 verständigte sich die NAK auf ein neues Amtsverständnis. Ab Pfingsten 2019 gilt:

- Die Trennung zwischen theologischen und organisatorischen Fragen im Hinblick auf das Amt. Drei *Amtsebenen* werden von fünf *Leitungsfunktionen* unterschieden.
- Den Amtsebenen werden verschiedenen Stufen an Vollmacht zugewiesen.
- Das Amt des Diakons bildet die erste Ebene. Ein Diakon darf das Evangelium verkündigen und den Schlusssegen im Gottesdienst spenden.
- Das Amt des Priesters bildet die zweite Ebene
- Zusätzlich zu den Vollmachten des Diakons darf der Priester Sünden vergeben, die Sakramente der Taufe und des Abendmahls spenden und weitere Segenshandlungen durchführen.
- Das Apostelamt bildet die höchste Ebene.
- Der Apostel darf außerdem das Sakrament der Versiegelung spenden und Ordinationen vornehmen. (Amtsverständnis, 2019)

Der Stammapostel

Eine Vorrangstellung unter den ersten Aposteln wird **Petrus** zugewiesen, dem Jesus eine „besondere Vollmacht“ (437) zuerkannt haben soll. Laut Mt 16,18 habe Christus seinen Jünger Simon Petrus zum Felsen erklärt, auf dem die Kirche gegründet sei. Es gebe daher das „Felsenamt“ in der Kirche, das von einem Apostel ausgefüllt werden müsse. Auf dieser Überzeugung gründet das *Amt des Stammapostels.* Es gilt als das Zeichen der einen Kirche.

Er wacht darüber, dass das Evangelium unverfälscht verkündigt wird. Er erschließt aus dem Heiligen Geist Erkenntnisse und Zusammenhänge in der Lehre der Kirche und ist verantwortlich für ihre einheitliche Ausbreitung. Weiterhin legt er die Kirchenordnung fest. All diese Aufgaben machen die

Schlüsselvollmacht des Stammapostelamts aus. Der Stammapostel ordiniert die Apostel. Gemeinsam mit ihnen leitet er die Kirche. (459)

Dem Stammapostel kommt damit die **höchste Autorität** in der Kirche zu. Mit ihm üben vor allem die Bezirksapostel die Leitung der Kirche in den ihnen zugewiesenen Gebieten aus. Die priesterlichen Amtsträger hingegen sind für die praktischen Aufgaben des pastoralen Alltags zuständig. Sie „haben Auftrag und Vollmacht erhalten, die Heilige Wassertaufe zu spenden, die Sündenvergebung zu verkündigen und das Heilige Abendmahl auszusondern und zu spenden. Zu ihren Aufgaben gehört weiterhin, Gottesdienste, Segenshandlungen und Trauerfeiern durchzuführen sowie die Gemeindemitglieder seelsorgerisch zu betreuen." (469) Dabei werden sie von den Diakonen unterstützt (470). So lässt sich eine klar gegliederte Hierarchie in der NAK aufzeigen: Der Stammapostel steht an der Spitze der Kirche und von ihm lassen sich alle wesentlichen Leitungsfunktionen ableiten.

Das Apostelamt

Warum es zwischen dem (letzten) Apostel (der Urkirche), Johannes, der gegen Ende des ersten Jahrhunderts gestorben sein soll (448), und dem ersten Apostel der Neuzeit (John Bate Cardale) keinen menschlichen Träger des Apostelamts gegeben hat, bleibt das Geheimnis Gottes (449). Dass das Apostelamt wieder personell besetzt werden konnte, hängt mit der besonderen Qualität der Zeit zusammen. So wirken Apostel „am Anfang der Kirche Christi und in der Zeit vor Christi Wiederkunft zur Bereitung der Brautgemeinde." (450) Apostel kennzeichnen damit nicht nur den Anfang, sondern auch das irdische Ende der Kirche Christi. Die wichtigste Aufgabe der Apostel ist damit die Vorbereitung auf das Ende, „auf die Wiedervereinigung mit ihm bei seiner Wiederkunft." (562) Diejenigen, die dabei entrückt werden, also „denen die Wiedergeburt aus Wasser und Geist zuteil geworden ist" (561), werden dabei als „Brautgemeinde" bezeichnet. Ein Bild, das aus 2. Kor 11,2 abgeleitet ist, da Paulus dort davon spricht, dass er Christus eine „unberührte Jungfrau" zuführen möchte.

Die Wiederbelebung des Apostelamtes hängt demnach unmittelbar mit der Erwartung der baldigen Wiederkehr Christi zusammen. Daher ist es nicht verfehlt, eine besondere eschatologische Ausrichtung der NAK festzustellen (s. u.)

Weil Christus nur Männer in das Apostelamt berufen hat, ordiniert die NAK bislang auch keine Frauen in ein Amt, sondern setzt sie lediglich in der Seelsorge, im Unterricht und im musikalischen Bereich ein. Allerdings stellt sie in jüngster Zeit Überlegungen zur Ordination der Frau an. Damit betritt sie nach eigener Auskunft Neuland.

5.2 Besonderheiten der historischen Entwicklung

Die NAK wurzelt in der **Erweckungsbewegung** des 19. Jahrhunderts. Durch die Verunsicherungen, die aus den Ereignissen der Französischen Revolution und der aufkommenden und sich beschleunigenden Industrialisierung und Urbanisierung resultierten, entwickelte sich ein starkes Interesse an der Apokalyptik und die Hoffnung auf die baldige Wiederkehr Christi.

In England entstanden in diesem Umfeld die katholisch-apostolischen Gemeinden, aus denen sich wiederum die NAK entwickelte.

Die katholisch-apostolischen Gemeinden (KAG)

Während in der anglikanischen Kirche die anglo-katholische Bewegung an Bedeutung gewann, entwickelte sich auf dem Boden der Church of England noch ein weiterer Typ von Kirche: die katholisch-apostolischen Gemeinden. Sie sahen es als nötig an, **lebendige Apostel** zu haben, um die Wiederkehr Christi zu erleben. Damit legten sie die Grundlage für diesen besonderen Typ der Apostolizität und wurden Keimzelle aller apostolischen Bewegungen.

Diese Vorstellung gewannen die ersten Protagonisten der KAG im Kontext einer stark apokalyptisch denkenden Strömung, die sich in den **Krisenzeiten** des frühen 19. Jahrhunderts manifestierte. Immer mehr Gläubige fragten sich aufgrund intensiven Bibelstudiums, welche Bedeutung die Texte für sie selbst haben könnten. Es ging nicht – wie bei der eher universitär geprägten historischen Bibelforschung – um die Suche nach den Anfängen des Christentums und dem Eigensinn der biblischen Texte, sondern um das persönliche Leben, das vor dem Hintergrund der Texte gedeutet werden sollte.

1826 lud der englische Bankier Henry Drummond verschiedene Personen zu einem Treffen auf seinen Landsitz Albury-Park ein. Es sollte über verschiedene Deutungen prophetischer Texte diskutiert werden. Diese Konferenz wiederholte sich in den folgenden Jahren und stellte die Keimzelle der KAG dar. Es wurde zunächst die Einsicht erzielt, dass Christus bald wiederkommen werde. Die *Französische Revolution* bildete in diesem Schema einen Fixpunkt. Mit ihr sei die Periode des Wartens auf Christus zu Ende gegangen und Ereignisse, wie sie vor allem die Johannesoffenbarung beschreibt, würden nun in Gang gesetzt.

Edward Irving (1792–1834), ein schottischer Prediger, der nach London berufen wurde, nahm an diesen Konferenzen teil und erwies sich als wirkungsmächtige Figur. Er unternahm Evangelisationsreisen nach Schottland und konnte dort seine Vorstellungen der baldigen Wiederkehr Christi verbreiten. Die Stimmung in den Kreisen um Drummond und Irving wurde zunehmend durch spiritualistische Impulse geprägt, sodass durch den Heiligen Geist gewirkte, prophetische Rede in der Gegenwart möglich schien. Es wurde um die Gabe des Geistes intensiv gebetet und schließlich traten solche Geistesgaben auf, die als Offenbarung Gottes angenommen wurden.

Die ersten Apostel

Die vermehrt auftretenden Geistesgaben führten zu dem Wunsch, die Geister klar zu scheiden. Drummond und Irving interpretierten das Auftreten dieser Vorkommnisse als Vorstufe der *Parusie*. Sie kamen zu der Überzeugung, dass die Kirche nun in eine Phase getreten sei, in der die urchristlichen Verhältnisse wiedererrichtet werden müssten, um Christus richtig zu empfangen. Sie kamen so auch zu der Einsicht, dass die alten Ämter wieder neu belebt werden müssten.

Durch das prophetische Reden war bereits deutlich geworden, dass es Propheten unter ihnen gab, allerdings fehlte die Leitung der Kirche durch Apostel. Da viele Anhänger der Bewegung inzwischen aus der Anglikanischen Kirche ausgeschlossen wurden, verstärkte sich der Druck, kirchliche Strukturen zu schaffen. Ähnlich wie die anglo-katholische Strömung lehnten sich Drummond und Irving dabei an römisch-katholische Strukturen (z. B. Hierarchien und liturgische Gepflogenheiten) an.

Der Rechtsanwalt John Bate Cardale (1802–1877), der sich auf einer Reise nach Schottland von der Idee des prophetischen Redens überzeugt hatte, wurde während einer Zusammenkunft am 31. Oktober 1832 von Drummond als Apostel bezeichnet: „Bist du nicht ein Apostel? Warum spendest du nicht den Heiligen Geist?“ (Obst, 2000, 30)

Damit war das seit der frühen Christenheit unbesetzte **Amt des Apostels** wiederbelebt. Allerdings musste dieser neue Typ von Kirche erst gefestigt werden. Cardale ging dabei geschickt vor und etablierte durch erste Berufungen und Ordinationen weiterer Personen in andere Ämter eine Hierarchie, die der neuen Bewegung eine erste Struktur gab. So wurde Irving in das *Amt eines Engels* berufen, Drummond zunächst zum Hirten und schließlich 1833 zum Apostel. Cardale arbeitete in der Folge darauf hin, das Apostelkollegium nach biblischem Vorbild zu vervollständigen.

Die zwölf Apostel und der Aufbau der Kirche

1835 wurden zwölf Apostel in einem Gottesdienst zum Dienst ausgesondert. Sie verstanden sich als die **Repräsentanten der zwölf Stämme Israels**. Cardale wurde ihr Vorsitzender und als *Pfeiler der Apostel* bezeichnet. Er ordnete die Kirche nach einer klaren Hierarchie mit den Aposteln an der Spitze, die von Bischöfen und weiteren Ämtern in der Leitung der einzelnen Gemeinden unterstützt wurden. Die

Apostel verstanden sich als Anführer einer Bewegung, die in der Endzeit für alle Christen den Auftrag ausführten, diejenigen Christen für die Wiederkehr Christi bereit zu machen, die ihrer würdig war. Insofern hatte die Bewegung am Anfang eine ökumenische Zielsetzung.

1842 wurde der Ablauf des Gottesdienstes geregelt, 1847 kam als Ritual die *Versiegelung* hinzu, die dem Gläubigen die Kraft des Geistes verleihen sollte. Daraus entwickelte sich für die spätere NAK ein neues Sakrament.

Die Mission der englischen Apostel erzielte in den 1840er Jahren auch in Deutschland gewisse Erfolge. Sowohl aus der evangelischen wie auch der Römisch-katholischen Kirche traten verschiedene Persönlichkeiten zu den KAG über.

Das Zeugnis der Apostel

Seit 1837 legten die Apostel vor der Öffentlichkeit Rechenschaft über ihren Glauben ab. Sie verfassten verschiedene „Testimonien", die sie an andere Kirchen (an die Church of England, an die Römisch-katholische Kirche) oder Regierungen (an Franz II./I. von Österreich [Kaiser: 1792–1806 und 1804–1835]) sandten, um ihre Lehre bekannt zu machen.

In dem *Großen Testimonium* von 1837, das maßgeblich von Pfeilerapostel Cardale verfasst wurde, argumentieren die Apostel von der Überzeugung her, dass die Wiederkunft Christi unmittelbar bevorstehe. Das sei durch die *Französische Revolution* belegt. Der Antichrist werde nun kommen, und deshalb sei die Zersplitterung der Christenheit schädlich. Da das ursprüngliche Amt der Apostel verloren gegangen sei, habe die Christenheit nur dann eine Chance, sich wieder zu vereinigen, wenn sie sich unter der Autorität von Aposteln zusammenfände. Die Apostel plädierten für die Reinigung der Kirche von aller staatlichen Gewalt und sahen in ihrem Aufbruch, die von Gott gnädig geschenkte, heilvolle Möglichkeit, Reformen einzuleiten, bevor das Ende komme.

In diesem Angebot erkennt man den **ökumenischen Willen zur Einheit** und gleichzeitig die Bedingung, unter der das Angebot nur funktionieren kann: die Enge der Zeit.

Für eine noch lange weitergehende Geschichte der Kirche ist dieses Programm nicht entworfen. Insofern ist es nicht verwunderlich, dass die KAG durch das Aussterben der Hierarchie allmählich erlosch.

1855 starb Thomas Carlyle (1803–1855), der Apostel für Norddeutschland. Im selben Jahr starben drei weitere Apostel der KAG. Dies führte zu der unvermeidlichen Frage: Wie geht es jetzt weiter? Wenn die Kirche Apostel braucht, dann müsste es eigentlich eine Nachwahl geben – so wie dies auch die Apostelgeschichte des Lukas schildert (Apg 1).

Doch die KAG sah sich einer tiefen Enttäuschung ausgesetzt. Ihre Hoffnung, wonach Christus zu den Lebzeiten der Apostel wiederkommen würde, wurde enttäuscht. Pfeilerapostel Cardale gab seinen Irrtum daraufhin offen zu. Die englischen Apostel kamen zu dem Schluss, dass sie keine neuen Apostel ernennen wollten und besiegelten damit das Ende der KAG. 1872 starb Cardale und der letzte englische Apostel, Francis Valentine Woodhouse (1805–1901), 1901. Durch seinen Tod erlosch das wichtigste Amt der KAG und wurde nicht mehr besetzt. Dadurch konnten wichtige gottesdienstliche Vollzüge nicht mehr stattfinden, z. B. die Versiegelung, und auch keine Mission mehr betrieben werden. Die noch von Aposteln ordinierten weiteren Amtsträger blieben in ihren Ämtern, starben aber ebenfalls mit der Zeit aus.

Die Frage der Nachfolge

Gegenwärtig gibt es zwar wenige, aber immer noch Anhänger dieser Kirche. Diese können aber nur Gottesdienste feiern, die auch Laien feiern dürfen. Sie verstehen sich als sterbendes Weizenkorn, das bald wieder Frucht bringen soll.

Die englischen Apostel verzichteten auf neue Berufungen. Doch sie konnten die Situation nicht mehr überall kontrollieren. In Deutschland wurden neue Apostel berufen. Dies geschah durch den Propheten Heinrich Geyer (1818–1896). Der ehemalige Volkschullehrer wurde von Apostel Thomas Carlyle 1850 zum Priester und schließlich zum Propheten der KAG ordiniert. Durch seine Vorträge und publizistischen Tätigkeiten erlangte er rasch großen Einfluss auf die apostolische Bewegung. 1852 zum *Engel* geweiht, entwickelte er sich zu einem der engsten Mitarbeiter Carlyles und führte vor allem in Norddeutschland die Weihe von vielen Priestern der KAG durch.

Die „andere" Lösung

Als Carlyle 1855 starb, wurde Geyer allerdings nicht sein Nachfolger, sondern der Apostel für Süddeutschland, Woodhouse übernahm den Bezirk Carlyles. Als einziger Prophet in Norddeutschland versuchte Geyer nun, der Kirche eine eigene Richtung zu geben, konnte aber zu Woodhouse kein gutes Verhältnis aufbauen. Zunächst nahmen sie jedoch gemeinsam an den seit 1858 einberufenen Prophetenversammlungen in Albury teil. Im Rahmen einer solchen Konferenz im Jahr 1860 kam es zwischen den englischen Aposteln und Geyer zu folgenreichen Spannungen. Geyer kritisierte die Haltung der Apostel, keine Nachfolger im Apostelamt zu benennen. Die Spannung zwischen dem Amt des Propheten und dem der Apostel dürfte hier eine Rolle gespielt haben.

Geyer wandte sich schließlich gegen die Entscheidung der englischen Apostel, keine Amtsnachfolger zu berufen, und legte so gleichzeitig das grundlegende Problem offen, ob die Apostel die letzte Autorität in der Kirche haben sollten oder ob es andere Quellen der Offenbarung Gottes geben könne, etwa die Schrift bzw. deren Auslegung durch Propheten wie Geyer oder andere Amtsträger.

1862 hatte Geyer eine Offenbarung, bei der ihm klar wurde, dass der englische Weg falsch sei. Unter Rückgriff auf die Vorstellung der 24 Ältesten, die in Apk 4 um den Thron Gottes stehen, dachte Geyer an die Möglichkeit, dass es mehr Apostel geben könne als zwölf und geriet damit – neben anderen eschatologischen Differenzen – in theologische Gegensätze zu der offiziellen Lehre der KAG. Insgeheim berief er einen neuen Apostel: Rudolf Rosochacky (1818–1884) und riet diesem abzuwarten, bis seine Zeit kommen würde. Die neue Berufung konnte aber nicht lange verheimlicht werden und deshalb wurde Geyer von dem ihm formal übergeordneten *Engel* Carl Rothe (1812–1876) in Berlin mit Unterstützung des Apostels Woodhouse im Dezember 1862 suspendiert.

Im Grunde wiederholte sich damit der Vorgang, der zur Gründung der KAG geführt hatte: Ein Prophet beruft einen Apostel. Der Unterschied war allerdings, dass es nun schon Apostel gab und diese Apostel eine neue und andere Berufung ablehnten.

Das Grundsatzproblem

Die „englische" Antwort auf die Frage der Nachfolge wurde von Geyer und in der Folge von den neu entstandenen apostolischen Gemeinden nicht akzeptiert. Die „deutsche" Antwort lautete: Es können neue Apostel berufen werden, weil es immer noch Propheten gibt. Die Welt hört nicht auf und die Geschichte der Kirche auch nicht. Das prophetisch-charismatische Element steht wieder am Anfang der neuen Bewegung, wird aber im Laufe der Konsolidierung zur Kirche hin wieder abgestreift. Eine Kirche, die sich konstituiert, braucht früher oder später das Amt, um zu überleben.

Carl Rothe legte in einem Brief vom Januar 1863 die theologischen Differenzen zwischen ihm und Geyer dar und sah das beschriebene Grundsatzproblem sehr klar: „Ich konnte keinen Sinn damit verbinden, dass er die Autorität der Apostel verwerfe und doch an einem Altar, der nur sein Recht aufgerichtet zu sein, wenn Gott Apostel wiedergegeben hat, die Kommunion zu spenden." (Schmolz, 2016, 28) Zu Recht sah Rothe durch Geyers Ungehorsam die Autorität der Apostel gefährdet. Es ging um das Amt und dessen Vollmacht in der Kirche. Die Frage war, „ob der Herr wahrhaft Apostel gegeben hat und ob Apostel die Autorität sind, welche in der Kirche ist. Kann ein Prophet die Schrift nach seiner Willkür erklären, warum nicht auch ein Evangelist und Hirte und jeder Laie, dann sind wir wieder auf das Meer der menschlichen Meinungen hinausgesetzt." (Schmolz, 2016, 28)

Heinrich Geyer und die neuen Ansätze

Geyer fand nach seiner Exkommunikation in Berlin zunächst Zuflucht in Hamburg, in der Gemeinde von Friedrich Wilhelm Schwarz (1815–1895). Dieser akzeptierte den neuen Apostel Rosochacky und sagte sich von Engel Rothe los. Allerdings legte Rosochacky direkt nach seiner Abreise aus Hamburg noch im Januar 1863 sein Amt als Apostel nieder, weil er seinen Weg als Irrtum wertete. Geyer und Schwarz waren daraufhin in den Reihen der KAG ohne Alternative. Sie und mit ihnen die Gemeinde in Hamburg, die ihnen gefolgt war, waren nun geächtet. Geyer und Schwarz wurden nach Gesprächen mit ihm von Apostel Woodhouse exkommuniziert und suspendiert.

Diese Exkommunikation am 27. Januar 1863 sieht die NAK als ihre eigentliche Geburtsstunde an. Zunächst nannte sich die neue Gemeinde *Allgemeine Apostolische Gemeinde* bzw. später *Allgemeine christliche apostolische Mission.*

Für die Hamburger Gemeinde endete die „apostellose" Zeit relativ rasch. Die zweite Berufung eines neuen Apostels fand im Frühjahr 1863 statt. Ein Diakon berief Carl Wilhelm Preuß (1827–1878), was bei Geyer Unmut hervorrief. Auch Geyer berief in der Folge eigene Apostel. Wichtig war vor allem die Berufung von Schwarz zum Apostel der Niederlande. Dort gründete dieser die *Apostolische Zending.*

Von Hamburg aus wirkte Geyer weiterhin als Prophet und nahm neue Berufungen ins Apostelamt vor. Bald entstanden Differenzen zwischen dem Propheten Geyer und dem Apostel Preuß. Es gab zwischenmenschliche Probleme, u. a. bezeichnete Geyer den Apostel als „uneheliches Kind", weil er nicht von einem Propheten, sondern nur von einem Diakon berufen wurde. Im Grunde ging es aber wieder um die Frage, ob der Prophet über dem Apostel stehe oder ob beide Ämter gleichrangig seien.

Geyer versuchte gegen Preuß und dessen designierten (oder selbsternannten) Nachfolger, den *Hirten* Eduard Wichmann, dessen Helfer wiederum der spätere Stammapostel Friedrich Krebs (1832–1905) war, einen neuen Apostel für Norddeutschland zu etablieren: Johann Friedrich Güldner (gest. 1904). Das scheiterte in einem Gottesdienst am 4. August 1878, in dem die Gemeinde einen Eklat herbeiführte, indem sie den Apostel nicht annahm. Obwohl Preuß bereits am 25. Juli 1878 verstorben und das Amt vakant war, konnte Geyer „seinen" Apostel nicht allgemein durchsetzen. Daraufhin spaltete sich die Hamburger Gemeinde. Güldner, Geyer und ihre Anhänger verließen die Kirche. Sie leiteten die *Allgemeine christliche* (später: *apostolische*) *Mission* weiter und beriefen neue

Amtsträger. Allerdings hatte diese Gemeinde keine größeren Missionserfolge mehr, sodass sie 1957 mit dem Tod des letzten Apostels erlosch.

Der holländisch-westfälische Zweig

Von den Niederlanden aus hatte zu dieser Zeit bereits Apostel Schwarz den reformierten Prediger Friedrich Wilhelm Menkhoff (1824–1895) zum Apostel für Westfalen berufen. Schwarz und Menkhoff nahmen in der Folge wesentlichen Einfluss auf den deutschen Zweig der KAG und entwickelten diesen neben Geyer zur NAK weiter.

Sie reformierten dabei nicht nur die Gottesdienste, indem sie z. B. die liturgischen Gewänder vereinfachten und der *reformierten Tradition*, die Menkhoff kannte, anglichen, sondern sie entwickelten auch das Sakramentswesen weiter. Angesichts der seelsorglichen Notlage aufgrund eines totgeborenen Kindes reiften Überlegungen, ob man die in 1. Kor 15,29 bezeugte „Taufe für die Toten", die *Vikariatstaufe*, nicht auch für die eigene Gemeinde übernehmen konne. Dies stellte die Keimzelle für die Lehre von den Entschlafenen dar.

Die Idee, Sakramente auch für Tote anwenden zu können, wurde hier geboren und setzte sich dann langsam durch. Seit 1874 wurden die aus der Sicht der Apostel „gläubigen" Christen der Vergangenheit nachträglich versiegelt, z. B. Martin Luther oder Johannes Calvin.

Diese Vorgänge verliefen parallel zu dem Wirken Geyers in Hamburg und fanden nicht seine Billigung. Die Aktivitäten Geyers und die Entwicklungen in Hamburg machten es 1878/79 nötig, einen neuen Apostel für Norddeutschland zu finden. Schwarz und Menkhoff trafen sich deshalb mit weiteren Amtsträgern im Juli 1879 in Braunschweig, um die Situation zu klären. Allerdings wurde kein neuer Apostel gefunden, lediglich der von Geyer berufene Güldner nicht anerkannt. Die Abspaltung war damit auch von Seiten der *Apostolischen Gemeinden* vollzogen. Die holländisch-westfälische Richtung hatte den entscheidenden Einfluss auf die weitere Entwicklung der Kirche gewonnen.

Menkhoff, dessen Gesundheitszustand ihn dazu zwang, verschiedene Aufgaben in jüngere Hände zu legen, ordinierte 1881 den Bahnmeister Friedrich (Fritz) Krebs zum Apostel. Krebs hatte bereits Kenntnis von den Konflikten um Geyer in Hamburg sowie das Treffen in Braunschweig begleitet und machte dort auf Schwarz und Menkhoff einen loyalen Eindruck.

1886 versuchten Krebs und Menkhoff ein letztes Mal mit dem englischen Apostel Woodhouse Kontakt aufzunehmen, um von ihm als neue Apostel anerkannt zu werden. Allerdings hatten sie keinen Erfolg. Die Trennung von der Muttergemeinde war damit endgültig.

Friedrich Krebs und die Etablierung der neuen Apostel

Als 1895 die Apostel Schwarz und Menkhoff starben, entschied Krebs den permanent schwelenden Konflikt zwischen Charisma und Amt für sich und etablierte das Apostelamt als zentrale Größe der neuen Bewegung. Unter Mühen und weiteren Abspaltungen, z. B. 1902 das *Apostelamt Juda*, gelang es ihm, das Amt des Stammapostels einzurichten und zu übernehmen. Damit war die Gründung der NAK endgültig vollzogen und Krebs fungierte seit 1897 als erster Stammapostel. Das Gleichheitsprinzip unter den Aposteln wurde aufgehoben und eine klare Hierarchie eingeführt. Das Amt des Stammapostels entwickelte sich zur zentralen Größe der Kirche, sein Träger wurde als nahezu übermenschlich verehrt. So schrieb der Nachfolger von Krebs, Hermann Niehaus (1848–1932), über den Stammapostel, dass er nicht sein Kollege oder sein Bruder sei, sondern sein „Herr und Meister“: „Da war kein Mensch mehr, der da sprach, das konnte nur Christus sein, wie Vater Krebs, das auch beim Abendmahl vorbrachte: Das ist mein Fleisch, obwohl ich noch lebe.“ (Schmolz, 2016, 51)

Hermann Niehaus und die „Neuapostolische Gemeinde“

1905 übernahm Hermann Niehaus als Stammapostel die NAK und konsolidierte die Bewegung durch Schriften (z. B. erschien 1916 ein Lehrbuch „Fragen und Antworten über den neuapostolischen Glauben“), durch ein Glaubensbekenntnis und pädagogische Materialien. Um die Identität der Kirche zu verdeutlichen, beschloss das Apostelkollegium 1907, die verschiedenen Strömungen der apostolischen Bewegung, die sich noch zugehörig fühlten, unter dem Namen *Neuapostolische Gemeinde* zu vereinen.

Niehaus dehnte die Missionstätigkeit weit über Europa hinaus aus und reiste selbst in die USA, um dort die Lehren der NAK zu verbreiten. Die Internationalität, die der NAK heute zu eigen ist, beginnt vermehrt in dieser Zeit.

Die Konsolidierung der NAK verlief nicht ohne weitere Trennungen. Unmittelbar nach seinem Amtsantritt hatte Niehaus den mitteldeutschen Carl August Brückner (1872–1949) zum Apostel für Dresden und Sachsen berufen. Brückner entwickelte aber vor allem während des Krieges abweichende Meinungen. Die Niederlage Deutschlands im Ersten Weltkrieg brachte das Amt des Stammapostels in Schwierigkeiten, weil Niehaus vehement den Sieg Deutschlands verkündet hatte. Brückner zweifelte dabei nicht die Notwendigkeit des Stammapostelamtes an, wohl aber den Kult, der darum gemacht wurde. Schließlich geriet er – wohl auch unter Mithilfe des späteren Stammapostels Johann Gottfried Bischoff (1871–1960) – so in Misskredit, dass er von der NAK ausgeschlossen wurde und daraufhin für Sachsen den *Reformiert-Apostolischen Gemeindebund* gründete.

Zwar konnte Niehaus auch weitere Trennungen nicht verhindern, z.B. 1926/27 die Abspaltung der *Old Apostolic Church* in Südafrika, doch fungierte die NAK nun als dynamische und einheitliche Kirche. 1922 gründete er das *Apostelkollegium der Neuapostolischen Gemeinden Deutschlands*, um ein zentrales Beratungs- und Kontrollgremium zu haben, in dem die wesentlichen Beschlüsse für die ganze Kirche getroffen werden sollten. Freilich hatte das Gremium nur beratende Funktion, die letzte Autorität blieb in den Händen des Stammapostels. Seine Person war zu dem sichtbaren Mittelpunkt der Kirche geworden und um ihn entfaltete sich eine Art Personenkult. Das Amt des Stammapostels definierte die Identität der Kirche, die große Missionserfolge verzeichnen und die Zahl ihrer Gemeinden erheblich steigern konnte.

Im Kontext des Ersten Weltkrieges entwickelte die NAK die bis heute gebräuchliche Form der Kommunionsfeier: Drei Tropfen Wein werden auf eine Hostie geträufelt, die im Krieg per Feldpost zugestellt werden konnte. Die Form des Abendmahls war damit gefunden und wurde 1917 allgemein eingeführt.

1924 bestimmte Niehaus Johann Gottfried Bischoff, einen gelernten Schuhmacher und späteren Tabak- und Weinhändler, den er bereits 1906 zum Apostel berufen hatte, zu seinem Nachfolger.

Johann Gottfried Bischoff: Die Botschaft

Bischoff trat 1930 das Amt der nun *Neuapostolische Kirche* genannten Gemeinschaft an und entwickelte es weiter. Dem Stammapostel kam die völlige geistliche Vollmacht zu und die Heilsvermittlung lag allein in seinen Händen. Doch die Unfehlbarkeit des Amtes wurde gerade bei Bischoff zu einem großen Problem und führte die NAK in ihre schwerste Krise. Bischoff war davon überzeugt, dass Christus noch zu seinen Lebzeiten wiederkehre und verkündete dies kraft seiner Autorität als Stammapostel.

1951 predigte er als 80-jähriger Mann im Gottesdienst zum ersten Weihnachtsfeiertag:

> Tag und Stunde, wann der Herr kommt, wissen wir nicht. Aber ich persönlich bin überzeugt, daß die Zubereitung des königlichen Priestertums in der Zeit erfolgt, in der ich noch vorhanden bin, und daß die Reichsgottesarbeit im Weinberg des Herrn mit mir ihr Ende erreicht. (Obst, 2000, 108)

Er bezeichnete sich als den letzten Stammapostel und weigerte sich, einen Nachfolger zu benennen: „Ich bin der Letzte, nach mir kommt keiner mehr. So steht es im Ratschluß unseres Gottes, so ist es festgelegt, und so wird es der Herr bestätigen." (Schmolz, 2016, 143) Obwohl diese Botschaft bereits zu Bischofs Lebzeiten die weltweite NAK in Aufregung versetzte und Konflikte heraufbeschwor, hielt er daran mit Nachdruck fest: „Ich erwarte den Herrn täglich und ich glaube bestimmt und positiv, daß der Herr zu meiner Lebzeit kommt. Davon gehe ich auch noch nicht einen Finger breit ab." (Schmolz, 2016, 144) Diese Botschaft wurde schließlich aufgrund der Vehemenz des Stammapostels zum Bekenntnisfall und letztlich zum Kennzeichen des „rechten" neuapostolischen Glaubens, der in Predigten gefordert wurde: „Ohne den Glauben und das hundertprozentige Bekennen zu dieser Botschaft kann niemand mehr apostolisch werden und kann auch niemand mehr apostolisch bleiben." (Schmolz, 2016, 160) Auf der einen Seite rief die Botschaft also Skepsis und Ausschlüsse hervor, z.B. den der *Apostolischen Gemeinschaft* 1955 in Düsseldorf, bei der sich die NAK 2014 entschuldigte und mit der sie sich wieder versöhnte. Auf der anderen Seite wurden verstärkt Missionsbemühungen unternommen, da man annahm, dass die Zeit nun knapp werde.

Die Krise der NAK

Als Stammapostel Bischof 1960 starb und sich seine Botschaft nicht erfüllt hatte, stürzte dies die NAK in ihre wahrscheinlich tiefste Krise. Der unfehlbare Amtsträger hatte sich offensichtlich doch geirrt. Bischoff selbst hatte dazu gesagt: „Falls ich tatsächlich heimgehen würde, was nicht geschehen wird, dann wäre das Erlösungswerk erledigt." (Obst, 2000, 110)

Die Zeit des „Karfreitags" war angebrochen:

> Wir sind in eine Gethsemane-Nacht gekommen, die auch der Stammapostel hat durchleben müssen. Er ist uns vorausgegangen, und es darf die Frage aufgeworfen werden: Warum hat er uns nicht mitgenommen? (Schmolz, 2016, 178)

So fragte Walter Schmidt (1891–1981), der vom Apostelkollegium zum neuen Stammapostel gewählt wurde. Auch er konnte diese Frage nicht beantworten und musste trotzdem die NAK aus ihrer Schockstarre führen und zumindest versuchen zu erklären, was geschehen war.

Wege aus der Krise

Die NAK entwickelte dabei verschiedene Lösungsansätze: Grundsätzlich beharrte sie darauf, dass Bischoff sich nicht geirrt, aber Gott seinen Willen geändert habe. Fast trotzig erklärte Schmidt: „Er [Bischoff] hat sich nicht geirrt, denn er hatte sie [die Botschaft] vom Herrn bekommen." (Schmolz, 2016, 177) Gott hatte, so die Meinung, seinen Plan geändert, und Bischoff war wie Mose, der das gelobte Land nur sehen, aber nicht betreten durfte.

Ein zweiter Antwortversuch war, dass Gott den Glauben der Kirche auf eine weitere Probe stellen wollte. Das Vertrauen in die Botschaft und das Festhalten an ihr, nachdem ihre Prophezeiung nicht eingetroffen war, sei die endgültige Prüfung, die zeige, ob die Kirche der Erlösung würdig sei.

Die mangelnde Würdigkeit sei, so eine dritte Überlegung, der Grund, warum Gott seiner Kirche entgegen der Botschaft des Stammapostels eine letzte Frist eingeräumt habe.

Letztlich ist festzuhalten, dass die NAK das Problem nicht zufriedenstellend lösen konnte. Sie versuchte es daher zu übergehen und schottete sich zunächst weiter ab, verfiel in Schweigen nach außen und versuchte ihren Weg unbeirrt fortzusetzen. Sie setzte sich „der Welt" gegenüber und entwickelte einen rigorosen Konservativismus, sodass sie sich als sich selbst isolierende Sondergemeinschaft wiederfand. Erst mit zunehmendem zeitlichem Abstand von der Botschaft Bischoffs gelang es ihr, wieder neue Kontakte zur Außenwelt aufzunehmen.

Die aktuelle Entwicklung

Erst in jüngster Zeit hat die NAK ihren exklusiven Anspruch auf Heilsvermittlung relativiert und mit einem neuen Katechismus ihre Lehre so dargestellt, dass eine Öffnung der Kirche stattfinden kann. Die Abschottung der 1960er und 1980er Jahre wurde aufgegeben und die Exklusivität der Heilsvermittlung aufgelöst. Mit verschiedenen Initiativen, z. B. der Gründung der *Projektgruppe Ökumene*, näherte sie sich anderen Kirchen an und strebt in den Kreis der christlichen Kirchen. Sie hat Kontakt zur *Arbeitsgemeinschaft Christlicher Kirchen* (ACK) und wurde 2019 als Gastmitglied in die Bundes-ACK aufgenommen.

Mit dem 2012 in Kraft getretenen Katechismus ist die NAK „ökumenefähig" geworden. Sie stellt sich ihrer Vergangenheit und strebt Versöhnung mit den Gruppen an, die sich im Laufe ihrer Geschichte von ihr getrennt haben.

5.3 Die wichtigsten Lebensvollzüge

Die eschatologische Ausrichtung der NAK

Das Amt des Apostels wird in der NAK personell ausgefüllt, weil die **Wiederkehr Christi** erwartet wird: „Dass das Apostelamt wieder besetzt wurde, ist Zeichen dafür, dass die Wiederkunft Christi nahe bevorsteht. Die Erwartung, dass sich diese Verheißung des Herrn erfüllt, steht heute ebenso im Zentrum des neuapostolischen Glaubens wie die Hoffnung des Einzelnen, persönlich die Wiederkunft Christi und die Entrückung zu ihm zu erleben." (556) Für die NAK ist die „Hauptaussage des Evangeliums" klar: „Jesus Christus kommt wieder." (550) Allerdings weiß niemand, wann genau er wiederkommen wird. Das hat die NAK aus ihrer eigenen Geschichte gelernt. Gestützt auf eine harmonisierende Darstellung neutestamentlicher Quellen, insbesondere auf die Gerichtsgleichnisse bei Matthäus (Mt 25), auf Vorstellungen des Paulus (1.Thess 4; 1. Kor 15) und die Offenbarung des Johannes (Apk 20), lehrt die NAK:

> Bei der Wiederkunft des Herrn werden zuerst die Toten, die in Christus gestorben sind, unverweslich auferstehen. Die Lebenden, die sich auf das Wiederkommen Christi vorbereiten ließen, werden die Verwandlung erleben, ohne den leiblichen Tod zu erleiden. Die Toten und die Lebenden werden einen verherrlichten Leib empfangen. Dieser Leib gleicht dem Auferstehungsleib Christi. Sie werden gemeinsam zu Jesus Christus entrückt und gelangen so in die ewige Gemeinschaft mit dem dreieinigen Gott. (559)

Die Brautgemeinde und der endzeitliche Ablauf

Die Gruppe der Auferstehenden, die hier angesprochen ist, bezeichnet die NAK als **Brautgemeinde** (561). Die Vereinigung mit Christus wird als „Hochzeit des Lammes" (Apk 19,6–9) mit seiner „Braut" ausgedrückt (566). Diejenigen, die nicht entrückt wurden, erleiden nun eine Prüfung. Diese Zeit der „Trübsal" (Apk 12) wird durch eine erneute Wiederkehr Christi beendet. Beide Ereignisse werden als „erste Auferstehung" (574 nach Apk 20,6) bezeichnet. Danach richtet Christus sein Reich auf eine „lange, jedoch begrenzte Zeit." (575) In dieser Zeit wird das Evangelium allen Menschen frei und ungehindert verkündet, weil der Teufel im Zuge der ersten Auferstehung gefangen gesetzt wurde. Nach Ablauf des **Friedenreichs** wird er freigelassen und bekommt zum letzten Mal die Möglichkeit, Menschen zu verführen. Dann wird er vernichtet und das letzte Gericht findet statt. Wichtig ist, dass die NAK zwar für sich reklamiert, dass ihre Gläubigen bei der ersten Auferstehung zur Brautgemeinde gehören und damit nicht mehr der Gefahr der Verführung erliegen können, dass sie aber nicht behauptet, nur ihre Mitglieder allein können in das Reich Christi eingehen. Ebenfalls nicht festgelegt ist, dass die Zugehörigkeit zur NAK heilsnotwendig ist. Vielmehr impliziert dieses Modell, dass alle Menschen zumindest zur Zeit des Friedensreichs Christi die Möglichkeit haben, sich dem Glauben zuzuwenden und somit zumindest im Gericht zu bestehen. Man muss nicht unbedingt Mitglied der NAK sein, um am Ende die ewige Gemeinschaft mit Gott erleben zu können. Umgekehrt gilt aber auch, dass diejenigen, die sich letztlich doch noch vom Teufel verführen lassen, keine Rettung erfahren werden: „Diejenigen, die im Endgericht Gnade finden, werden – zusammen mit jenen, die an der ersten Auferstehung teilhatten – Bewohner von Gottes neuer Schöpfung sein. Sie alle dürfen dann ewige Gemeinschaft mit Gott haben. Die anderen verbleiben im Elend der Gottferne.“ (580) Wer zur NAK gehört, wird also zur Brautgemeinde gehören und die erste Auferstehung miterleben. Es ist demnach von Vorteil, zu der Gemeinschaft dazuzugehören, aber zwingend notwendig für das ewige Heil ist es nicht.

Die Sakramente und der Gottesdienst

Wichtig ist die Frage, wie die Zugehörigkeit zur Brautgemeinde erlangt werden kann. Wie schon erwähnt, muss man nicht nur an Jesus glauben, sondern auch „aus Wasser und Geist“ (561) wiedergeboren sein. Damit ist gemeint, dass der Gläubige zwei Sakramente empfangen haben muss: die Wassertaufe und die Versiegelung.

Grundsätzlich kennt die NAK drei Sakramente: Neben Wassertaufe und Versiegelung steht das Abendmahl. Die Ordination zum Amt zählt nicht zu den Sakramenten, sondern stellt eine Segenshandlung dar (462). Die Sakramente sind Gnadenmitteilungen Gottes, die das Heil demjenigen versichern, der daran glaubt (472). Die Apostel verwalten die Sakramente und beauftragen die priesterlichen Amtsträger, die Taufe und das Abendmahl zu spenden.

Die Wassertaufe

In der Taufe, die in der Regel im Säuglingsalter vorgenommen und von einem Priester vollzogen wird, wird die Erbsünde abgewaschen, der Mensch wird Christ (481). Die „trinitarisch vollzogene Taufe verbindet die Christen miteinander.“ (490) Die NAK erkennt damit die Taufe in anderen Kirchen an (493), sieht darin allerdings lediglich den ersten „Schritt auf dem Weg zur völligen Erlösung.“ (493) Deshalb verwendet die NAK den Begriff *Wassertaufe*, weil erst die *Versiegelung* den vollkommenen Bund, also analog zur Taufvorstellung anderer Kirchen, beschließt.

Wer getauft ist, bekommt Zugang zum Abendmahl, das in der NAK als *Gedächtnismahl* (499) gefeiert wird. Gäste aus anderen Kirchen können Zugang zum Abendmahl erhalten, aber dauerhaft dürfen nur in die NAK aufgenommene Menschen teilnehmen (513).

Das Abendmahl

Brot und Wein sind Symbole für die Nahrung und die Freude des Menschen (498), sie werden nicht gewandelt, allerdings „tritt zu Brot und Wein die Substanz von Leib und Blut Jesu hinzu“ (503), also eine Form der *Konsubstantiation*. Das Mahl verweist in seiner Symbolik auf das zukünftige Hochzeitsmahl der Brautgemeinde mit dem wiederkehrenden Christus (502). Es wird in jedem Gottesdienst gefeiert (505).

Die Feier des Abendmahls bildet den Mittelpunkt des Gottesdienstes. Er ist liturgisch schlicht gehalten und betont die Bedeutung der Verkündigung. Gebet und Gesang ergänzen das Geschehen. Die NAK lehnt in weiten Teilen eine akademische Ausbildung ihrer Amtsträger ab, bemüht sich aber zunehmend um theologische Sprachfähigkeit.

Die Versiegelung

Im Gegensatz zu Taufe und Abendmahl darf nur ein Apostel die Heilige Versiegelung spenden, ein Sakrament, das die NAK von den katholisch-apostolischen Gemeinden übernommen hat. „Die Heilige Versiegelung ist das Sakrament, durch das der Gläubige unter Handauflegung und Gebet eines Apostels die Gabe des Heiligen Geistes empfängt. Er wird ein Gotteskind und ist zur Erstlingsschaft berufen." (515) Um an der ersten Auferstehung teilhaben zu können, bedarf es der Versiegelung. Wieder zeigt sich hier die besondere Verknüpfung von Eschatologie und Apostelamt, die sich in einem Sakrament niederschlägt.

Die Versiegelung, die vom Apostel unter Handauflegung und Gebet gespendet wird, stellt die Vollendung des Weges dar, der mit der Taufe begonnen wurde (529). Der Mensch wird nun bleibend mit dem Heiligen Geist erfüllt, wodurch sich eine zweifache Wirkung einstellt: „Der Mensch ist nun Gotteskind, er ist zum Erstling berufen: Die Wiedergeburt hat also eine gegenwärtige Auswirkung in der Gotteskindschaft und eine zukünftige in der Erstlingsschaft." (530)

Die Vikariatstaufe

Das Problem, das aus historischen und praktischen Gegebenheiten grundsätzlich nicht alle Menschen die Versiegelung erhalten konnten, da es lange Zeit keine Apostel gab, die das Sakrament spenden konnten, löst die NAK, indem sie den in 1. Kor 15,29 begegnenden Gedanken der *Vikariatstaufe* aufgreift. Eingebunden in die Überzeugung, dass die Kirche eine Gemeinschaft von Lebenden und Toten ist, und somit die denkbare Möglichkeit besteht, dass die Kirche nicht nur durch das Gebet für die Verstorbenen wirken kann, ist die NAK davon überzeugt, dass der Mensch auch noch nach seinem biologischen Tod das Heil Christi erlangen kann (543). Die Seelen derjenigen, die keine Möglichkeit hatten, Taufe und Versiegelung zu empfangen, leben in einem Zustand der Gottesferne weiter, der nur durch den Empfang der Sakramente überwunden werden kann (544). Die sogenannte *Höllenfahrt Christi*, beschrieben in 1. Petr 4,6, erlaubt es anzunehmen, dass auch den Verstorbenen das Evangelium verkündigt werden kann. Denn so wie Christus selbst im Totenreich predigen konnte, so können dies auch diejenigen, die in Christus verstorben sind (546). Und die Lebenden können stellvertretend für die Toten, die im Jenseits zum Glauben kommen, die Sakramente empfangen:

> Die Spendung der Heiligen Wassertaufe, der Heiligen Versiegelung und des Heiligen Abendmahls für Verstorbene geschieht, indem Apostel die jeweilige sichtbare Handlung an Lebenden vornehmen. Die Heilswirkung kommt hierbei nicht den Lebenden, sondern den Verstorbenen zugute. Wie Jesus Christus sein Opfer auf Erden brachte, so geschieht auch Heilsvermittlung durch die Apostel auf Erden. (548)

Somit bindet die NAK die Teilhabe an der ersten Auferstehung an die eigenen Sakramente, insbesondere an die Versiegelung.

Die Organisation

Die NAK fungiert als selbstständiger Verein, die *Neuapostolische Kirche International*, mit Hauptsitz in der Schweiz. Der Stammapostel, die *Bezirksapostelversammlung*, die *Delegiertenversammlung*, die *Apostelversammlung* und die *Revisionsstelle* sind die Organe der *Neuapostolischen Kirche International.*

In Deutschland gibt es vier Gebietskirchen: Nord- und Ostdeutschland, Berlin-Brandenburg, Westdeutschland und Süddeutschland. Die Ämter der NAK werden in der Regel ehrenamtlich ausgeübt und jeder Gläubige soll den *Zehnten* an die Gemeinden abführen. Die NAK erhebt also keine Kirchensteuer, sondern lebt von den Spenden ihrer Gläubigen. Da sie eine schlanke Verwaltung anstrebt und keine ausgeprägte Diakonie betreibt, fließen viele Mittel in den Erhalt und den Bau von Kirchengebäuden sowie in die weltweite Mission.

Die Kirche kennt gemäß ihrer Realisierung der *Apostolizität* eine klare Hierarchie, die vom Stammapostel her die Ordnung der Kirche regelt. Er ist oberste Autorität in allen Fragen, die die Kirche betreffen. Er bestimmt seinen Nachfolger, entweder öffentlich oder geheim. Falls er keinen Nachfolger benannt hat, wählen die Apostel einen neuen Stammapostel. Der Stammapostel ernennt und beruft Mitarbeiter auf verschiedenen Arbeitsebenen. Fragen, die auf einer Hierarchieebene entstehen, werden auf einer höheren beantwortet.

Gegenwärtig zählt die NAK nach eigenen Angaben weltweit ca. neun Millionen Gläubige, über sieben Millionen davon in Afrika, ca. 330 000 davon in Deutschland.

Die Struktureinheiten der Kirche

Die NAK unterscheidet zwischen dem vollmächtigen Amt und *Struktureinheiten*, die organisatorisch bedingt sind. Institutionelle Leitungsfunktionen sollen nicht mit geistlicher Vollmacht aufgeladen werden, sondern aus einer förmlichen Beauftragung zum Dienst erfolgen.

Die NAK kennt fünf Struktureinheiten: Die Gemeinde, den Bezirk, den Apostelbereich, den Bezirksapostelbereich und die weltweite Kirche. Diesen

Einheiten sind jeweils Leitungsträger zugeordnet. Ihnen stehen je nach Größe der Einheit Helfer zur Seite. Ein geistliches Amt ist nicht an eine Leitungsfunktion gebunden. Das ordnet die Fülle der bisherigen Ämter, u. a. *Bezirksältester*, *Bezirksevangelist*, *Hirte*, *Evangelist*, *Priester* und ermöglicht klare Strukturen. Dadurch werden die hierarchischen Beziehungen innerhalb der einzelnen und zwischen den verschiedenen Gemeinden geklärt. Nicht das Amt entscheidet über die Weisungsbefugnis, sondern die Funktion. Die NAK hat sich deshalb entschieden, bisher existierende Ämter nicht mehr zu besetzen, z. B. *Evangelist* oder *Hirte*, und die Stufen der Hierarchie zu reduzieren. Dadurch sollen Entscheidungen in der Kirche schneller und klarer fallen.

Zu den Umstrukturierungen gehört auch, dass Amtsträger künftig ordiniert werden, während Leitungsfunktionen durch Beauftragung erfolgen.

Weiterführende Literatur

Funkschmidt (Hg.) (2013), Kai, *Bewahrung und Erneuerung. Ökumenische Analysen zum neuen Katechismus der Neuapostolischen Kirche*, (EZW-Texte 228), Berlin.

6 Ausblick

Amt und Sukzession bilden signifikante Kriterien der Charakterisierung von Kirchen und den Kern ihrer Selbstzuschreibungen und somit ihrer Identität, die es konfessionskundlich zu erfassen gilt.

Amt und Sukzession als Mitte des ekklesiologischen Problems

Für die **Ökumene,** deren Ausgangspunkte die Erkenntnisse der Konfessionskunde sind, stellen **Amt und Sukzession** die **Mitte des ekklesiologischen Problems** dar. In ökumenischer Perspektive ist die entscheidende Frage, wo die apostolische Kirche mit welcher Begründung anzutreffen ist bzw. wie sich das Verhältnis mehrerer apostolischer Kirchen zueinander gestaltet. Auch wenn die Antwort auf diese Frage von den verschiedenen Kirchen als unterschiedlich relevant für die sichtbare Einheit der Kirche eingestuft wird, stellt sie ein zentrales Element der Ökumene dar.

In der Einleitung wurde darauf hingewiesen, dass sowohl Konfessionskunde als auch Ökumenik aufgrund der gesellschaftlichen, religiösen, kirchlichen Veränderungen derzeit in einem **Wandlungsprozess** begriffen sind. Andere Abgrenzungen als die traditionell- konfessionellen spielen zunehmend eine Rolle für das Selbstverständnis von Kirchen und konfessionellen Verbünden. Konfessionskunde und Ökumenik sind herausgefordert, diese Veränderungen wahrzunehmen. Das bedeutet sowohl die Erkenntnis der Auflösung des bisherigen konfessionellen Rahmens von Kirchen als auch die Identifizierung neuer konfessioneller Identitätsmarker.

Veränderungen in Konfessionskunde und Ökumenik

6.1 Die Bedeutung der kirchlichen Positionierung zu Frauenordination, Homosexualität und Schriftverständnis

Zentrale Fragen, die gegenwärtig die Konfessionsfamilien intern und in ihrem Verhältnis zu anderen Kirchen beschäftigen, sind die **Frauenordination**, die der Praxistest des jeweiligen Amtsverständnisses und damit verbunden des Kirchenverständnisses ist, die jeweilige Haltung zu **Homosexualität** vor dem Hintergrund des Umgangs mit homosexuellen Geistlichen und der Definition von Ehe und – beide Themen begleitend – der Streit um die **Deutung biblischer Aussagen**. Es ist derzeitig noch nicht abzusehen, ob diese Fragen und die jeweiligen Antworten zu identitätsbestimmenden Kriterien von Kirchen und

Konfessionen werden. Aber schon jetzt ist ihre **Sprengkraft für die Einheit** von Kirchen – von der ökumenischen Einheit ganz zu schweigen – enorm. Es finden sich bei diesen genannten Themen zunehmend Koalitionen, die sich zunächst als spaltende Fronten durch Kirchen hindurchziehen, aber das Potenzial haben, über die Konfessionen hinauszugehen. So rufen z. B. Hierarchen einiger orthodoxer Lokalkirchen – besonders die der russischen Kirche – zu einer „strategischen Allianz“ mit der Römisch-katholischen Kirche zur Bekämpfung von Frauenordination und Zulassung von Homosexuellen zu kirchlichen Ämtern auf (Groen, 2013, 113). Die neuen Konfliktlinien verlaufen quer zu den konfessionellen Trennungen, und es stehen sich dabei „konservative“ Lager und „liberale“ Gruppierungen gegenüber.

6.1.1 Frauenordination als Thema der Kirchen und Konfessionsfamilien

Die Herausforderung der Frage der Frauenordination liegt in der Überschneidung von zwei weit auseinanderliegenden Deutekategorien: der Geschlechterkonstruktion, d. h. dem Verständnis von sozialen und biologischen Kategorien und Rollen der Geschlechter und deren Veränderlichkeit, und der Ekklesiologie. Die Ordination von Frauen ist unmittelbar mit der Amtsvorstellung der betreffenden Kirche verbunden und damit im Kern mit der Frage, in welcher Form der Sukzession sich diese Kirche sieht. Die Ordination von Frauen als theologisches Problem berührt bei den meisten Kirchen das ekklesiologische Selbstverständnis und ist eine Frage, die nicht nur Konfessionen trennt, sondern auch innerhalb von Kirchen und Konfessionsfamilien umstritten ist.

Es gibt bei der Lösung dieser Frage **kaum Kompromisse** – sie ist entweder mit Ja oder Nein zu beantworten. Selbst eine Sicht auf die Ordination, die sich nach dem jeweiligen geistlichen Amt richtet und nicht auf die Gesamtheit der Ämter bezieht, d. h. die eine Ordination in den Diakonat und in das Priester- oder Bischofsamt unterscheidet und Frauen die Möglichkeit für ersteres eröffnet (und zweiteres verwehrt) bildet keinen Mittelweg, da sie die eigentliche Frage nach einem gleichwertigen Amt nicht beantwortet.

Die Ablehnung der Ordination von Frauen in das Priesteramt, z. B. in der Römisch-katholischen oder Orthodoxen Kirche, erfolgt meist mit dem Argument, dass die Amtsträger nur Männer sein dürfen, weil sie an Christi statt handeln, ‚*in persona Christi*‘. Da Christus ein Mann war und auch nur Männer in seine Amtsnachfolge berufen habe, können auch heute nur Männer zu Amtsträgern berufen werden. Diametral entgegengesetzt ist die Argumentation von Kirchen, die die Frauenordination einführten, wie die evangelischen Landeskirchen und die meisten evangelischen Freikirchen in Deutschland. Ihr Zugang zur Frage der Frauenordination ist ein anderer: Die aus der Reformation hervorgegangenen Kirchen teilen die Vorstellung nicht, dass kirchliche Amtsträger aufgrund der Sukzession der bischöflichen Handauflegung Nachfolger und Stellvertreter der Apostel sind. Darüber hinaus stimmen sie der Lehre nicht zu, ein Priester teile in der Eucharistie das Opfer Christi am Kreuz, nehme an dessen Leiden teil und müsse deshalb eine natürliche Ähnlichkeit mit Jesus Christus aufweisen. Ihre ehemalige Ablehnung der Ordination von Frauen leitete sich von der Ständeethik ab, die sich an den neutestamentlichen Haustafeln orientierte und der Frau den Bereich des Hauses, dem Mann die Sphäre der Öffentlichkeit zuwies. Als sich die Ständeethik im 20. Jahrhundert überholte, wurde eine Neuformulierung der Ämterlehre notwendig, die die bürgerliche Vorstellung einer Geschlechterdifferenz hinter sich ließ. Die nicht biblizistisch argumentierenden Kirchen, die darüber hinaus die *Tradition* nicht als gleichwertige Offenbarung neben die Bibel stellen, sahen in dieser Neugestaltung keine Abkehr von der Mitte der Schrift, sondern lediglich eine Modifizierung aufgrund historischer Veränderungen.

Kirchen, die die Frauenordination ablehnen

Die Römisch-katholische Kirche

1994 verfügte Papst Johannes Paul II. in dem Apostolischen Schreiben „Ordinatio sacerdotalis", dass die Kirche keine Gewalt habe, Frauen zu weihen. Die Festlegung erfolgte mit dem deutlichen Ziel, die Diskussionen um die Frauenordination endgültig zu beenden und fiel, trotz des niedrigen Ranges, den ein Apostolisches Schreiben in der römischen „Dokumentenhierarchie" hat, apodiktisch aus. So heißt es:

> Damit also jeder Zweifel bezüglich der bedeutenden Angelegenheit, die die göttliche Verfassung der Kirche selbst betrifft, beseitigt wird, erkläre ich kraft meines Amtes, die Brüder zu stärken (vgl. Lk 22,32), daß die Kirche keinerlei Vollmacht hat, Frauen die Priesterweihe zu spenden, und daß sich alle Gläubigen der Kirche endgültig an diese Entscheidung zu halten haben. (Johannes Paul II., Ordinatio, 4)

In eben diesem Apostolischen Schreiben werden eingangs die drei Argumente der römisch-katholischen Ablehnung der Frauenordination angeführt:

1. das Vorbild Christi, der nur Männer zu Aposteln wählte,

2. die dauerhafte kirchliche Praxis, die in der ausschließlichen Wahl von Männern Christus nachahmte,
3. das „lebendige Lehramt“, das darauf besteht, dass der Ausschluss von Frauen vom Priesteramt mit Gottes Plan für seine Kirche übereinstimmt.

Dem widersprechen katholische Frauenverbände und Laienorganisationen besonders in Europa und Nordamerika. Z. B. wies die römisch-katholische Theologin Elisabeth Gössmann (1928–2019) darauf hin, dass die *Tradition*, auf die sich hierbei berufen werde, nur ein Teil der *Tradition* sei. Deutlich wird von Frauenverbänden und Laienbewegungen der Diakonat der Frau diskutiert und gefordert. Aber im Gegensatz zur orthodoxen Kirche ist die Befürchtung der römisch-katholischen Hierarchie sehr stark, mit der Eröffnung der ersten Weihestufe für Frauen werde das Sakrament der Ordination generell für Frauen geöffnet.

Evangelikale Bewegungen innerhalb evangelischer Kirchen

Von anderen Voraussetzungen gehen die Gegner der Frauenordination aus, die zum reinen „Gehorsam gegenüber der Schrift“ aufrufen. Die Fokussierung auf „die Schrift“ ist eine typisch protestantische Haltung und von daher sind es besonders innerprotestantische Bewegungen, die bis hin zur Verbalinspiration den Gehorsam gegenüber der Schrift fordern. Beispielhaft für diese Position diskutiert der ehemalige Rektor der Freien Theologischen Hochschule Gießen, Helge Stadelmann (geb. 1952), die Gründe, die gegen die Frauenordination – die für Stadelmann ein „Testfall für Bibeltreue“ ist (Stadelmann, 2005, 327) – sprechen. Er warnt davor, die Frauenordination zuzulassen, da schon Paulus drei Belege dagegen anführe:

> Der erste Grund ist die übereinstimmende Praxis der Gemeinden [...]. Der zweite Grund ist, daß diese Verfügung dem entspricht, was schon in der alttestamentlichen Torah steht. [...] Der dritte Grund ist – so Paulus – ganz einfach, daß es des Herrn Gebot ist, was ich euch schreibe. Wer aber das nicht anerkennt, wird von Gott nicht anerkannt (Vv. 37b-38). (Stadelmann 2005, 354)

Alle drei Gründe beruhen darauf, biblische Zitate, hier eine Kombination von 1.Kor 14,33–38 mit 1.Kor 11,8–9 und der als „Schöpfungsordnung“ verstandenen Zuordnung von Mann und Frau aus Gen 2,20–24, wörtlich zu verstehen und darauf zu verzichten, sie in ihren soziokulturellen und theologischen Kontext einzubetten. Vor allem der dritte Grund, die Missachtung des göttlichen Gebotes, führt Stadelmann zu einer kaum verhohlenen Drohung:

> Wenn heute nicht nur Landeskirchen, sondern auch Freikirchen sich für die Berufung von Frauen als Pastorinnen entscheiden, entscheiden sie sich damit gegen Gottes Wort. Sie setzen damit zugleich Gottes Segen aufs Spiel. Denn wer dieses Wort Gottes zum öffentlichen Lehren der Frau nicht anerkennt, wird von Gott nicht anerkannt. (1.Kor 14,38) Ohne diese Anerkennung Gottes kann eine Gemeinde aber nicht leben! (Stadelmann, 2005, 355)

Das für die konservativ-evangelikale Haltung paradigmatische Fazit zur Frauenordination ist:

„Angesichts der biblischen Evidenz spricht manches dafür, das Ja oder Nein zur Frauenordination heute zu Recht als einen Testfall für wirkliche und nicht nur vorgegebene Treue zur Schrift zu sehen.“ (Stadelmann, 2005, 356)

Selbständige Evangelisch-Lutherische Kirche (SELK)

Die SELK ist eine der wenigen Freikirchen, die die Frauenordination grundsätzlich ablehnen. In ihrer Grundordnung ist festgelegt, dass das Amt der Wortverkündigung und Sakramentsverwaltung nur Männern übertragen werden kann. Allerdings steht die SELK nach eigener Aussage „seit längerer Zeit“ in einem Beratungsprozess über diese Regelung. Innerhalb der Kirche gibt es die „Initiative Frauenordination“ (InFo), ein freier Zusammenschluss von interessierten Kirchenmitgliedern, der das Thema immer wieder zur Diskussion stellt.

Die Neuapostolische Kirche (NAK)

Die NAK kennt bislang keine Ordination von Frauen in ein geistliches Amt. Allerdings steht die Frage auf der Agenda der kommenden Bezirksapostelversammlungen, auf denen der Umgang mit der Herausforderung eingehend diskutiert werden soll (Stand 2019). Offensichtlich hat die NAK die Brisanz des Themas erkannt und versucht, eine angemessene Antwort zu finden.

Die Orthodoxe Kirche

Die Orthodoxe Kirche nimmt eine Sonderstellung in der Debatte ein, da sie zu den Kirchen gehört, die die Ordination von Frauen in das Amt des Priesters- und Bischofs zwar ablehnen, aber den Diakonat für Frauen befürworten.

Die orthodoxe Theologie orientiert sich auch in der Frage der Frauenordination zunächst an der gelebten *Tradition* der Kirche und ihrer Väter. Deren Aussagen werden durch die Heilige Schrift bestätigt bzw. es wird nach Bestätigung in der Schrift gesucht. In Bezug auf die Stellung der Frau in christlichen Zusammenhängen generell wird v. a. die Heilsordnung nach dem biblischen Bild des Hauptes und der Glieder des Leibes verwendet, das auch in der Schöpfungsordnung eine wesentliche Rolle spielt und in der *Doxa-Struktur*: Gott – Mann – Frau zum Ausdruck kommt.

Die Ordination von Frauen zu Priesterinnen oder Bischöfinnen lehnt die Orthodoxe Kirche ab, jedoch nicht die Weihe zur Diakonin. Die Ablehnung der Ordination von Frauen in das Priester- oder Bischofsamt fußt wesentlich auf folgenden Argumenten: Trotz zahlreicher würdiger Mitarbeiterinnen und Helferinnen hat Jesus Christus keiner Frau das priesterliche und liturgische Amt anvertraut, und trotz der in der Orthodoxie so wahrgenommenen Gleichstellung von Männern und Frauen in der Urkirche hat kein Apostel der Übertragung kirchliche Ämter und priesterlicher, didaktischer und pastoraler Aufgaben an Frauen zugestimmt. Besonders die fehlende Amtsübertragung an die Mutter Jesu, die *Theotokos*, die das erste Mitglied der Kirche war, aufs engste verbunden mit dem Mysterium der Erlösung und im Zentrum der Kirche stehend, stellt im orthodoxen Verständnis einen auffallenden Hinweis darauf dar, dass das Priester- und Bischofsamt tatsächlich nur Männern vorbehalten ist. Falls eine Ausübung des sakramentalen Priesteramtes durch Frauen gestattet sei, dann hätte es zuerst von der *Theotokos* ausgeübt werden müssen.

Begründet dargestellt wurden die Ablehnungskriterien erstmalig in dem Abschlussbericht „Die Stellung der Frau in der Orthodoxen Kirche und die Frage der Ordination von Frauen", der auf der Interorthodoxen Theologischen Konsultation 1988 auf Rhodos verabschiedet wurde (Die Stellung der Frau, 2006). Das Dokument ist auch in den heutigen Debatten um die Frauenordination Referenzrahmen für die orthodoxe Position.

Bereits in diesem Dokument wurde die **Wiedereinführung des Diakoninnenamtes** angeregt. In der Orthodoxie ist im Gegensatz zur Römisch-katholischen Kirche die Befürchtung wesentlich geringer, die Diakoninnenweihe könne die Weihe von Frauen zu Priesterinnen oder Bischöfinnen vorbereiten, da die Weihe zur Diakonin zwar als Sakrament der Ordination verstanden wird, aber als Ordination in ein anderes Amt als das des Priesters bzw. Bischofs. Von daher kann die Weihe zur Diakonin nicht als Vorstufe von Presbyterat oder Episkopat gelten.

Trotz der prinzipiellen Zustimmung finden in der Praxis Diakoninnenweihen eher selten statt. Im Zuge der allgemeinen Diskussionen um die Frauenordination werden sie von orthodoxen Theologen aber mehr und mehr befürwortet. In der Praxis sind es in jüngster Zeit besonders die orthodoxen Kirchen Afrikas, die sich für das Frauendiakonat einsetzen. So hat der Patriarch von Alexandrien 2017 im Kongo sechs Frauen zu Diakoninnen geweiht, und durch einen

Synodalbeschluss der alexandrinischen Synode im November 2018 wurde das altkirchliche weibliche Diakonat in der afrikanischen Orthodoxie wiederhergestellt.

Kirchen, die die Frauenordination befürworten und ablehnen

Innerhalb der *Lutheran World Federation* (LWF) kommt es immer wieder zu Spannungen, die die Fragen der Frauenordination betreffen (und daneben die Segnung gleichgeschlechtlicher Paare). Von den 145 Mitgliedskirchen der *Lutheran World Federation* (LWF) ordinieren 26 Kirchen keine Frauen. D. h. 82 % der LWF-Mitgliedskirchen mit über 90 % der LWF-Mitglieder befürworten die Frauenordination (50 Jahre Frauenordination in Estland, 2017).

Evangelisch-lutherische Kirchen

Die Rücknahme der Frauenordiantion in Lettland

2016 wurde die LWF durch die Rücknahme der 1973 eingeführten Frauenordination in der Evangelisch-Lutherischen Kirche Lettlands erschüttert. Begründet wurde die Entscheidung gegen die Frauenordination mit Verweis auf 1.Kor 14,34–35, wonach das Weib in der Gemeinde schweigen soll. Auch das Argument, wonach die zwölf Apostel ausschließlich Männer gewesen seien, die keine Frauen als Nachfolgerinnen haben dürften, kam hier zur Anwendung (Metzger, 2018, 44 f.).

Der historische Prozess, der zu dieser Entscheidung führte, zeigt die Lagerbildungen, in denen die evangelisch-lutherische Glaubensgemeinschaft gefangen ist, und die Herausforderung, die religiöse Globalität für eine Konfession und ihre Einheit darstellt.

1958 sprach sich in der schwedischen lutherischen Staatskirche nach einer langen Vorgeschichte die synodale Mehrheit für die Ordination von Frauen zu Pfarrerinnen aus. Diese Entscheidung kam nicht ohne einen gewissen Druck von Seiten des Staates zustande. Der Kompromiss der Kirche gegenüber denjenigen Mitgliedern, die die Frauenordination ablehnten, bestand in einer „Gewissensklausel": Geistliche konnten sich weigern, mit Pfarrerinnen zusammenzuarbeiten, und Bischöfe es ablehnen, Frauen zu ordinieren.

Im April 1960 wurden die ersten drei Frauen in der schwedischen lutherischen Kirche ordiniert. Im Zuge der Durchsetzung der Frauenordination gründete sich die *Kyrklig Samling kring Bibeln och Bekännelsen*, die ‚Kirchliche Sammlung um Bibel und Bekenntnis', die mit der Staatskirche in einen *Kirchenkampf* eintrat. Nach ihrem Vorbild erfolgte in den 1970er Jahren in Deutschland die Gründung zahlreicher *Kirchlicher Sammlungen*, die als Trägergruppen der evangelikalen Bewegung fungierten.

Von der schwedischen *Kyrklig Samling* wurde gegen Pastorinnen interveniert und die Frauenordination als „ein Glied in einem viel umfassenderen Abfall" der Kirche bezeichnet (zitiert nach Bauer, 2012, 413). 1982 wurde kirchlicherseits die Gewissensklausel abgeschafft, was die Bildung von sogenannten *Fria synod*, ‚Freien Synoden', nach sich zog, mit Dekanaten in allen Bistümern, in denen die Gegner der Frauenordination zusammenkamen. Diejenigen, denen dieser Widerstand nicht genügte, wanderten in die Nachbarländer aus, u. a. nach Lettland.

Die lettische lutherische Kirche war nach dem Regimeumbruch Anfang der 1990er Jahre gekennzeichnet von Defiziten in der theologischen Bildung, von einer schwachen Position der Kirche in der Gesellschaft und von fehlenden Finanzmitteln. Vor diesem Hintergrund polemisierten nun schwedische Pfarrer gegen die Frauenordination in Lettland und stiegen dort in höhere kirchliche Ämter auf. 1993 wurde Jānis Vanags (geb. 1958) Erzbischof der Evangelisch-Lutherischen Kirche Lettlands. Vanags intensivierte die Kontakte der lettischen Kirche zur US-amerikanischen christlich-fundamentalistischen *Lutheran Church – Missouri Synod*, die klar gegen die Frauenordination eingestellt ist.

Auf der einen Seite der lettischen Lutheraner steht also die US-amerikanische Missouri-Synode, die eine der größten kirchlichen Ausbildungsstätten in Lettland bezahlt, auf der anderen Seite bringen sich hier Frauenordinationsgegner aus Schweden in Stellung, die in ihrer Heimatkirche eine oppositionelle Minderheit bilden.

Auf Grundlage dieser Phalanx verankerte im Juni 2016 die Synode der lettischen lutherischen Kirche mit einer Drei-Viertel-Mehrheit das Kirchengesetz, in dem festgelegt wird, dass nur Männer die Ordination empfangen dürfen und die vor knapp über 40 Jahren eingeführte Frauenordination wieder abgeschafft ist. Die Frauen, die Pfarrerinnen bleiben oder werden wollten, wanderten in die Evangelisch-Lutherische Kirche Lettlands im Ausland ab. Es mutet ironisch an, zeigt aber beispielhaft die Konfliktlinie innerhalb einer Konfession und einer Kirche, dass die lettische lutherische Kirche im Ausland zur selben Zeit mit Erzbischöfin Lauma Zušēvica (geb. 1954) von einer Frau geleitet wird.

Die LWF, die sich seit Beginn des 21. Jahrhunderts wiederholt und dezidiert für die Frauenordination ausgesprochen hatte, kritisierte den Rückzug der lettischen Kirche deutlich, aber erfolglos. Das Beispiel der lettischen Rücknahme der Frauenordination zeigt die Vernetzung konservativ-evangelikaler und fundamentalistischer Kreise, die eine Frontstellung bis hin zu einer „konservativen" oder „fundamentalistischen Ökumene" bilden.

Evangelisch-reformierte Kirchen

In der *World Communion of Reformed Churches*, der ‚Weltgemeinschaft Reformierter Kirchen' (WGRK) sieht die Lage ähnlich aus: Laut einer Erhebung von 2009 ordinierten etwa 82 % der damals 229 Mitgliedskirchen (heute sind es 233), zu denen mehr als 80 Millionen Mitglieder in über 100 Ländern gehörten, Frauen (Konferenz der Frauenreferate, 2017, 15). Im Juli 2017 wurde auf der Generalversammlung der WGRK mit der libanesischen Pfarrerin Najla Kassab erstmalig eine Frau an die Spitze der reformierten Weltgemeinschaft gewählt. Ebenfalls auf der Generalversammlung 2017 wurde eine „Glaubenserklärung zur Frauenordination" verabschiedet, die als zentrales Ziel des Weltbundes die Durchsetzung der Frauenordination benennt (Lassiwe 2017).

Die Anglikanische Kirchengemeinschaft / Anglikanische Kirchen

Konservative Anglikaner schließen sich römischen und orthodoxen Positionen an, wenn es darum geht, dass Frauen keinen Zugang zu geistlichen Ämtern haben sollen, wohingegen liberale Anglikaner Frauen in bischöfliche Positionen wählen. In der Anglikanischen Kirchengemeinschaft ist das Nebeneinander dieser widersprüchlichen Positionen möglich. Paradigmatisch zeigt sich das in der Church of England, in der sich „konservative" (*hochkirchliche* Gemeinden) unmittelbar neben „liberalen" Gemeinden befinden. In der einen Gemeinde werden Frauen zu Priesterinnen ordiniert bzw. ordinierte Frauen angestellt, in der anderen nicht. Beide Haltungen existieren unmittelbar nebeneinander.

Bund Freier evangelischer Gemeinden (BFeG)

Die in der *International Federation of Free Evangelical Churches* zusammengeschlossenen Verbände freier evangelischer Gemeinden verhalten sich zur Ordination von Frauen ambivalent. In den Mitgliedsbünden von Schweden, USA, Frankreich und den Niederlanden ist es seit längerem möglich, dass Frauen als Älteste und Pastorinnen wirken. In anderen Bünden sind Leitungsdienste nur Männern möglich.

Eine Bibel – zwei Postionen zur Frauenordination?
Als im September 2010 vom FeG-Bundestag, der Vertreterversammlung aller Gemeinden und Pastoren in Deutschland, die Berufung von Frauen als Pastorinnen beschlossen wurde, geschah das im Gegensatz zu der Abstimmung dieser Frage im Jahr 2008 mit mehr als der erforderlichen Zwei-Drittel-Mehrheit. Der Präses des Bundes warb angesichts der beiden gleichermaßen biblisch begründeten Pro- und Kontra-Haltungen für die Einheit des Bundes. Die konservative, gegen Frauen in Leitungsämtern argumentierende Seite wiedersprach dem, es sei unrealistisch anzunehmen, man könne mit zwei unterschiedlichen, aus der Bibel abgeleiteten Ansichten zu ein und derselben Problematik in einem Gemeindebund existieren. Es gehe zentral um die Frage, ob Aussagen der Bibel noch gelten oder heute als überholt verstanden würden (Freie evangelische Gemeinden 2010).

Siebenten-Tags-Adventisten

Eine Zerreißprobe der Gemeinschaft stellt die Frage der Frauenordination auch für die Kirche der Siebenten-Tags-Adventisten dar.

Frauen der adventistischen Kirche können laut Entscheidung der Generalkonferenz-Vollversammlung, der Weltsynode, zwar nach ihrem Theologiestudium als Pastorinnen „gesegnet" und damit beauftragt werden, Amtshandlungen, wie Taufe, Abendmahl, Trauung und Beerdigung, vorzunehmen. Diese Vollmacht ist allerdings örtlich begrenzt. Während die Ordination von Pastoren innerhalb der Kirche weltweit Gültigkeit hat, dürfen gesegnete Pastorinnen nur in den Gebieten wirken, die zu der Kirchenleitung gehören, die die Segnung praktiziert. Zum weltweiten Dienst werden nur männliche Geistliche ordiniert und lediglich sie dürfen in kirchenleitende Ämter berufen werden, da hierfür die allgemeine Ordination notwendig ist.

Frauenordination als regionales oder weltkirchliches Problem?
2015 fasste die adventistische Weltsynode nicht nur den Beschluss, dass Frauen nicht in das Amt zu ordinieren sind, sondern auch, dass die Kompetenz zur Ordination von Pastorinnen nicht an teilkontinentale Divisionen bzw. überregionale Kirchenleitungen (Unionen/Verbände) abgegeben werden dürfe. Um eigenmächtige Aktionen von Regionalverbünden zu unterbinden, wurde vom *Exekutivausschuss der adventistischen Weltkirchenleitung* (GC-EXCOM) im Oktober 2018 das Dokument „Regard for and Practice of General Conference Session and General Conference Executive Committee Actions" („Beachtung und Umsetzung von Beschlüssen der Vollversammlung und des Exekutivausschusses der Generalkonferenz") verabschiedet, in dem das Verfahren zur Herstellung von Konformität innerhalb der Kirche aufgelistet ist, samt einem Strafregister bei Nichtherstellung der Konformität. Dem widersetzen sich Regionalverbände. So beschloss im März 2019 die Delegiertenversammlung der Siebenten-Tags-Adventisten Tschechiens und der Slowakei, die gemeinsam eine Kirchenleitung bilden, die Ablehnung der Verordnung zum Umgang mit Regelverstößen, und dass in ihrer Kirchenregion nach wie vor und wie seit 2014 eingeführt Pastorinnen zum Pastorendienst ordiniert werden dürfen. Weiterhin unterstrich die Delegiertenkonferenz die Aussagen eines älteren Dokuments, in dem festgehalten wurde, dass die Adventisten in Tschechien und der Slowakei nicht mit der Durchsetzung der Einheit in der Kirche durch ein „höheres Organ" einverstanden seien, da die Einheit der Kirche nicht durch administrativ-organisatorische Maßnahmen, sondern vielmehr durch das Wirken des Heiligen Geistes entstehe. Das momentane Prozedere im Hinblick auf die Frage der Frauenordination stehe im Widerspruch dazu, wie die Delegiertenkonferenz das biblische Modell von Gemeindeverwaltung und -leitung verstehe (Adventisten in Tschechien und der Slowakei 2019).

Kirchen, die die Frauenordination befürworten und praktizieren

Die Frauenordination befürworteten von Beginn an die Heilsarmee / Salvation Army, seit Mitte des 20. Jahrhunderts die Mennoniten, Waldenser und Methodisten.

Weiterhin ordinieren und berufen Frauen als Priesterinnen und Predigerinnen: die Altkatholische Kirche, die Baptisten, der Bund freikirchlicher Pfingstgemeinden sowie die in der EKD zusammengeschlossenen Landeskirchen.

6.1.2 Homosexualität als Thema der Kirchen und Konfessionsfamilien

!\ Für die Einheitlichkeit der Darstellung wird in diesem Lehrbuch durchgängig der Begriff „Homosexualität" verwendet und meint: gleichgeschlechtliche Beziehungen, gleichgeschlechtliche Liebe und Sexualität, homosexuelles Begehren sowie homoerotisches Empfinden.

Auch die Akzeptanz oder Ablehnung von Homosexualität hat einen Bezug zum Ämterverständnis, insofern eine der wesentlichen Fragen in diesem Zusammenhang die ist, wie Kirchen mit ihren homosexuellen Geistlichen umgehen. Homosexualität und Amt ist eine Konstellation, in der für die Kirche Homosexualität zu einem Teil ihrer ekklesiologischen Selbstwahrnehmung wird – unter der Voraussetzung, dass sie sich gestattet, das Thema bewusst wahrzunehmen und zu reflektieren und nicht dabei verharrt, dass es „das" in ihren Reihen nicht gebe.

Die grundlegende Ausrichtung dieses Gegenstandes ist aber ein anderer. Es geht bei diesem Thema für die Kirchen um den Bereich der Sexualethik, eng verbunden mit der Familienethik. Zur Frauenordination hat die Frage der Homosexualität insofern eine Verbindung, als dass beide Bereiche die gesellschaftlichen und damit die kirchlichen (meist unreflektiert) übernommenen Gender- und Geschlechterrollenkonstruktionen tangieren. Diese Konstellationen sind aber bisher noch nicht genügend erforscht, um ein abschließendes Fazit abzuleiten.

Einzelfragen des Themenkomplexes Homosexualität

Zunächst steht im Vordergrund, wie Homosexualität an sich bewertet wird: Ist sie per se „gegen den Willen Gottes", wie konservative Lutheraner genauso betonen wie katholische Bischöfe, oder nicht? Daraus folgt die Haltung gegenüber homosexuellen Gemeindemitgliedern. Wird ihre Lebensform als Sünde definiert und verurteilt? Werden sie aus der Gemeinschaft ausgeschlossen oder nicht?

Dann geht es um den Wunsch von homosexuellen Paaren, die sich eine kirchliche Begleitung, die Trauung oder den Segen ihrer Partnerschaft wünschen. Dieses Ansinnen ruft ein Konfliktpotenzial hervor, das in Deutschland einerseits zwar von vielen Christen evoziert wird, andererseits aber in den letzten Jahren eine rasante Veränderung hin zur Akzeptanz und Gleichstellung erfahren hat und weiterhin erfährt. In den evangelischen Landeskirchen in Deutschland wird diese Problematik nicht einheitlich gehandhabt und die Einzelentscheidung meist den einzelnen Gemeinden überlassen. Aktuell ist die Evangelisch-Lutherische Landeskirche Schaumburg-Lippe, die 1991 als letzte Landeskirche in Deutschland die Ordination von Frauen einführte, bundesweit die einzige, in der die öffentliche Segnung homosexueller Paare ausgeschlossen ist (Stand 2019).

Das Thema „Homosexualität" spitzt sich weiter zu, wenn die Berufung von Homosexuellen, zumindest denen, die ihre Homosexualität offen leben, in ein geistliches Amt zur Diskussion steht. Die Streitfrage verschärft sich schließlich noch einmal durch das Zusammenleben von homosexuellen Geistlichen als Paar.

Die Haltung zu Homosexualität in einzelnen Kirchen

Orthodoxe Kirche

Homosexualität wird in der Orthodoxie scharf abgelehnt. Das Thema „schwule Priester" ist ein Tabu. In den orthodoxen Kirchen Osteuropas, insbesondere denen, die nicht Mitglieder der Europäischen Union sind und in deren Ländern nicht die europäischen Antidiskriminierungsgesetze gelten, wird das Thema fast durchgängig als eines behandelt, das ausschließlich der westlichen Dekadenz zuzuordnen ist.

Römisch-katholische Kirche

Die Römisch-katholische Kirche lehnt Homosexualität entschieden ab, muss sich in der Praxis aber immer wieder mit Vorwürfen auseinandersetzen, dass es innerhalb des Klerikerstandes „schwule Seilschaften" gebe – zumindest laut Benedikt XVI. (Pontifikat: 2005–2013). (Letzte Gespräche, 2016) Schwer erträglich sind die hin und wieder von der kirchlichen Hierarchie, z. B. von Kardinalstaatssekretär Tarcisio Kardinal Bertone (geb. 1934), behaupteten Zusammenhänge von Homosexualität und Pädophilie (Papst-Vertrauter erzürnt, 2010).

Baptisten, Methodisten, Mennoniten, Siebenten-Tags-Adventisten

Die genannten Freikirchen halten Homosexualität für unvereinbar mit der biblischen oder christlichen Lehre, sie stellt für sie „keine Schöpfungsvariante" dar – das ist lediglich die Ehe von Mann und Frau –, und für sie ist „praktizierte" Homosexualität Ausschlusskriterium für die Ordination und den Pfarrdienst. Trotzdem gibt es in den Freikirchen Strömungen und Gruppen, die

Homosexualität nicht als sündhaft ablehnen. Die Debatten um das Thema stellen die Freikirchen vor große Herausforderungen.

Die deutsche Evangelisch-methodistische Kirche hat als Reaktion auf die Verlautbarung der weltweiten Generalkonferenz der EmK, die geltenden Regeln zu verschärfen und die Segnung gleichgeschlechtlicher Paare und die Ordination Homosexueller in den pastoralen Dienst rigoros abzulehnen, einen Runden Tisch eingerichtet. Es soll nach Lösungen gesucht werden, möglichst vielen Menschen mit unterschiedlichen Haltungen zur Frage der Homosexualität in der Kirche Heimat bieten zu können. Die momentane Situation stellt für die EmK eine der tiefgreifenden Krisen ihrer Geschichte dar.

Selbständig Evangelisch-Lutherische Kirche (SELK)

Die SELK lehnt Homosexualität ebenso ab, unterstreicht aber dezidiert und vehement die Ablehnung jedweder Diskriminierung von Homosexuellen.

Evangelisch-lutherische Kirchen

Eine ambivalente Haltung erfährt das Thema innerhalb der *Lutheran World Federation* (LWF), in der Homosexualität als brisante Herausforderung behandelt wird. Die unterschiedlichen Auffassungen zu Ehe, Familie und Sexualität führen innerhalb der LWF regelmäßig zu Diskussionen.

So richteten im März 2006 die lutherischen Bischöfe der drei baltischen Staaten Andres Põder (geb. 1949), Mindaugas Sabutis (geb. 1975) und Jãnis Vanags einen Brief an den damaligen Generalsekretär Ishmael Noko (geb. 1943), in dem sie ihre tiefe Sorge zum Ausdruck brachten, dass aufgrund der Segnung homosexueller Paare in mehreren Gliedkirchen der LWF die Kirchengemeinschaft gefährdet oder in geistlicher Hinsicht bereits beendet sei. Die äthiopische Mekane-Yesus-Kirche, eine der größten lutherischen Kirchen weltweit, beschloss 2013 auf ihrer 19. Generalversammlung, die Partnerschaft mit der Evangelisch-Lutherischen Kirche in Amerika und der Lutherischen Kirche in Schweden aufzukündigen, da diese entschieden, gleichgeschlechtliche Paare zu segnen und Homosexuelle zum Pfarramt zuzulassen. So kommt es innerhalb der lutherischen Kirchengemeinschaft zu der Situation, dass z. B. in Schweden eine offen lesbisch lebende Pfarrerin zur lutherischen Bischöfin gewählt wurde, während zeitgleich die Akzeptanz von Homosexualität für afrikanische Lutheraner eine Provokation ist.

Dass die LWF die Diskussionen um diese Frage anscheinend fürchtet und konkrete Stellungnahmen von einer Vollversammlung zur nächsten verschiebt, offenbart, dass sich bei diesem Thema die Gefahr einer Spaltung abzeichnet.

Ein ähnlicher Diskussionsprozess ist in der Anglikanischen Gemeinschaft im Gang. Ein auslösendes Moment für die breite Diskussion war die 2003 stattgefundene Weihe des offen in einer gleichgeschlechtlichen und eingetragenen Partnerschaft lebenden Gene Robinson (geb. 1947) zum Bischof von New Hampshire.

Anglikanische Gemeinschaft / Anglikanischen Kirchen

Die Altkatholische Kirche segnet seit 1997 homosexuelle Partnerschaften, die Waldenser seit 2010. Die Moderatorin der *Tavola Valdense* kommentierte diesen Beschluss, es gehe um den Segen für die Partnerschaft von zwei Menschen, die vor Gott und der Glaubensgemeinschaft bezeugen möchten, dass sie sich gemeinsam auf den Weg machen und dafür müsse man verstehen, was „Segen" in der Bibel und in der Kirche bedeute: „Obviously, it doesn't mean marriage, which for us as Protestants is not a sacrament, but a civil matter." (Sandri 2010)

Waldenser und Altkatholische Kirche

Auch in der NAK wird das Thema Homosexualität nicht pauschal behandelt. Grundsätzlich hält die NAK homosexuelle Handlungen für nicht gut. Allerdings existiert innerhalb der NAK die *Regenbogen-NAK*, eine Interessengemeinschaft homo-, bi- und transsexueller Christen, die 1999 gegründet wurde und in regelmäßigem Austausch mit der offiziellen *Projektgruppe Ehe, Familie, Konkubinat* der NAK steht. Die *Regenbogen-NAK* setzt sich dafür ein, dass homosexuelle Mitglieder der NAK als vollwertige Gemeindemitglieder anerkannt werden und gleichgeschlechtliche Lebensgemeinschaften gesegnet werden können. Offiziell gibt es von Seiten der NAK keine Diskriminierung homosexueller Partnerschaften, allerdings dürfen offen homosexuell lebende Partner kein geistliches Amt ausüben. Sonstige Aufgaben in der Gemeinde können sie ohne Einschränkung wahrnehmen.

Die Neuapostolische Kirche

Dass die gesamte Diskussion um Homosexualität in den Kirchen einen Riss nicht zwischen den Konfessionen, sondern innerhalb der Kirchen darstellt, zeigt paradigmatisch die am 30. Juni 2017 erfolgte Abstimmung im Deutschen Bundestag zur *Ehe für alle*: Weder haben alle römisch-katholischen Abgeordneten mit „Nein" gestimmt, wie es „ihr" *Lehramt* vorschreibt, noch haben alle evangelischen Christen mit „Ja" gestimmt, obwohl der Rat der EKD die Entscheidung begrüßte und befürwortete (Keine Ehe für alle Kirchen, 2017).

Uneindeutigkeit der Zuordnungen

In Deutschland gibt es in den meisten Kirchen und Konfessionen sowohl Gegner als auch Befürworter der kirchlichen und gesellschaftlichen Akzeptanz und Integration gleichgeschlechtlicher Lebensweise. Das trifft auch für viele Glaubensgemeinschaften in den europäischen Ländern zu. Inwieweit es

Gültigkeit in den Kirchen weltweit hat, ist bisher noch nicht abzusehen bzw. bedarf eingehender Forschung. Allerdings lässt die sich abzeichnende Tendenz vermuten, dass das Thema „Homosexualität“ ebenso wie das Diskussionsfeld „Frauenordination“ Abgrenzungen schafft, die nicht entlang der klassischen Konfessionsgrenzen verlaufen, sondern im Gegenteil diese verwischen und neue Koalitionsverbünde bilden.

Die EKD-Orientierungshilfe

1996 gab die Evangelische Kirche in Deutschland (EKD) eine „Orientierungshilfe" zur Frage des Umgangs und der theologischen Einschätzung von Homosexualität unter dem Titel „Mit Spannungen leben" heraus. Es war die erste offizielle, für die Gesamtheit der evangelischen Kirchen in Deutschland konzipierte kirchliche Äußerung zu dem Thema. Die Orientierungshilfe wurde angestoßen durch den sich in den einzelnen Landeskirchen abzeichnenden Diskussionsbedarf zu Fragen des Umgangs mit Homosexualität. Gleich zu Beginn konstatiert die Orientierungshilfe, es müsse vor allem „der Umgang mit den auf homosexuelle Praxis bezogenen Aussagen der Bibel, und damit geht es um das angemessene Schriftverständnis, ja um das ‚sola scriptura'" (Mit Spannungen leben, 1996, Kapitel 1.2.) erörtert werden. Die Autoren der „Orientierungshilfe" sahen nicht nur Klärungsbedarf hinsichtlich einer ethischen Frage, sondern auch hinsichtlich einer grundsätzlichen Reflexion über den Zusammenhang zwischen einer ethischen Frage, in der eine Entscheidung getroffen werden müsse, und der Autorität der Schrift für diese Entscheidung. Allerdings warnte die EKD davor, explizit das Thema „Homosexualität" zu überschätzen, da die christlichen Kirchen „andere und noch wichtigere Aufgaben und Themen" hätten (Mit Spannungen leben, 1996, Kapitel 1.2.).

Das werteten Theologen, die sich selbst dem *evangelikalen* Lager zurechnen, anders, denn sie räumten der Antwort auf die Frage der ethischen Disposition eine direkte Verbindung zum *status confessionis* ein: „Nicht die Frage der Homosexualität ist der sog. ‚status confessionis' […], sondern der Umgang mit der Heiligen Schrift." (Peters, 1997, Abschnitt 1.2.)

Während die EKD versuchte, „die biblischen Texte an Jesus Christus (als der ‚Mitte der Schrift') zu prüfen" (Mit Spannungen leben, 1996, Kapitel 2.1.) und dieses Vorgehen als sachgemäß einschätzte, lehnten das die Kritiker der Orientierungshilfe ab und sahen in dieser hermeneutischen Entscheidung „ein Unterscheidungsmerkmal, mit dessen Hilfe die Grenzen des Kanons festgelegt werden" (Peters, 1997, Abschnitt 2.1.), nicht aber im Schriftkanon selbst unterschieden werden können. Daraus folgt, dass die ablehnenden Aussagen der Bibel zur Homosexualität „zum

Gesetz" gehörten, und als solche „nicht unwichtig, sondern gerade zur Geltung zu bringen" seien (Peters, 1997, Abschnitt 2.1.). Eine Relativierung der Homosexualität kann es deshalb angesichts des klaren Schriftzeugnisses nicht geben. Ob eine homosexuelle Beziehung in gegenseitiger Liebe und Verantwortung geführt wird, spielt keine Rolle, denn: „Wenn die Autoren [der Orientierungshilfe] sagen, daß es für eine homosexuelle Beziehung entscheidend ist, ob sie in Liebe zu Gott und Menschen gelebt wird, so ist demgegenüber darauf hinzuweisen, daß, wer Gott liebt, auch seine Gebote hält (Jh 14,15.21; 15,10; I Jh 2,3f; 3,22–24; 5,2f)." (Peters, 1997, Abschnitt 2.3.)

Damit ist sehr deutlich, dass es sich für das konservative Lager in der evangelischen Konfessionsfamilie bei der Stellung zur Bibel nicht um eine „Randfrage" handelt, „die mit hermeneutischen Vorüberlegungen entschärft werden könnte". An dieser Frage entscheidet sich, ob „Kirche Kirche ist oder nicht. Für Kirchen, die sich – wie die reformatorischen Kirchen – mit starkem Nachdruck (allein) an die Schrift gebunden haben, ist die Frage nach der Stellung zur Schrift insbesondere eine Frage, die den status confessionis betrifft." (Peters, 1997, Abschnitt 1.2.) Andererseits ist das Zurückführen theologischer Aussagen auf den in der Botschaft Jesu, im Evangelium als der *Guten Nachricht* zum Ausdruck kommenden Grundton von Liebe und Gerechtigkeit ebenso eine Form der Umsetzung des reformatorischen Schriftprinzips.

6.1.3 Die Heilige Schrift und ihre (Be-)Deutung

Der Umgang mit der Heiligen Schrift

Die gegensätzlichen Positionen bei den Themen „Frauenordination" und „Homosexualität" sind jeweils mit einer bestimmten Haltung zur Heiligen Schrift verknüpft, die in den Argumentationen der Debatten mehr oder wenig deutlich zum Ausdruck kommen.

Die verschiedenen Lager werfen sich gegenseitig vor, die Wahrheit des Evangeliums zu verdunkeln oder nicht richtig zu erfassen. Biblizistisch argumentierende Gruppen stehen solchen gegenüber, die die Bibel in modernem Bewusstsein interpretieren wollen.

Es geht dabei oft um die Anerkennung der *historisch-kritischen Methode* der Bibelauslegung und deren Anwendung. Die zentrale Frage ist, ob in der Bibel das unveränderliche Wort Gottes niedergeschrieben wurde, dem sich der Mensch unterordnen muss, oder ob die Bibel eine Sammlung von Texten ist, die Erfahrungen mit Gott berichten.

Diese Problematik tritt allerdings prononciert innerhalb der evangelischen Konfessionsfamilie mit ihrer starken Bindung an das *Sola-scriptura-Prinzip* auf, sowie in der vom Protestantismus beeinflussten Anglikanischen Gemeinschaft und mit ihm konfrontierten Römisch-katholischen Kirche. In der Orthodoxie dagegen werden (reformatorische) Diskussionen um die Bibelinterpretation nur am Rande wahrgenommen.

Das Schriftverständnis in der Orthodoxie

Da sich die Orthodoxe Kirche in erster Linie im Gottesdienst ihres Seins vergewissert, ist der Gottesdienst die zentrale Instanz auch der Bibelauslegung – und damit die Kirche, die den Gottesdienst feiert. Deshalb ist klar festgelegt, dass die Kirche den Kanon bestimmt und die Interpretin der Bibel ist. So führt der griechisch-orthodoxe Theologe Elias Oikonomos aus:

> Nach orthodoxem Glauben ist die Kirche vermöge des ihr innewohnenden Heiligen Geistes nicht nur die unfehlbare Bewahrerin, sondern auch die authentische Lehrerin, Richterin und Interpretin der göttlichen Offenbarung. Sie allein ist imstande zu beurteilen, was göttliche Offenbarung ist und was nicht. Die dafür notwendige Autorität bezieht die Kirche aus der Tatsache, daß sie selbst eine göttliche Einrichtung ist. Das Kriterium für die Richtigkeit ihrer Entscheidungen ist somit die Kirche selbst. (Oikonomos, 1976, 45)

Innerhalb der Orthodoxie ist umstritten, ob es überhaupt eine Bibelauslegung geben muss, die sich moderner Methoden bedient. Obgleich die Mehrheit der orthodoxen Theologen durchaus die Notwendigkeit der Exegese anerkennt, findet sich auch die Ansicht, dass die Kirchenväter bereits alle wesentlichen Einsichten zur Interpretation der Bibel gewonnen haben, die es gegenwärtig nur neu auszusagen gilt. Beide Positionen kommen darin überein, dass der biblische Text bereits eine Auslegung des Christusereignisses darstelle und er deshalb nicht allein mit profanen Methoden adäquat ausgelegt werden könne. In orthodoxer Perspektive muss die Bibelauslegung stets die Aussagen der Kirchenväter in die Betrachtung der Texte einfließen lassen. Zwischen der Bibel, den Kirchenvätern und der Moderne gibt es keine klare Trennung, sondern alle Zeiten verbindet die Kirche selbst und die Feier ihres Gottesdienstes.

Das reformatorische Schriftprinzip

Das Ringen um die Schriftauslegung, der „Kampf um die Bibel" als eine existentielle, identitätsstiftende Frage, erfolgt besonders in den Kirchen, die sich aus der Reformation entwickelten. Für sie ist ein Auseinanderklaffen in einen „liberalen" und „konservativen" Flügel bei den genannten Themen „Frauenordination" und „Homosexualität" derzeit nahezu typisch. Allerdings ist in dieser Konfessionsfamilie die Diskussion um die Schriftauslegung unabdingbar, da sie das Schriftprinzip, in Form des *Sola-scriptura*-Gedankens, als Leitlinie ihrer Theologie erhoben hat. Wenn „allein die Schrift" regieren soll, wie Martin Luther forderte, ist es zwingend zu fragen, was damit gemeint ist.

Martin Luthers Position

Am Anfang der reformatorischen Konfessionsbildung stand Martin Luthers Kampf gegen die kirchliche Autorität. Luther sah als letzte Instanz in allen Fragen, die das Leben eines Christen betreffen, die Bibel selbst, die für ihn das zentrale Prinzip und die einzige Quelle der theologischen Erkenntnis war. Er ersetzte im Rahmen der durch ihn ausgelösten Kontroverse mit dem römischen *Lehramt* die Autorität des Papstes durch die Autorität der Schrift. Die Schrift wurde zum Axiom evangelischer Theologie.

In der Folge entwickelte die evangelische Theologie verschiedene „Lehren" von der Schrift, die stets ein hohes Polarisierungspotenzial hatten, ging es hier doch um die protestantische Identität.

Nicht zuletzt aber sind Lehren von der Schrift auch deshalb so umstritten, weil sie praktische Auswirkungen haben. Die Themenfelder „Homosexualität" und „Frauenordination" haben gemeinsam, dass sowohl Gegner wie Befürworter stets auf biblische Verse verweisen und sie als Argumentationsgrundlage heranziehen. Deshalb muss vor aller inhaltlichen Diskussion geklärt werden, welchen Stellenwert biblische Texte für die Fragen der Gegenwart haben, welche es sind und in welchem Zusammenhang sie mit Grundaussagen der Schrift stehen und welche diese wiederum sind.

Die Verschärfung des Schriftprinzips

Eine Verschärfung des Schriftprinzips erfolgt bei denjenigen, die den biblischen Texten eine absolute Autorität für die Gegenwart einräumen. Vor allem die verschiedenen Fassungen der *Glaubensbasis der Evangelischen Allianz* **[→ Evangelische Allianz]** oder die sogenannten *Chicago-Erklärungen*, die vom *International Council on Biblical Inerrancy*, dem ‚Internationalen Rat für biblische Irrtumslosigkeit' in Chicago herausgegeben wurden, sind in diesem Zusammenhang zu nennen. Die „Erklärung zur Irrtumslosigkeit der Heiligen Schrift" von 1978, die „Erklärung zur Biblischen Hermeneutik" von 1982 und die „Erklärung zur biblischen Anwendung" von 1986 bringen die Position deutlich auf den Punkt. Für den diese Position rezipierenden Flügel der evangelischen Konfessionsfamilie, der sich durch fast alle Kirchen der Reformation zieht, gilt, dass die „Heilige Schrift als das autoritative Wort Gottes anzunehmen" (Schirrmacher, 1993, Chicago-Erklärung zur biblischen Irrtumslosigkeit, Artikel I) und „die höchste schriftliche Norm" (Schirrmacher, 1993, ebd., Artikel II) des Glaubens sei. Die Schrift habe „in allen Fragen, die sie anspricht, unfehlbare göttliche Autorität: Ihr muß als Gottes Unterweisung in allem geglaubt werden, was sie bekennt; ihr muß als Gottes Gebot gehorcht werden, in allem, was sie fordert; sie muß als Gottes Unterpfand in allem ergriffen werden, was sie verheißt." (Schirrmacher, 1993, Zusammenfassende Erklärung, 2) Die Schrift darf nicht mit historischen oder Gründen der Vernunft hinterfragt und „kritisiert" werden. Ihr gegenüber kann es nur Gehorsam geben. Da sie „vollständig und wörtlich von Gott gegeben wurde, ist sie in allem, was sie lehrt, ohne Irrtum oder Fehler." (Schirrmacher, 1993, Zusammenfassende Erklärung, 4)

Diese Grundüberzeugung kann durch nichts infrage gestellt werden, weder von kontextuellen kulturellen noch rezeptionsgeschichtlichen Phänomenen und Umständen. Jeder Versuch die Irrtumslosigkeit der Schrift anhand faktischer Fehler und Irrtümer zu widerlegen, ist ausgeschlossen. Für die Verfasser der „Erklärung zur Irrtumslosigkeit der Heiligen Schrift" verschmelzen Schrift und Christus zu einer Quelle der Autorität. Gott und Bibel werden bekenntnishaft gleichgesetzt: „Wir bekennen, dass die normative Autorität der Heiligen Schrift die Autorität Gottes selbst ist und daß sie von Jesus Christus, dem Herrn der Kirche, bestätigt wird." (Schirrmacher, 1993, Chicago-Erklärung zur biblischen Hermeneutik, Artikel I)

Die Aufgabe des Schriftprinzips
Dem gegenüber steht eine andere extreme Position im Tableau der protestantischen Zugänge zur Schrift. Bei ihr geht es darum, das Schriftprinzip ganz aufzulösen. Vertreten wurde sie v. a. von dem Theologen Falk Wagner (1939–1998), der konstatierte, dass sich der mit dem Schriftprinzip verbundene Autoritätsanspruch „unter der Bedingung der ihrer Selbständigkeit und Selbstätigkeit bewußt gewordenen Vernunft nicht länger ungebrochen aufrechterhalten" lässt (Wagner, 1994, 239). Der Schrift komme keine normative Kraft für die Diskussion der Gegenwart mehr zu, da ihre Bedeutung durch eine fragwürdige Nähe zu einem vermeintlich reinen Ursprung der Religion Fiktion sei. Das grundlegende Bekenntnis der Christenheit könne man „nicht auf das Zeugnis von Menschen begründen, die aufgrund ihrer raumzeitlichen Nähe zum Auftreten Jesu behaupten, dieser sei der Christus." (Wagner, 1994, 250)

Die Neufassung des Schriftprinzips

Besonders im Rahmen der universitären Theologie in Deutschland wird das Schriftprinzip – so es denn Thema der Diskussion ist – auf einen zentralen Punkt konzentriert. Die Bibel ist demzufolge kein Gesetzbuch, dem zu gehorchen ist, sondern sie enthält zahlreiche verschriftlichte Erfahrungen mit Gott, die ihrerseits neue Erlebnisse evozieren können. In dieser Hinsicht wird von der Wirksamkeit der Schrift als Grundlage ihres Stellenwerts gesprochen. Die Schrift ist nicht von selbst wirksam, sondern der Mensch, der Gläubige muss sich um sie bemühen. Konkret heißt es bereits bei Martin Luther, dass „über den Schriften geschwitzt" und diese der Mühe „eines beharrlichen Studiums" unterzogen werden müssen, damit sie sich erschließen (Luther, Assertio, 79). In diesem Sinne nimmt beispielsweise der Theologe Notger Slenczka (geb. 1960) Luthers Gedanken von der Selbsterschließung der Schrift auf. Die Schrift, so Slenczka, erschließe sich, „wenn ein Mensch sie befragt, bei ihr anklopft. Dann wird sie zum Ausleger ihrer selbst, dann setzt sie selbst ihren Sinn aus sich heraus und erweist sich demjenigen, der sie in der Hoffnung auf Antwort befragt, als keiner Auslegungsinstanz bedürftige Quelle von Verständnis und Erleuchtung; und *so* weist sie sich als Wort Gottes aus." (Slenczka, 2003, 50; kursiv im Original) Die Schrift vermittelt in dieser Sicht keine direkten ethischen Anweisungen oder Ratschläge zum guten Leben, sondern erschließt dem Interpreten einen Horizont, in dem er sich verorten und von dem her er sein Leben deuten kann. Die biblischen Texte geben so „den Einbruch von Transzendenz in die Lebenswirklichkeit von Menschen" wieder, wie es der Theologe Jörg Lauster (geb. 1966) formuliert, sie sind Ausdrucksmedien der göttlichen Offenbarung und die Schrift insgesamt ist als „Medium religiöser Erfahrungsvermittlung“ anzusehen (Lauster, 2004, 441 und 447). Die biblischen Texte halten in dieser Perspektive den Eindruck der göttlichen Offenbarung fest und bringen ihn damit zum wirkungsvollen Ausdruck.

Der römisch-katholische Umgang mit Schrift und Schriftprinzip

Im Konzil von Trient legte die Römisch-katholische Kirche 1564 fest, dass die eigenständige, individuelle Bibelauslegung verboten sei [→ **Römisch-katholische Kirche**].

Erst im 19. und 20. Jahrhundert wurde diese Position obsolet, da die exegetische Beschäftigung mit den biblischen Texten ihren Platz in der Römisch-katholischen Kirche fand. Das *II. Vatikanische Konzil* sah sich deshalb aufgefordert, den Umgang mit der Bibel für die Kirche neu festzulegen. Dabei wurden eigene Akzentsetzungen gegenüber der evangelischen Position deutlich.

So wurde gegen das reformatorische Prinzip des *sola scriptura* festgehalten, „daß die Kirche ihre Gewißheit über alles Geoffenbarte nicht aus der Heiligen Schrift allein schöpft“ (Dogmatische Konstitution „Dei Verbum“ 9 [→ **Römisch-katholische Kirche**]). Die Kirche ist die Trägerin der Überlieferung und ihr *Lehramt*, das die personelle Garantie für die Unversehrtheit der Überlieferung ist, kann im Fortgang der Geschichte weitere Einsichten gewinnen und tiefere Weisheiten in der Bibel finden. Gleichzeitig tritt das *Lehramt* an die Stelle, die in der evangelischen Schriftlehre prinzipiell offenbleibt. Dort gilt, dass es, wenn allein die Schrift die einzige Auslegerin ihrer selbst ist, keine menschliche Instanz geben kann, die über die Schrift normative Aussagen trifft.

Im Vergleich zeigt sich, dass da, wo die evangelische Position erwartet, dass das biblische Wort sich selbst durchsetzt, die katholische Lehre das *Lehramt* aufgerufen sieht. Es übt dort die Funktion der letzten Instanz aus und entscheidet autoritativ und normativ über die richtige Auslegung der Schrift.

Das Dokument „Die Interpretation der Bibel in der Kirche“ (IBK) aus dem Jahr 1993 präzisiert das Verhältnis zwischen Exegese und kirchlicher Bibelauslegung in der Römisch-katholischen Kirche. Es stellt fest, dass „zusammen mit anderen Methoden und Zugängen“ die historisch-kritische Exegese „dem modernen Leser den Zugang zum Verständnis der Bibeltexte, wie sie heute vorliegen“ eröffne und betont gleichzeitig, dass nur derjenige die Bibel richtig auslegen könne, der eine „innere Verwandtschaft“ mit dem Text aufweise (IBK

36 und 75). Die Kirchlichkeit der Auslegung muss garantiert sein, und die Exegese findet unter der Prämisse statt, dass der katholische Glaube Leitlinie der Auslegung ist. Die Kirche selbst bleibt die einzige legitime Auslegerin der Schrift, denn es ist „in letzter Instanz also Sache des Lehramtes, die Echtheit der Interpretation zu garantieren und gegebenenfalls zu sagen, daß diese oder jene besondere Interpretation mit dem authentischen Evangelium unvereinbar ist" (ebd., 89).

Die innerkirchliche Kritik an der Vorstellung von der Autorität des römisch-katholischen *Lehramtes* fokussiert sich, so wie bei dem Theologen Otto Hermann Pesch (1931–2014), darauf, dass die lehramtliche Position der Schriftlehre eine Immunisierungsstrategie der Kirche gegen die eigene Autorität der Schrift darstelle. Es sei zu unterstreichen, dass „die Bibel der konkreten Kirche in Leben und Lehre *auch* kritisch *gegenübersteht.*" (Pesch, 2008, 239; kursiv im Original)

In der römisch-katholischen *Tradition* stellt sich die Frage nach der Schriftautorität nicht in der gleichen Existenzialität wie in der evangelischen Konfessionsfamilie, u. a. deshalb, weil das *Lehramt* eine Position einnimmt, die im Gefüge der römisch-katholischen Lehre verbindend und verbindlich ist und die kontroversen Positionen sowohl nicht so weit auseinanderdriften als auch nicht mit der Schärfe, die kirchentrennendes Potenzial beinhaltet, aufeinanderprallen lässt.

6.2 Die Bedeutung ethischer Kontroversen für Ökumene und Konfessionskunde

Gegenwärtig geht der Streit zwischen den Konfessionen und innerhalb der Konfessionen um die Frage, wie man mit der Frage der Ordination von Frauen, mit Homosexualität und mit beidem eng verknüpft mit der Heiligen Schrift umgehen soll.

Diese Fragen, die wiederum auf das Selbstverständnis von Kirchen, auf ihre ekklesiologischen Bestimmungen und ihre Identität zurückwirken, werden in den Konfessionen und Kirchen unterschiedlich beantwortet. Eine gemeinsame Antwort kann bislang nicht formuliert werden. Das dürfte sogar selbst innerhalb einer einzigen Konfessionsfamilie schwerfallen. Die konfessionellen Spaltungen, die das Christentum von Beginn an begleiten, vertiefen sich dadurch nicht, sondern werden zu einer Trennung zwischen „liberal" und „konservativ". Diese Verschiebung von theologischen Schwerpunkten weg von den traditionellen konfessionellen Theologumena hat besonders für die Ökumene weitreichende Folgen.

Ohne Zweifel ist die ökumenische Bewegung, die fast alle christlichen Kirchen in unterschiedlicher Weise ergriffen hat, eine Erfolgsgeschichte – sowohl in theologischer wie auch in praktischer Hinsicht. Gerade im deutschsprachigen Raum gibt es kaum noch ernsthafte Hindernisse, die das tägliche Zusammenleben von Christen verschiedener Kirchen erschweren oder sogar unmöglich machen. Begriffe, die vor 50 Jahren noch gängig waren, z. B. „Mischehe" für eine Partnerschaft von zwei Angehörigen verschiedener Konfessionen, sind heute abgelegt. Auch Trennungen auf Schulhöfen oder klar abgegrenzte Wohngebiete gehören der Vergangenheit an. Auf der Ebene der Kirchengemeinden und der kirchlichen Basis ist allgemein eine gute praktische Zusammenarbeit zu konstatieren. Der Rückgang des Wissens der Kenntnisse über die eigene Konfession sowie der Notwendigkeit konfessioneller Selbstverortung ist dagegen v. a. die Kehrseite der postmodernen Säkularisierung und Entkirchlichung. Die hohe Konzentration auf ethische, speziell familien- geschlechter- und sexualethische Fragestellungen verwischen allerdings konfessionelle Identitäten und Grenzen einmal mehr.

Die Konfessionskunde, deren Aufgabe es ist, Leben und Lehre der christlichen Kirchen deskriptiv und wertungsfrei zu betrachten und die Begegnung mit „dem Anderen" zu suchen, ist herausgefordert, diese Veränderungen unvoreingenommen zu betrachten, zu beschreiben und in den Kontext der Entwicklungen der Konfessionen einzuordnen.

Literaturverzeichnis

Albrecht, Christian (2011): „Zusammenschau. Idealität und Realität der Kirche als Thema der Theologie". In: ders. (Hg.): *Kirche*, Tübingen, S. 219–227.

„Adventisten in Tschechien und der Slowakei beschliessen Frauenordination". In: *Adventistischer Pressedienst* APD vom 1. 4. 2019. In: https://www.apd.media/news/archiv/13052.html [abgerufen am 1. 4. 2019].

„Assertio omnium articulorum Martini Lutheri per bullam Leonis X. novissimam damnatorum" (2006). Wilfried Härle, Martin Luther. Lateinisch-Deutsche Studienausgabe. Bd. 1, Leipzig, 71–217.

„39 Articles of Religion". In: https://www.churchofengland.org/prayer-and-worship/worship-texts-and-resources/book-common-prayer/articles-religion [abgerufen am 24. 7. 2018].

„Barmer Theologische Erklärung. Thesen", *Homepage der Evangelischen Kirche in Deutschland*. In: https://www.ekd.de/Barmer-Theologische-Erklarung-Thesen-11296.htm [abgerufen am 15. 3. 2019].

Bauer, Gisa (2012): *Evangelikale Bewegung und evangelische Kirche in der Bundesrepublik Deutschland. Geschichte eines Grundsatzkonflikts (1945 bis 1989)*, Göttingen.

Bremer, Thomas (2000): „Erben einer langen Tradition. Die Bedeutung von Staat und Nation für die Orthodoxie". In: *Herder Korrespondenz* 54. Jg., Heft 9, S. 469–473.

Bulgakov, Sergij (1993): *Die Orthodoxie. Die Lehre der orthodoxen Kirche*. Übersetzt und eingel. von Thomas Bremer, Trier.

Campi, Emidio (2009): „49a Bekenntnis der Waldenser, 1560". In: *Reformierte Bekenntnisschriften*. Bd. 2 / 1: 1559–1563, Neukirchen-Vluyn, S. 31–56.

Cummings, Brian (2013): *The Book of Common Prayer. The Texts of 1549, 1559, and 1662. Oxford World's Classics*, Oxford.

Denzinger, Heinrich / Hünermann, Peter (Hg.) (2009), *Enchiridion symbolorum definitionum et declarartionum de rebus fidei et morum. Kompendium der Glaubensbekenntnisse und kirchlichen Lehrentscheidungen*, Freiburg i. Br.

„De Capivitate Babylonica Ecclesiae / Von der Babylonischen Gefangenschaft der Kirche. Ein Vorspiel von Martin Luther 1520" (2009). In: Wartenberg, Günther / Beyer, Michael: *Martin Luther. Lateinisch-Deutsche Studienausgabe*. Bd. 3, Leipzig, S. 173–375.

„Declaration of Assent". In: https://www.churchofengland.org/prayer-and-worship/worship-texts-and-resources/common-worship/ministry/declaration-assent [abgerufen am 24. 7. 2018].

„Dei Verbum". In: http://www.vatican.va/archive/hist_councils/ii_vatican_council/documents/vat-ii_const_19651118_dei-verbum_ge.html [abgerufen am 24. 07. 2018].

„Dekret ‚Haec sancta' [Auszug]" (2001). In: Ritter, Adolf Martin / Lohse, Bernhard / Leppin, Volker (Hg.): *Kirchen- und Theologiegeschichte in Quellen*. Bd. II: Mittelalter, Neukirchen-Vluyn, 235 f.

„Die Confessio Augustana" (2014). In: Dingel, Irene (Hg.): *Die Bekenntnisschriften der Evangelisch-Lutherischen Kirche*. Vollständige Neuedition, Göttingen, S. 63–223.

„Die Glaubensartikel der Methodistischen Kirche" (2017). In: *Verfassung, Lehre und Ordnung der Evangelisch-methodistischen Kirche. Ausgabe 2017*, S. 40–44. In: https://www.emk.de/fileadmin/kirche/vlo-2017.pdf [abgerufen am 15. 3. 2019].

„Die Konkordienformel" (2014). In: Dingel, Irene (Hg.): *Die Bekenntnisschriften der Evangelisch-Lutherischen Kirche*. Vollständige Neuedition, Göttingen, S. 1163–1607.

„Die Preußische Unionsurkunde vom 27. September 1817" (1982). In: Ruhbach, Gerhard (Hg.): *Kirchenunionen im 19. Jahrhundert*, Gütersloh, S. 34 f.

„Die Stellung der Frau in der Orthodoxen Kirche und die Frage der Ordination von Frauen. Rhodos 1988. Abschlussbericht einer Inter-Orthodoxen Theologischen Konsultation" (2006). In: Basdekis, Athanasios (Hg.), *Orthodoxe Kirche und ökumenische Bewegung. Dokumente – Erklärungen – Berichte 1900–2006*, Frankfurt am Main / Paderborn, S. 446–459.

„‚Ehe für alle': Was wird als Nächstes gefordert?" (2017). In: IDEA vom 1. 7. 2017. In: http://www.idea.de/politik/detail/ehe-fuer-alle-was-wird-als-naechstes-gefordert-101626.html [abgerufen am 24. 7. 2018].

„Freie evangelische Gemeinden: Weg frei für Pastorinnen" (2010). In: IDEA vom 18. 9. 2010. In: https://schneider-breitenbrunn.de/2010-09/freie-evangelische-gemeinden-weg-frei-fuer-pastorinnen/ [abgerufen am 15. 3. 2019].

Groen, Basilius J. (2013): „Einige liturgische und ökumenische Aspekte des Frauendiakonats". In: Winkler, Dietmar W. (Hg.), *Diakonat der Frau. Befunde aus biblischer, patristischer, ostkirchlicher, liturgischer und systematisch-theologischer Perspektive*, Berlin / Wien, S. 89–118.

„Größte protestantische Kirche der USA verliert weiter Mitglieder" (2017), *evangelisch.de* vom 9. 6. 2017. In: https://www.evangelisch.de/inhalte/144290/09-06-2017/groesste-protestantische-kirche-der-usa-verliert-weiter-mitglieder [abgerufen am 15. 3. 2019].

„Grundordnung der Selbständigen Evangelisch-Lutherischen Kirche" (2007). In: http://wp11090540.server-he.de/selk-media/pdf/Grundordnung-SELK_2007.pdf [abgerufen am 15. 3. 2019].

Hahn, Udo (2010): „Lutheraner und Mennoniten versöhnen sich. LWB-Vollversammlung legt Schuldbekenntnis ab" [Pressemitteilung], *Homepage der Evangelischen Kirche in Deutschland (EKD)*. In: https://www.ekd.de/pm170_2010_dnk_lutheraner_mennoniten.htm [abgerufen am 15. 3. 2019].

Heyer, Friedrich (Hg.) (1977): *Konfessionskunde*, Berlin / New York.
Hovorun, Cyril (2015): *Meta-Ecclesiology. Chronicles on Church Awareness*, New York.
Hüffmeier, Wilhelm (Hg.) (1993): *Konkordie reformatorischer Kirchen in Europa (Leuenberger Konkordie)*. Dreisprachige Ausgabe, Frankfurt am Main.
Iff, Markus (2009), „Der Pastor zwischen Ältesten und Apostolizität". In: *Theologisches Gespräch*, Beiheft 11, Kassel / Witten, S. 46–61.
„50 Jahre Frauenordination in Estland" (2017). In: *Homepage des Lutherischen Weltbundes*. In: https://de.lutheranworld.org/de/content/50-jahre-frauenordination-estland-21 [abgerufen am 15.3.2019].
Käsemann, Ernst (1970): „Begründet der neutestamentliche Kanon die Einheit der Kirche?". In: Ders.: *Exegetische Versuche und Besinnungen*, Bd. I, Göttingen, S. 214–223.
Katechismus der Katholischen Kirche (2005). Neuübersetzung aufgrund der Editio typica latina, München.
Katechismus der Neuapostolischen Kirche (2012), Neu-Isenburg.
Katechismus der Neuapostolischen Kirche in Fragen und Antworten (2015), Neu-Isenburg.
„Keine Ehe für alle Kirchen". In: https://www.zeit.de/gesellschaft/2017-06/gleichgeschlechtliche-ehe-katholische-kirche-ablehnung-reformation [abgerufen am 24.07.2018].
Kingreen, Jan (Hg.) (2017): *Martin Luther: Von der Freiheit eines Christenmenschen*, Tübingen.
Kohnle, Armin (Hg.) (2015): *Martin Luther: An den Christlichen Adel teutscher Nation: von des Christlichen standes besserung*, Stuttgart.
Konferenz der Frauenreferate und Gleichstellungsstellen in den Gliedkirchen der EKD / Studienzentrum der EKD für Genderfragen (Hg.) (2017): *Gleichstellung im geistlichen Amt. Ergänzungsband 1 zum Atlas zur Gleichstellung von Frauen und Männern in der evangelischen Kirche in Deutschland*, Hannover.
Lange, Dieter (1988): „Zur Geschichte der Gnadauer Gemeinschaftsbewegung. Aufbruch und Weg der Bewegung (1888–1933)". In: Heimbucher, Kurt (Hg.): *Dem Auftrag verpflichtet. Die Gnadauer Gemeinschaftsbewegung. Prägungen – Positionen – Perspektiven*, Gießen, S. 15–25.
Lassiwe, Benjamin (2017): „Reformierte wählen Präsidentin. Generalversammlung: Gegen Menschenhandel, für Frauenordination". In: *Katholischer Nachrichtendienst KNA. Ökumenische Information* vom 11. Juli 2017, S. 5.
Laube, Martin (2011): „Die Kirche als ‚Institution der Freiheit'". In: Albrecht, Christan (Hg.): *Kirche*, Tübingen, S. 131–170.
Lauster, Jörg (2004): *Prinzip und Methode. Die Transformation des protestantischen Schriftprinzips durch die historische Kritik von Schleiermacher bis zur Gegenwart*, Tübingen.

„Letzte Gespräche mit Benedikt VXI.“ In: https://www.katholisch.de/aktuelles/aktuelle-artikel/letzte-gesprache-mit-benedikt-xvi [abgerufen am 24.07.2018].
Lilienfeld, Fairy von (1995): „Orthodoxe Kirchen“. In: *Theologische Realenzyklopädie*. Bd. 25, S. 423–464.
Lubac, Henri de (1970): *Glauben aus der Liebe („Catholicisme“)*, Einsiedeln.
„Lumen Gentium“. In: http://www.vatican.va/archive/hist_councils/ii_vatican_council/documents/vat-ii_const_19641121_lumen-gentium_ge.html [abgerufen am 24.07.2018].
Manoussakis, John Panteleimon (2007): „The Anarchic Principle of Christian Eschatology in the Eucharistic Tradition of the Eastern Church“. In: *Harvard Theological Review* 100, S. 29–96.
Metzger, Paul (2014): *Brennpunkt Ökumene. Möglichkeiten am Ort*, Speyer.
Metzger, Paul (2016): „Geht weiter. Zum Papstbesuch bei den römischen Lutheranern“. In: *Zeitzeichen* 1, S. 40–42.
Metzger, Paul (2018): *Sie über sich. Eine exegetische Untersuchung zur Autorität der Schrift in ökumenischer Perspektive*, Tübingen.
Missale Romanum. Editio typica tertia. Grundordnung des römischen Messbuchs (2007), hg. v. Sekretariat der Deutschen Bischofskonferenz, Bonn.
„Mission Table to Make ABC History“, *Homepage der ABC USA*. In: https://www.abc-usa.org/2013/10/mission-table-to-make-abc-history/ [abgerufen am 15.3.2019].
„Mit Spannungen leben. Eine Orientierungshilfe des Rates der Evangelischen Kirche in Deutschland (EKD) zum Thema ‚Homosexualität in der Kirche‘“ (1996). In: http://www.ekd.de/familie/44736.html [abgerufen am 24.7.2018].
Neuapostolische Kirche International (2019): [Amtsverständnis]. In: http://www.nak.org/fileadmin/download/pdf/Video_Amtsverstaendnis/DE_Video_Text_Einfuehrung.pdf [abgerufen am 24.7.2018].
Neuner, Peter (2009): *Der Streit um den katholischen Modernismus*, Frankfurt am Main / Leipzig.
Neuser, Wilhelm H.: „59. Heidelberger Katechismus von 1563“ (2009). In: *Reformierte Bekenntnisschriften*. Bd. 2 / 2: 1562–1569, Neukirchen-Vluyn, 167–212.
Obst, Helmut (2000): *Apostel und Propheten der Neuzeit. Gründer christlicher Religionsgemeinschaften des 19. und 20. Jahrhunderts*, Göttingen.
Oikonomos, Elias (1976): *Bibel und Bibelwissenschaft in der orthodoxen Kirche*, Stuttgart.
„Ordinatio sacerdotalis“. In: http://w2.vatican.va/content/john-paul-ii/de/apost_letters/1994/documents/hf_jp-ii_apl_22051994_ordinatio-sacerdotalis.html [abgerufen am 24.07.2018].
„Papst-Vertrauter erzürnt Homosexuelle weltweit“. In: https://www.welt.de/politik/ausland/article7183160/Papst-Vertrauter-erzuernt-Homosexuelle-weltweit.html [abgerufen am 24.07.2018].

„Pastor Aeternus". In: http://www.vatican.va/archive/hist_councils/i-vatican-council/documents/vat-i_const_18700718_pastor-aeternus_it.html [abgerufen am 24.07.2018].
Päpstliche Bibelkommission (1996): *Die Interpretation der Bibel in der Kirche. Ansprache Seiner Heiligkeit Johannes Paul II. und Dokument der Päpstlichen Bibelkommission*, Bonn.
Pesch, Otto Hermann (2008): *Katholische Dogmatik aus ökumenischer Erfahrung 1 / 1: Die Geschichte der Menschen mit Gott*, Ostfildern.
Peters, Hans-Jürgen (1997): „Kommentar zur Orientierungshilfe der EKD ‚Mit Spannungen leben'". In: http://www.efg-hohenstaufenstr.de/downloads/texte/homo.html [abgerufen am 24.7.2018].
„Sacrosanctum Concilium". In: http://www.vatican.va/archive/hist_councils/ii_vatican_council/documents/vat-ii_const_19631204_sacrosanctum-concilium_ge.html [abgerufen am 24.07.2018].
Sandri, Luigi (2010): „Italian Protestant denominations approve same-sex blessings". In: *Canadian Mennonite* vom 31.8.2010. In: https://canadianmennonite.org/stories/italian-protestant-denominations-approve-same-sex-blessings [abgerufen am 15.3.2019].
Schirrmacher, Thomas (Hg.) (1993): *Bibeltreue in der Offensive. Die drei Chicago-Erklärungen zur biblischen Irrtumslosigkeit, Hermeneutik und Anwendung*, Bonn.
Schlozman, Daniel (2015): *When Movements anchor Parties. Electoral Alignments in American History*, Princeton /New Jersey.
Schmemann, Alexander (1974): *Aus der Freude leben. Ein Glaubensbuch der orthodoxen Christen*, Olten / Freiburg im Breisgau.
Schmolz, Dominik (2016): *Kleine Geschichte der Neuapostolischen Kirche*, Steinhagen.
Slenczka, Notger (2003): *Der Tod Gottes und das Leben der Menschen. Glaubensbekenntnis und Lebensvollzug*, Göttingen.
Stadelmann, Helge (2005): *Evangelikales Schriftverständnis. Die Bibel verstehen – der Bibel vertrauen*, Hammerbrücke.
„The Anglican Way. Signposts on a Common Journey". In: https://www.anglicancommunion.org/theology/theological-education/the-anglican-way.aspx [abgerufen am 24.7.2018].
„Veritatis splendor". In: http://w2.vatican.va/content/john-paul-ii/de/encyclicals/documents/hf_jp-ii_enc_06081993_veritatis-splendor.html [abgerufen am 24.07.2018].„Was ist der Ökumenische Rat der Kirchen?", *Homepage des Ökumenischen Rates der Kirchen*. In: https://www.oikoumene.org/de/about-us/ [abgerufen am 24.7.2018].
Wagner, Falk: „Auch der Teufel zitiert die Bibel. Das Christentum zwischen Autoritätsanspruch und Krise des Schriftprinzips" (1994). In: Ziegert, Richard (Hg.): *Die Zukunft des Schriftprinzips*, Stuttgart, S. 236–258.

Wendebourg, Dorothea: „Das Amt und die Ämter“ (2000). In: *Zeitschrift für evangelisches Kirchenrecht* 45. Jg., S. 5–38.
Zizioulas, Johannes (1996): „Apostolic Continuity of the Church and Apostolic Succession in the First Five Centuries“. In: *Louvain Studies*. 21. Jg., S. 153–168.
Zwingli, Huldrych: „Ußlegen und gründ der schlußreden oder articklen“ (1908). In: Egli, Emil / Finsler, Georg (Hg.): *Huldreich Zwinglis sämtliche Werke*. Bd. II. Corpus Reformatorum 89, Leipzig, S. 14–457.

Personenregister

Sachregister